DRESDNER GESCHICHTSBUCH

5

DRESDNER GESCHICHTS-BUCH

Herausgegeben
vom Stadtmuseum
Dresden

DZA VERLAG
für Kultur
und Wissenschaft

Titelbild
Brand des Hoftheaters 1869
Gemälde eines unbek. Künstlers
Stadtmuseum Dresden

Bild- und Fotonachweis
Die Angaben zum Bild- und Fotonachweis
erfolgen in der Regel mit den Bildbeschriftungen.
Anwendung der neuen Rechtschreibung
Herausgeber und Verlag überließen den Autoren,
wie in Wissenschaft und Kunst üblich,
die freie Entscheidung über die Anwendung
der neuen Rechtschreibung.

ISBN 3-9806602-1-4

Herausgegeben von der Landeshauptstadt Dresden,
Stadtmuseum Dresden, Direktor Matthias Griebel
01067 Dresden, Wilsdruffer Straße 2

Gutenbergstraße 1, 04600 Altenburg

Idee und Themenkonzeption: Friedrich Reichert
Gestaltung und Herstellung: Dietmar Kunz
Redaktionsschluß: 15. 10. 1999
Lithographie: satz & bild GmbH, Altenburg
Druck und buchbinderische Weiterverarbeitung:
Druckerei zu Altenburg GmbH

Inhalt

Der ehrwürdige Rath zu Dresden

Stadtverwaltung vom 13. Jahrhundert bis 1832

SIEGLINDE RICHTER-NICKEL

DURCH Eintracht nehmen kleine Dinge zu, durch Zwietracht werden große zerstreut, lautete eine lateinische Inschrift aus dem Jahre 1677 am Altendresdner Rathaus .

Eintracht unter den Bürgern und ein gutes Ratsregiment galten in alten Zeiten stets als Grundpfeiler für das Wohlergehen und Gedeihen der Stadt. So war es für die Entwicklung Dresdens überaus bedeutsam, daß im Jahre 1292 erstmals ein Bürgermeister, ein magister civium, den Vorsitz eines städtischen Verwaltungsgremiums übernahm und damit die Bildung einer selbständigen Stadtverwaltung ihren Abschluß fand. Auch in anderen Städten des Landes sind zu dieser Zeit erstmals Bürgermeister nachweisbar, 1291 in Freiberg, 1292 in Leipzig und Pirna sowie 1298 in Chemnitz. Der erste Bürgermeister in Dresden, namens Hermann, wird in einer Urkunde vom 1. Oktober 1292[1] als Bruder des markgräflichen Notars bezeichnet. Diese familiäre Verbindung zwischen dem markgräflichen Beamten und dem Stadtoberhaupt läßt die Deutung zu, daß der Landesherr die Besetzung des Bürgermeisteramtes wohl beeinflußt hat. Otto Richter[2], der exzellente Kenner der Dresdner Verwaltungs- und Verfassungsgeschichte, vermutete, daß Hermann mit dem 1308 im Rat sitzenden Hermann von Blankenwalde, der 1311 auch als Brückenmeister genannt wird, identisch sein könnte. Allerdings wird bereits 1301 ein Theodericus Berner als Bürgermeister erwähnt, der dieses Amt bis 1307 ausübte, ein Hermann dagegen wird bis 1308 nicht mehr genannt.

Die Gemeinde besaß in Dresden bis zur Einführung der »Allgemeinen Städteordnung« im Jahre 1832 niemals das Recht, ihren Rat selbst zu wählen. Die erste Einsetzung der Ratsmitglieder

Urkunde vom 1. Oktober 1292
Stadtarchiv Dresden
Erste Erwähnung eines Bürgermeisters in einer Urkunde Friedrichs von Dresden

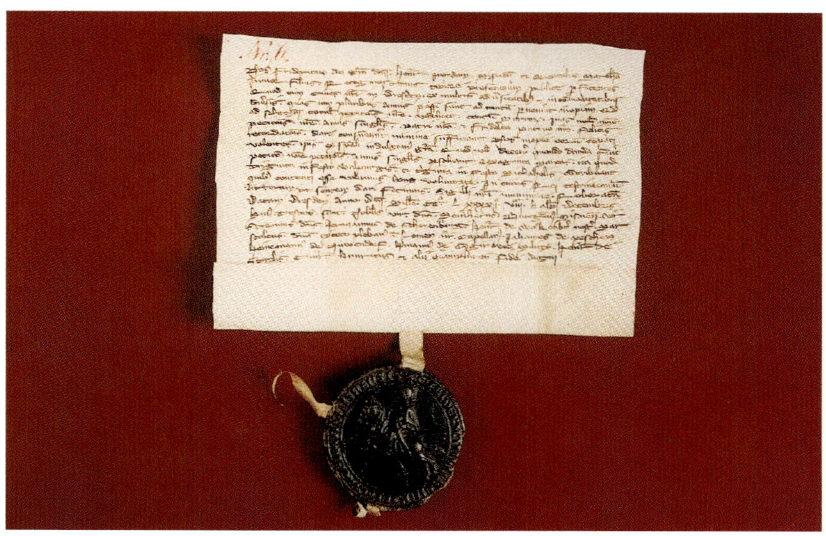

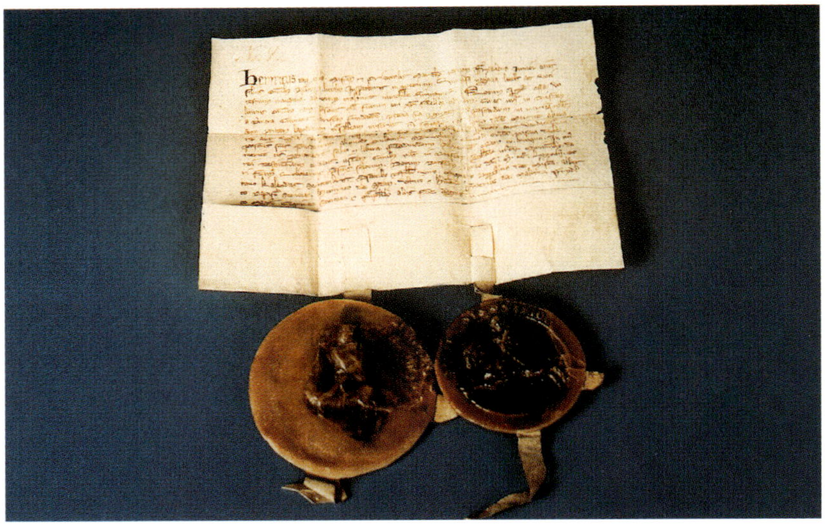

Urkunde vom 25. August 1287
Stadtarchiv Dresden
Markgraf Heinrich und sein Sohn Friedrich bestätigen den Dresdner Bürgern das Weiderecht in der Heide

im 13. Jahrhundert mag wohl durch die bereits früher ausgewählten geschworenen Bürger, die Schöffen, erfolgt sein, die als ältestes städtisches Kollegium Rechts- und Verwaltungsaufgaben wahrnahmen und bereits 1284 von Markgraf Heinrich dem Erlauchten (1221–1288) berechtigt wurden, Steuern zu erheben und Willküren (Verordnungen) zu erlassen.

Später wählte der jeweils regierende Rat den neuen Rat, wobei stets ein Teil der bisherigen Ratsmitglieder wiedergewählt wurde. In der Regel beschränkte sich die Wahl auf den Kreis der Personen, die bereits vor dieser Zeit dem Rat angehört hatten. Ein neuer Ratsmann wurde nur dann auserkoren, wenn ein Mitglied gestorben war oder das Amt nicht mehr ausüben konnte. Bis zum ausgehenden 14. Jahrhundert blieben die 7 Schöffen an der Stadtverwaltung beteiligt, danach widmeten sie sich ausschließlich der Rechtspflege. In den Urkunden dieser Zeit werden Ratsmannen und Schöffen in Dresden als »consules et jurati« (1328) oder »burger und schephin« (1362) gleichberechtigt aufgeführt.[3]

Aus dem Jahre 1308 stammt eine erste vollständige Namensliste des Rates. 19 Personen bezeugen als der »Bürger Rat« die von Markgraf Friedrich von Dresden (1288–1316) besiegelte Urkunde über den Handel mit Wein und Bier. Der Bürgermeister und die 11 Ratsherren sowie die 7 Schöffen entstammten einem kleinen Kreis vornehmer Familien der Stadt, die auch über größeren Landbesitz in den Orten der Umgebung verfügten. Zu diesen Ratsgeschlechtern, deren Vertreter immer wieder genannt werden, gehörten die Familien Buling, Münzmeister, Busmann und Römchen. Vertreter des Handwerks gelangten erst nach 1470 in den Rat. Von 1399[4] bis zum Jahre 1831 war es gebräuchlich, zu der internen Ratswahl, die bis 1517 vor Weihnachten, bis 1599 vor Ostern und darauf nach Ostern erfolgte, die Bestätigung des Landesherren für die im folgenden Amtsjahr regierenden Ratsmitglieder einzuholen. Diese Bestätigungsurkunde wurde alljährlich der vor dem Rathaus versammelten Bürgerschaft in Dresden und etwas später im rechtselbischen Altendresden verlesen. Sie endete mit der Aufforderung zum Gehorsam gegenüber dem Rat und seinen Verfügungen bei Androhung der landesfürstlichen Ungnade und Strafe.

Lorenz Busmann
Konsolfigur, um 1400
Stadtmuseum Dresden
Lorenz Busmann, seit 1387 Mitglied des Dresdner Rates, war 1392, 1400, 1403 und 1406 regierender Bürgermeister. Seine Familie stiftete die Busmannkapelle am Südchor der Franziskanerkirche.

Jedoch schon im 14. Jahrhundert opponierte das wirtschaftlich erstarkende Handwerk gegen den alleinregierenden Rat. In der Bürgerschaft nahmen die Handwerker eine gesonderte Stellung ein, die auch in der getrennten Nennung »Handwerker und Gemeine« ihren Ausdruck findet. Verstärkt verlangten die Vertreter des Handwerks, vornehmlich die Tuchmacher, eine Mitwirkung bei wichtigen Entscheidungen in der Stadtverwaltung. Der Kurfürst entschied jedoch 1457, diese Mitwirkung auf Finanzangelegenheiten und die Einführung neuer statuarischer Bestimmungen zu beschränken, da er einen »vollständigen und ganz vollmächtigen Rath«[5] wünschte. Wie nützlich ein solcher vollmächtiger Rat für die Landesherren war, belegt ein Ereignis aus dem Jahre 1466.[6] Ohne Wissen der Handwerker und Gemeinde hatte der Rat für Kurfürst Ernst und Herzog Albrecht ein Darlehen von 1000 Rheinischen Gulden aufgenommen und dafür das Stadtsiegel verpfändet. Die Landesfürsten versprachen im Gegenzug, den Rat vor dem

Unmut der Bürgergemeinde zu schützen, denn die Auseinandersetzungen um Teilnahme am Stadtregiment verebbten nicht. Eintracht mit den Bürgern konnte der Rat 1469 zumindest bei der Aufbewahrung der städtischen Gelder und der Stadtbücher erzielen. Dafür versprachen erstere den Rat für etwaig unterlaufene Irrtümer bei der Rechnungsführung nicht zu tadeln. Ein Jahr später, 1470[7], wurde die lange vorbereitete und von den Landesherren konfirmierte neue Ratsordnung in Kraft gesetzt und damit bereits bestehende Regelungen festgeschrieben. Sechsundzwanzig Personen, auf Lebenszeit gewählt, bildeten den Dresdner Rat. In einem regierenden oder sitzenden Rat und zwei ruhenden Räten nahmen sie im dreijährigen Wechsel die Ratsgeschäfte wahr, im gleichen Rhythmus wechselten sich die drei gewählten Bürgermeister ab. Aus dem Jahre 1471 stammt eine Zusatzbestimmung, die besagt, daß stets nur zwei Handwerker im regierenden Rat sitzen sollten.

Bestätigungsurkunde des Kurfürsten Johann Georg II., 1678
Stadtarchiv Dresden
Bestätigung von Bürgermeister und Rat für das Amtsjahr 1678/1679

Eine bedeutende Umgestaltung erfuhr die Ratsverfassung im Jahre 1517. Der vom Rat eingereichte Entwurf wurde von Herzog Georg (1500–1539) mit einigen Abänderungen konfirmiert, allerdings mit dem Vorbehalt, daß er und seine Nachkommen das Recht hätten, jeden Ratsherren zu bestätigen oder abzusetzen. Ein Recht, daß auch wahrgenommen wurde. Auch auf die Wahl des Bürgermeisters nahmen die Landesherren wiederholt Einfluß, nannten bisweilen Personen, die sie gewählt wissen wollten.

Die Ratsverfassung von 1517 behielt mit einigen noch fortbestehenden Bestimmungen der Ratsordnung von 1470 bis 1832 ihre Gültigkeit. Der Rat war fortan eine Körperschaft von 21 auf Lebenszeit gewählter Personen, die sich in zwei Abteilungen in der Regierung abwechselten. Der sitzende oder regierende Rat bestand stets aus 12 Mitgliedern, von denen jedesmal der Bürgermeister und zwei Ratsherren in den Rat für das folgende Jahr übertraten, um die Kontinuität der wichtigsten Amtsgeschäfte zu sichern. Der regierende Bürgermeister wurde nach Ablauf seines Amtsjahres der beisitzende Bürgermeister und erlangte im dritten Jahr den Status eines vacierenden, d. h. ruhenden Bürgermeisters.

Die Einverleibung Altendresdens, die auf Verordnung des Kurfürsten Moritz (1541–1553) vom 29. März 1549 erfolgte, brachte keine Vergrößerung des Rates zu Dresden. In den regierenden Rat vom Jahre 1549 wurden lediglich der Bürgermeister von Altendresden Wolf Fischer und der zweite Bürgermeister Nickel Mader aufgenommen, da es fortan eine Gemeinde, einen Rat und ein Gericht geben sollte. Im Laufe der Jahrhunderte verringerte sich die Gesamtstärke des Rates, Mitte des 17. Jahrhunderts waren es noch 18 Ratspersonen, von 1780 bis 1832 stets nur noch 16. Diese Reduzierung brachte es mit sich, daß neben dem regierenden Bürgermeister stets mehr als zwei Ratsherren vom alten in den neuen Rat übertraten, da der regierende Rat immer aus 12 Personen bestand.

Vestung Dresden Beschreib- und Vorstellung. 477

den / Dennerstags Valentini Martyris / nach Christi unsers lieben HERRN Jorg Hertzog zu Sachsen, Geburth / Tausend Fünff hundert und in Sieben und zwantzigsten Jahre.

N. 12. P. 477.

Lit. Yy.

Wie Churfürst Moritz Neu- und Alt-Dresden zusammengeschlagen / und Neu-Dresden das Guth Leubnitz / auch die Dörffer Fischersdorff und Poppitz geeignet. Anno 1550.

VOn GOTTES Gnaden wir Moritz / Hertzog zu Sachsen des heyl. Röm. Reichs Ertz-Marschalch und Churfürst / Landgraf in Döringen und Marggraff zu Meißen / Bekhennen und thun khund mit diesem unserm briefe / vor uns / unsere Erben und Nachkommenden / kegen menniglich / die solchen thun lesen oder hören lesen / Als nach Absterben des hochgebohrnen Fürsten / Herrn Heinrichs / Hertzogs zu Sachsen / Landgrauen in Düringen / und Marggraffen zu Meißen / unsers freundlichen lieben Herrn und Vathers / Seeliger und milder Gedächtnis / die Regierung dieser Lande / nach Inhalt und vermöge Weiland des Hochgebohrnen Fürsten / Herrn Albrechts / Hertzogen zu Sachsen / Landgrauen in Düringen und Marggraffen zu Meißen / unsers gnedigsten lieben Herren Großvatern verordnunge / an Uns / als den Eltisten / kommen und gefallen / daß Wir bewogen / die gefehrliche Leuffte dieser Zeit / und sonderlich die sorgliche Gefahr / so Deudscher Landen von dem Erbfeinde Christliches Nahmens und Glaubens dem Türcke fürstehet / und uns derohalben entschloßen / vermittelst Göttlicher Verleyhunge / auch Rath und Hülffe unserer / auch des hoch-

IX. Titul.

Wie Churfürst Moritz Neu- und Alt-Dresden zusammengeschlagen, 1550
aus: Anton Weck, Chronik der Stadt Dresden, 1680
Stadtmuseum Dresden

Wappen der Bürgermeister, 1584
Stadtarchiv Dresden
Wappen der Bürgermeister und des Ratsherrn Jahn aus dem Privilegienbuch der Stadt

Siegel von Altendresden, bis 1550
Kupferstich aus Anton Weck, Chronik der Stadt Dresden, 1680
Stadtmuseum Dresden
Das bis 1550 verwendete Siegel zeigt einen Hirsch (Sechzehnender) dahinter eine Baumgruppe. Die Umschrift lautet: SIGILLVM CIVIVM DE ALDEN DRESDEN

Siegel nach der Vereinigung beider Städte, nach 1550
Kupferstich aus Anton Weck, Chronik der Stadt Dresden, 1680
Stadtmuseum Dresden

Jeder Ratsherr, der vom Landesherrn bestätigt worden war, sollte seinem Amt fleißig aufwarten, pünktlich zu den Sitzungen kommen und an den Sitzungstagen nicht ohne Erlaubnis des Bürgermeisters die Stadt verlassen. Er war verpflichtet, die ihm zugewiesenen Ämter und Geschäfte zu übernehmen und gründlich zu führen, sei es die Verwaltung der städtischen Finanzen und Gebäude, der Elbbrücke und Hospitäler oder die Wahrnehmung der für das Wirtschaftsleben der Stadt wichtigen Aufgaben des Bauamtes, des Salzamtes, des Marktamtes, des Bier- und Weinamtes u. a. Am Ende eines Amtsjahres sollte eine genaue Rechnungslegung erfolgen, was jedoch häufig sehr säumig geschah.

Mitte des 17. Jahrhunderts wurden verschiedene Instruktionen zur Geschäftsordnung des Rates[8] erarbeitet, die die Befugnisse und Aufgaben der Ratsmitglieder erneut benannten. Diesen zufolge hatten die Ratsherren alle zu ihrem Amt gehörenden Akten und Bücher gut zu verwahren und keine Rückstände in der Bezahlung der Steuern, Zinsen und Gebühren zuzulassen. Sie durften weder Obligationen ohne Vorwissen des Kämmerers unterschreiben noch Prozesse ohne vorherige Beratung im Rat führen. In den Akten des 18. Jahrhunderts werden die Ratsherren zunehmend als Senatoren und die Bürgermeister als Konsule des Stadtmagistrats bezeichnet. Die Ratsmitgliedschaft endete mit dem Tode oder bei Wegzug aus Dresden, sie ging verloren bei ehrenrührigem Vergehen und Verarmung. Jahrelange Krankheit oder Altersschwäche waren kein Grund für den Verlust der Ratswürde, es entfiel dann lediglich die Wahrnehmung von Ämtern.

Vom Trinkgeld zum salarium fixum

Im Mittelalter war die Mitgliedschaft im Rat ein unbesoldetes Ehrenamt, dafür waren die Ratsherren von der Zahlung des Geschosses, der wichtigsten städtischen Steuer, befreit. Sie erhielten außerdem ein Deputat Brennholz und das Gras von der Bürgerwiese. Verstorbene Ratsherren wurden

Copien

Augustus Churfurst. ꝛc.

Anna geb: aus Kön: Stam Denemarck. ꝛc.

Des Raths vnd gemeiner Stadt Dresden Priuilegienn / Begnadungen vnd Bestetti: gungs Brieffe vber der Stadt Güetere vnnd Statuta auch vortrege mit den Benachbartten / Item anderer geschicht vnd hendell vortzeichnus / zu erhalt: tung gemeiner Stadt Frey heit vnd Gerechtigkeit dienstlich

Christian Hertzogk zu Sachssen. ꝛc.

Sophia geb: Marggre: vin zu Brandenburg. ꝛc.

Titelblatt aus dem Privilegienbuch der Stadt Dresden, 1584
Stadtarchiv Dresden

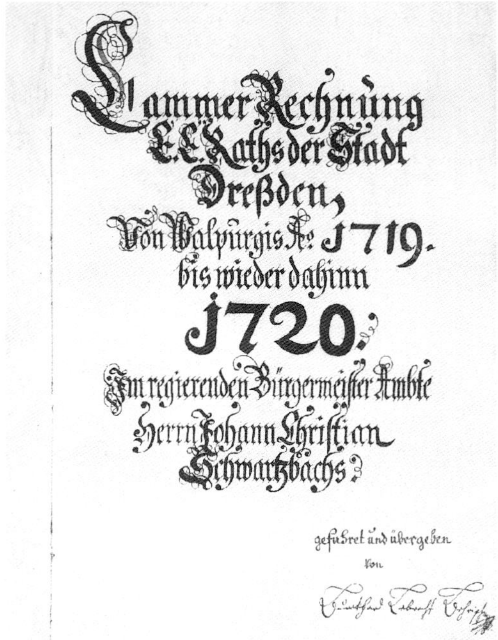

Cammer Rechnung
E.E. Raths der Stadt
Dreßden,
Von Walpurgis Ao: 1719.
bis wieder dahinn
1720.
Im regierenden Bürgermeister Ambte
Herrn Johann Christian
Schwartzbachs.

geführet und übergeben
von

Kammerrechnung – Titelseite, 1719/1720
Stadtarchiv Dresden

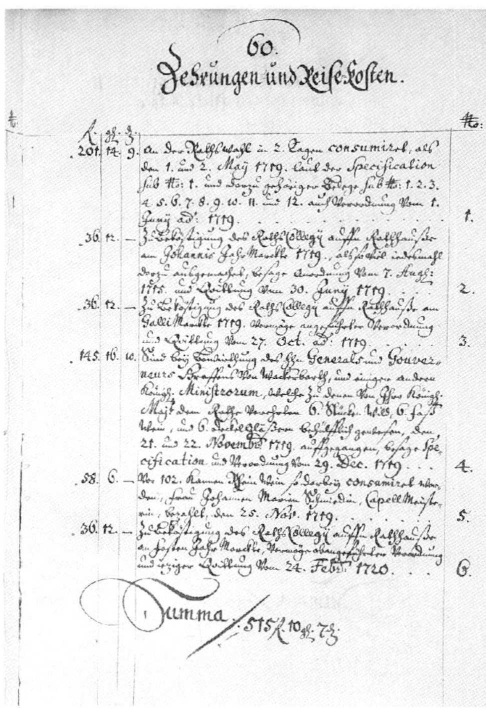

60.
Zehrungen und Reise-Kosten.

Summa 515 fl. 10 gr. 7 ₰

Ausgaben für Zehrung und Reisekosten Kammerrechnung 1719/20
Stadtarchiv Dresden
Allein zur Ratswahl 1719 verkonsumierte der Rat Speisen und Getränke im Wert von 201 Gulden 14 Groschen 9 Pfennige.

vom gesamten Rat feierlich zu Grabe getragen, ihren Ehefrauen wurde diese Ehrung nur bis 1732 zuteil.[9] In der Kreuzkirche waren den Ratspersonen und deren Familien besondere Sitze vorbehalten. In älteren Zeiten hatte der regierende Bürgermeister ein ganz besonderes Vorrecht. Auf Stadtkosten wurde ihm der auf dem Markt zusammengeschaufelte Mist zur Verwendung auf seinen Feldern vor das Stadttor gefahren. Erst Mitte des 16. Jahrhunderts wurde das Weiden der Tiere auf dem Markt und in den Gassen untersagt. Im selben Jahrhundert erhielten die Bürgermeister und Ratsherren unentgeltlich einen Teil der im Ratskeller übriggebliebenen leeren Wein- und Bierfässer,[10] auch wurde es üblich, familiäre Anlässe in Ratsfamilien durch Geschenke aus der Stadtkasse zu würdigen. Seit 1692 wurden Eheschließungen von Ratsherren oder Bürgermeistern und von deren Kindern mit einem Geschenk von 26 bzw. 30 Gulden bedacht. Die Summe erhöhte sich auf 40 Gulden, wenn zwei Ratsfamilien sich durch Heirat verbanden. Entstammte ein Eheschließender einer Bürgermeisterfamilie kamen noch weitere 10 Gulden hinzu.

Ratsherren liebten es, langwierige Sitzungen durch stärkende Getränke und Speisen zu verschönen, wobei häufig große Mengen an Wein und Bier, Butterfladen, Brezeln und Obst verzehrt wurden.[11] Besichtigungen außerhalb des Rathauses, z.B. der Flursteine, der Bevorratung mit Brennholz, der Rüstung der Bürger, wurden in der Regel mit einem kleinen Gelage abgeschlossen. Festlichkeiten veranstaltete der Rat in seinem Rathaus zu den unterschiedlichsten Anlässen, bei denen es auch Tanz und Spiel gab. In den Weihnachtstagen lud der Bürgermeister seine Ratsherren »in die Striezel« und zu einem abendlichen Festmahl ein. Auch war es gebräuchlich, allen Ratspersonen zu Weihnachten einen Striezel und zu Ostern einen westfälischen Schinken zu verehren, ein Geschenk, das erst 1517 durch das sogenannte Schinken- und Striezelgeld abgelöst wurde.

Aus dem bereits 1490 urkundlich erwähnten Trink- und Sitzgeld des Rates war allmählich eine feste Besoldung geworden. Mit der Erweiterung des Verwaltungsumfanges hatte sich seit dem

17. Jahrhundert die Zahl der städtischen Verwaltungsämter beträchtlich erhöht, so daß einzelne Ratsmitglieder mehrere Ämter und Geschäftsstellen verwalteten und diese auch als Mitglieder des ruhenden Rates in ihrer Obhut hatten. Die Wahrnehmung sehr unterschiedlicher Ämter durch eine Person war sicher nicht immer den zu lösenden Aufgaben zuträglich, dafür aber für die Amtsinhaber lukrativ. Erhielten doch die Ratsmitglieder ein »salarium fixum«, ein festes Einkommen, und dazu eine Vergütung für jedes Amt, des weiteren Zulagen für besondere Erschwernisse, wozu auch Reisen zählten. So erhielt beispielsweise der Bürgermeister Marcus Dornblüth 1704 für seine Reise nach Polen recht beachtliche Reisegelder, dazu wegen der Gefährlichkeit weitere 100 Gulden Zulage.[12]

Die Höhe der Besoldungen und Zulagen für jedes Amt legte der Rat selbst fest ebenso Entschädigungssummen für Einquartierungen bei Ratsfamilien, denn nur der regierende Bürgermeister, der Stadtrichter und der Kämmerer waren von diesen Belastungen befreit.[13] Auf Beschluß des Rates erhielten seit 1656 auch die nichtsitzenden Ratsherren ihre volle Besoldung. Die Kämmereirechnungen weisen im Kapitel Ratsbesoldung bis zum Jahre 1830/31 einen großen Anstieg der Ausgaben aus, obwohl sich die Mitgliedszahl des Rates verringerte. Von 1730 bis 1830 hatten sich diese Kosten mehr als verdreifacht.

Ämter des Rates

Beim Abbruch des alten Rathauses auf dem Altmarkt wurden im Dezember 1707 und Januar 1708 alle Ratsakten verpackt. Aus dem dabei angelegten Verzeichnis geht hervor, daß die ältesten Akten vom Ziegelamt, Pfannenamt, Brauamt, Kammeramt, Hospitalamt St. Materni, Zinsamt, Hospitalamt St. Bartholomäi und dem Brückenamt stammten.[14] Verschiedene Ämter hatten wie das Brauamt bis

Dr. Marcus Dornblüth, um 1700
Kupferstich von einem unbekannten Künstler
Stadtmuseum Dresden
Dr. Marcus Dornblüth (1642–1715), seit 1677 Ratsherr, wurde 1697 Bürgermeister. 1700 erhielt er den Titel »Königl. Polnischer und Churfürstl. Rat.«

Das alte Rathaus
Modell
Stadtmuseum Dresden
Das Rathaus, 1380 erstmals urkundlich erwähnt, wurde 1473 und 1564 umgebaut und vergrößert. Es wurde 1707 auf Befehl August des Starken abgebrochen.

Wilkhuer/Statuta, 1559
aus dem Privilegienbuch der Stadt
Stadtarchiv Dresden

zur Mitte des 17. Jahrhunderts an Bedeutung verloren, andere waren wegen des Geschäftsumfanges geteilt worden und neue waren hinzugekommen.[15] Bereits im ersten Drittel des 18. Jahrhunderts existierte eine solche Vielzahl von Ämtern, Inspektionen, Administrationen und Deputationen, daß jedes Ratsmitglied fünf und mehr Geschäftsstellen, nach 1800 sogar über 10, zu führen hatte.
Seit alten Zeiten war es üblich, den Bürgermeistern und langjährigen Ratsmitgliedern solche Ämter anzuvertrauen, in denen hohe Geldbeträge zu verwalten waren. Die jüngeren Mitglieder erhielten die geringer vergüteten, aber arbeitsintensiven, mit Inspektionen und Untersuchungen verbundenen Aufgaben zugeteilt.

Das Bürgermeisteramt

Der regierende Bürgermeister hatte die Leitung des Stadtregiments und die Aufsicht über dessen einzelne Geschäftszweige, er führte den Vorsitz in allen Ratsversammlungen und vertrat die Stadt nach außen hin und auf den Landtagen. Er konnte entsprechend der Geschäftsordnung von 1725 in nicht so gewichtigen Angelegenheiten nach Beratung mit drei bis vier Senatoren Beschlüsse fassen und alle an die Stadt gerichteten Befehle und Verfügungen öffnen. Der Bürgermeister hatte das Stadtsiegel, den Schlüssel zur Ratsstube sowie die Dokumente über die städtischen Privilegien zu verwahren.
Die drei Bürgermeister verwalteten ständig ganz bestimmte Ämter, u. a. das Leubnitzer Amt, das Hospitalamt St. Materni und das Brückenamt, die später als »Konsularämter« bezeichnet wurden.

Das Bauamt

Dieses Amt, das alle in der Stadt auszuführenden Bauten sowie die Verwaltung und Instandhaltung der kommunalen Gebäude zu beaufsichtigen hatte, verlor mit der Übernahme der Bauaufsicht durch die Landesbehörde an Bedeutung. Das Amt wurde seit 1710 statt von zwei nur noch von einem Ratsherren verwaltet, da auch Baustreitigkeiten nicht mehr vom Rat, sondern vom Gouverneur geklärt wurden. Zur Unterstützung des Ratsherrn wurde ein Bauschreiber eingesetzt, der die täglichen Arbeiten der Bauhandwerker zu beaufsichtigen und abzurechnen hatte.

Das Geleits- und Zollamt

Im 16. Jahrhundert hatte der Rat von Kurfürst August das große Land- und Wassergeleit nebst der Botmäßigkeit auf der Elbe in Geleitssachen für jährlich 1000 Gulden gepachtet und zugleich die bisher von diesem Geleit bestrittene Unterhaltung bestimmter Landstraßen außerhalb des Weichbildes der Stadt übernommen. Im Jahre 1662 erwarb der Rat das Land- und Wassergeleit gegen eine Zahlung von 40 000 Gulden. Dieses Amt erbrachte selbst nach Abzug der Mittel für Straßenausbesserungen, Besoldung und sonstigen Verwaltungsaufwand so beträchtlichen Gewinn, daß es der Landesherr 1735 zurückverlangte.

Das Kammeramt (Kämmerei)

Diesem Amt oblag die Verwaltung des städtischen Vermögens. Am Ende eines jeden Amtsjahres waren Geld und alle Rechnungen an das Kammeramt abzugeben. Der Stadtkämmerer war in der Regel ein älterer Ratsherr, der wegen der Kontinuität der Geschäfte meist über einen größeren Zeitraum in diesem Amt verblieb. Ein zweiter Ratsherr hatte ihn in der Ausübung der Geschäfte zu unterstützen. Vom Rat benannte Deputierte waren beauftragt, die jährlichen

Rechnungen zu überprüfen. 1714 wurden die 59 zu prüfenden Rechnungen in drei Gruppen unterteilt in »Kämmereirechnungen« (insgesamt 25), in »Pia causa«(18) und »Extra ordinar«(16). Um die Einnahme einzelner Steuergruppen besser überwachen zu können, wurde bereits im 16. Jahrhundert vom Kammeramt das Geschoßamt abgetrennt, das sich zum Steueramt entwickelte. Steuereinnehmer waren in der Regel zwei Ratsmitglieder.

Das Leubnitzer Amt

Mitte des 16. Jahrhunderts hatte die Stadt als Entschädigung für den großen Aufwand beim Bau der Festungswerke den einst zum säkularisierten Kloster Altzella gehörenden Landbesitz, zahlreiche Getreidezinsen sowie die Erbgerichtsbarkeit in sieben ganzen Dörfern und Anteile von drei weiteren Dörfern erhalten. Zur Verwaltung war das Leubnitzer Amt geschaffen worden, das stets einer der Bürgermeister inne hatte.

Das Niederlageamt

Das Amt war Mitte des 15. Jahrhunderts mit der Verleihung des Niederlagerechts für nach Böhmen gehende Waren entstanden und hatte den Handelsverkehr zu beaufsichtigen. Mit der Einnahme der Niederlagegebühren war meist auch die nicht unerhebliche Einnahme der Wagenpfennige (früher auch Wegegeld genannt) für alle in und durch Dresden fahrende Wagen verbunden. Die beträchtliche Erhöhung der Einnahmen weist auf den umfangreicher werdenden Handelsverkehr der Stadt hin.

Das Pfannenamt

Dieses Amt hatte den Zins für die ausgeliehenen Pfannen, in denen die brauberechtigten Bürger ihr Bier brauen mußten, einzunehmen und für die Instandhaltung der Stadtbrauhäuser sowie für die Reihenfolge deren Benutzung zu sorgen. Altendresden besaß ein eigenes Amt, hier wurde nach Aussagen von Zeitzeugen ein besseres Bier gebraut.

Das Richteramt

Seit Ende des 15. Jahrhunderts besaß die Stadt die hohe und niedere Gerichtsbarkeit. Dem Stadtrichter standen ein Vizestadtrichter und Schöffen zur Seite. Altendresden hatte einen eigenen Stadtrichter. Der Stadtrichter hatte die Oberaufsicht in Polizeiangelegenheiten und über das städtische Gefängnis. Mit der verstärkten Wahrnehmung der Polizeiaufsicht durch den Gouverneur und die Landesbehörden verlor das Amt im Strafrecht an Bedeutung. Dafür nahmen Nachlaßangelegenheiten, Erbstreitigkeiten und Grundstücksangelegenheiten einen gewichtigen Raum ein. Der Stadtrichter erhielt die höchste Amtszulage.

Siegel der Stadtgerichte
Kupferstich aus Anton Weck, Chronik der Stadt Dresden, 1680
Stadtmuseum Dresden
Von altersher führte das Siegel der Stadtgerichte nur den Löwen.

Das Zinsamt

Dieses Amt hatte für die Einziehung aller der Stadt zukommenden Erb- und Kapitalzinsen von Häusern und Grundstücken in und vor der Stadt sowie für ausgeliehenes Kapital Sorge zu tragen. Das Altendresdner Zinsamt ging 1839, das Dresdner 1853 in der Stadthauptkasse auf.

Unter der Bezeichnung »Pia causa« wurde eine Anzahl Ämter zusammengefaßt, die vom Rat verwaltet, deren Ausgaben und Einnahmen jedoch getrennt vom Kammeramt abgerechnet wurden.

Das Almosenamt

Das sehr arbeitsintensive Amt war in der Regel mit dem Lazarettamt, später auch mit dem Armenhaus verbunden und hatte seit 1650 den »Gemeinen oder Almosenkasten« zu verwalten. Dieser Armenkasse waren die Einkünfte der älteren Almosenstiftungen, ein Teil der Klingelbeutelgelder aus den Kirchen, der Sammelbüchsen, Geschenke und Vermächtnisse zugewiesen. Es hatte die einheimischen Armen mit dem Notdürftigsten zu unterstützen und Bescheinigungen über die Bedürftigkeit auszustellen. Mit der Zunahme der Armen und Bettler erhöhte sich der Arbeitsumfang beträchtlich. 1772 wurde das Almosenamt der staatlichen Polizeikommission zugeordnet.

Das Brückenamt

Kreuzkirche und Elbbrücke waren bereits sehr früh verwaltungsmäßig verbunden. Das Brückenamt, das für die Erhaltung der Kirche und Brücke zu sorgen hatte, verfügte über erheblichen Grundbesitz, 1801 waren es noch drei ganze Dörfer und Anteile an sechs Dörfern, des weiteren verschiedene Weinberge; dazu kamen die Einkünfte aus dem Brückenzoll. Mit diesem wichtigen Amt war in der Regel ein Bürgermeister betraut.

Das Hospitalamt St. Materni

Dieses Amt verfügte über umfangreichen Grundbesitz, über Weinberge, Vorwerke, über fünf ganze Dörfer und Anteile von fünf weiteren Dörfern. Das Maternihospital befand sich bis 1744 an der Frauenkirche und diente der Versorgung älterer nicht unvermögender Frauen. Die Einkünfte des Hospitalamtes St. Materni überwogen bei weitem den Aufwand, so daß die Mittel teilweise auch für andere Zwecke verwendet wurden.
Im Gegensatz dazu hatte das Hospitalamt St. Bartholomäi nur geringe Einkünfte, die meist durch Almosensammlungen ergänzt werden mußten.

Das Religionsamt

Dieses Amt, nach der Einführung der Reformation geschaffen, vereinigte bei der Bestätigung 1544 im ganzen 47 Altarstiftungen mit Nutzung an Erb- und Getreidezinsen einschließlich der Erbgerichtsbarkeit über die Untertanen der dazugehörigen Dörfer. 1801 gehörten zum Religionsamt noch vier ganze Dörfer und Anteile an 15 Dörfern nebst einem Vorwerk. Aus den Einkünften wurden die Kirchen- und Schuldiener besoldet, die Schulen unterhalten, das Armenwesen unterstützt. Ein geringer Teil wurde zur Stipendienzahlung für arme Theologiestudenten verwendet. Das Religionsamt in Dresden und das in Altendresden wurde in der Regel amtsälteren Ratsmitgliedern übertragen.
Neben den genannten Ämtern gab es zahlreiche weitere Geschäftsstellen, beispielsweise die Verwaltung und Inspektion der Kirchen, des Waisenhauses, der Schulen, der Märkte, des Kornvorrates, der Erb- und Vormundschaftsangelegenheiten. Beaufsichtigt wurden die Tor- und Gastzettel, der Bürgerrechtserwerb, das Fleischschätzen und Brotwiegen und mit der Einführung der Beleuchtung 1705 auch dieses »Nachgeleucht«.
Seit 1720 wurden einzelne Ratsherren auch für die Inspektion in den Vorstadtgemeinden verantwortlich gemacht.
Bis 1832 kam noch die Mitwirkung an verschiedenen Brand- und Creditkassen sowie dem Stadtpolizeikollegium hinzu.

Nicht dem Stande der Rechtsgelehrten zugehörig

Noch im 16. Jahrhundert gab es wenig gelehrte Personen im Dresdner Rat, von insgesamt 24 regierenden Bürgermeistern hatten nur sechs eine akademische Bildung. Superintendent Daniel Greiser beklagte 1557 diesen geringen Bildungsgrad, worauf der Rat erwiderte, die Bürgermeister seien zwar nicht gelehrt, hätten aber wohl ein ebenso gutes Regiment geführt als Doktoren und Magister.

Bei dem wachsenden Geschäftsumfang der Ratsämter wurden Rechtskenntnisse ein dringendes Erfordernis. Das führte dazu, daß immer mehr Juristen in den Dresdner Rat aufgenommen wurden. Die im 16. Jahrhundert noch zahlreich vertretenen Zunfthandwerker sind gegen Ende des 17. Jahrhunderts aus dem Rat verschwunden. Auch die Zahl der aus dem Kaufmannsstand kommenden Ratsmitglieder hatte sich erheblich verringert. Von 1700 bis 1831 waren von den 99 neu aufgenommenen Ratsherren lediglich noch neun dieser Berufsgruppe zuzuordnen. Der 1815 in den Rat gewählte Hofbuchhändler Georg Moritz Walther war bis zur Einführung der Städteordnung 1832 der letzte Ratsherr ohne juristische Ausbildung. Dieser Wahl war eine Anordnung der Landesregierung vom 5. April 1814[16] vorausgegangen, die bei Vakanz einer Amtsstelle eine Besetzung mit einer gebildeten, aber nicht dem Stand der Rechtsgelehrten zugehörigen Person aus der Bürgerschaft forderte. In dem umgehend ausgefertigten Antwortschreiben vom 26. April 1814 berief sich der Rat auf die einst erteilten Privilegien von 1470, 1716 und 1740[17], die Stadt unberührt bei ihrer hergebrachten Verfassung zu belassen, zugleich wurde betont, daß juristische Kenntnisse für die Wahrnehmung der Geschäfte erforderlich seien. Anders als in Leipzig, wo Kaufleute im Rat säßen, müsse man in Dresden keine Rücksicht auf die »Klasse der Kaufleute« nehmen. Auch habe die Handels-Innung in Dresden eine andere Bedeutung als »die in Leipzig und für Leipzig«. Da die Landesregierung jedoch die Einwände abwies, bewarben sich für die freie Stelle 1815 zwölf Kaufleute und Bankiers sowie ein Sattlermeister, von denen der Hofbuchhändler Walther die Stimmenmehrheit erhielt. Dem fünf Jahre später wiederum eingereichten Antrag des Rates an die Landesregierung, die Verordnung vom 5. April 1814 zurückzunehmen, da nur rechtskundige Personen die öffentlichen Geschäfte berufsmäßig führen könnten, war am 13. Dezember 1819 Erfolg beschieden. Nichtjuristen fanden bis 1832 keine Aufnahme mehr in den Rat.

Seit altersher galt es als unstatthaft, daß Vater und Sohn oder andere nahe Verwandte zur gleichen Zeit dem Rat angehörten. Diese alten Bestimmungen wurden jedoch selbst von Bürgermeistern mißachtet. So verschafften die Bürgermeister Veit Heymann 1645, Salomon Voigt 1654, Christoph Vogler und Philipp Strobel 1693 ihren Söhnen durch die Ratsmitgliedschaft eine gesicherte Existenz. Kurfürstliche Verordnungen vom 31. März 1716, erneuert 1741, untersagten jede Vetternwirtschaft, dennoch gelang es auch Bürgermeister Georg Friedrich Stefigen 1727, seinen Sohn in den Rat nachzuziehen. Eine entscheidende Voraussetzung für die Wählbarkeit in den Rat waren die Ansässigkeit, ein Lebensalter von 30 Jahren und seit 1539 die Zugehörigkeit zur evangelischen Konfession, vor allem aber der Besitz des Bürgerrechtes. Auch hier gab es im 17. und 18. Jahrhundert erhebliche Abweichungen, besonders dann, wenn die neuaufzunehmenden Ratsherren zuvor Landesbeamte waren. So wurden zum Beispiel der kurfürstliche Kammerdiener und Bibliothekar Christian Brehme erst vier Jahre (1646), der kurfürstliche Sekretär Paul Doelze zwei Jahre (1717) und der kurfürstliche Kanzleisekretär Christian Sommer sogar erst sieben Jahre (1726) nach ihrer Ratswahl Bürger der Stadt.

Deckelbecher
Goldschmied Paul Zincke
Silber, vergoldet, Dresden 1667
Stadtmuseum Dresden
Der Goldschmied Paul Zincke, seit 1643 Ratsherr, widmete den Becher dem Rat anläßlich seiner Wahl zum Bürgermeister 1667.

Deckelbecher
Silber, vergoldet, Dresden 1701
Stadtmuseum Dresden
Der Mittelteil enthält die Namen: Dr. Marcus Dornblüth, Königl. Polnischer und Churfürstl. Rat
Johann Christian Schumann, Bürgermeisterkollege
Hieronymus Gottfried Behrisch, Stadtsyndicus

Gabriel Tzschimmer
Kupferstich aus Dresdner Bildnisse
Stadtmuseum Dresden
Gabriel Tzschimmer (1629–1694), seit 1661 Ratsherr, wurde 1682 Bürgermeister. Er wurde 1669 kurfürstlicher Geheimer Kammerdiener und 1776 Wirklicher Rat. Verfasser des Prachtwerkes »Die Durchlauchtigste Zusammenkunft«, Nürnberg 1680

Wie mannigfaltig die Verbindungen in der Residenzstadt zwischen dem Hof, den Landesbehörden und der städtischen Verwaltung waren, wird auch daran ersichtlich, daß sich Vertreter aus der landesherrlichen Beamtenschaft um Ratssitze bewarben, aber auch Ratsherren nach höheren Beamtenstellen strebten. Im Gegensatz zu Leipzig, wo bis zum Ende des 17. Jahrhunderts ein Ratsmitglied bei Übernahme eines höfischen oder staatlichen Amtes aus dem Rat ausscheiden mußte,[18] wurde in Dresden dieser Austritt nicht verlangt. Es gibt zahlreiche Beispiele dafür, daß man auch beide Ämter gleichzeitig inne haben konnte. Johann Ephraim Zapffe war als Ratsherr noch 12 Jahre lang Auditeur bei der kurfürstlichen Artilleriehausbestallung, auch Christian Brehme blieb als Ratsherr und späterer Bürgermeister kurfürstlicher Bibliothekar. Der kurfürstliche Beamtentitel durfte weiter geführt werden, allerdings mußten sich diese Ratsherren schriftlich verpflichten, daraus keine besondere Rangstellung oder Vorrechte abzuleiten und alle ihnen übertragenen Aufgaben gewissenhaft zu erfüllen.[19]

Mitunter mußte der Rat auch Personen als neue Mitglieder aufnehmen, die den Kurfürsten genehm waren. August der Starke (1694–1733) versprach sogar Günstlingen die Anwartschaft auf die Ratswürde. Die Rücknahme des Befehls wurde für den Rat eine recht kostspielige Angelegenheit, mußte er doch dafür die Bürgschaft auf eine Summe von 50 000 Gulden für die Obersteuereinnahme übernehmen und noch 1734 Taler als »Geschenke« für Hofbeamte aufwenden. Große Geldbeträge brachte der Rat im Laufe der Jahrhunderte auf, um sich ein altes, 1675 erneuertes Privileg zu bewahren, die Befreiung von der Rechnungslegung vor der kurfürstlichen Kammer. Für 50 000 Gulden nahm auch August der Starke 1714 den Befehl zur Überprüfung der Stadtrechnungen zurück, behielt sich aber für künftige Zeiten sein landesherrliches Überwachungsrecht weiter vor. Die vom Rat bereitwillig bezahlte Summe belastete die Stadtkasse so sehr, daß die üblichen Jahrmarktfeste eingespart werden mußten.

Mit der erstarkenden Staatsgewalt wurde es für den Rat zunehmend schwerer, seine auf alten

Der Altmarkt 1825
Pinselzeichnung von Otto Wagner (1803–1861)
Ausschnitt: Die Westseite mit dem Rathaus
Stadtmuseum Dresden
Das Rathaus wurde 1741–1745 nach dem Entwurf von Johann Christoph Knöffel erbaut.

Privilegien und Ordnungen beruhenden Rechte aufrecht zu erhalten. Häufig klagte der Rat daher über Eingriffe der Landesherren. Bereits im 16. Jahrhundert hatte der Bürgermeister seine Rechte auf militärischem Gebiet an einen Festungskommandanten verloren. 1720 ging die Bauaufsicht an die kurfürstliche Oberbaukommission über, nachdem schon 1677 mit dem Einsatz von Wolf Caspar von Klengel (1630–1691) als Oberinspektor der Fortifikations- und Zivilgebäude eine Kontrolle ausgeübt worden war. Zahlreiche Mandate und Anordnungen griffen im 18. Jahrhundert in nahezu alle Bereiche des öffentlichen Lebens in der Residenz ein. Oft genug wurde der Rat vom Landesherren und dessen Behörden wegen unzureichender Konsequenz bei der Durchsetzung getadelt. 1765 wurde eine Polizeikommission eingesetzt und 1817 ein Stadtpolizeikollegium gebildet, dem 1825 die Baupolizei zugeordnet wurde. 1818 schließlich wurde die Verwaltung des Armenwesens einer Armenkommission übertragen.

Carl Christian Pohland, um 1815
Gemälde von Traugott Leberecht Pochmann
Stadtmuseum Dresden
Carl Christian Pohland (1768–1847), seit 1799 im Rat, war von 1814 bis 1832 Bürgermeister. Nach ihm wurde 1893 die Straße 10 in Striesen in Pohlandstraße umbenannt.

Der Rat wurde damit weitestgehend auf die Verwaltung der städtischen Ämter, die Aufsicht über Kirchen und Schulen und das städtische Finanzwesen beschränkt.

Eine jährliche Finanzabrechnung aus jedem Amt wurde seit 1470 gefordert, aber durch die Zeiten ziehen sich Klagen über Unkenntnisse im Rechnungswesen und über Versäumnisse. Ein Übelstand, der auch in anderen Städten zu verzeichnen war. Eine Aufstellung aus dem Jahre 1714[20] belegt, daß beinahe alle Mitglieder des Rates mit ihren Rechnungen oft über mehrere Jahre im Rückstand waren. Da sich der Rat nur selbst kontrollierte, die zur Prüfung der Finanzen Deputierten selbst zu den Säumigen gehörten und die Verwaltung des Gemeinvermögens vor der Bürgerschaft geheimgehalten wurde, waren Unredlichkeiten nicht ausgeschlossen. Oft genug wurde der gemeine Nutzen mit dem eigenen Nutzen vertauscht.[21] Zwar enthielt die Geschäftsordnung von 1725[22] Festlegungen zur Behebung dieser Mißstände, aber diese wurden in der Praxis kaum beachtet. Anfang des 19. Jahrhunderts war die zu Tage tretende Unordnung im städtischen Rechnungswesen so groß, daß 1815 eine königliche Kommission zur Prüfung eingesetzt wurde. Der Rat versprach zeitgemäßere Formen im Finanzwesen einzuführen, mußte aber gleichzeitig eingestehen, seit dem 16. Jahrhundert keine Veränderungen mehr vorgenommen zu haben.

So wie das Finanzwesen der Stadt unter die Kontrolle der Landesregierung gestellt wurde, sollten auch die 1817 gewählten Stadtrepräsentanten die Alleinherrschaft des Rates verringern. Aber erst die Allgemeine Städteordnung vom 2. Februar 1832 setzte die überlebte alte Stadtverfassung und die seit 1660 unveränderten Rechtsordnungen und Statuten der Stadt außer Kraft, die schon längst nicht mehr den Erfordernissen der Zeit entsprachen. Der Weg für eine bürgerliche Kommunalpolitik wurde damit frei.

Verzeichnis der Dresdner Bürgermeister von 1292–1832[23]

1. 1292–1470

Für das 13. und 14. Jh. lassen sich die Namen (unterschiedliche Schreibweise) nur lückenhaft ermitteln.

Amtsjahre als regierender Bürgermeister	Name	erstmals im Rat	Angaben
1292	Hermannus		
1296	Jacobus dictus magnus		
1301, 1303, 1307	Theodoricus Berner		
1308, 1309	Ditherich Berner		
1310, 1311	Johannes de Lyndech (Lindech)		
1315, 1316, 1317	Theodoricus Buling		
1318	Losemannus		
1328, 1329, 1332	Nicolaus Monetarius		
1337	Hannus v. Wylenstorf	1318	
1352	Andreas de Maydeburg		
1362, 1375, 1380	Henczil Hokindorf	1337	
1371	Bulingus		
1373, 1379	Frantze Kuczinrade (Koczenrode)	1362	
1376	Tycze Buling	1362	
1387, 1394	Heinrich Jokerim	1362	
1392, 1400, 1403, 1406	Lorenz Busmann	1387	
1395, 1398, 1401	Hans Buling	1380	
1396	Peter Berner	1395	1380–1395 Stadtschreiber
1397	Nicolaus Hertil	1337	
1399, 1402, 1408, 1410	Nicolaus (Nigkel) Hoykendorff		
1404, 1407, 1411, 1416, 1419, 1423, 1428, 1435	Hannus (Hans) Czugczik (Czugczyk)	1399	
1405, 1409, 1412, 1415, 1417	Martin Kynast		
1413, 1429	Thomas Statschriber	1413	1396–1412 Stadtschreiber
1414, 1418, 1420, 1422, 1425, 1432	Paulus Goudeler	1403	
1421, 1426	Nicolaus Romchin	1410	
1424, 1427, 1430, 1433, 1437	Nicolaus Tiremann (Thirmann)		1413–1424 Stadtschreiber, Gewandschneider
1431, 1434, 1436, 1440, 1443, 1448	Hans Radeberg	1428	
1438, 1441, 1444, 1447, 1450, 1453	Nicolaus Münzmeister	1425	
1439, 1442, 1445, 1451, 1454	Johann Questwicz	1430	
1446, 1449, 1452, 1455, 1458	Hans Münzmeister	1436	
1456, 1459, 1468	Hans Kotericzsch (Koderitzsch)	1438	Schied aus, ging in kurfürstl. Dienste, 1456 Bürgermeister ohne im Rat zu sein
1457, 1460	Nickel Proles		
1461	Nickel Schonyrst (Schonhirst)	1443	
1462, 1466	Vincencius Romchen	1450	
1463	Lorenz Vogil	1459	
1464, 1467, 1470–1485	Lucas Veist	1457	
1465, 1469, 1471–1483	Hans Francke	1464	

2. 1470–1831/32

Amtszeit als Bürgermeister (gewählt auf Lebenszeit)	Name	erstmals im Rat	Angaben
1472–1478	Claus von Czyl (Zciel)	1471	
1481–1490	Johannes Huffener	1471	auch Johannes Apotheker gen.
1486–1495	Nickel Seidel	1463	

1488–1500	Symon Werchaw	1475	
1493	Hans Karlwitz	1476	Hans v. Karlewitz auf Kreischa
1496–1502	Hans Smeysser (Schmeisser)	1482	Gewandschneider, 1502 der reichste Mann der Stadt mit 2200 Gulden
1498	Bastian Jost	1485	
1501–1504	Heinrich Kannengießer	1493	Geschützgießer
1503–1524	Donatus Conradi (Conrad)	1486	
1505–1515	Matthes Koler	1488	
1507	Jacof Crewl	1499	Seidensticker
1511–1528	Martin Schreyer	1505	
1518–1545	Greger Byner	1507	Schneider
1520–1523	Hans Hanstein	1503	
1525–1533	Magister Wenceslaus Nawmann		1518–1526 Stadtschreiber, geht 1533 nach Freiberg
1526–1546	Hans Gleinig	1506	1546 reichster Mann mit 11320 Gulden
1531–1568	Peter Byner	1528	1568 wegen hohen Alters vom Amt enthoben
1542–1552	Magister Theodoricus Lyndemann	1525	Schulmeister an der Kreuzschule
1552–1556	Andreas Pfeilschmidt	1535	
1553–1556	Michel Wedelich	1539	Handelsmann
1554–1555	Dr. Martin Heuseler	1539	1526–1543 Oberstadtschreiber, Doktor der Rechte
1555–1556	Andreas Pfeilschmidt	1535	
1556–1571	Christoph Kentman	1528	Kürschner
1557–1559	Georg Ruger (Rüger)	1540	kurfürstl. Küchen- und Fischmeister
1558	Jobst Kettwig (Kethwig)	1556	1543–1546 Oberstadtschreiber
1560–1566	Anton Thurler	1544	kurfürstl. Kammerdiener
1561–1587	Hans Khun	1556	
1567–1573	Marcus Fuchs	1561	von Hainichen
1568–1571	Bastian Wick	1557	
1571–1586	Hans Walter	1561	Bildhauer
1576–1591	Hans Hase	1559	
1589–1604	Hans Plansdorf	1579	wird willkürl v. Kurfürst als Bürgerm. eingesetzt
1590–1596	Magister Elias Vogel	1589	kurfürstl. Lehnssekretär
1591–1602	Bastian Krößs (Kreiß)	1589	kurfürstl. Kammerdiener
1599–1607	Jonas Möstel	1585	Unterstadtschreiber
1603–1621	Jakob Lehmann	1592	Dresdner Bürgersohn
1607–1618	Georg Bodecker	1597	kurfürstl. Kammer-schreiber
1608–1640	Hans Hillger	1599	Büchsen- und Glocken-gießer
1619–1641	Sigmund Otto	1602	Jurist
1621–1624	Conrad Schäfer	1618	Handelsmann
1624–1631	Hans Jentzsch	1602	
1633–1640	Paul Rötting	1632	zuvor Amtsbuchhalter des Hl. Röm. Reiches
1641–1651	Johann Werner	1618	Gastwirt
1642–1652	Elias Jentzsch	1625	1624 Stadtrichter
1643–1651	Veit Heymann	1636	kurfürstl. Stallschreiber
1652–1666	Valentin Schäfer	1640	Handelsmann
1653–1661	Christian Schumann	1640	Schreiber
1654–1655	Salomon Voigt	1641	kurfürstl. Sekretär

1657–1667	Christian Brehme	1642	Geh. Kammerdiener, kurfürstl. Bibliothekar, pflegte Dichtkunst
1662–1674	Michael Müller	1642	Notar
1667–1678	Paul Zincke	1643	Goldschmied
1669–1679	Matthäus Schlintzig	1648	Schiffshändler
1677–1689	Georg Wiegner	1650	Notar
1679–1680	Franz Jünger	1652	Steuereinnehmer
1681–1693	Christoph Vogler	1659	kurfürstl. Musterschreiber
1682–1694	Gabriel Tzschimmer	1661	1669 kurfürstl. Kammerdiener, 1676 Geh. Rat
1689–1702	Philipp Strobel	1666	Jurist
1696–1705	Johann Christian Schumann	1671	Jurist
1697–1715	Marcus Dornblüth	1677	Advokat, kurfürstl. Steuerprokurator
1704–1709	Johannes Schäfer	1681	Jurist
1707–1744	Christoph Heinrich Vogler	1693	Jurist, 1744 ausgeschieden, 1746 gestorben
1708–1716	Beatus Ganzland	1689	wegen Verwendung öffentl. Mittel 1716 aus Rat entlassen
1715–1736	Georg Friedrich Steffigen	1699	kurfürstl. Amtsschreiber
1716–1719	Georg Heinrich Schrey	1701	Advokat, 1719 mit Pension in Ruhestand, 1720 gestorben
1719–1734	Johann Christian Schwarzbach	1701	Advokat
1733–1750	Burckhard Leberecht Behrisch	1707	Dr. jur., Erb- und Lehnsherr auf Untergreißlau
1738–1747	Gottlieb Ritter	1713	Advokat
1744–1761	Christian Weinlig	1724	gab Ratssitz 1761 auf, 1762 gestorben
1748–1757	Carl Gustav Strauch	1724	trat 1757 zurück, 1760 gestorben
1752–1754	Ernst Christian Hübner	1733	kurfürstl. Sekretär
1755–1760	Carl Samuel Freyberg	1736	Advokat
1757–1759	Christian Gottlieb Schwartzbach	1734	Jurist
1759–1783	Christoph Bormann	1736	Advokat, baute 1770 Gasthof am Neumarkt, verzichtete 1783 auf Amt, 1787 gestorben
1762–1766	Heinrich Abraham Hilbert	1750	Advokat
1763–1766	Johann Gottfried Hauschild	1740	Advokat
1767–1773	Ehregott Friedrich Bergmann	1746	Advokat
1768–1769	Johann Gottfried Otto	1751	Advokat
1771–1784	Friedrich Glasewald	1753	Advokat
1774–1784	Christian Friedrich Fleischer	1755	Advokat
1784–1786	Friedrich Benedikt S. Seyfried	1760	Advokat
1785–1803	Johann August Otto	1770	Advokat, Syndicus
1786–1805	Johann Wilhelm Axt	1767	Advokat
1787–1812	Friedrich August Ermel	1770	Advokat
1803–1814	Christian Gottfried Heyme	1774	Advokat, 1814 zurückgetreten, 1823 gest.
1807–1814	August Gottfried Clausnitzer	1784	Advokat, 1814 zurückgetreten

1813–1815	Johann August Beck	1785	Advokat
1814–1832	Carl Christian Pohland	1799	Advokat, trat 1832 in den Ruhestand, 1847 gest.
1815–1821	Gottlieb Heinrich Schulz	1797	Rechtskonsulent
1816–1822	Friedrich Wilhelm Herrmann	1805	Dr. jur., Advokat, 1806–1816 zugleich Syndicus
1823–1832	Johann Georg Ferdinand Jacobi	1806	Advokat, 1831/32 letzter regierender Bürgermeister

Anmerkungen

1 Codex diplomaticus Saxoniae regiae, Leipzig 1875,V. Bd., S. 6f., Nr. 9.

2 Richter, Otto, Verfassungs- und Verwaltungsgeschichte der Stadt Dresden, Dresden 1891, 1. Bd., S. 398.

3 Codex diplomaticus Saxoniae regiae, Leipzig 1875 V. Bd., S. 288, Nr 394; S. 45, Nr. 61.

4 A.a.O., S. 102, Nr. 110 Es ist die erste nachweisliche Bestätigung der Ratswahl durch den Landesherren.

5 Richter, Otto, a.a.O., S. 74.

6 Codex diplomaticus, a.a.O., S. 238, Nr. 325.

7 A.a.O., S. 248, Nr. 344.

8 Stadtarchiv Dresden, RA, A II. 13.

9 Stadtarchiv Dresden, RA, A III. 15.

10 1561 erhielt der regierende Bürgermeister 15 Faß, die beiden anderen Bürgermeister je 10 Faß, die ältesten sitzenden Herren je 24 Faß, die jüngeren 30 Faß und die nicht sitzenden je 33 Faß. Vgl. dazu: Hennig, Gotthard, Verfassung, Wirtschaft und Sozial-Ökonomik der Landeshauptstadt Dresden ..., Offenbach a. M. 1936.

11 Zu den Ratswahlen 1689 wurden für 144 Gulden 14 Groschen 4 Pfennige, 1719 für 201 Gulden 14 Groschen 9 Pfennige und 1725 für 207 Gulden Speisen und Getränke verkonsumiert. Vgl. Kämmereirechnungen dieser Jahre.

12 Stadtarchiv Dresden, RA, A II.100 i, Protokoll vom 2. August 1704.

13 Codex Augusteus, Leipzig 1724, I. 2. Teil, S. 2063.

14 Vgl. Stadtarchiv Dresden, RA, AXV. 31 w.

15 Die Angaben stützen sich auf Otto Richter, a.a.O., die Kämmereirechnungen und Ratsprotokolle.

16 Stadtarchiv Dresden, RA, A II.44, fol. 217.

17 A.a.O. fol. 220 ff.

18 Vgl. dazu Czok, Karl, Das alte Leipzig, Leipzig 1978, S. 30.

19 Stadtarchiv Dresden, RA, A II.101 a.

20 A.a.O., RA, A II. 19 fol. 73 ff.

21 Bürgermeister Beatus Ganzland hatte die Mittel der Kreuzschule für sich verwendet, die er auch nach 5 Jahren 1716 nicht zurückgeben konnte. Paul Doelze mußte 1721 »wegen allzu großen gemachten Kredits« den Rat verlassen. Der Ratsherr Christian Gottfried Hermann hatte sich um 10 998 Gulden bereichert und durch Flucht der Verantwortung entzogen. Johann Adam Lotter hatte 1724 8 000 Gulden Vormundschaftsgeld veruntreut.

22 Stadtarchiv Dresden, RA, A II. 101 e.

23 Zusammengestellt nach Ratsprotokollen, Kämmereirechnungen, Richter, O., a.a.O. Bd. 1. Beilage XVI, Schroeder, Felix von, Die Bürgermeister von Dresden 1549–1806, Mitteldeutsche Familienkunde, Bd. 6, H. 3/1979.

Von der Wetzegrelle zum Theaterplatz

Matthias Griebel

Beginnen wir unseren Rundgang durch die Geschichte des heutigen Theaterplatzes, so kann bereits die Vielfalt der topographischen Begriffe in der historisch beschreibenden Literatur für dieses Areal Verwirrung stiften:
bei den zwei Tümpeln unweit Gerbergemeinde und Elbe (13. Jh.), zwischen alter Markgrafenburg und Wetzegrelle (um 1500), am Zwingerwall und dem Feuerwerksplatz (um 1650), am Reithaus (um 1680), Platz an und vor der Bastion Sol (nach 1721), am, hinter, neben dem Zwinger (vor 1738), im Italienischen Dörfchen (ab 1738) und schließlich Theaterplatz (ab 1840). Entsprechend vielschichtig und beinahe verwirrend – denkt man nur an die Anzahl der Theaterstandorte in diesem Bereich – wird auch die Beschreibung der prägenden Bauten, nähme man sie in strenger chronologischer Abfolge vor, ausfallen müssen.
Also beginnen wir unseren Exkurs bei längst nicht mehr vorhandenem, machen vor allem Station im Italienischen Dörfchen und lassen für die platzbildenden Bauten des heutigen Theaterplatzes als einem der schönsten Plätze in Europa zeitgenössische Quellen, Zitate sowie Bilder sprechen.
Wenn weniger Bekanntes umfänglicher ausgeführt, Bedeutenderes jedoch in der Schilderung nur knapp vermerkt werden kann, so mag dies der Stoffülle des Themas geschuldet sein. Ebenfalls nicht behandelbar sind im vorgegebenen Rahmen viele wichtige Personen sowie das ›Innenleben‹ der den Platz in den Zeitläufen prägenden Bauten.

Die Bastion Sol und der Feuerwerksplatz

Erweiterungsbauten und Verbesserungen der alten Stadtbefestigung, die ihren Ursprung in der 1299 erstmals genannten Stadtmauer und den nachfolgenden Ausbauten vor allem des 15. Jh. (Hussiteneinfälle) hatte, erfolgten planmäßig unter Kurfürst Moritz (1521/1547–1553) sowie seinem in der Regentschaft nachfolgenden Bruder Kurfürst August (1526/1553–1586). Letzterer engagierte im Jahre 1569 für die Oberbauleitung in Sachsen den Italiener Graf Rochus von Linar (1525–1596), einen Spezialisten für Bastionärbefestigungen in italienischer Manier.
»... In Dresden erneuerte und vergrößerte er die Fortifikation im Nordwesten hinter dem

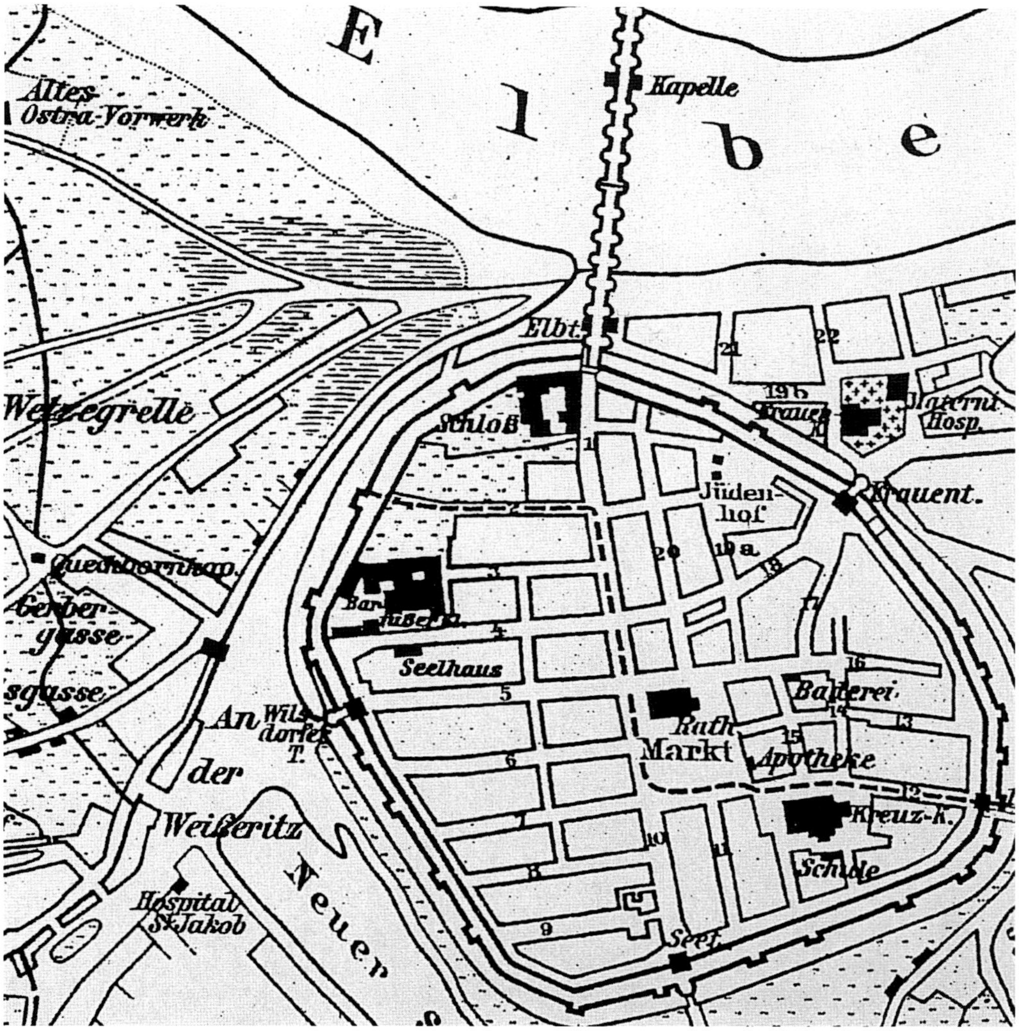

Dresden um 1500
1 : 12500
aus Lange-Diercke, Sächsischer Schulatlas, Dresden 1930, Ausschnitt Westlich der alten Markgrafenburg, hier als Schloß bezeichnet, sumpfiges Gelände, das auf die zwei Tümpel von ehedem längs des Weißeritzarmes hinweist. Siehe auch Dresdner Geschichtsbuch 1, S. 25: Holzmodell der Stadt Dresden vor 1519. Die Bedeutung des Begriffes ›Wetzegrelle‹ ist nicht geklärt, könnte jedoch ein slawisches Idiom sowie das deutsche 'Grell' als bedrohend, zornig, heftig im Zusammenhang als Überflutungsgebiet der Elbe beinhalten.

Schloß. In einer großzügigen Lösung schaffte er durch Hinausschieben der Festungsanlagen ins Vorland Baufreiheit vor dem Schloß innerhalb der Festung. Er schuf damit den Raum, auf dem heute der Theaterplatz mit seinen berühmten Bauwerken liegt.

Die drei ältesten kleinen Bastionen im Nordwesten Dresdens ersetzte Linar durch zwei sehr große, moderne Bastionen nach der neuitalienischen Manier, mit sehr langen Facen und kurzen Flanken. Die kurze Kurtine zwischen den Bastionen gestaltete er zu einem starken Platz, indem er sie in der Mitte ebenfalls etwas in den Graben vorzog …

Die Schwierigkeit bei den Neubauten hinter dem Schloß bestand darin, daß man beim Hinausverlagern der Festungsanlagen über den alten nassen Stadtgraben, der mit Weißeritz und Elbe verbunden war, hinausstoßen mußte, daß also Dammbauten für beide Wasserläufe errichtet werden mußten, bevor die Schanzarbeiten für neue Werke überhaupt beginnen konnten …«[1]

August der Starke änderte 1721 die Namen der Bastionen, so wurde aus der am Feuerwerksplatz die Bastion SOL (nach dem römischen Gott der Sonne), wo auch weiterhin prächtige Feuerwerke abgefeuert wurden, deren Vorrat in den Gewölben des Zwingerwalles lagerte.

Bastion Sol vom Schloßplatz gesehen. 1748
Lichtdruck nach Canaletto
Gut sichtbar der Zwingerwall mit den Feuerwerksgewölben und einem die Bastion zur Elbe zu krönenden Wächterhäuschen. Der Turm der Katholischen Hofkirche wird zwar erst 9 Jahre später fertiggestellt, ist von Canaletto jedoch als Projekt bereits in die Vedute aufgenommen.

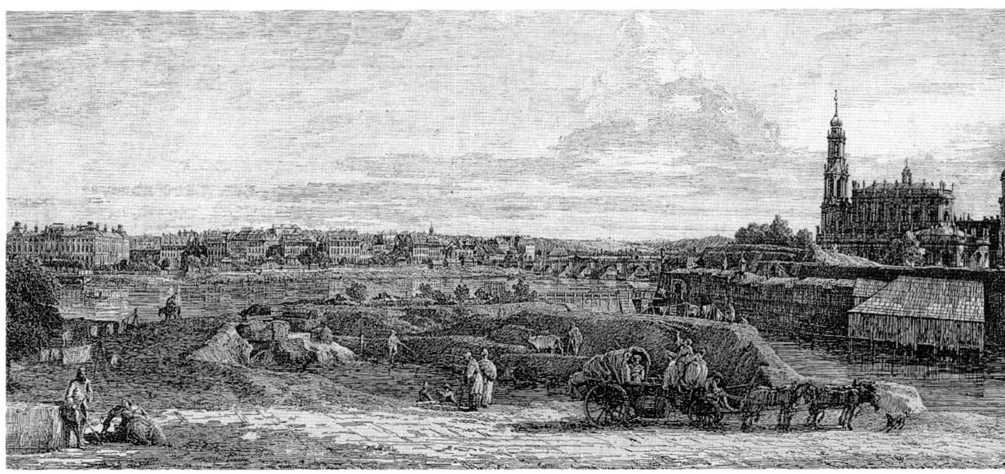

Bastion Sol von Westen. 1747
Lichtdruck nach Canaletto
Vor der Festungsmauer der alte Weißeritzarm. Rechts im Vordergrund, von der Katholischen Hofkirche überragt, Zwingerwall und Bastion Sol. Vom Feuerwerksplatz führt das Ausfalltor nach außen, wo nach dem Abbruch der Festungswerke ab 1818 die Calberla'sche Zuckersiederei, das spätere Hotel ›Bellevue‹, erbaut werden wird.

Reithaus, Schießhaus und Redoutenhaus

Kurfürst Johann Georg I. (1585/1611–1656) ließ auf dem Areal des heutigen Zwingers und Theaterplatz im Jahre 1618 ein erstes, zum Schloß gehöriges Reithaus zu ›ritterlichen Übungen‹, Abrichtung und Bereitung von Schulpferden errichten.

1672 wird das Gebäude durch den nunmehrigen Landesherrn Johann Georg II. (1613/1656–1680) bereits wieder abgebrochen und 1677/78 ein gleichen Zwecken dienendes im Spätrenaissancestil gehaltenes Bauwerk an selbiger Stelle, also auf dem Feuerwerksplatz westlich des Schlosses errichtet. Das neue Reithaus maß 94 m in der Länge, war 28 m breit und hatte eine Höhe von 24 Meter. Architekt war der sächsische Oberlandbaumeister Wolf Caspar von Klengel (1630–1691). 1710 oder 1711 wurde es für den Bau des Zwinger wieder abgebrochen.

Zwischen Reithaus und Zwingerwall wurde, ebenfalls unter Johann Georg II., im Jahre 1673 ein neues Schießhaus errichtet (das alte hatte am Schloß neben dem alten Münzhaus gelegen und war 1672 abgerissen worden), das dem Architekten des Kurfürsten, Johann Georg Starcke (um 1640–1695) oder Wolf Caspar von Klengel zugeschrieben wird.

Es mußte ebenfalls nach 1710 dem Zwingerbau weichen.

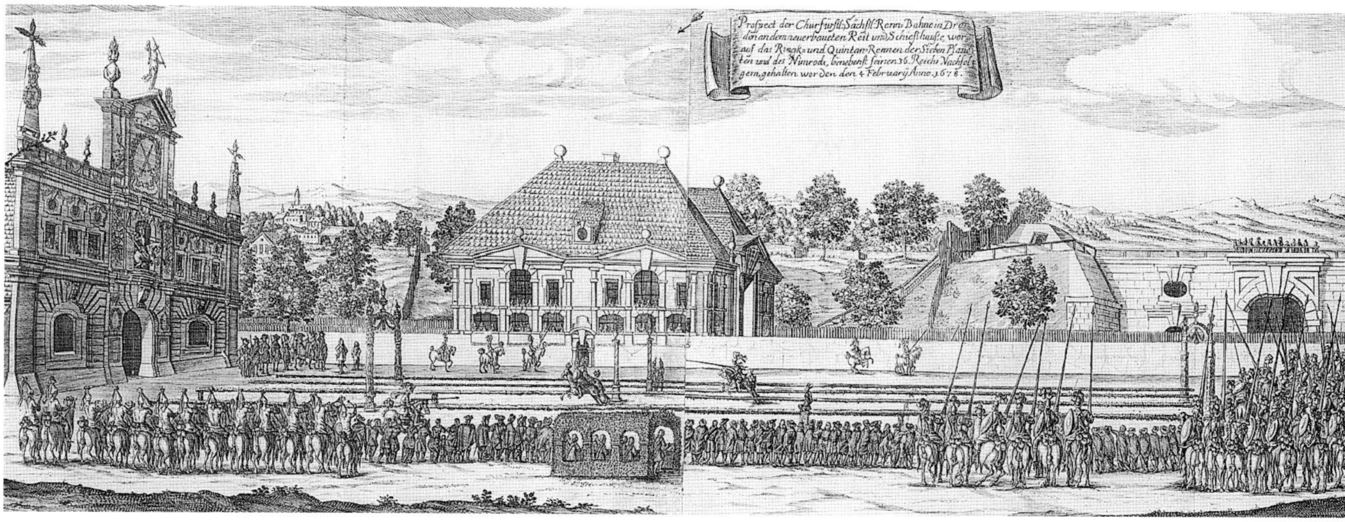

Prospect der Churfürstl. Sächs. Renn-Bahne in Dresden an dem neuerbauten Reit- und Schießhause
Kupferstich aus Gabriel Tzschimmer
Stadtarchiv Dresden
Links vor dem Zwingerwall die dem Feuerwerksplatz zugewandte reich geschmückte Fassade des Reithauses sowie daneben das Schießhaus. Hier anläßlich der Festlichtkeiten der »Durchlauchtigsten Zusammenkunft« im Jahre 1678. Für den Bau des Zwingers wurden die Gebäude größtenteils abgebrochen, ihr Platz diente nun dem Bildhauer Balthasar Permoser (1651–1732) als Werkstätte.

Das Redoutenhaus (von Redoute = Saal für Feste und Tanzveranstaltungen), 1691 durch Starcke errichtet, wurde dem Reithaus nördlich vorgelagert, so daß Reithaus, Schießhaus und Redoutenhaus einen einzigen, den höfischen Festlichkeiten vorbehaltenen Komplex bildeten. Auch das Redoutenhaus fiel 1710 dem Abbruch anheim.
Aber noch vorher, 1709, beim Besuch des Königs von Dänemark, Friedrich IV. (1671/1699–1730) in Dresden, wurde das gesamte, dem Hof ohnehin vorbehaltene Areal für die langanhaltenden, prunkvollen Festlichkeiten genutzt. Hierin liegt auch die großartige Idee zum Dresdner Zwinger, auf dessen Entstehungsgeschichte nicht eingegangen werden kann.[2]
Der Bau des Zwingers, von den Ursprüngen 1709 über eine Vielzahl von Detaillösungen und immer neuen Planungen, wurde bis zu der bekannten Dreiseitgestaltung verwirklicht und

Reithaus, Innenansicht
Kupferstich, 1709
aus der Dresden-Chronik von Gustav Klemm

Auch zeitgenössischen Beschreibungen nach war die Innenausstattung des Reithauses überaus prächtig. Erhöhte Zuschauerplätze sowie üppige Illumination steigerten den Reiz der Reitvorführungen, die, wie hier an den Kostümen der Reiter sichtbar, auch szenischen Charakter trugen.

schließlich 1732 eingestellt. Die neue Schloßanlage, als deren Entree der Zwinger gedacht war und die sich bis zur Elbe erstrecken sollte, blieb Vision.

Der Zwingerkomplex mit Kronentor, Wall- und Stadtpavillon, Nymphenbad, Lang- und Bogengalerien wurde nach der offen gebliebenen Theaterplatzseite mit einer Holzbarriere, später einer Mauer, welche in der Mitte ein Tor hatte, abgeschlossen.

Das Italienische Dörfchen entsteht

Bereits 1738 bekam das Areal zwischen dem Zwingerabschluß und der Bastion Sol, also der alte Feuerwerksplatz eine völlig neue Perspektive durch den Bau der Katholischen Hofkirche.

August der Starke (1670/1694–1733), als Kurfürst von Sachsen Friedrich August I., hatte 1697 die polnische Krone erlangt und regierte in Polen als König August II., da es in der polnischen Regentenfolge bereits einen August I. gegeben hatte. Auch August des Starken Sohn, Kurfürst Friedrich August II. (1696/1733–1763) von Sachsen, regierte 30 Jahre in Personalunion als König in Polen und zählt daher in der Königsfolge als August III. Voraussetzung für die Königswahl in Polen war die Konversion zum katholischen Glauben, die August der Starke am 1. Juni 1697 in Baden bei Wien, sein Sohn am 27. 11. 1712 in Bologna vollzogen hatten. Da es den Kurfürst-Köni-

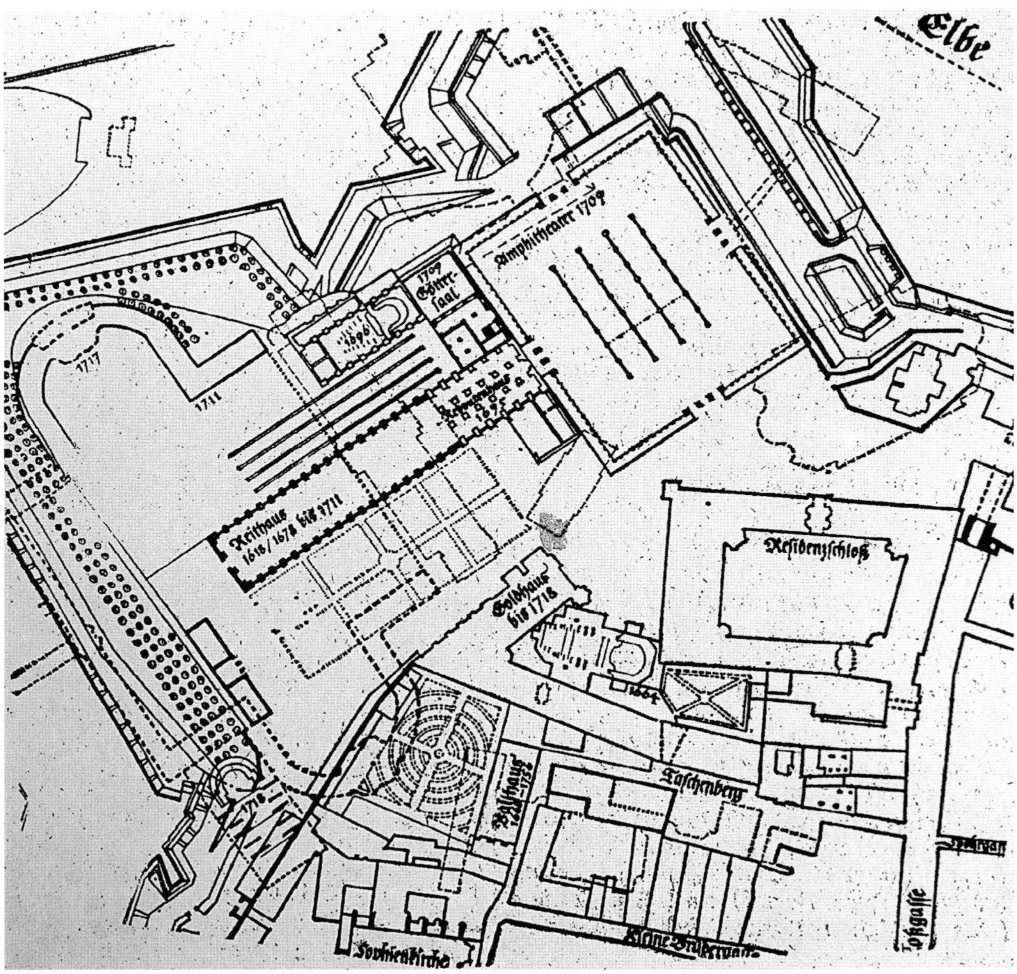

Frühe Bauten und Anlagen auf dem späteren Theaterplatz
Rekonstruktionszeichnung zu Kurt W. Leucht (s. Anm. 12)
Die Darstellung vermittelt anschaulich die theamatische Dichte und gibt einen guten zeitlichen Überblick der verschiedenen Bauten und Anlagen auf dem Areal. Zur Orientierung wurden die Grundrisse heutiger Gebäude wie Gemäldegalerie, Wache, Opernhaus, Gaststätte ›Italienisches Dörfchen‹ und Kathedrale angedeutet; selbst die Standorte des nicht mehr existierenden Wettinobelisk am Taschenberg sowie des ›Zwingerschlößchen‹ am Zwingerteich sind eingezeichnet. Auch vermerkt der Autor: »… Ein Vorläufer des Zwingers war ein im Jahre 1709 in Holzkonstruktion errichtetes Amphitheater auf dem heutigen Theaterplatz. Die Ausmaße betrugen 110 Meter in der Länge und 92 Meter in der Breite. Von allen vier Seiten waren 14 Meter breite Eingangsportale angeordnet. Im gleichen Jahr wurde der ›Göttersaal‹ zwischen Amphitheater und dem französischen Sprechtheater Augusts des Starken (1696) errichtet. Vom Reithaus (1618) auf dem heutigen Gelände des Zwingers und dem anschließenden Redoutenhaus (1695) gelangten die Akteure zu den ›Volksfesten‹ ins Amphitheater. Aus dieser zur Tradition gewordenen Idee des Dresdner Festwesens am Ende des 17. Jahrhunderts und zu Beginn des 18. Jahrhunderts entstand noch 1709 die grandiose Barockschöpfung des Zwingers, die als ›steingewordene Dresdner Musik‹ in die Geschichte der Baukunst eingegangen ist.«

gen in der protestantisch geprägten heimatlichen Residenzstadt Dresden an einem katholischen Gotteshaus mangelte, richtete man zunächst im Audienzsaal des Residenzschlosses eine provisorische Hofkapelle ein. 1707/08 wurde das alte Komödienhaus am Taschenberg zu ebensolchem Zweck umgebaut und bis 1751 genutzt. Erst nach Fertigstellung der Katholischen Hofkirche, die August der Starke nie gesehen hat, da deren Bau erst 5 Jahre nach seinem Tod begann, wurde dann der katholische Gottesdienst dorthin verlegt.

Es ist hier nicht die Absicht, näher auf die Baugeschichte dieses Gotteshauses, der jetzigen Kathedrale St. Trinitatis des Bistums Dresden-Meißen einzugehen.[3] Jedoch untrennbar mit ihrem Bau verbunden ist die Entstehung des eigenwilligen Stadtviertels »Im Italienischen Dörfchen«, das sich bald über unseren Theaterplatz vom Zwingerabschluß bis zur Elbmauer hinbreitete.

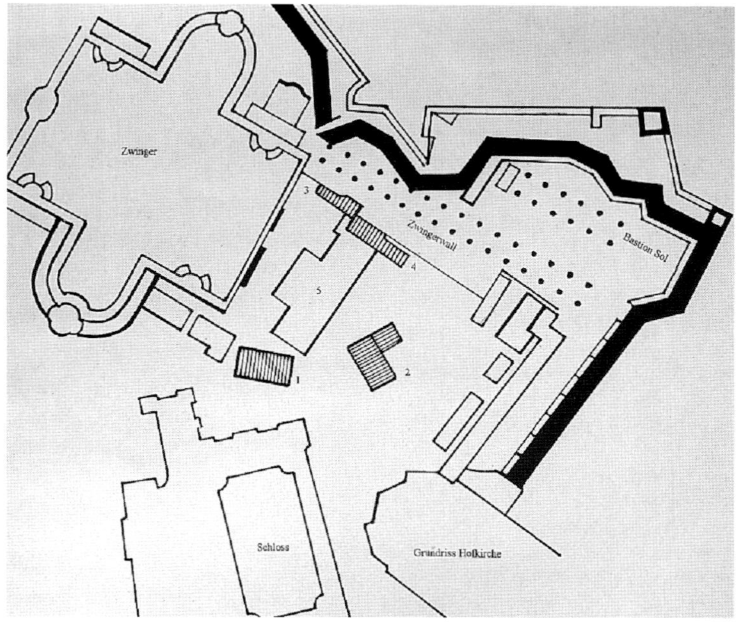

Der Gewerkeplatz zwischen Zwinger, Elbwall und Schloß, 1739
Umzeichnung
Auf dem Originalplan (s. Anm. 3) sind die hier schraffierten Objekte bezeichnet als »… seit dem 3ten Novembris 1738 von dem Herrn Bau Meister Chyäveri gemachet …«, im Einzelnen: »Stein Metz Hütte« (1), »Kalck Hütte und Kalck Sumpf« (2), »Ställe« (3), »Schlosser Werkstatt« (4) und »Tischer Werkstatt« (5).
Ein auf der Umzeichnung nicht sichtbarer Komplex am heutigen Schloßplatz ist mit »Neu aufgeführte Gebäude zur Bau Schreiberey und zur Wohnung vor Bau Bediente« beschrieben. Letztere errichten sich erst später die Häuser entlang der Elbe, eine neue Hofbauschreiberei entsteht an der ›Schimmelallee‹.

Der römische Baumeister des Gotteshauses, Gaetano Chiaveri (1689–1770), der 1737 von Warschau, wo ihn August III. für den Bau gewonnen hatte, nach Dresden kam, zog italienische Bauleute, Kondukteure und Handwerker für die Bauausführung heran. Diese wohnten wohl zuerst an anderer Stelle und errichteten sich erst später einfache Häuser entlang der Elbe neben den Gewerkeplätzen, die nun den Feuerwerksplatz einnahmen. Auf der Vedute Canaletto's von 1748 »Dresden vom rechten Elbufer unterhalb der Augustusbrücke« kann man noch keine derartigen Bauten entdecken, obgleich der indessen weit fortgeschrittene Kirchenneubau bereits zehn Jahre währte.

Erst in den letzten 40er Jahren – ab 1746 stockte der Baubetrieb an der Hofkirche und schien 1749 fast ganz eingeschlafen zu sein, zudem verließ Chiaveri im gleichen Jahre Dresden für immer – sowie nach 1750 wird das spätere Theaterplatzareal dicht bebaut. Ein leider nicht datierter Plan[4] verzeichnet für den Platz, auf dem noch 1739 lediglich Baueinrichtungen zu finden waren, nebst kleiner Garten- und Wiesenplätze immerhin die stattliche Anzahl von vierzig Gebäuden. Diese sind überwiegend ebenerdige, dörflich anmutende Fachwerkbauten, nur das Theater sowie acht Häuser entlang der Elbefront sind massive Steinbauten. ›Hauptstraße‹ des nunmehrigen ›Italienischen Dörfchens‹ ist die mit Kastanien bestandene ›Schimmelallee‹. T-förmig setzt sie sich entlang der Abschlußmauer am Zwinger fort. Beiderseits der Allee gruppieren sich die noch einfachen Gebäude, von denen etwa die Hälfte dem Schloß zugehörig, die anderen amtssässige Privatbauten sind. Da gab es bescheidene Hütten, niedrige Fachwerkhäuser und einige zweistöckige Bauten – insgesamt ein Provisorium von ständig wechselndem Aussehen. Entlang der Elbe hatten die Hofköche Vulcani und Pereni, der Hofheiduck Gemelich und andere Hofbedienstete ihre Wohnstätten als Steinbauten errichtet, auch gab es Gebäude der katholischen Geistlichkeit, die sogenannten ›geistlichen Häuser‹. Dabei war dieses Dörfchen beileibe nicht nur von Italienern bewohnt. Den heutigen Theaterplatz nahmen eine Vielzahl der Fachwerkbauten ein, u. a. auch Chiaveris Wohnhaus, die »Hundehäuser« und das hölzerne »Comödienhaus«.

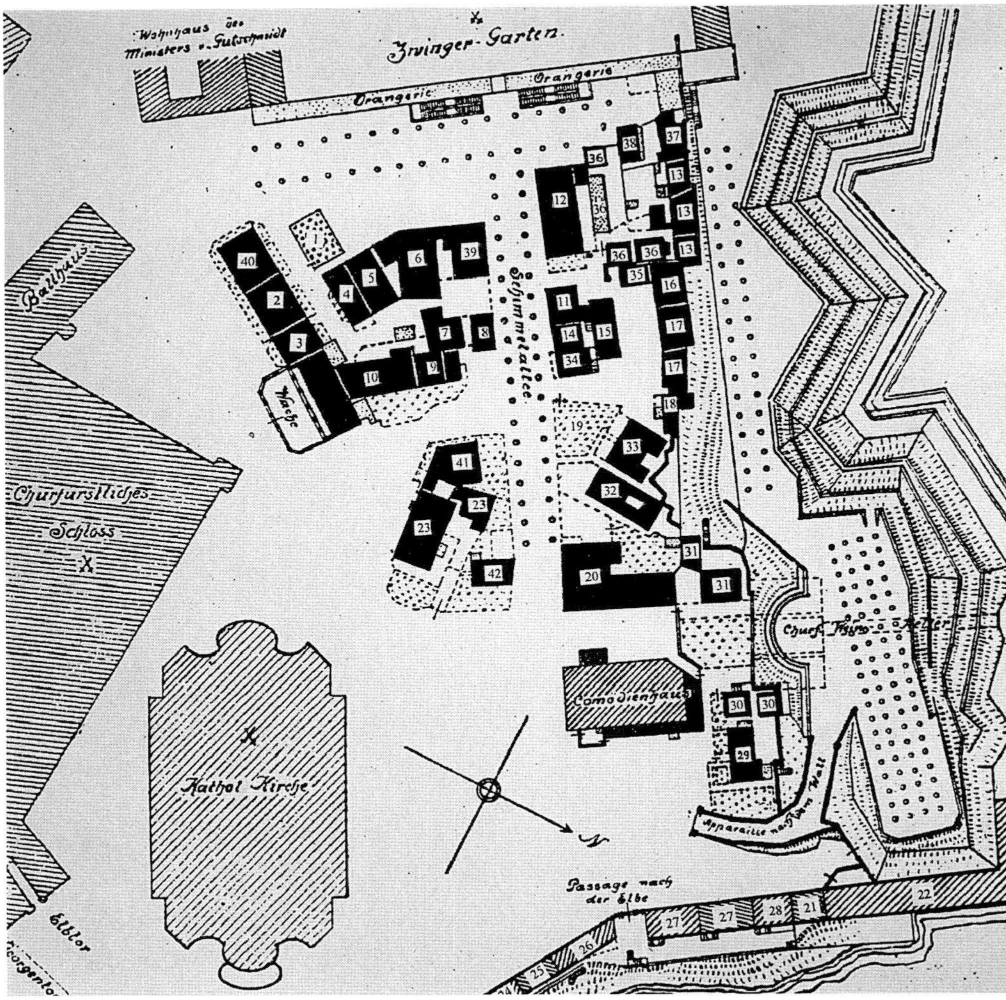

Das Italienische Dörfchen in der zweiten Hälfte des 18. Jahrhunderts
Rekonstruktionszeichnung
Der nicht datierte Plan beschreibt das Häuserquartier ab dem Ende der 1740er Jahre, denn das Wohnhaus des Hofkirchenbaumeisters Chiaveri ist ebenso benannt wie das des Oberlandweinmeisters Heinrich Roos (gest. 1774). Allerdings, vielleicht zur Orientierung, ist auch die Wache bereits eingezeichnet. Die Legende zum Plan vermerkt, daß die schwarz gezeichneten Gebäude Fachwerkbauten sind, und nennt im Einzelnen:
»Kurfürstliche Gebäude:
1 Kurfürstl. Trengeplatz
2 Amtsschreiber Ernst
3 Kirchenbaumstr. Chiaveri
4 Schönnagelin
5 v. Gutschmidt's Wagensch
6 Kurfürstl. Wagenschuppen
7 Kupferstecher Rossi
8 Kurfürstl. Hufschmiede
9 Hoftischler Küffner
10 Hofbildhauer Hackel
11 Hofküchenmstr. Cogeri
12 Hofbauschreiberei
13 Kirchenbauschr. Kretschmar
14 Hofmaurerpolier Schmidt
15 Kurfürstl. Rüstwagenschuppen
16 Nagelschmied Hammer
17 Hofschlosser Wöhler
18 Schloss-Zimmerpolier Salomon
19 Bettmeisterin Bergerin Garten
20 Kurfürstl. Stallgebäude
21 Chorknaben-Schule
22 Kath. Geistlichkeit
23 Burgaller
Privatgebäude:
24 Hofkoch Vulcani
25 Hofkoch Perini
26 Hofmundbäcker Werhl
27 Kammerdiener Forêt
28 Hofheiduck Gemelich
29 Oberlandweinmeistr. Roos
30 Hundehäuser
(31 und 32 nicht lesbar)
33 Hofstuccateur Bußi
34 Hofkonducteur Schade
35 Hufschmied Hildebrand
36 Hoftischler Hesse
37 Bildhauer Adler
38 Maler Adler«
(Weitere Bezeichnungen sind nicht lesbar.)

Dörfliches Leben neben dem Schloß

Mit der Zeit galt diese Gegend offenbar auch als illustres und beliebtes Vergnügungsviertel für die Dresdner, in welchem sich mehr und mehr ›Gasterey‹ etablierte.
Der Bibliothekar und Chronist Friedrich Gustav Klemm (1802–1867) vermerkt 1821: »Wollte man zum Zwinger gehen, so war erst das italienische Dörfchen und die Seufzerallee zu passieren, ein Gruppe kleiner Hütten, die von den italienischen Bildhauern errichtet worden, welche die Statuen der katholischen Kirche bearbeiteten. In einigen dieser Hütten wohnten alte Hofdiener, in anderen gab es kleine Winkelkneipen, dabei viele Gärtchen und Lauben, wo der alte Dresdner in aller Stille und unbeobachtet ein gutes Kotelett, Würstchen und ein Glas reinen Landweines billig erhalten und verzehren konnte. In diesen Lokalitäten herrschte die größte Sauberkeit. In den düstern Abendstunden schwärmten hier allerlei Nachtvögelein ...«[5]
Tatsächlich scheint dieser Flecken zur Einrichtung von Speisewirtschaften, Kaffeehäusern und Weinschenken besonders prädestiniert. Leider sind die frühen Adreßbücher in dieser Beziehung nicht aussagekräftig. Aus einem Gesuch (siehe unten) geht hervor, daß »seit Anfang an« im Italienischen Dörfchen Bier geschänkt wurde. Erst im Adreßbuch von 1797 ist lediglich im Haus

Ansicht der Katholischen Kirche von Neustadt
Kupferstich von C. G. Nestler, 1777
Diese Ansicht aus Benjamin Gottfried Weinart »Geschichte der Stadt Dresden ...« verdeutlicht die bereits teilweise Entfestigung der Elbfront und die daran entstandene massive Häuserzeile, deren letztes Gebäude das ›Geistliche Haus‹ ist. In ihm wohnte die katholische Hofgeistlichkeit bis um 1800, dann wurde deren Domizil das sogenannte Herzog-Augusti-Haus in der Schloßstraße. Die ›Passage‹ zwischen den Gebäuden kam beim Bau des Vogelstein-Hauses in Wegfall.

Nr. 13 Ausschank bezeugt: »von der Elbbrücke nach dem Zwingerwalle zu Hr. Lorenz Werl, Bayerischer Bäcker, Besitzer dies. Hauses, schenkt Bayerisches Bier«. Im Jahre 1816 sind es bereits 8 Schankstätten, 1823 = 11, 1823 = 12, 1835 = 11 und 1848 gibt es hier noch 9 gewerbliche Schankwirte, die sicher auch vorhandenen ›Winkelschenken‹ bleiben ungenannt. Auch der »Veteran der Dresdner Restaurateure, Heinrich Adolph Renner sen. (gest. 1873)« begann seine Tätigkeit im Italienischen Dörfchen.[6]

Der Streit der Gastwirte mit dem Rat zu Dresden um Abgaben und Konzessionen, insbesondere den Ausschank fremden Bieres betreffend, füllt Bände. Ein Vorgang der »Frau Johanne Christiane Rehin«, Inhaberin einer Konzession zum »Verschenken des Dorfbieres«, mag die Problematik beleuchten. Sie schreibt am 9. März 1822 ein Gesuch[7] an den sächsischen König: »Uns, des verstorbenen Florian Rehens, gehört das mit No 2 bezeichnete Haus im italienischen Dörfchen gemeinschaftlich ... Auf diesem Hause ist, so lange wir rückwärts Nachricht haben erlangen können, immerfort fremdes Bier geschenkt worden ...« Hierbei handelte es sich um Gauernitzer und Lockwitzer Bier, wie andernorts verzeichnet ist, und das wird ihr nun vom Rat zu Dresden untersagt. Deshalb erhebt die Wirtin ihre Klage: »Das sogenannte italienische Dörfchen aber gehört weder zur Stadt Dresden, noch zu deren Vorstädten, noch zum Lande innerhalb der Meile um Dresden. Es ist unmittelbar auf dem Gebiet des landesherrlichen Schlosses erbaut. Die Käufer über die Häuser wurden bis 1816 bey dem Civilbauamte bestätigt, nur neuerlich geschah erst dem Amte Comissionsweise deshalb Austrag, die Häuser stehen alle, auch Renners, sie wurden also stets als zum Schloßgebiet unmittelbar gehörig betrachtet. Auf diesen muß wohl der freyer Schank fremder Biere gestattet sein, sie müssen solchen in Folge der Schloßfreyheit genießen ...

Renner's Wirtschaft im Italienischen Dörfchen
Aquarell eines unbek. Künstlers, nach 1841
Stadtmuseum Dresden
Die Ansicht gibt ein beschauliches Bild vom Leben im ›Dörfchen‹. Über dem Haus Renner und dem benachbarten von Kühne entdeckt man das Dach von Sempers erstem Hoftheater. Von diesem zum Zwinger führt die ›Schimmelallee‹, an welcher auch das Wohnhaus links eine Schenke beherbergt. Vornehm gekleidete Staffagefiguren verweisen auf das Nebeneinander von Residenzstadt und dörflicher Idylle.

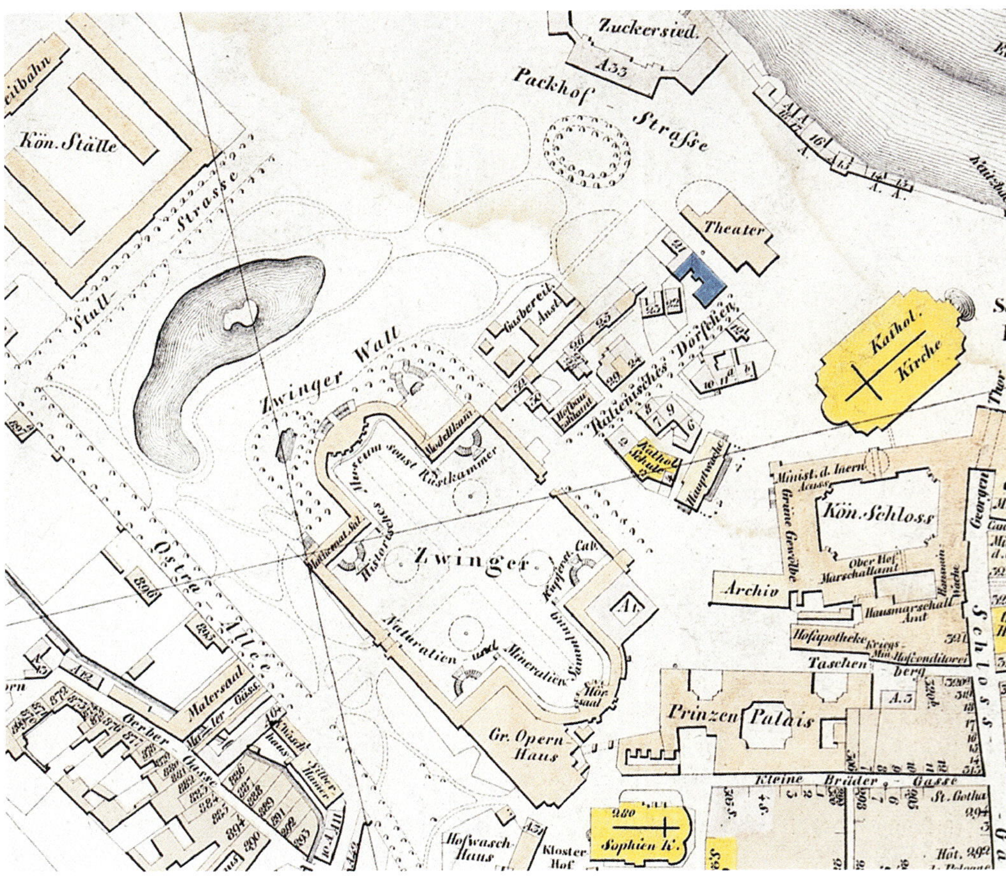

Grundriß der Haupt- und Residenzstadt Dresden
J. G. Heßler und W. Werner (Lithograph)
Lithographie, coloriert, 1833
Stadtarchiv Dresden
Ausschnitt
Dieser sogenannte ›Heßler-Plan‹ kann gut zur Orientierung der in diesem Beitrag genannten amtlichen Hausnummernbezeichnungen für das alte ›Italienische Dörfchen‹ dienen.

... So können die Bewohner des italienischen Dörfchens auch nicht den Stadt- und Landbewohnern in dieser Hinsicht gleich geachtet werden:
Aus diesem Grunde ist denn auch, wie von jeher im Schloße, so vom ersten Anfang an, im italienischen Dörfchen an mehrern Orten fremdes Bier geschenkt worden.
Unter die Häuser, wo dies wenigstens über 31. Jahr 6 Wochen und 3 Tage fortdauernd frey und öffentlich geschehen ist, gehört auch das jetzt uns gehörige, Rehnsche Haus Sub N° 2. Schon vor dem Jahre 1790 bestand, wie mehrere alte Leute wissen, daselbst eine Schenkwirtschaft, in der fremdes Bier geschenkt wurde.
Dann hatte zwischen 1790 und 1791 ein Koch namens Locke daselbst seine Schankwirtschaft, welcher gleichfalls fremde Biere schenkte.
So ferner von 1794 an der damalige Schweitzer Turnschar, von 1797 Mühlhaus und nach ihm dessen Wittwe seit 1803 unser resp. Ehemann und Vater Florian Rehn und mit dessen Tode wir.
... da überdem die Zahl unserer Gäste so gering ist, daß sie mehr als eine geschlossene Gesellschaft betrachtet werden kann, welche für gewöhnlich kommt und einige fremde Biere verlangt wie mancher Geschäftsmann, der, nach vollbrachten Geschäften noch ein freundschaftlichen Umgang mit einigen guten Bekannten gern etliche Abendstunden bey einem Glase fremden Bieres, das er für gewöhnlich trinkt, an das er gewöhnt ist und das allein seiner Gesundheit zusagt, an einem Orte wo wenig Gesellschaft ist, zubringt, würde dadurch in seinem wohlbefinden gestört werden, wenn ihm dieser so erlaubte Genuß versagt und gemindert werden sollte.«
Nun gut, der Rat zu Dresden setzte sich in Kenntnis der Rechtslage durch.

Die Bewohner des Dörfchens

Interessant ist die Bewohnerstruktur im alten Italienischen Dörfchen vierzig Jahre nach Vollendung des Kirchenbaues, denn in den Jahren nach 1800 läßt diese die gehobeneren Stände vermissen und sind dann zunehmend vor allem Handwerker, Schankwirte, Bedienstete und Witwen vertreten.
Das Adreßbuch von 1797[8] nennt dagegen noch eine bunte Mischung aus allen Schichten, wie sie wohl auch vordem im Italienischen Dörfchen typisch war:

»Am Zwinger

Der Ecke des prinzlichen Palais gegenüber

A	Nr 1	Se. Excellenz Hr. Christian Gotthelf Frh. v. Gutschmid, Kabinetsminister, und Staatssekretär, Besitzer dieses Hauses	

Zwischen der Allee, welche vom Kleinen Hoftheater nach dem Zwinger führt, und dem Ballhause

A	Nr 2	Hr. Aug. Heinr. Koch, Geheimer Kanzlist, auch Sekretär des von Schönbergischen Geschlechts	
		(Dieses Haus besitzt Hr. Dreß, Schneidermeister)	
		Neben diesem Hause ist das Katholische Schulgebäude, in welchem wohnen:	
		Hr. Fiedler	Lehrer an der Katholischen Schule
		Hr. Joseph Meißner	Lehrer an der Katholischen Schule
		Hr. Weiße	Lehrer an der Katholischen Schule

Dem Schloßgebäude gegenüber, rechter Hand der Galleriewache

A	Nr 3	Fr. Katharine verw. Rothmayer, Bes. dies. Hauses	
		Hr. Kaspar Staszewski, Kurfürstl. Kammerlaquais	

A	Nr 4	Fr. Dambricour, Kammerzahlmeisters Wittwe
		Demois. Dubarge
		Hr. Marquis de Couvello
		Hr. Karl Haudeck, Kurfürstl. Kammermusikus
		Hr. Aug. Fried. Mothes, Besitzer dieses Hauses
		Hr. Sar, Instruktor des Hrn. Marquis de Couvello
		Hr. Sonnenleiter, Kleinuhrmacher
		Fr. verw. Gräfinn de la Valette, vormalige Hofdame
A	Nr 5	Fr. Marie Susanne verw. Gräfinn Bubnau, Littitz.
		Dieses Haus besitz Fr. Magdalene verw. Lohß.

Hinter der Galleriewache

A	Nr 6	Hr. Joh. Franz Beck, Besitzer dieses Hauses
		Fr. Christiane Sophie Bibbiena, theatralischen Hofmalers Witwe
		Hr. Johann Eisert, Kurfürstl. Kammermusikus
		Hr. Franz Schubert, Kurfürstl. Kammermusikus
A	Nr 7	Fr. Chrstiane Elis verw. Küffner, Bes. dieses Hauses
		Das folgende Haus,
A	Nr 8	s. in der Allee
A	Nr 9	Hr. Christian Kuntze, Kurfürstl. Kammermusikus
		Hr. Christian Rossi, Graveur, Besitzer dieses Hauses
A	Nr 10	Hr. Philipp Henry, Mitglied des italienischen Hoftheaters
		Hr. Friedrich Christian Renner, Besitzer dieses Hauses
		Hr. Karl Tietz, Hoffourier bey des Prinzen Maximilian Durchl.
A	Nr 11	Fr. Elisabeth verw. Burgaller, Bes. dies. Hauses
		Hr. Frhr. La Mare
		Fr. Richter, Doktors Wittwe
		Fr. von Tillemann, Legationssekretärs Wittwe
		Hr. Joh. Aug. Burgaller
		Neben diesem Hause ist die Wohnung des Aufsehers über die Katholische Hofkirche.

Hinter diesem Hause

A	Nr 12	Jgfr. Katharine Leroy, Hofschauspielerinn
		Jgfr. Wagner, Besitzerinn dieses Hauses

Von der Elbbrücke nach dem Zwingerwalle zu

A	Nr 13	Hr. Lorenz Werl, Bayerischer Bäcker, Besitzer dies. Hauses, schenkt Bayerisches Bier
A	Nr 14	Fr. Joh. Christiane verw. Fiedler, Besitz. d. Hauses
A	Nr 15	Fr. Joh. verw. Redlich, Besitzerinn dieses Hauses
A	Nr 16	Fr. Magdal. verw. Sala, Besitzerinn dieses Hauses
A	Nr 17	Fr. Amalie aus dem Winkel, Gemahlin des Hrn. Majors aus dem Winkel, beym Regiment Kurfürst Infanterie, Besitzerinn dieses Hauses
A	Nr 18	Hr. Philipp Jakob Milchmeyer, Kurbayerischer Hofmechanikus, und Klavier- und Harfenmeister
		Hr. Chrstian Friedrich Seyfert, Kurfürstl. Hofreisekoch
		(dieses Haus besitzt Hr. Joseph Anton Seiß)
	–	Neben diesem Hause ist das sogenannte Geistliche Haus für die Kurfürstl. Hrn. Hofkapelläne, in demselben wohnen:
		RD Johann Keyser, Superior
		RD Jakob Krüger
		RD Anton Lang

RD Franz Löffler
RD Clemens Münch
RD Joseph Schmid
RD Johann Schneider, Hofprediger

Hinter dem kleinen Hoftheater an der Apareille, welche auf dem Zwingerwall führt

A	Nr 19	Hr. Johann Anton Riedel, Inspektor der Kurfürstl. Bildergallerie, dessen Ehefrau Besitz. d. Hauses ist.
		Hr. Joseph Schweigart, Hofchirurgus b. d. Prinzen Anton Durchl.
A	Nr 20	Fr. Marie Josephe Hundsbüchl, Besitzerinn d. Haus.
		Hr. Franz Nuth, Hofschauspieler
	–	Das Kurfürstl. Kleine Hoftheater, in demselben wohnt:
		Hr. Joh. Chrst. Gerber, Aufseher über d. Hofthater

Am Kurfürstlichen Kleinen Hoftheater, hinter den prinzlichen Wagenschuppen

A	Nr 21	Hr. Ehrenfried Glob. Ebert, Obersteuerexaminator
		Hr. Andreas Schumann, Kurfürstl. Hofkellermeister, Besitzer dieses Hauses

Vom kleinen Hoftheater nach dem Zwinger zu, in der Allee
a) rechter Hand.

A	Nr 22	Fr. Joh. Beate Dorst, Besitzerinn dieses Hauses
		Hr. Nikolaus Perotti, Kurfürstl. Kammer- und ital. Opersänger
A	Nr 23	Hr. Joseph Tietz, d. ä., Kurfürstl. Kammermusikus, Besitzer dieses Hauses
		Hr. Ludwig Tietz, d. j., Kurfürstl. Kammermusikus,
		Hr. Johann Trinklir, Kurfürstl. Kammermusikus
A	Nr 24	Hr. Johann Daniel Schade, Hofkondukteur, Besitzer dieses Hauses
		Der Eingang in dieses Haus ist nicht in der Allee, sondern auf der Seite vorstehendem Hause schräg gegenüber.

Hinter diesem Hause

A	Nr 25	Hr. Adolph Traugott Wöhler, Hofschlosser, B. d. H.
A	Nr 26	Fr. Christiane Hammer, Nagelschmidts W., Besitzerinn des Hauses, setzt die Arbeit fort.
A	Nr 27	H. Joh. Michael Sperschneider, Huf- und Waffenschmidtmeister, Besitzer
A	Nr. 28	H. Joh. Glob. Hesse, Hoftischler, Besitzer d. Hauses
	–	Vor diesem Hause, in der Allee, ist das Kurfürstl. Gebäude, in welchem die Kurfürstl. Hofbauschreyberey ist, in demselben wohnen:
		Hr. Ludwig Friedr. Härtel, Hofbauschreiber
		Hr. Christian Lehmann, Aufwärter beym Kurfürstl. civil. Oberbauamte
A	Nr 29	Hr. Joh. Wilh. Treubluth, handelt mit Oberlausitzer Leinwand
		(dieses Haus besitzt Hr. Käseberg, Stukkaturer und Marmorier)
		Dieses Haus stößt an Nr 24 an, der Eingang in dassselbe ist A Nr 28 schräg gegenüber

Hinter der Hofbauschreiberey

A	Nr 30	Hr. Joh. Glob. Scholze, Kurfürstl. Kammermusikus, Besitzer dieses Hauses
		Der Eingang in dasselbe ist zwischen der Hofbauschreiberey und dem Zwinger

Das folgende Haus A Nr 31 s. Klosterhof
b) linker Hand

Die Kurfürstliche Hofschmiede
Hr. Joh. Friedr. Henning, Kurfürstl. Roßarzt«

(A bedeutet amtssässig, also dem Amte Dresden-Altstadt zugehörig.)

Das Häuserquartier des Dörfchens

Verwirrend sind in den zeitgenössischen Quellen vor allem die Bezeichnungen der Häuser. Für 1797 nennt sie das Adreßbuch in einem »Verzeichniß der Hausnummern und wie sie zufinden sind«; denen ordnet der Autor dieses Beitrags im nachfolgenden die Brandkataster-Nummern und Hausnummern von 1840 zu. Ab dieser Zeit gibt es die Adressenbezeichnung ›Italienisches Dörfchen‹ für 17 Häuser des Platzes einerseits und zum anderen für 7 Gebäude entlang der Elbe die neue Bezeichnung ›Theaterplatz‹.

Es ist also offensichtlich, daß sich das Italienische Dörfchen von seinen Ursprüngen als Werkplatz für den Kirchenbau zu einem Fachwerkdorf mit immerhin 50 Haushalten im Jahre 1845 und nachfolgend zu einem urbanen Gebilde mit zumindest vorstädtischem Charakter entwickelte. Das beweisen vor allem zeitgenössische Ansichten.

Bereits seit Juli 1785 war der hohe massive Bau der nunmehrigen Katholischen Normalschule (später Katholische Hauptschule, auf dem Heßler-Plan Nr. 3) entstanden. Mehrere ›Schullehrer‹ sowie eine ›Mädchenlehrerin‹, die auch im Schulgebäude wohnten, unterrichteten hier seit Ostern 1786 etwa 150 Kinder.

Das Wachgebäude

Ab 1830 entstand nach Plänen von Karl Friedrich Schinkel (1781–1841) die Altstädter Wache, auch neue Hauptwache genannt. Eigentlich unmotiviert mit der Hauptfront quer vor der Schloßecke gelegen, verdeckte sie das dahintergelegene Häuserviertel um die Katholische Schule. Sie hatte ihren Vorgänger in der sogenannten »Galleriewache« etwa an gleicher Stelle. (Dabei kann sich ›Galerie‹ nicht von der späteren Gemäldegalerie des Zwingers, sondern eher von einer längeren Architekturfront herleiten.) In diesem Zusammenhang gibt der Brief eines Polizeiinspektors Wilhelm Erdenberger an »Ew. Hochlöbl. Polizeicollegio« ein anschauliches Sittenbild aus dem Italienischen Dörfchen[9]: »Im Jahre 1804 oder 1805 wurde die große Haupt-

Die neue Hauptwache in Dresden
Lithographie von Carl Wilhelm Arldt, 1839
Die in »SAXONIA, Museum für Sächsische Vaterlandskunde« (Bd. 4, 1839) enthaltene Darstellung wird dort wie folgt beschrieben: »Die neue Hauptwache … gehört sowohl ihrer Anlage als ihrer Ausführung nach zu den schönsten und großartigsten Bauwerken, welche in neuerer Zeit zu Dresden entstanden sind. Vor dem siebenjährigen Kriege befand sich das Hauptwachgebäude auf dem Neumarkte … Dieses in seiner Art prächtige Gebäude, worin auch ein Festsaal für die Garnison angebracht war, wurde im Jahre 1715 statt des frühern unansehnlichen hölzernen Wachhauses aufgeführt, durch das preußische Bombardement im Jahre 1760 aber völlig zerstört … und die im Jahre 1736 entstandene Galeriewache im italiänischen Dörfchen am königlichen Schlosse mußte bis zum Jahre 1806, wo sie abgetragen ward, die Stelle der Hauptwache vertreten. Auf dem Platze der letztern sollte, nach der Angabe des Obristen Menke, der neue Bau sich erheben, und schon war hier der Grund dazu angelegt worden, als der Ausbruch des französischen Kriegs die Fortsetzung des angefangenen Werks hinderte. Im April 1830, also nach 24 Jahren, ward der Bau wieder vorgenommen, und, nach den Rissen des königl. preußischen Geheimraths und Oberbaudirectors Friedrich Schinkel, im Jahre 1833 zu Stande gebracht. Mit der Leitung des Baues waren der Obristlieutnant Ullrich und der Professor Joseph Thürmer beauftragt. Die reiche Bildhauerarbeit ist von dem Professor und Hofbildhauer Pettrich und dem Bildhauer Herrmann, einem Schüler des berühmten Thorwaldsen, gefertigt. Das Standbild der Saxonia in dem Giebelfelde der Vorderseite ist von Herrmann, das des Mars in dem Frontispice der Rückseite von Pettrich gearbeitet. Die sechs ionischen Säulen der vordern Ansicht sind jede aus einem Stück gefertigt.«

Verzeichnis 1797 Nr. und Bezeichnung		Ital. Dörfchen • Theaterplatz Br.Cat.Nr.	1840 Haus-Nr.	Namentl. Bezeichnung der langjähr. Besitzer	Heßler-Plan 1833 Nr.	Abbruch
1	der Ecke des prinzl. Plais gegenüber	–	–	Staatsfiskus Gutschmid, Reichenbach	1	1850
2	in der Allee vom Zwinger nach dem Ballhause zu linker Hand	833	1	Becker	2	1849
3	neben der Galleriewache	834	–	Kathol. Schule	3	1849
4	neben der Galleriewache	–	–	Kathol. Schule	4	1849
5	neben der Galleriewache	–	–	Hauptwache	Hauptw.	–
6	hinter der Galeriewache	–	–		6	nach 1832
7	hinter der Galeriewache	835	3	Rossi	7	1849
8	hinter der Galeriewache	836	4	Rossi	8	1849
9	von der Galeriewache nach	837	5	Mengemann/Püscher	9	1849
10	der Allee zu, welche vom	838	6	Renner	10	1841
11	kleinen Hoftheater nach dem Zwinger zu geht	839/40	7/8	Kühne/Lang	11 a/b	1842
12	hinter Nr. 11	841	9	Dr. Ehrhardt	12	1842
13	von der Elbbrücke nach	• 858	• 7	verw. Löser/Helbig	13	in Helbigs Restaurant aufgegangen, dann 1910 abgebrochen
14	dem Ausfalle zu	• 857	• 6	Kämpfe	14	
15	dem Ausfalle zu	• 856	• 5	Vogel v. Vogelstein	15	
16	dem Ausfalle zu	• 855	• 4	Otto/Kiehl	16	
17	dem Ausfalle zu	• 854	• 3	Ther. a. d. Winckell	17	
18	dem Ausfalle zu	• 853	• 2	Dietze	18	
19	Hinter dem Kleinen Hoftheater	–	–	zu Calberla	33	Elbterr.
	- „ - (siehe Nr. 33)	• 852	–	Calberla	33	–
20	- „ -	843	11	zum Kgl. Hoftheater	–	–
21	neben d. Kl. Hoftheater	–	–	verw. Löser	21	um 1840
22	in der Allee v. Kleinen	–	–	Hottenroth	22	um 1840
23	Hoftheater n. d. Zwinger	–	–	Besozzi	23	um 1840
24	eben da nach dem Hofschlosser zu	842	10	Meißner	24	1853
25	Hofschlosserei hinter vor-	–	–	–	25	um 1840
26	stehender Nummer	849	17	Hildebrand	26	1853
27	- „ -	–	–	Hildebrand	27	um 1840
28	- „ -	848	16	Clauß	28	1849
29	vorstehender Nr. schräg über	845	13	Stoß	29	1849
30	Am Zwinger neben der Hofbau-schreiberei	846	14	Ceccarelli, dann Maurerpolierswohn.	30	1849
	Hofbauschreiberei	844	12	Hofbauschreiberei	–	1849
31	Die Hofschmiede	–	–	Hofschmiede	–	um 1849
32	von Nr. 30 zurück	847	15	Meißner	32	1854
33	(siehe vor Nr. 20)	• 852	1	Calberla, Hotel Bellevue	33	–
				Gasbereitungsanstalt	Gas.ber.Anst.	um 1845
ab 1841		850	18	Neues Hoftheater	-	Brand 1869

Blick vom Schloßturm auf den Zwinger
Carl Georg Enslen, um 1820
Stadtmuseum Dresden
Dieses Deckfarben-Blatt vermittelt einen guten Überblick über das zwingerseitige ›italienische Dörfchen‹. Links das große Opernhaus am Zwinger und das ›angeklebte‹ Haus Nr. 1, das Gutschmid und Reichenbach bewohnten. In letzterem verbrannten auch die reichen Sammlungen sowie die bedeutende Bibliothek des Naturforschers während der revolutionären Ereignisse 1849. Zwingermauer mit Tor zur ›Schimmelallee‹ sind dem hohen, großen katholischen Schulgebäude benachbart. Hinter der kastanienbestandenen Allee duckt sich die Hofbauschreiberei; das Haus, in dem einst Carl Maria von Weber wohnte, existiert nicht mehr, vorn rechts Nr. 9 das ›Renner's‹ vis-à-vis gelegene Gasthaus von Quas (später Mengemann).

Die königliche Hofbauschreiberei
Ölgemälde, 1828
Stadtmuseum Dresden
Das Bild eines unbekannten Künstlers trägt auf der Rückseite den späteren, handschriftlichen Text:
»Die Königl. Hofbauschreiberei im ehemaligen ›Italienischen Dörfchen‹ in Dresden. Im Hintergrunde der Zwingerwall. Die im Bild erscheinenden Personen stellen die Familie Schwender dar:
1. Johann Gottlieb Schwender, Königl. Sächs. Hofbauconducteur,
2. Dessen Gattin: Anna Katharina geb. Höllischer,
3. Deren Tochter: Johanna Frieder. Florentine & deren 3 Söhne:
4. Carl Wilhelm, Königl. Sächs. Kammer-Courier,
5. Heinrich Adolph, Königl. Sächs. Kammer-Courier
6. Gustav Eduard.
Dresden, 1889 G. E. Schwender Das Bild ist in den (Jahren) 1828–1829«
Nach der Hofbauschreiberei das Gartentor zum Ceccarelli-Anwesen, welches Carl Maria von Weber im Jahre 1816 bewohnte. Ganz links das Tor zum Zwinger, hinten der Zwingerwall, die ›Schimmelallee‹ ist hier nur angedeutet.

wacht, vis à vis des grünen Gewölbes demolirt und das Jahr darauf, wahrscheinlich im Jahre 1806 auf denselben Platze der Grund zu einer neuen gelegt, wegen des im letztbenannten Jahre dazwischen gekommenen Kriegs aber daran zu bauen aufgehört.
Es befindet sich nun daselbst ein unüberwölbter sehr großer und zugleich tiefer Keller, um welchen zwar zur Verhütung möglichsten Unglücks, eine hölzerne Barriere angebracht ist, in denselben aber selbst aller nur erdenklicher Unrath so wie todte Katzen und Hunde die Reihe Jahre daher geworfen worden sind. Der Übelstand wird mit jedem Tag größer, weil der Unrath darinnen immer mehr zu nimmt, und bei großen Stürmen der Wind die Steinkohlenasche und das Strohgeniste aus dem fragl. Keller heraus in einen Würbel in die Höhe führt und nicht selten an die Fenster Ihre Königl. Hoheit des Prinzen Friedrich anwirft wobei die Luft dort in der Gegend mit lauter Steinkohlenasche angefüllt ist. Im Sommer verbreitet sich daselbst aus den offenen Keller, wahrscheinlich durch das innen in Fäulniß übergegangenem Aas, ein immerwährender Geruch, und die allerhöchsten Herrschaften nehmen ihren Weg sehr oft daselbst vorbei. Mein ohnmaaßgeblicher Vorschlag, den ich dem Ermessen Es. Hochlöbl. Stadt-Polizei-Collegii anheim stelle, wäre daher dieser, daß es wohl am besten wäre der fragl. Keller überwölbt würde, der neugelegte Grund würde dadurch den Wetter nicht wie jetzt mehr ausgesetzt sein, und die Steine könnte man immer wieder bei etwaigen Aufbau der fragl. Hauptwacht benutzen, so daß die Kosten bei Überwölbung des offenen Kellers zu übersehen sein würden. Der Platz dürfte nachher geebnet werden, mit etwas besehet, und so würde den Übelstande, zumal auf so einen frequenten und schönen Platze abgeholfen sein …«
Erdenberger schrieb seinen Brief 1822. Wie lange der Übelstand noch anhielt, ist nicht bekannt.

Einige berühmte ›Dorfbewohner‹

Dennoch scheinen sich selbst honorige Bewohner wie Gäste im Italienischen Dörfchen wohlgefühlt zu haben. Daß auch Gaetano Chiaveri hier sein Haus hatte, wurde schon erwähnt. Erst 1742/43 errichtete er sich ein Wohnpalais an der Ostra-Allee, das durch seinen späteren prinzlichen Besitzer Maximilian (1759–1838) als Palais Max bekannt wurde. Christian Gotthelf Baron von Gutschmid (1721–1798), Rechtsgelehrter und Kurfürstlicher Konferenz- und Kabinettsminister, bewohnte das förmlich an den Zwinger angeklebte Haus Nr. 1. Nach ihm besaß es der Arzt und Naturforscher Heinrich Gottlieb Ludwig Reichenbach (1793–1879). 1850 wurde das Gebäude, das wie auch der Zwinger bei den Maikämpfen 1849 stark beschädigt worden war, abgebrochen.
Auch in den an der Elbe gelegenen Häusern begegnen uns prominente Namen. Seit ihrer Kindheit lebte im Haus Nr. 17 (später Theaterplatz 3) die Malerin, »Musik- und Sprachlererin Emilie Therese Henriette aus dem Winckell« (1779–1867). In deren Nachbarschaft, Nr. 15, dann Theaterplatz 5, errichtete sich anstelle eines älteren Hauses der Gräfin Dohna in den Jahren 1824/26 der Hofmaler Carl Christian Vogel (1788–1868), der 1831 geadelt den Namen Vogel von Vogelstein führte, ein repräsentatives Wohnhaus. Dieses verließ er erst 1853 durch seinen Weggang nach München; später wurde es das Kerngebäude von Helbig's Restaurant.
Möge den kleinen Reigen berühmter Persönlichkeiten Carl Maria von Weber (1786–1826) beschließen. Er erhielt Ende 1816 eine Anstellung in Dresden und wirkte fortan als »Musik-

Carl-Maria-von-Weber-Denkmal
Kupferstich von J. W. Baumann nach einer Photographie von Hermann Krone
Privatbesitz
Das Denkmal für den Hofkapellmeister schuf 1844–1860 der Bildhauer Ernst Rietschel (1804–1861). Gegossen wurde das Standbild in Lauchhammer. Vom Semperschüler Georg Hermann Nicolai (1812–1881) ist der Sockel. Die überlebensgroße Figur stützt den linken Arm auf ein Notenpult, in der Rechten hält sie einen Rosenstrauß mit Eichenlaub. Das Denkmal stand von 1860 bis 1870 hinter dem ersten Semperschen Hoftheater und wurde dann an die jetzige Stelle versetzt, jenen Platz an dem sich Webers erste Dresdner Wohnung, im ›italienischen Dörfchen‹, befand.

direktor der deutschen Oper, Kapellmeister sowie Kapellmeister auf Lebenszeit« an der Königlichen Hofkapelle. Als Weber von Prag in die Elbestadt kam, nahm er seine erste Wohnung im Italienischen Dörfchen, hinter der Hofbauschreiberei. Im Anwesen des Sänger-Kastraten Francesco Ceccarelli (gest. 1814) »einer Zierde der Dresdner Kirchenmusik«, das nun der Schwester Ceccarelli gehörte, »einer alten, pedantisch sauberen, feinen Dame«, bezog Weber das kleine, an den Zwingerwall »geschmiegde ganz allerliebste« Quartier. Dieses beschreibt Weber seiner geliebten ›Muks‹ (das ist Caroline Brandt, die er 1817 heiratet) in Prag wie folgt: »Ich wohne im sogenannten italienischen Dörfchen Nr. 30. Man kömmt durch ein kleines Thor in ein kleines Gärtchen, dann ins Haus, links eine hübsche Stube und Kabinet, par terre, wo alle hineingeführt werden, die mich sprechen wollen. Daneben die Bedientenstube, Holzlager usw., eine kleine Treppe hinauf, ebenfalls links, mein Schlafstübchen ganz klein mit einem Miniatur-Oefelchen, ein kleines Vorzimmerchen, und eine Wohnstube, worin mein grauer Teppich an meinem Schreibtische, und mein liebes Gesticktes von dir vor dem Sopha liegt; alles sehr klein, aber ungemein nett und gut möbiliert.«[10]

Die Theaterbauten

Man kann sich unseren Theaterplatz ohne das platzbestimmende Domizil der heutigen Sächsischen Staatsoper, gemeinhin als Semperoper bezeichnet, nicht mehr vorstellen.

Dabei ist jedoch zu konstatieren, daß jenes weltberühmte Opernhaus viele Vorgänger hatte, es am und um das Terrain des heutigen Theaterplatzes – nähme man die Zeitläufe zusammen –

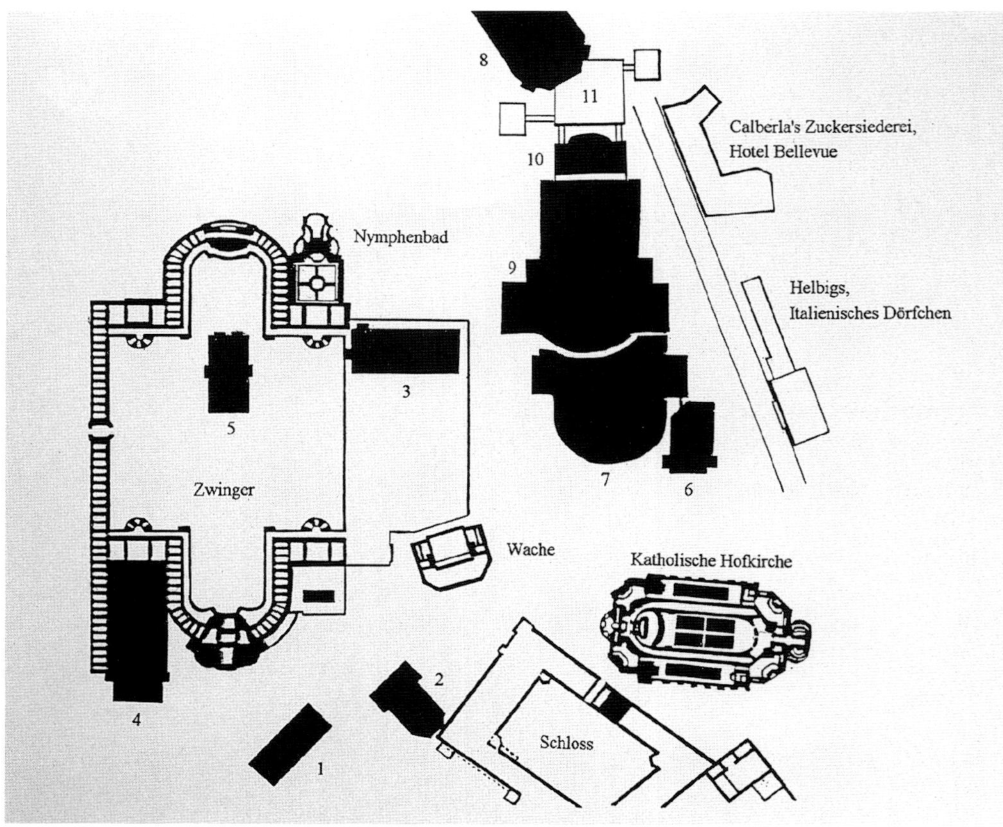

Die Theaterbauten am Zwingerforum
Rekonstruktionsplan
1. Ballhaus 1589/1688–1756
2. Kurfürstliches Opernhaus 1664/67–1888
3. Kleines Komödienhaus 1696/97–1709
4. Großes Opernhaus am Zwinger 1718/19–1849
5. Kleines Opernhaus im Zwinger 1746–1748
6. Kleines Hoftheater (Moretti) 1754/55–1841
7. Königliches Hoftheater (1. Semperbau) 1838/41–1869
8. Interimstheater 1869–1878
9. Königliches Hoftheater/Staatsoper (2. Semperbau) 1871/78–1945
10. Umbauprojekt Staatsoper, begonnen 1939
11. Erweiterungsbauten bei Wiederaufbau 1977–1985

geradezu von höfischen Spielstätten wimmelte. Das ist nicht verwunderlich, war doch für die Theaterbauten die Nähe zum Hof von Bedeutung und veränderten sich die Anforderungen an diese Bauten ständig. Allerdings führen die Bezeichnungen und die Zeiten der Existenz dieser Theaterbauten oft zu Irritationen, beschäftigt man sich nur peripher mit ihnen im Rahmen der allgemeinen Stadtgeschichte. Deshalb mag nachfolgende Darstellung, auch wenn sie über die Zeit des italienischen Dörfchens hinausgeht, die Standortproblematik der verschiedensten Theaterbauten verdeutlichen, wobei das Große Haus der Staatstheater in der Ostra-Allee, 1911 bis 1913 von William Lossow (1852–1914) und Max Hans Kühne (1874–1942) erbaut sowie die weiteren Spielstätten des Staatsschauspiels hier keine Berücksichtigung finden können.

1 Das Ballhaus 1668–1756

Dem ersten Ballhaus von Paul Buchner (1531–1607) folgte 1668 ›im Klostergärtchen‹ durch Wolf Caspar von Klengel (1630–1691) der Nachfolgebau in italienischer Manier mit offenen Arkaden und einem großen Saal. 1756 mußte es dem Bau des Westflügels des Taschenbergpalais weichen. Es wird beschrieben als „das größte, höchste und schönste Gebäude, so je zu finden, indem solches nach allen vier Seiten oben durch offene Arcaden sein freies Licht empfing, auch mit bequemen Gemächern und Sälen zu fürstlichen Ergetzlichkeiten versehen war«.[11]

2 Kurfürstliches Opernhaus 1664/67–1888

Es zählt zu den ersten festen Theaterbauten in Deutschland, faßte 2.000 Personen und hatte eine prächtige Innenausstattung. Architekt war wiederum Wolf Caspar von Klengel. 1691 wurde das Gebäude verändert, es enthielt nun vier Ränge.
1707 wurde der Raum für die Katholische Hofkapelle umgestaltet. 1755, es gab nun die Katholische Hofkirche, wurde der Bau wiederum zum Ballhaus eingerichtet und diente ab 1804 als Archivgebäude. 1896 wurde das Haus abgebrochen. An seiner Stelle war bis 1943 der Wettinobelisk aufgestellt.

3 Kleines Komödienhaus 1696/97–1709

Dieser sehr kurzlebige Theaterbau direkt an Zwinger und Zwingerwall erlebte noch die großartigen Festlichkeiten anläßlich des Besuches des Dänenkönigs und wurde dann abgebrochen.

4 Großes Opernhaus am Zwinger 1718/19–1849

»Als am 3. September 1719 mit der Eröffnung von Antonio Lotti ›Giove in Argo‹ einem europäischen Publikum ein neues großes Opernhaus an der Südwestseite des neuerbauten Dresdner Zwingers vorgeführt wurde, lockte das so bedeutende Musikexperten wie Händel, Telemann und die Brüder Graun an. Matthäus Daniel Pöppelmann (1662–1736) war die gewaltige Aufgabe zugefallen, innerhalb von elf Monaten ein grandioses Festspielhaus als das größte damalige Theater gemeinsam mit den beiden Theaterarchitekten Alessandro und Girolamo Mauro aus Venedig zu entwerfen und zu errichten. Die städtebaulich-architektonische Eigenart bestand darin, die barocke Gliederung und Konzeption der Zwingeranlage dabei nicht zu beeinträchtigen … Das langgestreckte Bauwerk bot bei einer Länge von ungefähr 53 Meter und einer Breite von 24 Meter etwa 2.000 Zuschauern Platz. Die Höhe des Innenraumes betrug 19,20 Meter. Die Bühne war 43 Meter tief. Erstmalig in der Baugeschichte von Theatergebäuden war der Orche-

Großes Opernhaus am Zwinger, Innenansicht
Colorierte Lithographie von Emil Köhler
Stadtmuseum Dresden
»Großes Concert der Königl. Hofkapelle im Saal des großen Opernhauses zu Ehren der Kaiser und Kaiserinnen von Frankreich und Oesterreich etc. am 24. Mai 1812 Abends 10 Uhr.«

Großes Opernhaus am Zwinger
Lithographie von W. Bässler, 1849
Stadtmuseum Dresden
»Das Opernhaus und der Zwinger zu Dresden nach der Revolution im May 1849.«

sterraum zwischen Bühne und Zuschauerparkett getrennt angeordnet. Diese Methode wurde später allgemeingültig für die Theaterbauten der Welt.
Die architektonische und bildkünstlerische Ausgestaltung des Innenraumes mit Parterre und Amphitheater, drei Rängen mit Logen ist nicht nur ob der berauschenden Pracht, sondern ›auch wegen der berühmten Akustik‹ bewundert worden. Der Bühnenmechanismus mit für die damalige Zeit ausgereifter Technik der Gebrüder Mauro gestattete eine vielfältige Dramaturgie. Das Deckengemälde dieser Pöppelmannschen Oper wurde von dem begabten Theatermaler Johann Baptist Grone (1682–1748) geschaffen, der später auch die bildkünstlerische Ausgestaltung der berühmten Steinkuppel der Frauenkirche am Neumarkt in Dresden entworfen und gemalt hat.«[12]
Dieses Opernhaus ist eng mit den Namen des Oberkapellmeisters Johann Adolf Hasse (1699–1783) und seiner Frau, der gefeierten Sängerin Faustina (1700–1785) verbunden. 1749/50 wird das Haus erweitert, 1760 bei der Beschießung Dresdens beschädigt und bis 1769 nur noch selten benutzt. 1772 wird es zum Redoutensaal umgestaltet, 1849 während der Maikämpfe zerstört und abgebrochen.

5 Kleines Opernhaus im Zwinger 1746–1748

Nur von kurzer Dauer war die Existenz dieses Theaterbaues, errichtet unter dem Sohn August des Starken und etwa an der Stelle gelegen, an welcher 1843–1929 dann das Denkmal für König (seit 1806) Friedrich August, den Gerechten (1750–1827) stand, das jetzt am Japanischen Palais zu finden ist.

Das alte Theater um das Jahr 1800
Lichtdruck von Wilhelm Hofmann
Hof-Verlag R. v. Grumbkow, Dresden
Das Blatt zeigt das kleine Hoftheater des Impressario Moretti noch ohne die 1793 erfolgten baulichen Veränderungen, ist also früher zu datieren. Links Häuser des italienischen Dörfchens zwischen ›Schimmelallee‹ und Zwingerwall, auf welchen rechts vom Theater die ›Appareille‹ (Rampe) führt. Das Ausfalltor ist ebenso sichtbar wie die Häuser der Elbfront mit der Wohnstatt der Hofgeistlichkeit.

6 Kleines Hoftheater (Moretti) 1754/55–1841

»Es wurde 1754/55 für den italienischen Impressario und Hofkomödianten Pietro Moretti von Julius Heinrich Schwarze (1706–1775) und dem Hofzimmer- und Maschinenmeister Christian Gottlob Reuss (1716–1792) zunächst als Fachwerkbau und 1761 als Massivbau (350 Zuschauerplätze) errichtet. Das einst reizvolle kleine Rokokotheater kam 1780 in den Besitz des Hofes, wurde 1783 für über 800 Zuschauer erweitert, 1793 mit einer Vorhalle versehen und erst nach Errichtung des ersten Opernhauses von Gottfried Semper (1803–1879) im Jahre 1841 abgerissen. Wegen seines unzulänglichen baulichen Zustands von den Dresdnern Anfang des 19. Jh. ›Schimmelpastete‹ genannt, war dieses ›Kleine Hoftheater‹ (im Gegensatz zum Pöppelmannschen ›Großen Opernhaus‹) u. a. Auftrittsstätte der Schauspielergesellschaften von Giovanni Battista Locatelli, Abel Seyler und Josef Seconda und die Wirkungsstätte von Morlacchi, Weber, Marschner, Reissiger und Tieck.«[13]

7 Königliches Hoftheater (1. Semperbau) 1838/41–1869

Für die nun folgenden Theaterstandortnummern 7, 9 und 10 des Rekonstruktionsplanes sei wegen der Materialfülle auf nachfolgende Spezialpublikationen verwiesen

- Gottfried Semper zum 100. Todestag, Katalog der Ausstellung im Albertinum zu Dresden, Herausgegeben von den Staatlichen Kunstsammlungen Dresden, 1978
- Heinrich Magirius: Gottfried Sempers zweites Dresdner Hoftheater, Edition Leipzig, 1985
- Kurt Milde / Christian Borchert: Bilder einer Baulandschaft, VEB Verlag der Kunst Dresden, 1985

Kleines Hoftheater (Moretti)
Colorierter Kupferstich von Carl Heinrich Beichling, um 1825
Stadtmuseum Dresden
Der als »das alte Hoftheater zu Dresden« abgebildete Bau zeigt bereits den Zustand nach den vorgenommenen verschiedenen Anbauten. Der Blick folgt der ›Schimmelallee‹ in Richtung Zwinger.

Königliches Hoftheater
Photographie von F. & O. Brockmann
Dresden, vor 1869
Stadtmuseum Dresden

Königliches Hoftheater, Innenansicht
Colorierter Kupferstich von Gustav Täubert, um 1845
Stadtmuseum Dresden

Aus diesem Grunde möge im Rahmen der Geschichte des Platzes hier nur die ausführliche Schilderung über die Zerstörung des ersten Semperbaues folgen, wie sie Lindau beschreibt[14]: »Aber während allenthalben Neues und Schönes entstand, zerstörte am 21. September 1869 eine furchtbare Feuersbrunst Dresdens schönste Zierde, das Königliche Hoftheater. Gegen Mittag 12 Uhr verkündeten sechs Schläge der Sturmglocke des Kreuzthurmes ein Feuer innerhalb der Altstadt und durch die mit Blitzesschnelle sich verbreitende Nachricht von einem im Hoftheater ausgebrochenen Brande erschreckt, drängten sich alsbald Tausende von Menschen nach dem Theaterplatze und dessen Umgebung. Nach außen hin schlugen die Flammen zunächst aus einigen der nach der Augustusbrücke zu gelegenen runden Fenstern des Oberbaues; im Innern aber verbreitete sich das Feuer mit so ungeheurer Hast, daß einige Personen des Ballets, die im Balletsaale ihre Exercitien gemacht hatten, sich nur noch durch die Fenster retten konnten, und eine Anzahl Arbeiter keinen andern Ausweg fand, als sich auf den Balcon des ersten Stockwerkes zu flüchten, von wo sie an Seilen, die von der herbeigeeilten Feuerwehr emporgeschleudert wurden, sich herabließen. Bald wälzte sich der dicke schwarze Qualm aus den Fenstern aller Etagen und gab den herbeigeeilten Löschmannschaften der Feuerwehr, mit dem städtischen Feuerwehrlöschdirector, alsbald die traurige Gewißheit, daß an dem Theatergebäude Nichts zu retten sei und daß alle Aufmerksamkeit den naheliegenden Gebäuden und namentlich dem gefährdeten Museum mit seinen unersetzlichen Kunstschätzen zugewendet werden mußte. Schon eine halbe Stunde nach Ausbruch des Feuers stand der ganze Theaterkoloß in hellen Flammen und bald nachher stürzten Decken und Dachstuhl mit donner-ähnlichem Krachen in den furchtbaren Feuerheerd hinab. Die Spritzen waren unermüdlich thätig, die umliegenden Gebäude, Museum, katholische Hofkirche, Hôtel Bellevue mit Wasser zu überschütten, um die allenthalben verbreitete Gluth nicht zur Flamme werden zu lassen. Im Museum war man eifrig beschäftigt, die in den nach der Theaterseite gelegenen Sälen verwahrten Kunstschätze, die schon durch die blose Hitze gefährdet waren, in größere Sicherheit zu bringen. Gegen ³/₄2 Uhr erschien der König, der gleich nach dem Empfang des Telegramms von Pillnitz herbeigeeilt war, in Begleitung des Prinzen Georg und der Minister von Friesen und von Fabrice. Seine erste Frage war, ob ein Verlust an Menschenleben zu beklagen sei, und als diese Frage verneint wurde, that er die Aeußerung, ›daß man dann alles Andere mannhaft ertragen müßte.‹ Der Brand war durch die Unvorsichtigkeit eines Beleuchtungsgehilfen, Namens Theoder Junghans, verursacht worden, welcher im Auftrage des Beleuchtungs-Inspectors Fahrenwald auf dem großen Bodenraum mit der Anfertigung von transportablen Gasschläuchen beschäftigt gewesen war. Außer dem Gebäude selber, dessen Gesammtherstellungskosten 386,000 Thlr. betragen hatten und das von Seiten des Fiscus mit 120,000 Thlrn. und den Seiten der königlichen Zivilliste mit 30,000 Thlrn. bei der Magdeburger Feuerversicherungs-Gesellschaft versichert war, beklagte man besonders den Verlust reicher Sammlungen von allerlei zu den Vorstellungen verwendeten Gegenständen, eines reichen Vorraths von geschmackvollem Mobiliar und werthvollen Decorationen, sowie der Kolossalstatue Lessing's, der Hautereliefs von Rietschel und des Bacchuszuges von Hähnel. Die in folge dieses traurigen Ereignisses im Publikum erwachten Besorgnisse hinsichtlich der Erhaltung des ausgezeichneten Künstlerpersonals unserer Bühne wurden durch den Entschluß des Königs erledigt, daß in wenigen Monaten, spätestens bis zum Beginne des neuen Jahres, ein geräumiges Interims-Theater für Opern und größere Aufführungen errichtet werden sollte.«

Brand des Hoftheaters 1869
Gemälde eines unbek. Künstlers
Stadtmuseum Dresden

Das Hoftheater nach dem Brand
Photographie von F. & O. Brockmann Nachf. Dresden, um 1870
Stadtmuseum Dresden
Die Rückseite des ersten Semperbaues mit Hofkirche, Schloßturm und Gemäldegalerie. Gut sichtbar der erste Standort des Carl-Maria-von-Weber-Denkmals.

8 Das Interimstheater 1869–1878

Sofort nach dem Brand des Hoftheaters regte der König die Errichtung eines Interimstheaters an, wofür die Anlagen hinter dem Zwinger vorgesehen wurden. Dieses sollte sobald als möglich den Aufführungen zur Verfügung stehen, weshalb man sich für einen Holzbau entschloß. Denselben errichtete der Dresdner Zimmerer-Innungsmeister Victor Richter und bereits am 2. Dezember des gleichen Jahres wurde es mit Goethes 'Iphigenie' eröffnet. Lindau berichtet, daß als der König und die Königin in der Vorstellung erschienen, Oberbürgermeister Pfotenhauer (1812–1877) ein ›Hoch‹ ausbrachte, die Sachsenhymne erklang und anschließend die Hofschauspielerin Pauline Ulrich (1835–1916) einen ergreifenden Prolog sprach.

9 Königliches Hoftheater/Staatsoper 1871/78–1945 (2. Semperbau)

Den zweiten Semperbau entwarf Gottfried Semper im Auftrag des Sächsischen Königs Johann (1801/1854–1873) im Jahre 1870 und bereits ein Jahr später begann unter Manfred Semper (1838–1913) der Bau. Dafür war der neue Standort zurückverlegt worden, um den von Hofkirche, Schloß und Gemäldegalerie umgebenen Platzraum des Theaterplatzes großzügiger zu gestalten.

Die Numerierung 10 und 11 auf dem beigefügten Plan bezeichnen das 1939 nach Plänen von Wilhelm Kreis (1873–1955) begonnene Umbau- und Erweiterungsprojekt, das jedoch durch den Kriegsausbruch nicht verwirklicht werden konnte sowie die Erweiterungs- und Funktionsbauten im Zuge des 1977–1985 realisierten Wiederaufbaues der Semperoper.

Seite 48
Das Interimstheater
Photographie von August Kotzsch Loschwitz, 1874
Privatbesitz
Ansicht vom Theaterplatz aus, rechts vom Standort des Photographen befindet sich das Hotel ›Bellevue‹.

Interimstheater, Innenansicht
Aquarellierte Zeichnung eines unbek. Künstlers, um 1876
Stadtmuseum Dresden

Königliches Hoftheater
Photographie von F. & O. Brockmann Nachf. Dresden, 1896
Stadtmuseum Dresden
Der 1871–78 errichtete zweite Semperbau wird in der Folgezeit oft als ›Neues königliches Hoftheater‹, als ›Neue Oper‹ und in der Jetztzeit gewöhnlich als ›Semperoper‹ bezeichnet.

Forumprojekte für den Theaterplatz
Modelle nach Gottfried Semper
Stadtmuseum Dresden
Der Architekt vertrat die Idee, die notwendig gewordenen öffentlichen Bauten zu konzentrieren, sie dem unvollendet gebliebenen Zwingerhof von Pöppelmann anzufügen und so ein respräsentatives räumliches Ganzes zu schaffen. Im Zusammenhang mit auftretenden konkreten Bauaufgaben entwickelte er diese Grundidee weiter.

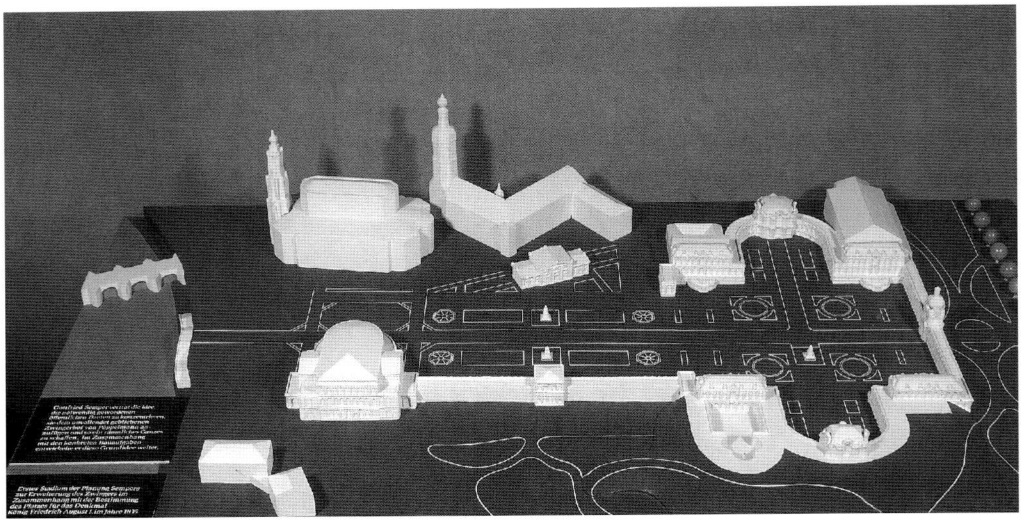

Erstes Stadium der Planung Sempers zur Erweiterung des Zwingers im Zusammenhang mit der Bestimmung des Platzes für das Denkmal König Friedrich August I., genannt der Gerechte, im Jahre 1835.

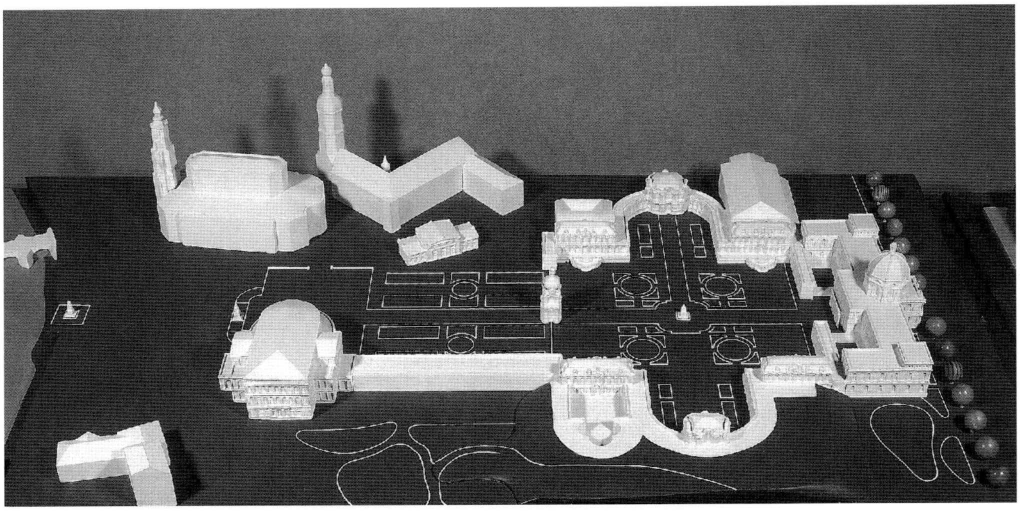

Stadium der Planungen um 1840 unter Einbeziehung des zu dieser Zeit im Bau befindlichen Hoftheaters sowie vorgesehenem Museumsgebäudes an der Kronentorseite des Zwingers. Das Kronentor selbst sollte versetzt werden.

Planungsstadium von 1842 im Zusammenhang mit dem Vorschlag für ein Museum in Verlängerung der Südostseite des Zwingers. Dafür sollte die Hauptwache an die Elbe versetzt werden. Orangeriegebäude und Kulissenhaus sind Zwinger und Hoftheater hinzugefügt.

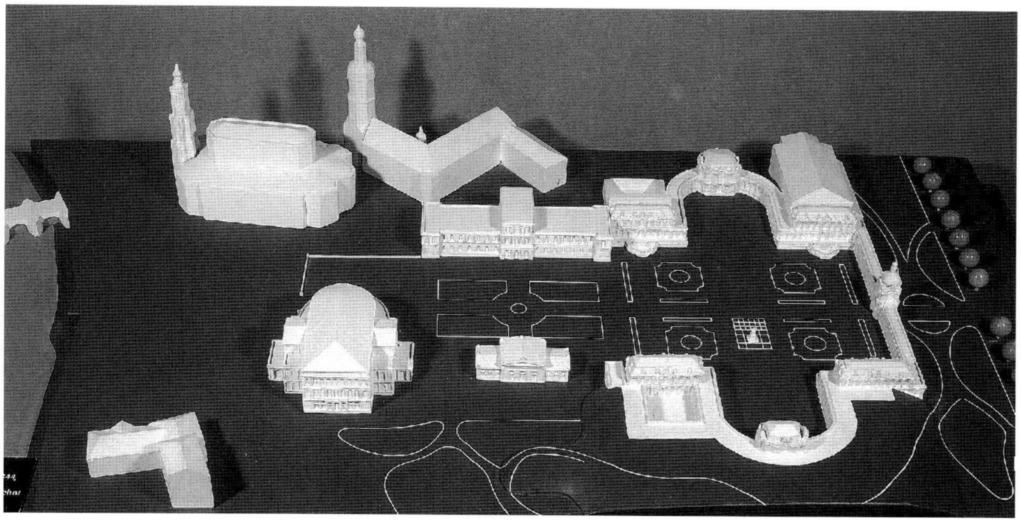

Stadium der Planungen im Jahre 1844 nachdem sowohl Orangeriegebäude als auch Kulissenmagazin abgelehnt worden waren. Das Wachgebäude befindet sich nun vis-à-vis des Museumsbaues, zwischen Zwinger und Hoftheater.

Die logische Aufeinanderfolge der verschiedenen Theaterstandorte hat uns somit zu einem Exkurs geführt, der bis in die Neuzeit reicht und der angestrebten Chronologie vorausgeeilt ist. Dennoch ist es im Zusammenhang mit Sempers ersten Königlichen Hoftheater hier angebracht, kurz die durch den Architekten immer wieder aufgenommenen Projekte zur Neugestaltung des Theaterplatzes zu einem Architektur-Forum vorzustellen. Im Stadtmuseum befinden sich dazu sehr anschauliche Modelle.
Doch kehren wir nun aus den Visionen eines genialen Architekten in die nicht nur von Schöngeist, sondern auch von Zweckmäßigkeit geprägte Wirklichkeit des Theaterplatzes zurück.

Die Blochmann'sche Gasbereitungsanstalt

Es wirkt für uns Heutige befremdend, welche Standorte früher oft für industrielle Anlagen gewählt wurden. Ein solches Beispiel ist die Gasbereitungsanstalt am Zwinger. Als Platz wählte man die durch zielgerichtet betriebene Entfestigung gewonnene Fläche am nun zu einer erhöhten Promenade gestalteten Zwingerwall. Hier errichtete Rudolf Sigismund Blochmann (1784–1871) das erste Dresdener Gaswerk. Blochmann hatte nach einer Mechanikerausbildung in Dresden-Neustadt u. a. im berühmten Institut von Reichenbach in München (seit 1806) gearbeitet. Dort war er auch als einfallsreicher Konstrukteur hervorgetreten. 1818 wurde er Inspektor des Mathematisch-Physikalischen Salons und der Kunstkammer in Dresden. In seinem ›Mechanischen Atelier‹ an der Waisenhausstraße stellte er Meßinstrumente, Apparate und Maschinen her; eine kleine ›Gasanstalt‹ lieferte Gas zur Beleuchtung der Werkstatt. 1821 wurde er aufgefordert, ein Projekt für die Gasbeleuchtung der Stadt zu erarbeiten. Nach einer Vorführung im Schloß erhielt er den Auftrag zum Bau der ersten deutschen, ohne englische Hilfe errichteten Gasanstalt. Kohleschuppen, Ofenhaus mit Retorten, Gasbehälter und Reinigerhaus waren bis zum Herbst 1827 fertiggestellt. Anschließend wurden die Rohre verlegt und Kandelaber aufgestellt. Am 23. April 1828, dem Geburtstag des Prinzen Albert (1828/1873–1902), des nachmaligen sächsischen Königs, wurden die ersten 36 Gaslaternen auch auf dem Theaterplatz entzündet. 1837 waren bereits 538 Laternen in der Alt- und 129 in der Neustadt installiert. 1839 wurde die Gasanstalt an die Stiftsstraße verlegt (bis 1895 in Betrieb). Das alte Werk am Zwin-

Lageplan Gasbereitunganstalt
Auf der Rekonstruktionszeichnung wird die Lage des Blochmann'schen Unternehmens in Beziehung zur heutigen Bausubstanz am Theaterplatz verdeutlicht.

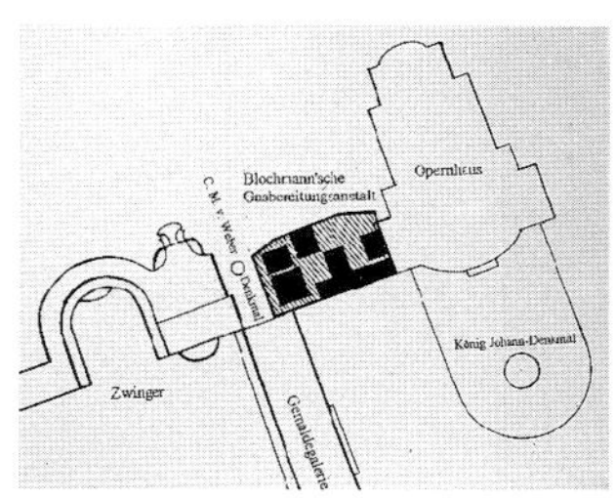

Ansicht vom Zwinger-Walle zu Dresden
Colorierter Kupferstich von Gustav Täubert, nach 1841
Stadtmuseum Dresden
Zwischen Zwingerpromenade und der Stadtsilhouette mit Japanischem Palais, Hotel ›Bellevue‹, Königlichem Hoftheater, Katholischer Hofkirche, Frauenkirche und Schloßturm die Blochmann'sche Gasbereitungsanstalt.

gerwall wurde 1843 (bis auf die Beleuchtung des Hoftheaters mit 764 Gasflammen) außer Betrieb genommen und später abgebrochen.[15]
Eine weitere industrielle Ansiedlung auf dem durch die Demolierung der Festungswerke und dem durch Zuschüttung der Festungsgräben erzielten Landgewinn begegnet uns im äußersten Zipfel des Theaterplatz, nahe des Elbkais.

Die Calberla'sche Zuckerfabrik

1817 begann der Bau einer Zuckersiederei, mit dem der »Kunstdrechsler« Heinrich Conrad Wilhelm Calberla (1774–1836) den Grundstein für einen der wichtigsten Standorte der deutschen Zuckerwaren- und Schokoladenindustrie legt. In seinem Geschäft an der Seegasse zu Reichtum gelangt, strebte er danach, das Kapital in ein größeres Unternehmen zu investieren … So erwarb er die Berechtigung zur Eröffnung einer Zuckersiederei am Platz der Bastion Sol in der Nähe des Zwingers. Mit dem Entwurf der Gebäude beauftragte er den Architekten Gustav Hörnig (gest. 1839).
Die 1820 privilegierte Fabrik verarbeitete anfänglich bis zu 8.000 Tonnen Rohzucker, die per Schiff aus Hamburg bezogen wurden. Mehrere Arbeiter raffinierten den Rohstoff zu Zucker »in Broden« (Zuckerhüten) und stellten als Nebenerzeugnisse weißen und braunen Feinzucker, Aniszucker und Sirup, später auch Konfitüren her.
Nach dem Eintritt Sachsens in den Zollverein 1834 verdoppelte sich der Umsatz, zugleich traten neue Konkurrenten auf den Plan. Calberla suchte dem durch die Übernahme des Rohzuckertransportes in eigene Regie zu begegnen. Am 20. Februar 1835 gelangte zum ersten Mal ein

Dampfschiff nach Dresden – ein speziell für die Elbe konstruiertes (niedriger Tiefgang, Heckschaufelrad) und in Hamburg mit einer englischen Dampfmaschine ausgerüstetes Boot.

Nach dem Tod des Firmengründers ging die Fabrik in den Besitz des Sohnes Gustav Moritz Calberla (1809–1906) über. Dieser stellte den Betrieb ein und lebte fortan als »Privatier«. Einige Jahre später wurde das Grundstück verkauft. Das ehemalige »Fabriketablissement« wurde 1853 nach Umbauarbeiten als Hotel »Bellevue« wiedereröffnet.[16]

1873 in eine Aktiengesellschaft umgewandelt, bezifferte man den Wert des Hotels auf 1,65 Millionen Mark. Bereits damals hatte das exklusive Haus europäischen Ruf erworben.

Im Hotel gab es die neuesten Errungenschaften der Zeit, wie ein eigenes Telegraphenbüro, dessen neueste Nachrichten ans »Schwarze Brett« geschlagen wurden, einen elektrischen Aufzug, Bäder und Frisiersalons mit modernstem Komfort. Mehrere Festsäle, eine eigene Bibliothek und als »dernier cri« eine Bar! Wertvolle Gemälde, Uhren und Porzellan rundeten das Flair des Hauses ab. Die Preise waren dem Aufwand entsprechend hoch. Die Kapazität des Hauses: 160 Zimmer mit 200 Betten.

1912 annonciert das Hotel unter seinem Vorstand und Leiter, R. Ronnefeld (Chef von 1887–1928), u. a. »Weltbekanntes, vornehmes Haus mit Garten und Terrasse. Im Winter 1910/11 umgebaut und mit allen zeitgemäßen hygienischen Einrichtungen versehen – Vakuumanlage, Warmwasserheizung. Automobil-Garage mit einzelnen abgeschlossenen Boxen.«

Viele bekannte Namen befinden sich in den Gästebüchern. Wir lesen die Unterschriften von Thomas A. Edison, Ludwig Ganghofer, Eugen d'Albert, Sven Hedin, Emil Jannings, Josef Kainz, Henny Porten, Max Klinger, Roda Roda, Carl Zuckmayer, Arturo Toscanini, Heinrich Schlusnus und viele andere. 1873 hat sich Richard Wagner eingetragen, als er das erste Mal nach seiner Flucht 1849 wieder Dresden besuchte. Gerhart Hauptmann war Stammgast und erlebte 1944 den ersten Luftangriff im Keller des Hotels, ein Vorzeichen des nahen Unterganges seiner geliebten Stadt.

Städtebaulich verlieh das Hotel mit seiner »Zurückhaltung und stillen Heiterkeit dem Opernhaus den Maßstab, an dem Größe erst sichtbar wird« (Löffler).[17]

Doch zurück zur Chronologie.

Den beiden Industriebauten am Theaterplatz folgte in den Jahren 1830 bis 1832 ebenfalls als Zweckbau, jedoch im Stile eines griechischen Tempels, die Altstädter Wache.

Sie ist der einzige Schinkel-Bau in Dresden und zählt zu den wichtigen Bauwerken des Berliner Klassizismus in Sachsen. Ebenfalls 1945 zerstört, wurde sie 1955/56 wiederhergestellt. In der Gegenwart dient das Gebäude als Theaterkasse und Café.

Die Gemäldegalerie

Nach ihrer Unterbringung im Redoutenhaus und im Residenzschloß (Riesensaal) gelangten die Bilder der indessen weitgerühmten Dresdner Sammlung ab 1740 in das heutige Johanneum, das von Johann Christoph Knöffel (1686–1752) vom ehemaligen Stallgebäude zur »Galerie royale« umgebaut worden war.

Ein eigener Museumsbau – der heute die Gemäldegalerie Alte Meister sowie die Rüstkammer beherbergt – entstand unter Gottfried Sempers Leitung in den Jahren 1847 bis 1855 als nördlicher Abschluß des Zwingerhofes und bildet die Südseite des Theaterplatzes. Diesem Vorhaben mußten seinerzeit auch die letzten Häuser des alten Italienischen Dörfchens weichen.[18]

Moritz und Luise Calberla
Bronzemedaille von A. Scharff, 1873, Vorderseite
Privatbesitz
Zur Erinnerung an die Goldene Hochzeit ließ der begüterte ›Privatier‹ Moritz Calberla eine Medaille schneiden.
Das Familiengrab auf dem Inneren Neustädter Friedhof gibt in seinen Inschriften Aufschluß über die Calberla-Familie:
Der Zuckersieder –
Heinrich Wilhelm Calberla
geb. 29. 6. 1774 Walle i. Braunschweig
gest. 22. 8. 1836 Dresden
verheiratet mit
Amalie Friederike geb. Schüssler
geb. 11. 8. 1773 Dresden
gest. 17. 9. 1820 Dresden;
deren Sohn
Der ›Privatier‹ –
Gustav Moritz Calberla
geb. 30. 11. 1809 Dresden
gest. 3. 12. 1906 Dresden
verheiratet mit
Luise geb. Roegner
geb. 10. 6. 1822 (?)
gest. 20. 4. 1898 Dresden
Von den vier Kindern des ›Privatiers‹, der auch ausgedehnte Besitzungen in Loschwitz hatte, sind erwähnenswert der Ökonom und Rittergutsbesitzer Dr. phil. Georg Moritz Calberla (1845–1904), der mit Karl Marx korrespondierte, der Anatom und Zoologe Dr. med. Ernst Moritz Calberla (1847–1878) sowie Luise (1852–1935), die mit dem Bildhauer Prof. Robert Diez (1844–1922) verheiratet war.

Nordwestliche Ansicht von Dresden
Lithographie von Carl Wilhelm Arldt, um 1833
Stadtmuseum Dresden
Das großformatige Blatt gibt einen guten Überblick über das Häuserquartier im ›italienischen Dörfchen‹ mit der dahinterliegenden Blochmann'schen Gasbereitungsanstalt. An der Elbe Calberla's Zuckersiederei, dahinter Packhof und Ausschiffungsplatz. Davor dominiert der Bau des Kleinen Hoftheaters (Moretti).

Blick vom Schloßturm auf den Theaterplatz
Colorierter Kupferstich von Carl Heinrich Beichling, nach 1843
Stadtmuseum Dresden
Anhand der vom Standort gleichen Ansicht wie auf der vorherigen Abbildung werden die Veränderungen der vergangenen zehn Jahre deutlich: das Kleine Hoftheater (Moretti) ist durch Semper's erstes Königliches Hoftheater ersetzt, im Zuge dessen wurde der gesamte nördliche Teil des ›italienischen Dörfchens‹ abgerissen. An Calberla's Zuckerfabrik ist die platzseitige Baulücke durch ein weiteres Gebäude geschlossen und der Zwingerwall hinter der Gasanstalt ist abgetragen.

Das König-Johann-Denkmal

Den Mittelpunkt des Theaterplatz bildet seit 1889 das Reiterdenkmal des als ›Friedensfürsten‹ dargestellten sächsischen Königs. Es ist ein Werk des Rietschelschülers Johannes Schilling (1828–1910) von 1883, gegossen bei Bierling in Dresden.

Am 18. Juni 1889 fand die feierliche Enthüllung des ›Landesdenkmals‹ als offizieller Programmpunkt der Wettinfeier anläßlich der 800jährigen Regentschaft des Fürstenhauses im Beisein der königlichen Familie statt. Abgesehen von oft verklärenden Personalia des Dargestellten selbst gibt eine zeitgenössische Beschreibung das gesamte ikonographische Programm der Denkmalsgestaltung wieder[19], die hier nach über einhundert Jahren wieder einmal angeführt werden soll:

»... An der halbkreisförmigen hervortretenden Vorderfläche steht der Name Johann.

Darüber schwebt die Königliche Krone. Zwei Kränze von Rosen, mit den Jahreszahlen 1822 und 1872, deuten auf das fünzigjährige Ehejubelfest des Herrschers. An der gleichgeformten Rückseite finden sich unter der Krone die Jahreszahlen 1854 und 1873, das Jahr des Regierungsantritts und das des Todes bezeichnend. Darunter, als Andeutung der tief eingehenden Danteforschung des Königs, das Dantebuch mit dem Bildnis des Dichters, von Lorbeerzweigen umgeben.

An jeder der beiden concaven Seitenflächen sind zwei schwebende Genien dargestellt. Ohne weitere Attribute gebildet, verkünden diese durch die schlichten Worte der beiden Inschrifttafeln, welche sie zu zweien tragen, die Frömmigkeit und Liebe des huldreichen Landesvaters, den weisen und gerechten Sinn des Regenten: Fromm und wahrhaftig sein / behütet den König / und sein Thron bestehet / durch Frömmigkeit. Und: Sei getreu bis in den Tod / so will ich dir die Krone / des Lebens geben.

Die beiden Friese am unteren Bronzepostament erstrecken sich über die Flächen der beiden Langseiten, einschließlich der sie einrahmenden cylindrischen Eckpostamente. In ihnen ist das unter des Königs mildem Scepter, unter seiner treuen Fürsorge gedeihende Volksschaffen im blühenden Sachsenlande geschildert. Gleichsam Verkünder eines reichen geistigen Lebens erheben sich über den Endigungen des Frieses die vier Kandelaber. Als Fackel kriegerischen Mutes, als Leuchte der Wissenschaft, als Flamme künstlerischer Begeisterung und als Prometheusfunken der Intelligenz deuten sie sinnbildlich die höchsten Regungen der sittlichen und geistigen Kraft des Volkes an, welche nach ihren verschiedenen Richtungen in den an den Kandelaberpostamenten angebrachten allegorischen Figuren dargestellt werden.

Die Friese an den Langseiten hingegen führen die Arbeit des Volkes im Säen und Ernten, durch

Gemäldegalerie, Hauptportal
Photographie und Verlag Römmler & Jonas Dresden, 1887
Stadtmuseum Dresden
In der Fachliteratur (Anm. 18) wird die klassisch antike Theaterplatzseite des Galeriegebäudes wie folgt definiert: Die ikonographischen Schlüsselfiguren für die Theaterplatzseite sind die Zwickelfiguren des Mittelfensters im ersten Obergeschoß, Hesiod und Homer. Auf Hesiod beziehen sich die Götterpaare in den Zwickeln der Fenster links, auf Homer die Heroengestalten seiner Epen rechts. Orpheus und Amphion in den Zwickeln des mittleren Durchgangs deuten auf die in Bann schlagende Macht des Künstlers hin. Prometheus und Pygmalion in den Medaillons seitlich sind »Heroen« urmenschlicher Bildung. Die Zwickelfiguren der seitlichen Durchgänge stellen die vier Elemente als Urstoffe der Welt dar. Die Reliefdarstellungen in den Säulenpostamenten – Herakles, Perseus, Jason und Theseus – erinnern an Hauptthemata antiker Kunst. Den doppelgeschossigen Triumphbogen bekrönen auf der Seite des Hesiod Perikles und Phidias, auf der Seite Homers Alexander und Lysipp; einem Förderer der Künste ist jeweils eine Künstlergestalt zugeordnet. Die Medaillons über den Fenstern, die keine Verdachungen tragen, stellen Apoll mit den neun Musen dar. Von links nach rechts ist also die Geschichte der antiken Stoffe entwickelt, am Mittelcorpus gebündelt und zusammengefaßt, repräsentiert von vier Persönlichkeiten, die den Zusammenhang von Kunst und Staatsmacht symbolisieren. Außer der Figuren von Lysipp und Alexander sowie den Götterfiguren in den Fensterzwickeln der rechten Seite, die auf Ernst Julius Hähnel zurückgehen, sind sämtliche andere Plastiken Werke Ernst Rietschels.

Einweihung des König-Johann-Denkmals am 18. Juni 1889
Photographie vermtl. von Hermann Krone Dresden

Hinter dem extra für die Zeremonie errichteten Königspavillon das Residenzschloß in seiner alten Gestalt mit dem aufgestockten Obergeschoß. Die 1289 erstmals als 'castrum' genannte gotische Markgrafenburg war vielfach verändert und erweitert worden: 1548 bis 1556 zur Vierflügelanlage eines repräsentativen Renaissanceschlosses und 1589–1594 Erweiterungen um den kleinen Schloßhof. Mehrere Planungen zur Schaffung einer völlig neuen Schloßanlage am alten Standort, auf dem späteren Theaterplatz oder an der Elbfront wurden nicht verwirklicht. So zeigt sich das Äußere des Schlosses noch im Jubeljahr als düsterer und wenig repräsentativer Baukörper. Nun aber gewährten die Landstände 3 Millionen Goldmark und unter den Architekten Dunger (1845–1920) und Frölich (1859–1933) erfolgten umfassende Um- und Erweiterungsbauten sowie die ›späthistoristische Bekleidung‹ (Magirius) des Residenzschlosses in den Jahren 1889 bis 1901.

die Gaben des fruchtbaren Bodens belohnt, den rührigen, Schätze erringenden Handel und den betriebsamen Verkehr vor.

Der vordere Kandelaber zur Rechten des Königs ist der Wehrkraft, der zur Linken der Wissenschaft gewidmet. Das Postamentrelief des ersteren erinnert an das unter König Johanns Regierung siegreich heimkehrende Heer in die Landeshauptstadt.

Die allegorische Figur der Stadt Dresden, welche der Wehrkraft, dargestellt durch eine weibliche gewaffnete Gestalt, den Kranz spendet, hat zur Seite einen Veteranen und einen Knaben, die als Vertreter früherer und kommender Generationen zur Begrüßung herbeieilen. Das Heer selbst ist durch Krieger der verschiedenen Waffengattungen und des Geniewesens vertreten. Der Kandelaberfuß zeigt zwei Löwen, die furchtlos ankämpfend in den Blitz greifen. Der Schaft ist mit Eiche und Lorbeer verziert.

Die allegorischen Frauengestalten am Postamentrelief des vorn zur Linken des Herrschers stehenden Kandelabers stellen die Wissenschaften dar. Voran stehen Theologie und Jurisprudenz. Zur Seite der ersteren deuten die Belehrung eines Knaben auf Schule und Erziehung; zur Seite der Jurisprudenz ist sitzend die Medizin, neben ihr die Philosophie dargestellt. Zwischen beiden Chemie und Physik; Geschichte, Altertumskunde und Mathematik beschließen die Reihe. Am Kandelaberfuß zwei Sphinxe und die Eule. Die Schaftverzierungen werden durch Palmen und Lilien gebildet.

Von den beiden Kandelabern der Rückseite ist der rechte den Künsten, der linke der Industrie gewidmet. Das Postament des ersteren zeigt die allegorischen Figuren der sieben Künste. Zunächst an dem die Langseite bedeckenden Fries, welcher die Bodenkultur darstellt, steht, in das bunte Treiben der Landleute hinüberschauend, die Malerei, weiter links die Architektur, zwischen beiden, sitzend, die Bildnerei und Meister Hähnels Michelangelostatuette auf dem Schooße. Daneben, auf den Grundstein des neuen Theaters (mit dem Phönixbild) gestützt, die Musik. Es folgen: die Dichtung, die Schauspielkunst, mit einem die Maske vorhaltenden Pagen, und der Tanz. Der Kandelaberfuß zeigt hier zwei Greifen, welche die Leier halten. Der Schaft ist durch Blumen und Lorbeer geziert.

Der vierte Kandelaber gilt der Industrie, personifiziert in einer Frauengestalt, mit Schurzfell und Hammer, ihr zur Seite, das Schwungrad drehend, die als Najade gebildete Dampfkraft. Um beide gruppieren sich ein Reihe werkthätiger Gestalten, welche die Holzindustrie, Keramik, das Spitzenklöppeln, die Textilindustrie und die Metallindustrie im großen und kleinen, von der Bearbeitung der Eisenbahnschiene bis zur Uhrmacherkunst, vorstellen. Der Fuß des Kandelabers selbst ist durch zwei feuerspeiende Drachen, Hämmer und Ambos, sein Schaft durch Tannenreis, Ähren und Weinreben geschmückt.

Zwischen den der Wehrkraft und den Künsten gewidmeten Reliefs zieht sich an der südlichen Langseite der die Bodenkultur veranschaulichende Fries hin. In der Mitte die allegorische Figur der Naturkraft, das Füllhorn haltend, auf den Stier gelehnt. Pflügen, Säen und Ernten, als Symbol alles menschlichen Ringens in der Arbeit, stellen die umgebenden Gruppen dar. Daran schließen sich links die Pflegerin des Obstbaues, der junge Schäfer und die Winzerin, rechts der Waldhüter und der Jäger. Dazwischen eine kleine Episode: Ein junges Mädchen holt einen frischen Trunk bei der geschwätzigen Waldquelle.

Auf der entgegengesetzten Seite sind Handel und Verkehr geschildert. In der Mitte die Figur des Handels mit schätzereichem Füllhorn, den Hermesstab in der Hand. Links der Bergbau, das Hüttenwesen, der Handel mit Rohprodukten, der Buchhandel und die Photographie. Der Verkehr zu Lande wird durch die Lokomotive und durch das Telegramm, welches als schnelle Botin vor dem Dampfroß vorüberhuscht, versinnbildlicht. Neben der Figur der Elbe, welche fischreiche Fluten aus der Urne gießt, wird der Handelsverkehr zu Wasser, die Kettenschleppschiffahrt, der Wasser- und Brückenbau und die Fischerei vor Augen geführt.

Zwischen den Friesendigungen ist auf der Stirnseite das sächsische Wappen, von Rautenzweigen und Fruchtschnuren umgeben, angebracht. Auf der Rückseite sieht man ebenfalls zwischen Fruchtschnuren eine Tafel mit der Inschrift: Errichtet 1889.«

Helbig's Etablissement – das neue »Italienische Dörfchen« und das »Basteischlößchen«

Während der erste Teil des alten Häuserquartieres im italienischen Dörfchen beim Bau des ersten Hoftheaters von Semper verschwand, fielen dem Museumsbau für die Gemäldegalerie die restlichen, zum Zwinger zu liegenden Bauten zum Opfer.

Einzig die Häuserfront an der Elbe mit dem sie überragenden Vogelstein-Haus besteht auch für die weiteren Jahre weiter.

Aber die alte Zählung von der Augustusbrücke stromab, Nr. 13–18, wie auf dem Heßler-Plan ersichtlich, ist indessen aufgegeben, die Hofgeistlichen der Katholischen Hofkirche haben andere Domizile erwählt und nun gilt für jene Häuser die Bezeichnung Theaterplatz – von Calberla's (und nach 1853 Hotel ›Bellevue‹) mit Nr. 1 beginnend zur Brücke zu von Nr. 2 bis 7. In ihnen haben sich die Schankwirte fest etabliert: in Nr. 2 der Restaurateur Reuß ›Zur Elbterrasse‹, in Nr. 4 der Gastwirt Thiel, in Nr. 5 Wirt Buchwald (und darüber wohnt der Herr

Helbig's Etablissement, Elbansicht
Photographie, um 1900
Stadtmuseum Dresden
Die immer wieder erweiterten und aufgestockten Terrassenanlagen sind eng an die aus der Zeit des alten ›italienischen Dörfchens‹ stammenden Steinbauten mit dem Vogelsteinhaus als Mitte, angefügt. Davor der schwimmende Konzertpavillon und hinter der Dampferanlegestelle Packhof, Elbkai und Liegeplatz für die Zillen.

Professor Vogel von Vogelstein), in Nr. 6 die Schänkwirtin Witwe Kämpffe und in Nr. 7 (dem letzten Haus und fast an der Brücke) Julius A. Helbig.
Nur im Wohnhaus der Künstlerin, Nr. 3, in welchem die »Lehrerin der Pedalharfe, der deutschen, englischen und italienischen Sprache« Therese aus dem Winckell auch unterrichtet, fehlt ein Wirtshaus.
Restaurateur Helbig, einer verzweigten Dresdner Gastronomendynastie entstammend und mit einer geschäftstüchtigen Wirtin verheiratet, verstand es, im Laufe der Zeit alle Häuser bis auf die ganz am Ende liegende ›Elbterrasse‹ zu einem leistungsstarken Großrestaurant zu vereinigen. Vor allem der einmalige Blick auf die Elbe und die Stadtsilhouette veranlaßten ihn zu fortwährenden Um- und Modernisierungsmaßnahmen, vor allen Dingen aber der Ausdehnung prächtiger, im Stile der Zeit gehaltenen Terrassenanlagen. Sogar einen schwimmenden Konzertpavillon stationierte er auf dem Fluß.
Der Zulauf der Dresdner sowie der steigende Touristenstrom der Gründerjahre brachten guten Gewinn. Auch war die Anlegestelle für die abfahrenden Dampfer nur an Helbig's vorüber und über eine Passage am autark weiterbestehenden Ausschank ›Zur Elbterrasse‹ zu erreichen.
Helbig ist mit der Bewirtschaftung des riesigen Unternehmens so ausgelastet, daß die Grundstücke bereits 1875 in den Besitz der Aktienbrauereigesellschaft zum Feldschlößchen, die auch die ›Elbterrasse‹ hinzuerwirbt, und von dieser um 1885 an den Staatsfiscus übergehen.
Mit der Fertigstellung des Neubaues der Augustusbrücke im Jahre 1910, die nun den Namen Friedrich-August-Brücke erhielt, kam auch die Stunde für den Abbruch der überalterten, oft veränderten Bausubstanz von Helbig's Etablissement.
Die Stadt Dresden, welche die Grundstücke wohlweislich erworben hatte, wünschte nunmehr einen würdigen und nicht überladenen Abschluß der Nordseite des Theaterplatzes. Auch die alte Elbeinbuchtung vor Helbig's wurde im Zuge des Uferstraßenbaues zur Begradigung vorgesehen. Noch einmal flammte ein Expertenstreit um die Gestaltung des Theaterplatzabschlusses auf,

Schwimmender Konzertpavillon vor Helbig's Restaurant
Photographie, um 1900
Stadtmuseum Dresden

selbst Sempers Gedanken dafür kamen wieder zur Debatte. Schließlich entschied man sich für den Plan von Hans Erlwein (1872–1914), der seit 1905 als Stadtbaurat in Dresden tätig war.
»Die zwischen 1911 und 1913 noch in Anlehnung an die Dresdner Barocktradition errichtete Gaststätte ›Italienisches Dörfchen‹ hatte Erlwein schon äußerlich deutlich sichtbar untergliedert. Dem hochgezogenen Hauptbau schloß er in Richtung Hotel Bellevue wegen des Durchblicks einen wesentlich niedrigeren Verbindungstrakt mit wiederum erhöhtem Kopfbau an. Auf der anderen Seite der Uferstraße tauchte dahinter wie eine Art Fortsetzung das damals nach den Plänen des Erlwein-Mitarbeiters Carl Hirschmann ebenfalls neu errichtete ›Basteischlößchen‹ auf. Eine künstlerische Besonderheit dieses kleinen Hauses war die Ausschmückung mit einer Fülle von Gemälden, Zeichnungen, Skizzen und Radierungen sämtlicher namhafter, in Dresden lebender Künstler. In Richtung der ansteigenden Straße zur Brücke hin öffnete Erlwein den Blick durch einen baumbestandenen Terrassengarten, der die Horizontale des Gesamtkomplexes fortführte. Diesem Garten wurde eine breite Treppe zur Elbe hinunter angeschlossen, eine Art Ergänzung und Bindeglied zur Treppe an der Brühlschen Terrasse. Nur der geplante betonte Abschluß des Ensembles durch ein Reiterstandbild König Georgs wurde nie vollendet. ›Als vornehmes kleines Restaurant ist das neue Italienische Dörfchen ersonnen und auch durchgeführt. … Der Platz bedurfte dieses Abschlusses um wirklich zum Platze zu werden … Die Baumasse ist mit geschickter Hand dem Platz und seinem Maßstab eingegliedert und in ihre Silhouette eingeordnet, so daß der Bau, wie beabsichtigt, den anstoßenden Bauten als Steigerungsmittel dient‹.«[20]
Am Sonnabend, dem 10. Mai, wurden das nunmehr ›Italienische Dörfchen‹ genannte neue Großrestaurant als Bier- und Speisehaus mit Elbterrasse, Café-Restaurant mit Forum und ›Hochfeines Wein-Lokal‹ sowie das anstelle der alten ›Elbterrasse‹ wenig versetzt neuerbaute ›Basteischlößchen‹ als ›Nürnberger Bratwurstglöckle mit Rostbraterei‹ eröffnet. Stolz verweist der Pächter Schwendimann in seinen Annoncen auch auf die täglichen Künstlerkonzerte.

Helbig's Restaurant, Platzseite
Aquarell von Otto Schneider, 1907
Stadtmuseum Dresden
Die einfache Häuserfront läßt kaum die reichen Terrassenanlagen dahinter vermuten. Interessant ist, weil in den Adreßbüchern nicht nachvollziehbar, daß der ›Traiteur‹ Alfred Wohlfarth, der zu dieser Zeit das Unternehmen führt, bereits den Namen ›Italienisches Dörfchen‹ am Hauptgebäude hat anbringen lassen. Sehr schön zeigt das untere Detail das letzte Haus der Häuserzeile, in welchem sich noch das Gasthaus ›Zur Elbterrasse‹ befindet (oben über der Kutsche kann man das eigene Wirtshausschild erkennen), sowie den Abfertigungspavillon der Personenschiffahrt. Zu dem Gewölbemotiv vermerkt der Künstler akribisch: ›Treppe vom Theaterplatz zur Elbterasse links vom Vogelsteinschen Hause.‹

Abbruch des Vogelsteinhauses
Photographie, 1910
Stadtmuseum Dresden
›Der Rath zu Dresden – Tiefbauamt‹ ließ die baulichen Veränderungen in der Stadt umfassend dokumentieren. Im Zuge dessen entstand dieses Bilddokument am 17. Februar des Jahres 1910 von der Elbseite her, an der dann mit dem Bau des Erlwein'schen ›Italienischen Dörfchen‹ auch die Uferstraße entstand.

Am ›Italienischen Dörfchen‹
Ansichtskarte, 1914
Stadtmuseum Dresden
Mit dem Erlweinbau des ›Italienischen Dörfchens‹ hat der Theaterplatz die bauliche Komplettierung zur Elbe zu und damit seine endgültige Fassung gefunden. Auch die Verlängerung des Terrassenufers ist mit der neuen Uferstraße verwirklicht; auf ihr verkehrt die Straßenbahnlinie 18. Hinten über dem Hotel ›Bellevue‹ der umstrittene Schornstein des ersten kombinierten Fernheiz- und Elektrizitätswerkes an der Großen Packhofstraße. Es nahm seinen Betrieb am 15. Dezember 1900 auf, versorgte vor allem die brandgefährdeten historischen Bauten des Zentrums bis 1929, dann wurde der Schornstein abgebrochen. Rechts das ebenfalls neuerrichtete ›Basteischlösschen‹. Die Passagierbrücken der Anlegestellen für die Dampfer sind ein Rudiment, denn im Jahre 1910 wurden die Anlegestellen an die dafür geschaffenen Anlagen vor der Brühlschen Terrasse verlegt.

Der Theaterplatz, weltberühmt durch seine Bauten, hatte in einem langen Weg von der Wetzegrelle zum Herzstück der Stadt Dresden seine endgültige bauliche Gestalt gefunden.
An diesem Punkt soll unser Rundgang durch die Geschichte des stadthistorisch so bedeutsamen Areals westlich des Dresdner Schlosses enden. Doch auch die Historie in den Jahrzehnten nach der baulichen Vollendung des Platzes im Jahre 1913 ist ereignisreich und reicht bis in unsere Tage: Sturz der Monarchie 1918 und gewaltige Massendemonstrationen in den zwanziger –, braune Naziaufmärsche auf dem nunmehrigen Adolf-Hitler-Platz in den dreißiger –, Truppenparaden und der Bau von Luftschutzbunkern in den vierziger Jahren. Schließlich die Zerstörung aller Bauten wie auch der gesamten Innenstadt am 13. Februar 1945. Danach mühsame Enttrümmerung und Sicherung des noch Vorhandenen, gezielter Wiederaufbau. Trümmerbahnen überqueren den Platz in Richtung Ostragehege. Auch werden neue Demonstrationen inszeniert. Aber Stück für Stück entstehen die zerstörten Bauten neu, nehmen die Stätten der Kunst und Kultur ihre alten Domizile wieder in Besitz. Einzig das Residenzschloß steht schließlich noch auf einer klug eroberten Warteliste.
Dann ist auch der Theaterplatz Schauplatz des demokratischen Aufbruchs: am 19. November 1989 die große Kundgebung der Kulturschaffenden, und allmontags der Durchzug der DDR-müden Demonstranten, begleitet vom beeindruckenden Geläut der Katholischen Hofkirche. 1990 ist die Deutsche Einheit wiederhergestellt. Die Aufbau- (Schloß) und Rekonstruktionspläne (Gemäldegalerie, Wache, Italienisches Dörfchen, Kathedrale) werden zügig in Angriff genommen.
Eine völlig neue Erlebniswelt für die Dresdner und die Gäste der Stadt bietet der Theaterplatz in unseren Tagen als Veranstaltungsort für herausragende Konzertveranstaltungen und ganz sicher ist anzunehmen, daß alle Dresden-Touristen bei ihrem Gang durch die Elbestadt auch irgendwie den Theaterplatz frequentieren. Immerhin sind das in diesem Jahr sechs Millionen, und aus aller Herren Länder.

Anmerkungen

1 Papke, Eva, Festung Dresden, Dresden, 1997, S. 66.
2 Zur Baugeschichte des Dresdner Zwingers siehe Dehio, Georg, Handbuch der Deutschen Kunstdenkmäler, Sachsen I, Regierungsbezirk Dresden, S. 153 ff., Deutscher Kunstverlag, München, 1993.
und weiterführend Löffler, Fritz, Der Zwinger zu Dresden, Herausgeber Staatliche Kunstsammlungen Dresden, 9. Aufl., 1989.
3 Siehe vor allem Hempel, Eberhard, Gaetano Chiaveri – Der Architekt der katholischen Hofkirche zu Dresden, Wolfgang Jess Verlag Dresden, 1955.
In diesem auf S. 98 Abb. 13 der Original-Riß (im Sächsischen Hauptstaatsarchiv Dresden), der als Vorlage für den Plan von 1739 diente.
4 Volk, Waltraud, Dresden – historische Straßen und Plätze heute, 4. Auflage, VEB Verlag für Bauwesen Berlin, 1984, S. 168.
5 Dresden um die Mitte des 19. Jahrhunderts, Hg. Zentralantiquariat der DDR, Leipzig, 1973, nach Blatt 12.
6 Dresden-Tageschronik, 29. 01. 1873, Stadtmuseum.
7 Stadtarchiv Dresden, Ratsakten HV 94 r, 1821, Acta Judiciatia, ab S. 51.
8 Stadtarchiv Dresden, Abschnitt S. 190, »Dresden zur zweckmäßigen Kenntniß seiner Häuser und deren Bewohner«, Dresden, 1797.
9 Stadtarchiv Dresden, Acta das italienischen Dörfchen betreffend, 1822–1835.
10 Schnoor, Hans, Weber – Gestalt und Schöpfung, VEB Verlag der Kunst Dresden, 1953, S. 284 ff.
11 Lindau, M. B., Geschichte der königlichen Haupt- und Residenzstadt Dresden, Hofverlag R. von Grumbkow, Dresden, 1885, S. 496.
12 Leucht, Kurt W., Architekt in Dresden, schrieb mehrere Abhandlungen über den Theaterplatz, Stadtmuseum, Stadtchronik.
13 Autorenkollektiv, Stadtlexikon Dresden A–Z, Verlag der Kunst Dresden, 1998, hier S. 281; beachte auch die anderen Stichworte.
14 wie Anm. 11, S. 1021 ff.
15 nach Starke, Holger, Die Gasbeleuchtungsanstalt am Zwinger, in Dresden-Archiv, Bl. Nr. 05241, Archiv Verlag Braunschweig, Seit 1995 ff.
16 wie Anm. 15, Bl. Nr. 5121.
17 Lauffer, Manfred, Das historische Hotel Bellevue, Stadtanzeiger Nr. 2, Dresden, 1991.
18 siehe vor allem Marx, Harald und Magirius, Heinrich, Gemäldegalerie Dresden, E. A. Seemann-Verlag, Leipzig, 1992.
19 Blochwitz, Die Wettinfeier in Dresden, Nachtrag zur amtlichen Festschrift, Albanus'sche Buchdruckerei, Dresden, 1889.
20 Lind, Gerlind, Italienisches Dörfchen Dresden, Geschichtliches und Geschichten, Hauseigene Druckschrift, Dresden, 1995.

Die Umzeichnungen und Pläne
fertigte Herr Dieter Mattheus, Stadtmuseum.

Die letzten Elfenbeinbildhauer in Dresden im 20. Jahrhundert

CHRISTEL WÜNSCH

SANFT gelblich bis weiß schimmernde Kostbarkeiten aus Elfenbein sind mit ihrer erlesenen Formgebung noch heute die Zierde vieler Schatzkammern Europas. Vom Mittelalter bis zum Barock war Elfenbein ein vielseitig verwendeter kostbarer Werkstoff für Drechsler, Schnitzer und Bildhauer auch in Deutschland. Nachdem zuvor im Mittelalter die Kirche mit ihren christlichen Inhalten bestimmend war, trat später die Gestaltung antiker mythologischer Szenen oder anderer weltlicher Motive in den Vordergrund. Gedrechselte Gefäße mit hauchzarter Wandung und kunstvoll geschnitztem Zierrat, mit üppigen, feinteiligen Reliefs geschmückte Humpen und Prunkschalen sowie ausdrucksstarke Figuren und Figurengruppen wurden in der Renaissance und dem Barock in Europa von den besten Meistern ihres Faches für wohlhabende Sammler mit schier unerschöpflicher Kunstfertigkeit geschaffen.

Noch heute kommt in der Schausammlung des Grünen Gewölbes unübersehbar zum Ausdruck, daß auch Dresden vom 16. bis zu Beginn des 18. Jahrhunderts ein bedeutendes Zentrum der kunstvollen Elfenbeinbearbeitung war. Neben zahlreichen außerordentlich kunstvollen Drechslerarbeiten wurden in Dresden durch namhafte Bildhauer, von denen Balthasar Permoser (1651–1732) besonders hervorzuheben ist, auch beeindruckende Figuren in Elfenbein geschaffen, die an Feinheit der Ausführung und Stärke des Ausdrucks kaum zu übertreffen sind.

Es verwundert nicht, daß mit dem in der 2. Hälfte des 19. Jahrhunderts aufkommenden Historismus und dem gewachsenen Repräsentationsbedürfnis auch die Elfenbeinverarbeitung wieder an Bedeutung gewann, nachdem das Porzellan seit Mitte des 18. Jahrhunderts diesen traditionellen Werkstoff zunächst weitgehend verdrängt hatte.

Noch viel zu wenig bekannt ist jedoch, daß Dresden während dieser neuen Blütezeit seit der Mitte des 19. Jahrhunderts wieder zu den Hauptorten der Elfenbeinverarbeitung, speziell der Elfenbeinschnitzerei, in Deutschland gehörte, und dieses seit 1945 immer seltener werdende Handwerk in Dresden erst 1993 erlosch.

Die Anzahl der im Adreßbuch vermerkten Werkstätten bewegte sich in Dresden im Zeitraum von 1866 bis 1944 zwischen 7 und 16, wobei es die meisten zwischen 1886 und 1889 und zwischen 1920 und 1926 gab. Von 1929 bis 1942 hält sich die Anzahl konstant bei 8. 1943/44 sind noch 7 Werkstätten zu verzeichnen.[1] Damit ist allerdings noch nichts über die Anzahl der tatsächlich

Beschäftigten gesagt, da die fest angestellten Arbeiter nicht erfaßt waren und deren Zahl erheblich schwankte. Die Berufsbezeichnung bei etwa gleicher Tätigkeit wechselt zwischen Elfenbeinbildhauer und Elfenbeinschnitzer. Bei Elfenbein wurde früher teilweise die grobe Form tatsächlich mit Hammer und Meißel vorgearbeitet, später zumeist durch Sägen und Fräsen. Für die Feinbearbeitung wurde gefeilt, gestochen, geschabt und poliert, nie aber mit Messern geschnitten. Da das Arbeiten mit Stichel und Schaber kratzende Geräusche hervorrief, wurde der Arbeitstisch des Schnitzers auch als »Kratzbock« bezeichnet. Später wurden auch feine Bohrer benutzt, wie sie der Zahnarzt verwendet. Das Elfenbeindrechseln gehörte selbstverständlich mit zur Grundausbildung, der meist eine spätere Spezialisierung folgte. Die Elfenbeinbildhauer waren ursprünglich als kleine gesonderte Gruppe der Drechslerinnung zugehörig, was aber zur Zeit der Gewerbefreiheit zunehmend an Bedeutung verlor.

Als Vertreter dieses immer seltener werdenden Metiers lebten und arbeiteten bis weit nach 1945 in Dresden: Otto E. Richter (1863–1953), Rudolf Räder (1895–1964), Otto Hennig (1896–1992), Gerhard Dillbaum (1908–1981), Gerhard Laßig (1920–1993) und Gudrun Höpner (geb. 1944). Das derzeit noch bruchstückhaft erhaltene Wissen über ihre Kunstfertigkeit und ihre Eigenart nicht in Vergessenheit geraten zu lassen und an ihrem Beispiel Entwicklungstendenzen und Leistungen der gesamten Branche zu verdeutlichen, ist das Ziel dieses Aufsatzes. Ein vollständiger Überblick wie ihn Willy Richter, der Sohn von Otto E. Richter, in seinem verdienstvollen Manuskript »Die Elfenbeinschnitzer Dresdens«[2] angestrebt hat, war somit nicht beabsichtigt. Statt dessen konnte zu den genannten Personen weiteres Informations- und Anschauungsmaterial zusammengetragen und ausgewertet werden, wofür besonders allen mitwirkenden Familienangehörigen herzlich zu danken ist.

Die Produktionspalette der Elfenbeinverarbeitung war in Dresden noch in der 1. Hälfte des 20. Jahrhunderts außerordentlich vielfältig. Mehrere Spazier- und Schirmstockfabriken, so die Firmen Starke & Weinrebe[3] und J. G. Gärtner[4] hatten gesonderte Abteilungen für Elfenbein, wo von zumeist selbständigen Schnitzern entworfene und gefertigte Modelle in Serie nachgearbeitet wurden.

Besonders gepflegt wurde in Dresden die hochqualifizierte Figurenschnitzerei, wobei sich durch den Werkstattbetrieb besondere Einzelleistungen nur schwer auf die tatsächlichen Urheber zurückführen lassen. Es gab in der 1. Hälfte des 20. Jahrhunderts in Dresden einige für ihre gute Arbeit besonders bekannte Figurenschnitzer, die allein in eigener Werkstatt im Auftrag anderer Werkstätten und Händler arbeiteten. Die Inhaber von Werkstätten mit mehreren Beschäftigten mußten nicht immer die besten Künstler sein, aber Geschäftssinn und Ideenreichtum besitzen. Gearbeitet wurden anspruchsvolle Großreliefs, Humpen und Pokale mit reichem Figurenschmuck, Schachspiele mit aufwendigen figurativen Kompositionen, Einzelfiguren oder Figurengruppen zu historischen oder mythologischen Themen. Für kirchliche Auftraggeber wurden Heiligenfiguren, Bischofsstäbe, Kruzifixe, Altäre und Tabernakel gefertigt. Mit großer Kunstfertigkeit arbeiteten die Dresdner Elfenbeinschnitzer und -bildhauer nach Bildvorlagen in den Stilformen der Gotik, der Renaissance, des Barock und des Rokoko. Mitunter wurden historische Stücke auch direkt kopiert. Außerordentlich beliebt waren zudem beim Publikum Biedermeierfiguren von ausstrahlender Gemütlichkeit oder Situationskomik. Typen wie der betrunkene Stadtsoldat, die Marketender, Hausierer und Handwerker oder die Gruppe von Ludwig Richters Bettelmusikanten wurden in unzähligen Variationen mehr oder weniger gelungen bis hin zur

überzeichneten Groteske gestaltet. Im Wesentlichen blieb man in Dresden traditioneller Formgebung verpflichtet, wenn auch in geringem Umfang Elemente des Jugendstils und der Neuen Sachlichkeit in die Gestaltung einflossen. Die Bedienung der auf bestimmte Muster festgelegten Interessenten im In- und Ausland besaß aus zwingenden ökonomischen Gründen den Vorrang vor der Suche nach neuem künstlerischen Ausdruck. Eigene Entwürfe bewegten sich daher bis in die 2. Hälfte des 20. Jahrhunderts innerhalb eines festen Rahmens, der durch die traditionelle Überlieferung geprägt war. Diese Stagnation in der formalen Entwicklung verleitete wohl auch zur routinierten Wiederholung gängiger Klischees, bewirkte aber andererseits unter den Besten ihres Faches einen stillen Wettbewerb um stilgerechte eigene Entwürfe in historischen Formensprachen und eine möglichst gekonnte Ausführung.
Die Bearbeitungsmöglichkeiten des relativ bruchfesten, elastischen, homogenen und gut polierfähigen Elfenbeins erlaubten es, die Details bis zu äußerster Feinheit und Genauigkeit herauszuarbeiten.

Figuren zum Schachspiel »Kirchliche und weltliche Macht«. 1923
Elfenbein
Entwurf Rudolf Räder,
Ausführung Gustav Vandamme
Foto: privat, Repro: Zadnicek
Das Schachspiel wurde für den Export nach Südamerika gefertigt.

Werkstatt Julius Hennig
Prunkschale in süddeutscher Manier (2. H. des 17. Jh.). Um 1900
Elfenbein, aus Platten zusammengesetzt, 50 × 70 cm
Foto: privat, Repro: Zadnicek
Dargestellt sind Allegorien der Jahreszeiten und der Elemente.

Werkstatt Julius Hennig
Humpen mit mythologischen Motiven. Um 1900
Elfenbein, Fassung Metall
Foto: privat, Repro: Zadnicek
Auf dem Deckel ist dargestellt, wie Andromeda durch Perseus aus der Gewalt eines Meeresungeheuers befreit wird.

Werkstatt Max Räder & Co.
Triumphwagen Kaiser Maximilians.
Vermutlich um 1925
Elfenbein, Länge 112 cm
Foto: privat
Als Gestaltungsvorlage wurde ein Kupferstich von Albrecht Dürer verwendet.

Werkstatt Max Räder & Co.
Händlerin mit Hühnern. Um 1925
Elfenbein, Höhe 17 cm
Foto: Zadnicek

Werkstatt Max Räder & Co.
Händler mit Hasen. Um 1925
Elfenbein, Höhe 17 cm
Foto: Zadnicek

Ludwig Richter (1803–1884)
Eine Kapelle. 1854
Holzschnitt, Druck mit Tonplatte,
16,5 × 72,4 cm
Aus: Ludwig Richters Volkskunst.
Leipzig 1909
Repro: Zadnicek
Dieser Holzschnitt diente als Gestaltungsvorlage für die in zahlreichen Varianten ausgeführten »Bettelmusikanten«.

Von dem weiß-gelblich schimmernden Material geht ein besonderer Zauber aus, den der Elfenbeinbildhauer Rudolf Räder (1895–1964) einmal in folgenden Versen[5] ausdrückte:

Porträt in Elfenbein!
Ein Märchen aus Milde und Licht im Verein;
Der Zauber vom Nil und von Indiens Sagen;
Ein Traum noch von Schönheit in unseren Tagen
Ist leuchtendes, schimmerndes Elfenbein!

Geboren wie wir in so schmerzhafter Pein,
Von einem Geschöpfe aus Blut und aus Leben,
Als männliche Zierde und Waffe gegeben
Ist leuchtendes, schimmerndes Elfenbein!

Du köstlicher Stoff gleich dem edelsten Stein,
Dich schuf jener Funke der Leben bedeutet,
Und trotzdem noch fängst du Jahrtausende ein;

So zwingst du der Zeiten vergänglichen Schein
Wird daraus ein formhaftes Bildnis bereitet
In leuchtendem, schimmerndem Elfenbein!

Der Elfenbeinschnitzer oder -bildhauer konnte allerdings nur so viel Zeit in ein Werkstück investieren, daß für ihn und seine Familie die Existenz gesichert blieb. Wer Elfenbein bearbeitete, mußte außerdem von vornhein das naturgemäß unterschiedlich geformte Material bestmöglichst ausnutzen, da hier die Natur enge Grenzen gesetzt hatte. Stoßzähne des afrikanischen Elefanten können zwar in Ausnahmefällen bis 3,50 m lang werden und einen Durchmesser von bis zu 20 cm und ein Gewicht von 120 kg erreichen. Doch sind sie je nach Alter und Wachstum der Tiere meist weitaus kleiner. Beim indischen Elefanten wird nur die Länge von 1–1,5 m, bei einem Durchmesser von 10–12 cm erreicht. Die Stoßzähne der weiblichen Tiere werden nur etwa halb so groß. Für größere vollplastische Arbeiten aus einem Stück ist zudem nur die massive Spitze verwendbar, während die starkwandige Hohlung, das Mittelstück des Zahnes, für Reliefs und Gefäße und das dünnwandigere Endstück für Gefäße besonders geeignet ist.[6] So ist es verständlich, daß große, gelungene Einzelstücke, die eine Höhe von 40 cm und mehr aufwiesen, den besonderen Stolz ihrer Schöpfer bildeten. Meist waren die Figuren jedoch erheblich kleiner, zwischen 10 und 20 cm, wenn es sich nicht gar um ausgesprochene Miniaturen handelte.

Oft wurde vom Händler mehr Wert auf die Fertigung eines möglichst großen Stückes gelegt als darauf, daß das Material die vollendete Form auch tatsächlich hergab, wie es Willy Richter am Beispiel einer von seinem Vater Otto E. Richter gefertigten Madonna schildert. Ein wichtiger Händler in Dresden war Richard Haffke (gest. 1960), der seit 1915 ein Geschäft in Dresden-Neustadt besaß und in Konjunkturzeiten etwa 40 Modelle von verschiedenen Schnitzern wiederholen ließ. Nach dem 2. Weltkrieg begründete er in München seine Handlung neu.[7]

Um auch kleinere Abfälle von Elfenbein in der Figurenschnitzerei verwenden zu können, wurde außerdem oft, vor allem bei den Biedermeierfiguren, Holz mit Elfenbein kombiniert. Für solche Figuren wurde aber nur etwa ein Drittel dessen bezahlt, was eine Elfenbeinfigur kostete. Gefördert wurde durch die Gesetze des Marktes in der Regel nicht die herausragende künstlerische Einzelleistung, die mit überdurchschnittlichem Arbeitsaufwand verbunden war, sondern das gute Mittelmaß auf einem jedoch durchaus anspruchsvollen Niveau.

Als größte Werkstatt in Dresden vor dem 1. Weltkrieg wird von Willy Richter die Firma des selbständigen Elfenbeinbildhauers Ernst Laßig (1849–1913) bezeichnet, wo 8 Schnitzer und 2 Drechsler beschäftigt waren.[8] Aber auch die Firma Max Räder & Co., bis 1920 mit dem Kompagnon Otto Claus, muß nach der Schilderung des Sohnes Rudolf Räder eine ähnliche Anzahl von angestellten Mitarbeitern besessen und zudem noch Aufträge an freie Mitarbeiter vergeben haben.[9] So sind auf einem Foto der Firma Max Räder & Co. um 1914 außer Max

Otto Hennig (1896–1992)
Bettelmusikanten. Um 1925
Elfenbein
Foto: privat, Repro: Zadnicek

Rudolf Räder (1895–1964)
Bettelmusikanten. Vermutlich um 1955
Elfenbein/Holz,
Foto: privat, Repro: Zadnicek

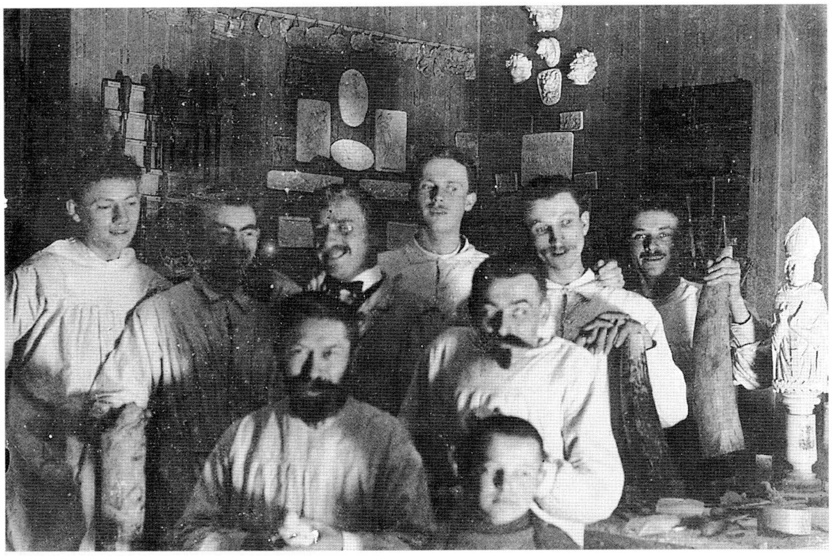

Der Elfenbeinbildhauer Max Räder (unten links) mit seinen Mitarbeitern in der Werkstatt Pohlandstraße 22. Um 1912
Links außen sein Sohn, Rudolf Räder
Foto: privat, Repro: Zadnicek

Schützengraben in Frankreich. Januar 1915
Bleistiftzeichnung von Otto Hennig auf einer Feldpostkarte
Repro: Zadnicek

Räder und seinem Sohn Rudolf noch 6 Mitarbeiter zu sehen. Eine freilich nicht sehr seriös wirkende Reportage von 1934 behauptet sogar rückblickend, daß die Firma Räder & Co. früher einmal 30 bis 40 Arbeiter beschäftigt habe.[10]

Wesentliche Einbußen brachte dem Elfenbeinhandwerk der 1. Weltkrieg, doch gab es in den zwanziger Jahren nochmals einen Aufschwung. Auch für andere Dresdner Firmen der Branche mag der Gang der Geschäfte typisch sein, wie ihn Rudolf Räder schildert: *»Erst sitze ich etwas einsam in der Werkstatt, auch drängelt die Arbeit durchaus nicht, aber mit dem Kriegsende wird es wieder lebendig. Die Heimkehrer brauchen Arbeit und erhalten sie; denn nun muß ja auch die Kundschaft wiederkommen. Auch die kommt nach und nach, aber sie ist anders als früher. Ist uns Bildhauern die Mark noch eine Mark, so wittern die Käufer schon die Abwertung. Sie wollen viel kaufen fürs Geld. … die Inflation kommt und mit ihr eine Käuferschar, der der Selbstwert der Arbeit unbedeutend ist, die nur Geld anlegen will, um keins zu verlieren. … Nachdem die Inflation vorübergerauscht ist, ist erst einmal nichts mehr da. Das Geld ist nichts mehr wert, die Lager sind leer, das Rohmaterial verbraucht. Die Hauptoptimisten mit ihren schönen Bestellungen und Käufen nach der Markumwertung machen fast alle Pleite, die anderen haben auch nichts. Die alte Vorkriegskundschaft ist noch nicht wieder richtig warm. Wir bearbeiten nun wieder ernsthaft besonders unsere alte Kundschaft in England und Südamerika, und in zäher geschäftlicher Arbeit erholt sich die Firma, und mir und meinen Kollegen bleiben nach dieser schwersten Krise die Arbeitsplätze erhalten.«*[11]

Lange hielt dieser Aufschwung jedoch nicht vor. Durch die Weltwirtschaftskrise brachen zunächst die Absatzmärkte in England und in Südamerika, vor allem in Argentinien, zusammen. Danach bemühte sich die Firma Räder verstärkt um Geschäfte mit Frankreich, Italien und Nordeuropa. Das brachte zwar einige Aufträge, aber wie Rudolf Räder 1935 rückblickend schrieb: *» Von nachhaltiger Wirkung konnte alles dies nicht sein. Die Aufträge waren ja schön, aber der Kunsthandel in Italien lebt auch nur noch von der Not und der Pleite, und die von Monat zu Monat verschärften Devisen- und Einfuhrbestimmungen tun das Übrige. Gelder gehen also keine mehr ein, trotzdem wird weiter gearbeitet, dann die Arbeitszeit verkürzt, dann einer nach dem andern entlassen, und mit dem letzten Gehilfen wurde ich am 28. Februar 1933 entlassen. Fertigwaren sind reichlich da, Bargeld keins, so war dies also ein vorläufiger Schluß. …Seit dem 3. März 1933 bin ich beim Arbeitsamt Dresden zur Vermittlung eingetragen und erwerbslos gemeldet.«*[12] Die gleiche Tendenz widerspiegeln Anfang des Jahres 1933 einige Geschäftsbriefe an den Dresdner Elfenbeinbildhauer Otto Hennig, worin es unter anderem heißt: »*… teilt uns heute unser Reisender mit, dass er einen Teil der Waren absetzen könnte, wenn Sie Ihre Preise den derzeitigen Weltmarktpreisen anpassen würden. Es handelt sich um einen Nachlass von circa 30%.«*[13] Aus einem anderen Brief derselben Firma geht hervor, daß Otto Hennig den Nachlaß gewährte und 1933 beispielsweise für 6 kleine Klappfiguren je 14,-DM und für einen größeren Klappbischof 45,- DM abzüglich 30% erhielt.[14] Schließlich teilte dann die Firma mit, daß es »*leider infolge der Krise trotz Ihrer günstigen Preise nicht möglich war, etwas für Sie zu verkaufen*«.[15] Und Gerhard Laßig schildert, daß sich das Geschäft seines Vaters Curt Laßig ab 1937 für einige Jahre zwar wieder belebte, aber zum Ende des zweiten Weltkrieges nur noch stundenweise geöffnet wurde, um zu sparen.[16] Bezeichnend für den Niedergang dieses Handwerkes ist es auch, daß selbständige Elfenbeinbildhauer wie Otto E. Richter, Otto Hennig und Carl Laßig in den 20er und 30er Jahren ihren Söhnen andere Berufe empfahlen, weil sie für den eigenen keine Zukunft sahen.

Die Werkstatt der Firma Laßig, Reitbahnstraße 25, im Zustand von 1893–1934
Zeichnung von Gerhard Laßig
Repro: Zadnicek

Nach 1945 waren die Grundlagen für ein Weiterbestehen dieses Handwerkes in Dresden völlig erschüttert. Internationale Handelsbeziehungen waren sowohl für Rohelfenbein als auch für Fertigwaren total unterbrochen. Im Inland gab es so gut wie keine großen Aufträge mehr, denn abgesehen davon, daß es zunächst überall an Geldmitteln fehlte, wurden mit Beginn einer jahrzehntelangen Mißachtung von Neorenaissance und Neobarock auch die traditionell gefertigten Formen der historistischen Großschnitzerei als veraltet abgelehnt.

Trotzdem existierten nach 1945 in Dresden noch fünf Werkstätten, die freilich nur noch in vergleichsweise bescheidenem Umfang arbeiten konnten. Ein Beispiel für die erforderliche Ausdauer in den schwierigen Zeiten ist ein Geschäftsbrief Rudolf Räders an einen Kunden, der sich nach einer Bestellung eines Altars im Jahre 1949 erst 1952 wieder meldete: »*Sehr geehrter Herr Erler, ...Ich bin Ihnen darum nicht böse, wir haben in der letzten Zeit alle tüchtige Sorgen gehabt, und da mein Beruf wohl der am wenigsten wichtige ist, so wird wohl auch meine Schule das meiste Verständnis für neuzeitliche Schwierigkeiten mir anerzogen haben ...Was der Altar kosten wird, wenn er fertig ist, weiß ich noch nicht. Darum, was er einmal Gewinn oder Einbuße bringen könnte, habe ich mich noch gar nicht gekümmert. Vorläufig ist er noch immer meine Freude. Daß er es noch ist, ist zwar nicht mein, sondern Ihr Verdienst. Ich werde auch nicht gekränkt sein, wenn er es bleibt, denn er ist auch vielen Besuchern zur Freude geworden, besonders das Giebelfeld mit Christi Geburt. Für mich hängt auch noch eine kleine Erinnerung daran: ich habe dafür einen Rauswurf erfahren, weil doch Künstlerverbände fortschrittlich und realistisch sind, aber Künstler, die Madonnen und dergl. Darstellungen schaffen, nicht fortschrittlich im Sinne der »Werktätigen« sind. Vielleicht verstehen Sie, daß damit der Wert des Stückes für mich gewachsen ist. Dieser Wertzuwachs läßt sich allerdings nicht in M-Scheinen bewerten und wird den Preis nicht beeinflussen. Wenn das Sück besuchsfähig sein wird, sehen Sie es sich an und lehnen es ab oder kaufen es. Was es kostet, weiß ich wirklich noch nicht: 500,00 oder 1000 DM oder 2000 Mark, ob den Lohn eines Straßenkehrers, den Tarif eines Tischlers oder das Gehalt eines Jugendfunktionärs, das liegt dann erst in der Sphäre des Handels. Liegt die Arbeit seit 1949 gefroren, so kann das vollendete Stück die doppelte Zeit oder immer den Platz einnehmen, oder einem Einfältigen bescheiden zukommen, oder auch Ihnen als einem klugen Manne zwischen viel und wenig mit einem gewissen Rechte zufallen, aber wie gesagt, das liegt dann erst vor dem Tempel in den Buden der Frömmelnden, die mit mehr oder weniger Gewinn den Frommen Altäre verkaufen.«*[17]

Das besondere Problem der Materialbeschaffung wurde zunächst durch sporadische Ankäufe von Restbeständen aus Privathand gemildert. Rudolf Räder gelang es beispielsweise, 1955 aus Privatbesitz zwei Elefantenzähne zu erwerben, jeder 34,3 kg schwer und in der äußeren Biegung 2,14 m lang.[18] Seit den 60er Jahren bemühte sich bis 1989 die Einkaufs- und Liefergenossenschaft des holzverarbeitenden Handwerks um die Einfuhr von Rohelfenbein, was aber auch nur begrenzt möglich war. Die erste Lieferung für Gerhard Laßig bestand beispielsweise aus zwei beachtlichen Stoßzähnen.[19] Insgesamt hieß es, mit dem knappen Material sparsam umzugehen, womit die Anfertigung großer Stücke zwangsläufig die Ausnahme blieb. Selbst kleinste Reste wurden kunstvoll verarbeitet. Häufig wurde mit Holz kombiniert. Und es wurden viele Reparaturen für Kunden übernommen. Die entscheidende Voraussetzung dafür, daß dieses Handwerk noch Jahrzehnte in Dresden erhalten blieb, war die große Liebe seiner letzten Vertreter zu ihrem immer seltener werdenden Beruf, der sie viele Schwierigkeiten mit Erfindergabe lösen oder mit Gelassenheit ertragen ließ.

Die internationale Entwicklung der Elfenbeinbearbeitung hatte indes einen unheilvollen Verlauf genommen. Nachdem in Ländern des Nahen und Fernen Ostens die massenhafte maschinelle Bearbeitung von Elfenbein für eine skrupellos agierende Elfenbein-Mafia lukrative Gewinne abwarf, ergab sich ein unvorstellbarer Materialbedarf, der zur Massentötungen des afrikanischen Elefanten führte. Bereits seit dem Washingthoner Artenschutzabkommen 1973 wurde versucht, diese Tierart durch Handelsbeschränkungen von Elfenbein in ihrem Bestand zu sichern. Professionell organisierte Schmuggler unterwanderten diese Bestrebungen in großem Maßstab, so daß auf der CITES-Konferenz[20] von Lausanne 1989 mehr als 100 Mitgliedstaaten das Welthandelsverbot für Elfenbein unterzeichneten, um den Elefanten vor dem Aussterben zu retten.[21] Die Verarbeitung anderer Materialien, wie der Taguanuß[22] und des Mammut-Elfenbeins[23] wurde damit unumgänglich und kann zu sehr geschmackvollen Ergebnissen führen, wie beispielsweise Arbeiten in modernem Design von Gudrun Höpner, der seit 1989 in Herne bei Bochum ansässigen Tochter von Gerhard Laßig, beweisen.

Gerhard Dillbaum (links) und Rudolf Räder in der Werkstatt von Gerhard Laßig, Königsbrücker Str. 32, am 17. 4. 1963
Foto: privat, Repro: Zadnicek
Die Elefantenzähne waren Gerhard Laßigs erste Materialzuteilung von der Liefergenossenschaft.

In Dresden blieb der traditionelle Aspekt der kunsthandwerklichen Einzelfertigung durchgängig maßgebend bis zum Tode des letzten in Dresden tätigen Elfenbeinbildhauers Gerhard Laßig im Jahre 1993. Im folgenden sollen nun die letzten Dresdner Elfenbeinbildhauer mit ihrem Lebenslauf, ihrer Firmengeschichte und einigen ihrer Arbeiten vorgestellt werden in der Reihenfolge ihres Alters.

Otto E. Richter wurde 1863 als Sohn eines Schuhmachers in Berthelsdorf bei Herrnhut geboren. Nach einer Drechslerlehre bei Lammertz in Herrnhut 1878–1881 lernte er Elfenbeinschnitzer bei Adam Barz, der sich auf Blumen spezialisiert hatte. Er folgte Adam Barz bei dessen Übersiedlung von Löbau nach Dresden und beendete 1884 die Lehre. 1884/85 arbeitete er in Berlin, 1885 kurze Zeit in Dresden und 1885–89 in Wien. Nach einem nochmaligen kurzen Zwischenaufenthalt in Berlin ließ er sich 1889 endgültig in Dresden nieder, wo er sich in der Figurenschnitzerei vervollkommnete und bald ein anerkannter Figurist war.[24] Nach anfänglichem häufigen Wechsel[25] zog er 1912 endgültig auf die Tolkewitzer Str. 92. 1908/1909 hatte er in Tolkewitz eine gemeinsame Werkstatt mit dem vielseitigen Elfenbeinbildhauer Bernhard Werner (geb. 1865).
Nach Einschätzung seines Sohnes Willy Richter gehörte Otto E. Richter zu jenen ausgezeichneten Dresdner Schnitzern, »*die so ziemlich in jedem Genre zu Hause waren und eine solide, saubere Feinarbeit leisteten,vom Faltenwurf bis zum Akt, von den unvermeidlichen Bettelmusikanten bis zur Madonna, vom flachen Filigran bis zum Hoch- und Großrelief*«.[26] Als Otto E. Richter 1910/11 erwog, auf Betreiben des namhaften Elfenbeinbildhauers Otto Glenz nach Erbach im Odenwald[27] überzuwechseln und probeweise für vier Wochen in dessen Werkstatt gearbeitet hatte, suchte der Dresdner Firmenchef Max Räder ihn mit folgendem Schreiben von diesem Vorhaben abzubringen: »*Ich wollte Dich bitten, die Absicht einer Übersiedlung nach Erbach aufzugeben. Wir sind in der Lage, Dir dasselbe bieten zu können. Wenn Du mit der Arbeit, die Du bisher von uns hattest, zufrieden bist, so bekommst Du von uns genügend Arbeit, u. wenn Du nur für uns arbeitest, garantieren wir Dir diesen Verdienst, ohne dass Du bei uns in der Werkstatt arbeitest.*«[28] Otto E. Richter arbeitete nach Vorbildern und eigenen Entwürfen in traditioneller Formensprache. Bei der Erstbestellung von Figuren hatte der Schnitzer zumindest die auf den benutzten Bildvorlagen nicht sichtbaren Seiten- und Rückenansichten aus eigener Vorstellung zu ergänzen und dann alles in die plastische Form umzusetzen. Willy Richter schätzt ein, daß diese Art der Aufträge bei Otto Richter etwa 80% der figürlichen Schnitzereien betrug.[29] An herausragenden Arbeiten seines Vaters nennt Willy Richter »eine Salome von besonderer Größe« (ca. 35–40 cm hoch), die Otto Richter für Max Räder geschnitzt habe und die allseits bewundert worden sei,[30] außerdem mehrere Schachspiele mit aufwendigem Figurenprogramm, z. B. »Assyrer und Ägypter« (1920/22), »Germanen gegen Römer« (1930/31), »Bauernkrieg I« (1943/45, Kriegsverlust), »Bauernkrieg II« (1946–1948). Eine Napoleonsfigur, wie sie in ähnlicher Art von mehreren Schnitzern, u. a. von Otto Hennig, hergestellt wurde, lieferte Otto E. Richter in besonders gelungener Ausführung an den Dresdner Maler Gotthardt Kuehl.

Otto E. Richter (1863–1953) bei der Arbeit. Um 1948
Foto privat, Repro: Zadnicek

Otto E. Richter (1863–1953)
Selbstporträt. Um 1948
Elfenbein/Holz
Foto: privat, Repro: Zadnicek

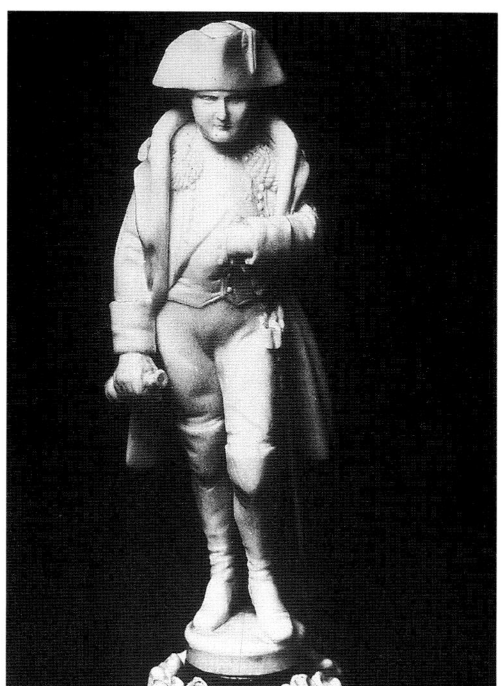

Otto E. Richter (1863–1953)
Napoleon. Um 1912
Elfenbein, 14 cm hoch (ohne Sockel)
Foto: privat, Repro: Zadnicek
Diese Figur, die in ähnlicher Art auch von anderen Dresdnern gefertigt wurde, u. a. von Otto Hennig, war eine Auftragsarbeit für den Dresdner Maler Gotthardt Kuehl und wurde 1915 nach dessen Tod zurückgekauft und als Petschaft umgearbeitet.

Otto E. Richter (1863–1953)
Rosenzweig-Brosche. 1892
Elfenbein
Foto: privat, Repro: Zadnicek
Die Brosche wurde 1892 als Brautgeschenk gearbeitet und war auf der Dresdner Elfenbeinausstellung 1892–1893 ausgestellt.

Otto E. Richter (1863–1953)
Schmuck. Um 1925
Elfenbein
Foto: privat, Repro: Zadnicek

Otto E. Richter (1863–1953)
Bauern vom Schachspiel »Bauernkrieg II«. 1946–48
Elfenbein
Foto: privat, Repro: Zadnicek

Otto E. Richter (1863–1953)
Stock- und Schirmgriffe
Elfenbein
Foto privat, Repro: Zadnicek

Otto E. Richter (1863–1953)
Indischer Affe. Um 1936
Elfenbein
Foto: privat, Repro: Zadnicek

Auch seiner »ersten Liebe«, der Blumenschnitzerei blieb Otto Richter bis in's hohe Alter treu, und führte sie nach eigenem Naturstudium und eigenen Entwürfen meisterhaft aus, so daß sein Sohn mit Recht feststellen konnte:» Vaters Blumen lebten«.[31]
Für mehrere Spazier- und Schirmstockfabriken, so die Firma Starke & Weinrebe und die Firma J. G. Gärtner lieferte er Entwürfe und gefertigte Modelle, die dann in Serie nachgearbeitet wurden.[32] Sein intensives Naturstudium an Tieren und Pflanzen regte ihn hierbei zu ideenreichen Gestaltungen an.
Auf zahlreichen seiner überlieferten Werkzeichnungen sind Preis- und Zeitangaben erhalten. Z. B. wurden 3 Wildrosen mit Knospen um 1925 mit 12 Mark bezahlt.[33] Andere Broschen sind auf undatierten Werkskizzen (vermutlich aus den 20er Jahren) mit Preisen von 7,50 bis 9 Mark bezeichnet. Für einen Bettelmusikanten erhielt Otto E. Richter in den 20er Jahren 15 bis 23 Mark. Für gestückelte Ware gab es 7 bis 9 Mark.[34] Für große, sorgfältig ausgeführte Einzelstücke, die von Händlern teilweise als »echt antike Stücke« ohne Wissen des Schnitzers zu überhöhtem Preis weiterverkauft wurden, erhielt der Schnitzer bis zu etwa 150-, Mark. Willy Richter schätzt ein, daß sich der Verdienst seines Vaters je nach Geschäftslage zwischen dem eines Postboten, eines Maurers, eines Lichtdruckers oder Parkettlegers bewegte.[35] Otto E. Richter war es vergönnt, bis in's hohe Alter tätig zu sein. Er arbeitete noch bis 1951 in Dresden, wo er 1953 starb.

Rudolf Räder (links) als Lehrling in der väterlichen Werkstatt. Um 1912
Foto: privat, Repro: Zadnicek

Rudolf Räder wurde 1895 in Dresden geboren als Sohn des Elfenbeinbildhauers Max Räder (1870–1935), der seit 1893 in diesem innungsfreien Beruf in Dresden tätig war und 1894 die Firma Max Räder gründete. Nach mehrmaligem Wechsel[36] befanden sich Werkstatt und Geschäft von 1911 bis zur Auflösung der Firma 1965 im eigenen Haus auf der Pohlandstraße, anfangs mit der Hausnummer 22, später mit der Nummer 24.
Von den für ihre gute Arbeit besonders bekannten selbstständigen Dresdner Figurenschnitzern arbeiteten u. a. für die Firma Max Räder & Co.: Otto E. Richter (1863–1953), Franz Gießmann (etwa 1860– etwa 1930), Paul Weißenfels (1888–1914 in Dresden nachweisbar), Wilhelm Adolph (später nach Weinböhla übergesiedelt) und Carl Gutt (1867–1932). Gustav Vandamme (1893–1947), der als Figurenschnitzer ebenfalls einen sehr guten Ruf genoß, war bei Räder fest angestellt.[37] Auch mit einer Kopiermaschine versuchte es die Firma in den 20er Jahren, wozu Rudolf Räder schrieb: *»Eine Bildhauermaschine wird aufgestellt, doch wird sie später nach dem großen Run wieder abgebaut... Wer soll immer vier große Figuren machen und vor allem verkaufen, und dem Kern, den Rissen und der Schale weicht man in dem stets anders gebogenen Elefantenzahn nur bei freiem Arbeiten aus. Aber eine Neueinrichtung bewährt sich für viele Arbeiten, und das sind die zahntechnischen Bohrapparate.«*[38]
Rudolf Räder nahm nach Abschluß der Bürgerschule im Jahre 1909 eine vierjährige Lehrzeit im väterlichen Geschäft auf, wo er von dem Elfenbeinbildhauer Otto Claus ausgebildet wurde. Neben der praktischen Ausbildung besuchte er während der Lehrzeit von 1909 bis 1913 den Fortbildungsunterricht der Städtischen Gewerbeschule, zweimal wöchentlich von 17.30 bis 21.30 Uhr und sonntags von 10.30 bis 13.00 Uhr, und an den unterrichtsfreien Abenden die Abendkurse der Staatlichen Kunstgewerbeschule. 1913 bis Anfang 1915 studierte er an der Dresdner Kunstgewerbeschule.

Rudolf Räder (1895–1964)
Japaner. 1924
Elfenbein, Höhe 12 cm
Foto: privat, Repro: Zadnicek
Diese Figur schuf Rudolf Räder nach eigenem Entwurf und arbeitete daran 54 Stunden.

Rudolf Räder (1895–1964)
Kopf des Johannes. 1924
Kopf aus Elfenbein auf Silberplatte.
Foto: privat, Repro: Zadnicek
An dem Kopf arbeitete Rudolf Räder 54 Stunden.

1915 wurde Rudolf Räder Soldat und nahm an den verlustreichen Feldzügen in Frankreich teil, bis er 1916 rechtsseitig schwer verwundet und 1917 als dauernd untauglich entlassen wurde. Seitdem war er wieder in der väterlichen Firma tätig, wo er 1920 nach dem Tode des Kompagnons Otto Claus die technische Leitung übernahm, aber auch selbst weiterhin praktisch mitarbeitete. Ein Verzeichnis[39] seiner eigenen Arbeiten aus den Jahren 1924–26 weist 57 Positionen aus, z. B. 1924: »*1. Indianergruppe 17 cm, Indianer im Kampfe mit Puma (sig. OLF RD unter Plinthe/verk. Südamerika, 60 Std. Eigner Entwurf 2. Johanniskopf auf Silberplatte (Idee Max Räder) zum Öffnen. Eigene Formgebung 54 Std. 3. Nußknacker Sitzender Chinese mit Pfeife (Baden-Baden) 13 Std. eig. Entwurf 29. Japaner 12 cm, 17.–28. IX. mit Bambusstange und Netz mit Fisch in d. Hand. sign. 52 Std. Eig. Entwurf*«.
Oft ließ er auch andere Schnitzer nach seinem Entwurf arbeiten. So wurde das anspruchsvolle Schachspiel »Kirchliche und weltliche Macht« im Frühjahr 1923 nach dem Entwurf von Rudolf Räder durch Gustav Vandamme ausgeführt. 1921–1924 lernte Hans Hellmuth Kletetschka (geb. 1907), der von Willy Richter als ausgezeichneter Figurist bezeichnet wird und 1947 nach Erbach im Odenwald übersiedelte, in der Firma und betonte später, daß er bei Rudolf Räder viel gelernt habe.[40]
Nachdem ein Versuch fehlgeschlagen war, 1926 in Oberstdorf im Allgäu ein eigenes Geschäft zu gründen, kehrte Rudolf Räder in die väterliche Firma zurück. Infolge der Absatzkrise wurde am 28. 2. 1933 der letzte Gehilfe der Firma entlassen, und Rudolf Räder meldet sich seit dem 3. März 1933 arbeitslos. Ungeachtet der schwierigen Verhältnisse legte Rudolf Räder am 15. 11. 1935 freiwillig die Meisterprüfung als Elfenbeinbildhauer ab, obwohl das in diesem innungsfreien Beruf nicht erforderlich war. Am 2. 12. 1935 starb der Vater, und die Firma wurde nun in Erbengemeinschaft unter der Leitung von Rudolf Räder weitergeführt.
Das Fertigungssortiment der Firma war noch Anfang der 30er Jahre sehr breit.
In einem Geschäftsbrief von 1931 offerierte Rudolf Räder: »*...daß wir auch Miniaturen nach*

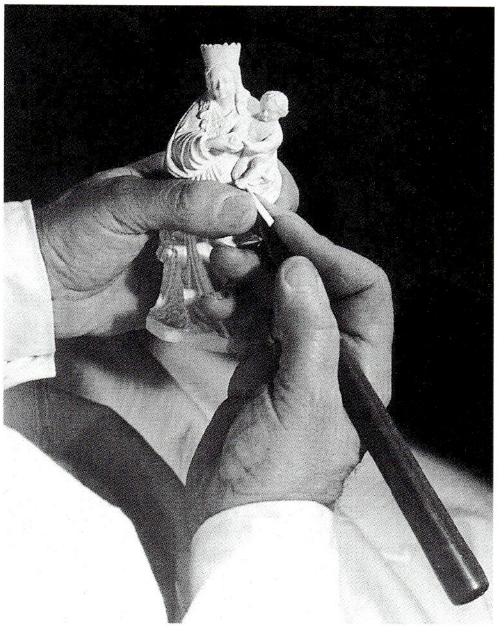

Rudolf Räder (1895–1964)
Dudelsackpfeifer. Vermutlich um 1955
Elfenbein, Höhe cm
Foto: Zadnicek

Die Hände von Rudolf Räder mit einer Madonnenfigur aus Elfenbein. Um 1955
Foto privat, Repro: Zadnicek

Photos lebender oder verstorbener Personen in billiger sehr netter Ausführung, jedoch auch in feinster künstlerischer Arbeit anfertigen. In unserm seit 1894 bestehenden Atelier werden außer diesen Minatüren Schnitzereien in Elfenbein und Bernstein zu jedem Preis, von den kleinsten Geschenkartikeln wie kleine Tiere, Dosen Schmuck u.s.w., bis zu großen Prunkstücken gearbeitet.«[41] Ende 1934 besaß die Firma noch eine »*Unmenge Arbeiten*«: z. B. Bacchus mit Gefolge auf einem Pokal, Tabernakel, Humpen, Hausaltäre, Bischofsstäbe in gotischem und romanischem Stil, Leda mit dem Schwan, August der Starke, Karl V. bei der Entdeckung der Karlsbader Quellen.[42] Im Lebenslauf zur Meisterprüfung berichtet Rudolf Räder, daß er einen Christophorus und einen Erzengel Michael, je 90 cm hoch, geschaffen habe und erwähnt die Anfertigung eines Altars der heiligen Ursula mit 8 Reliefs für eine italienische Firma.[43] Bei der Auflösung der Firma 1965 wurde vieles verkauft, darunter als besonders bemerkenswertes Stück ein nach dem bekannten Kupferstich von Albrecht Dürer gefertigter Triumphwagen Kaiser Maximilians, dessen Verbleib unbekannt ist.

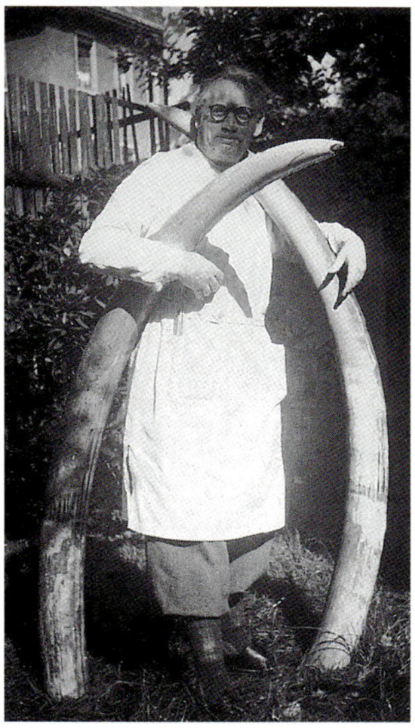

Rudolf Räder mit zwei Elefantenzähnen. 1955
Foto privat, Repro: Zadnicek

Nach 1945 wurde in der Firma Räder mit drei Hilfskräften weitergearbeitet. Es waren zwei angelernte ehemalige Beamte, Herr Trömer und Herr Alexander Frey und eine junge Frau, deren Namen unbekannt ist. Aus Elfenbein wurde vorwiegend Schmuck hergestellt, auch gedreht. Außerdem wurden Serien in Ton und Holz nach dem Entwurf von Rudolf Räder hergestellt, wie beispielsweise die »Entenfamilie« oder das Schachspiel »Handwerk«.

Figuren in Elfenbein vermochte in der Firma nach 1945 nur noch Rudolf Räder selbst zu schaffen, wobei er mit geübter Hand in traditioneller Auffassung arbeitete. 1948 schrieb Rudolf Räder in einem Lebenslauf für die Handwerkskammer bescheiden und selbstbewußt zugleich: »*Die Lebensmitte habe ich wahrscheinlich längst überschritten, aber ich habe noch den Glauben, daß die Welt schön ist und daß wir alle eines Tages auch wieder teilhaben werden am Schönen. Dem Einen mag das Essen sein, dem Anderen irgend etwas Anderes. Mir möchte beides gefallen, doch etwas werde ich bestimmt noch genießen und das ist die Freude am schönen Geschöpf und am blauen*

Himmel, Dinge die für mich über allen Erörterungen und Einbildungen stehen, und die mich hoffentlich froh machen werden, bis ich dann auch werde mein Leben beschließen müssen. Dann wird es nichts Besonderes gewesen sein, was da abgeschlossen wurde – für die Anderen – aber mich wird es gerade ausgefüllt haben und mir genügen; vielleicht genügt es auch Ihrer Forderung.«[44] Ab 1960 war die Firma nur noch nach Rudolf Räder benannt.
Am 23. 12. 1964 starb Rudolf Räder in Dresden, und 1965 wurde die Firma aufgelöst.

Otto Hennig (1896–1992) in seiner Werkstatt Luboldstraße 7. Um 1980
Foto: privat

Otto Hennig wurde 1896 in Dresden geboren. Sein Vater, der Elfenbeinbildhauer Julius Hennig (1866–1906), leitete eine Werkstatt in dem Dresdner Vorort Weißer Hirsch, in der vor allem eine qualitätvolle Großschnitzerei betrieben wurde. Für Julius Hennig arbeiteten u.a. die als hervorragende Fachkräfte bekannten Elfenbeinschnitzer Karl Gutt, Leo Schneider und Ernst Siegesmund. Auch Wilhelm Gerhart Klingeberger (1859–1925), der später in Bautzen eine bedeutende Werkstatt innehatte, sowie Max Räder aus Dresden vervollkommneten ihre Fähigkeiten bei Julius Hennig.
Otto Hennig lernte 1911–1914 bei Paul Altmann, der nach dem Tode von Julius Hennig 1906 dessen Werkstatt übernommen hatte, und besuchte daneben Abendkurse der Dresdner Kunstgewerbeschule. Sein bis heute erhaltener Lehrvertrag auf einem vierseitigen »Vordruck für Nichtinnungshandwerker« sah eine 4-jährige Lehrzeit bis April 1915 vor. Lehrgeld hatte er keines zu zahlen, sondern erhielt vom zweiten Jahr an eine wöchentliche Vergütung (im 2. Jahr 2,50 M, im 3. Jahr 3,50 M, im 4. Jahr 5,- M). Für die vorzeitige schuldhafte Auflösung des Lehrverhältnisses war an den Lehrherren eine Entschädigung zu zahlen.
Noch vor Beendigung der regulären Lehrzeit wurde Otto Hennig dann als Soldat einberufen und ähnlich wie Rudolf Räder im 1. Weltkrieg in Frankreich schwer am rechten Arm und Bein verwundet. Nach seiner Rückkehr aus der Gefangenschaft übernahm er am 15. 10. 1920 von Paul Altmann die ehemals väterliche Werkstatt in Dresden-Weißer Hirsch, Schulstraße 15,[45] seit der Straßenumbenennung im Jahre 1926 Luboldstraße 7.
Bis zu seiner erneuten Einberufung als Soldat im Jahre 1939 betrieb Otto Hennig weiterhin die vom Vater eingeführte Großschnitzerei, jedoch ohne Gehilfen, und fertigte vor allem Pokale, Humpen, Kannen, Teller, Reliefs, Heiligenfiguren, Schachspiele und die beliebten Biedermeierfiguren in traditioneller Weise und gediegener Ausführung. Die Mitarbeit der Ehefrau, die sich in den Kriegsjahren auf das Gravieren von Bilderrahmen spezialisierte, sicherte ein bescheidenes Auskommen. Am Rande sei bemerkt, daß Otto Hennig seinen gehörlosen Schwager Alfred Hörnig als Elfenbeinbildhauer ausbildete, welcher nach 1945 als Metallgestalter arbeitete und für den Dresdner Zwinger die Krone am Kronentor sowie Kaminaufsätze in Treibarbeit fertigte. 1946 aus englischer Gefangenschaft zurückgekehrt, nahm Otto Hennig die Arbeit in seiner Werkstatt wieder auf. Er lieferte beispielsweise an die 1948 gegründete HO Elefanten, Brieföffner und die bekannte Gruppe dreier Affen (»Nichts sehen, nichts sagen, nichts hören«) und erhielt dafür Material zugeteilt. Auch die nach wie vor beliebten Bettelmusikanten stellte er weiterhin her. Willy Richter schreibt, daß Otto Hennig diese Figuren noch 1973 geschnitzt habe.[46] Ähnlich wie Otto Richter war es Otto Hennig vergönnt, bis ins

Otto Hennig (1896–1992)
Humpen mit bacchantischer Szene. Um 1925
Elfenbein, gedreht und geschnitzt
Foto: privat, Repro: Zadnicek

Otto Hennig (1896–1992)
Heiligenfiguren. Vor 1939
Elfenbein
Foto: privat, Repro: Zadnicek
Christus, St. Christophorus, St. Georg

Seite 80:
Otto Hennig (1896–1992)
Madonna. Um 1925
Elfenbein
Foto: privat

Otto Hennig (1896–1992)
Uhr in neobarockem Stil. Vor 1939
Elfenbein
Foto: privat

Otto Hennig (1896–1992)
Maus. Um 1975
Elfenbein, Höhe 1,8 cm
Foto: Zadnicek

Otto Hennig (1896–1992)
Brieföffner. Um 1980
Elfenbein
Foto: Zadnicek

hohe Alter tätig zu sein. Er arbeitete regelmäßig in seiner Werkstatt bis etwa 1982 und legte sein Werkzeug erst wenige Jahre vor seinem Tode aus der Hand, obwohl ihm die schwindende Sehkraft zunehmend hinderlich war. Am 14. Dezember 1992 starb Otto Hennig im Alter von 96 Jahren in Dresden.

Gerhard Dillbaum, wurde 1908 in Breslau geboren. Vier Jahre lernte er bei dem Breslauer Elfenbeinbildhauer Rämisch und studierte anschließend 4 Jahre an der Kunstgewerbeschule in Breslau. Danach war er zunächst in Hildesheim und Berlin tätig. 1936–40 war er in Dresden bei der Dresdner Niederlassung der Ostpreußischen Bernstein-Industrie (Prager Straße 33) angestellt, wo er in Bernstein und Elfenbein arbeitete. 1939 legte er bei der Dresdner Drechslerinnung die Meisterprüfung als Elfenbeinbildhauer ab. 1940–1945 war er Soldat und erlitt 1943 eine schwere Verwundung, die seine Gesundheit fortan beeinträchtigte. Nach kurzer Gefangenschaft bis November 1945 begann er mit bescheidensten Mitteln in seiner Wohnung Finsterwalder Straße 3, die er seit 1936 innehatte, selbständig zu arbeiten und bemühte sich zunächst durch die Herstellung von Schmuck aus verschiedensten Materialien die Existenzgrundlage für sich und seine Familie zu sichern. In Zusammenarbeit mit Drechslern verzierte er auch gedrechselte Gegenstände aus Holz, bspw. Brotteller, mit Schnitzereien und schuf Holzfiguren, wovon ein großes hölzernes Kruzifix für das Nazarethheim am Waldpark hervorzuheben ist. Sobald sich Material beschaffen ließ, wandte er sich wieder hauptsächlich der Bearbeitung von Elfenbein zu und fertigte Figuren, Tiere, Pflanzen, Schmuck, Embleme, Ornamente, Schachspiele, Madonnen und Krippenfiguren oft nach eigenen Vorstellungen. Willy Richter nennt ihn lobend einen »Elfenbein-Künstler«. Nicht zuletzt der schwierigen Materiallage wegen bevorzugte er häufig die Miniatur und vermochte dabei sehr feingliedrig zu arbeiten. Von größeren Arbeiten ist sein mehrfach gefertigtes Schachspiel »Reineke Fuchs« besonders erwähnenswert. 1958 richtete sich Gerhard Dillbaum eine kleine Werkstatt in einem Keller des Hauses Polenzstraße 12 ein. Seine Tochter Karin als Lehrling auszubilden, wurde ihm 1958 nicht gestattet mit der Begründung, daß Elfenbeinbildhauer kein Lehrberuf sei. Bereits 1967 wurde er im Alter von 59 Jahren Invalidenrentner, arbeitete aber nebenher, soweit es seine Gesundheit erlaubte, bis wenige Jahre vor seinem Tode in seiner Werkstatt weiter. Am 14. März 1981 starb Gerhard Dillbaum in Dresden.[47]

Gerhard Dillbaum
in seiner Werkstatt. Um 1965

Gerhard Dillbaum
Rose. Um 1970
Elfenbein, h 4,5 cm
Foto: Zadnicek

Gerhard Dillbaum
Schachspiel »Reineke Fuchs«. Um 1958
Elfenbein
Foto: privat

Gerhard Dillbaum
Wildsau mit Jagdhund. Um 1965
Elfenbein, Figuren h 5 cm
Foto: Zadnicek

Gerhard Dillbaum
Madonna. 1939
Elfenbein, h 16 cm
(gearbeitet als Meisterstück)
Foto: Zadnicek

Gerhard Dillbaum
Kruzifix. Um 1970
Holz/Elfenbein, h 45 cm
(Christus h 19 cm hoch)
Foto: Zadnicek

Gerhard Laßig wurde 1920 in Dresden geboren. Bereits sein Großvater Ernst Laßig (1849–1913) ist ab 1873 als »Bildhauer in Elfenbein« und »Elfenbeingraveur« im Dresdner Adreßbuch genannt und arbeitete zunächst in seiner kleinen Wohnung Seilergasse 13. Im Jahre 1876 gründete er die »Firma Ernst Laßig, Herstellung feiner Elfenbeinwaren« und beschäftigte später meist zwei Drechsler und acht Schnitzer.[48]. Die Firma, die sich seit 1891 auf der Reitbahnstraße befand (seit April 1893 in Nr. 25), hatte sich besonders auf die Herstellung gedrechselter, mit Elfenbeinschnitzereien verzierter Taktstöcke spezialisiert, von denen auch Richard Strauß einen besessen haben soll. Es wurden jedoch auch Schmuck und größere Gegenstände, vor allem Schachspiele, Toilettengarnituren mit ausgearbeiteten Initialen und reliefbeschnitzte Humpen gefertigt. Gerhard Laßigs Vater, Curt Laßig (1877–1945), lernte 1891–1895 im väterlichen Betrieb und führte das Unternehmen 1913–1945, zeitweise unter schwierigen wirtschaftlichen Bedingungen als Alleinmeister, mit wechselndem Erfolg weiter.[49] Beim Bombenangriff auf Dresden am 13./14. Februar wurden Wohnung und Werkstatt zerstört und Curt Laßig, seine Frau und die Frau seines Sohnes Gerhard Laßig kamen ums Leben, während die drei Monate alte Tochter von Gerhard Laßig gerettet werden konnte.

Gerhard Laßig (1920–1993) in seiner Werkstatt Conertstraße 11 bei der Restaurierung eines beschnitzten Elfenbeinzahnes. 1971
Foto: Werner Mohn

Gerhard Laßig arbeitete zunächst als gelernter Feinmechaniker bei Zeiß-Ikon in Dresden, war 1944/45 Soldat, und erlernte nach 1945 bei Max Kochert in Radebeul († 1948) die Elfenbeinbearbeitung, nachdem er schon bei der Mithilfe in der väterlichen Werkstatt wesentliche Kenntnisse erworben hatte. Auch durch den Dresdner Kollegen Rudolf Räder wurde er mit Ratschlägen unterstützt. 1947 erhielt er die Gewerbeerlaubnis für den väterlichen Betrieb. 1947–50 fand er Unterkunft am Käthe-Kollwitz-Ufer 79. Später befanden sich Wohnung und Werkstatt in der Conertstraße 11 (jetzt Theresienstraße). Durch ein kleines Laden-Geschäft auf der belebten Königsbrücker Straße 32 (später Otto-Buchwitz-Straße), das 1950 eröffnet und 1964 umgebaut wurde, erweckte die Firma mit interessanten Schaustücken besondere Aufmerksamkeit und ist vielen Dresdnern bis heute im Gedächtnis geblieben. Gerhard Laßig warb anfangs im Rundfunk für seine Erzeugnisse und hatte im Waldparkhotel eine Schauvitrine stehen. Seine zweite Frau, Gertraut Laßig, die er 1947 heiratete, wurde ihm eine gute Mitarbeiterin im Ladengeschäft. Sie berichtete, daß es anfangs sehr schwer war, Kunden zu gewinnen, daß sich das Geschäft aber seit Mitte der 50er Jahre belebte. 1954 bewarb sich Gerhard Laßig für die Meisterprüfung im Drechslerhandwerk bei der Landeshandwerkskammer Sachsen, Kreisgeschäftsstelle Karl-Marx-Stadt (Chemnitz), und legte die mündliche Prüfung in Seiffen ab. Als Meisterstück schuf er nach historischem Vorbild eine Barockuhr mit fünf musizierenden Amoretten auf geschwungenem Sockel. Dazu mußten eine Anzahl von Einzelteilen in mehreren Arbeitsgängen gefertigt und anschließend montiert werden, wie es G. Laßig in

Gerhard Laßig (1920–1993)
Elefant. 1976
Elfenbein, Höhe 9 cm
Foto: privat, Repro: Zadnicek

Gerhard Laßig (1920–1993)
Uhr in neobarockem Stil mit fünf Amoretten. 1954
Angefertigt als Meisterstück nach dem Vorbild einer Uhr von Friedrich Hartmann (1833–1898) aus Michelstadt
Elfenbein, Höhe 18 cm
Foto: Zadnicek

Gerhard Laßig (1920–1993)
Ochs von Lerchenau aus dem »Rosenkavalier«. 1992/93
Elfenbein, Höhe 13,5 cm
Foto: Zadnicek

seiner Dokumentation zum Meisterstück exakt beschrieben hat, z. B.: »*Grundplatte (Faserrichtung längs) nach Zeichnung zugerichtet, ausgesägt, vorgefräst, gefeilt, gestochen, geschabt, das Ganze geschliffen, viermal gebohrt, 2,7/0 gesenkt, poliert. … Ein Gehäuse aus vorhandenem Billardball im Dreibackenfutter nach Zeichnung gedreht, Kern ausgestochen (Nerv achsial), Gewinde gestrählt, geschliffen, poliert, gebohrt und gesenkt. … Fünf Amoretten zugerichtet (Faserrichtung senkrecht) … vorgefräst, ausgestochen, geschabt, geschliffen und poliert. Der Taktstock, sowie die Triangel sind eingesetzt, desgleichen wegen Nichtvorhandenseins des entsprechenden Materials drei Flügel. … die beiden vorderen Amoretten … verschraubt, und die zwei hinteren Amoretten mit Elfenbeinzapfen verzapft.*«[50] Gerhard Laßig arbeitete 138 Stunden an diesem Stück und verarbeitete 1,8 kg Elfenbein. Das Kilo Elfenbein kostete damals 45 DM. Das Meisterstück war mit einem Betriebsabgabepreis von 592,31 DM kalkuliert, wurde jedoch verständlicherweise nie zum Kauf angeboten.[51]

Gerhard Laßig schuf vorwiegend Schmuck (Anhänger, Medaillons, Ringe, Ohrstecker, Broschen) und Miniaturen in traditioneller Stilauffassung. Von größeren Arbeiten ist eine Dose hervorzuheben, oben mit einer Rose bekrönt, an den Seiten Reliefs mit Szenen aus dem »Rosenkavalier«, oder die figürliche »Zwingerkomposition« (1956, Höhe 18 cm), wo eine Dame im

Reifrock die geschwungene Treppe hinabschreitet. 1976 wurde ihm als Auszeichnung der Titel »Anerkannter Kunsthandwerker« verliehen. Seit 1953 beteiligte er sich mit seinem Schmuck an Modenschauen und erhielt 1979 den 1. Preis in einem Schmuckwettbewerb der DDR.
Bis zu seinem plötzlichen Tod am 17. Mai 1993 war Gerhard Laßig als letzter Vertreter seines Faches in Dresden unermüdlich tätig. Zu seinen letzten Arbeiten gehört eine schwungvoll komponierte und sehr sorgfältig ausgeführte Figur des Ochs von Lerchenau aus dem »Rosenkavalier«, eine Reverenz an den in Dresden so lange bewahrten Stil des Rokoko.

Gudrun Höpner, die Tochter von Gerhard Laßig, wurde 1944 in Dresden geboren. 1963/64 besuchte sie ein Jahr die Zeichenschule der Meißner Porzellanmanufaktur und ging 1964–66 bei ihrem Vater in die Lehre als Elfenbeinschnitzerin. Die notwendigen Fertigkeiten im Drechseln erwarb sie beim Innungsobermeister Alfred Zumpe in Hellerau und legte 1973 die Meisterprüfung ab. 1966 bis 1978 war sie als Elfenbeinschnitzerin im väterlichen Betrieb tätig. 1978 wurde sie durch das Ministerium für Kultur zur Kunstschaffenden im Handwerk ernannt und gründete eine eigene Firma in Dresden, Nieritzstraße 4, wo sie sich vor allem der Schmuckgestaltung in modernem Design widmete. Nach siebenjähriger Wartezeit, die verbunden war mit diskriminierenden Maßnahmen, gelang ihr 1989 die Ausreise aus der DDR in die Bundesrepublik. 1990 gründete sie als Schmuckgestalterin und Restauratorin einen Handwerksbetrieb in Herne, wo sie mit ihrer Familie bis heute lebt.

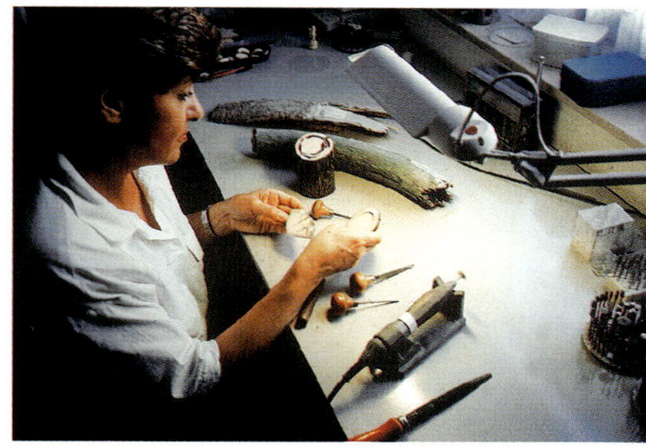

Gudrun Höpner (geb. 1944) in ihrer Werkstatt in Herne bei Bochum. 1995
Foto: privat

In ihrer Dresdner Zeit hatte Gudrun Höpner ihre neuartige Formgebung noch weitgehend in dem traditionellen Werkstoff Elfenbein realisiert. Seit 1990 hat sie sich vor allem auf die Verarbeitung von fossilem Mammut-Elfenbein spezialisiert. Die Eigenart dieses durch Risse, Bruchstellen und Verfärbungen vielfach veränderten Rohmaterials fasziniert die Kunsthandwerkerin bis heute und regt sie zu immer neuen Variationen moderner Schmuckgestaltung an. Aber auch die klassische Rose oder die Tierminiatur gehören noch heute zu ihrem Programm. Gudrun Höpner wurde 1993 Mitglied des Landesverbandes Sächsischer Kunsthandwerker und ist auch zum Elbhangfest mit ihren Arbeiten in Dresden vertreten. Damit hält sie auch nach dem Weggang aus Dresden die Verbindung zu ihrer sächsischen Heimat aufrecht.

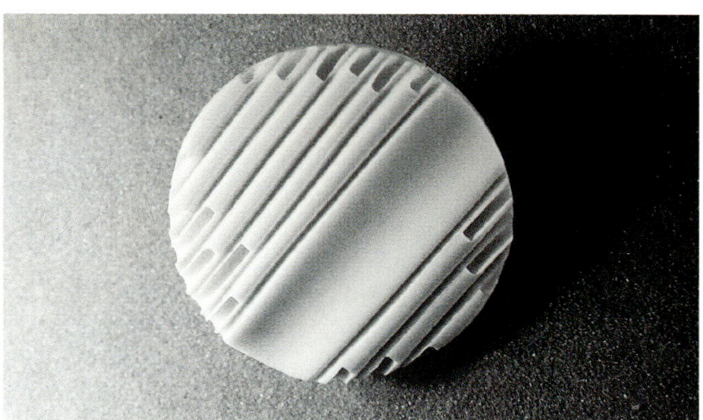

Gudrun Höpner (geb. 1944) Brosche. 1985
Elfenbein
Foto: privat

Gudrun Höpner (geb. 1944) Ring. 1996
Mammut-Elfenbein
Foto: privat

Gudrun Höpner (geb. 1944)
Brosche. 1998
Mammut-Elfenbein
Foto: privat

Gudrun Höpner (geb. 1944)
Halsschmuck. 1998
Mammut-Elfenbein
Foto: privat

Anmerkungen

1 Richter, Willy: Die Elfenbeinschnitzer Dresdens. Typoskript mit Abbildungen. Dresden 1978, S. 17.
2 Richter, Willy: Die Elfenbeinschnitzer Dresdens. Typoskript mit Abbildungen. Dresden 1978. (Ein Exemplar der unveröffentlichten Studie und weitere themenbezogene Unterlagen vom Verfasser befinden sich in den Staatlichen Kunstsammlungen Dresden, Kunstgewerbemuseum.)
3 bis 1909 auf der Rietschelstraße 16, seit 1910 auf der Industriestraße 23, vgl. Dresdner Adreßbuch 1901 bis 1943/44.
4 auf der Schloßstraße 5.
5 Dieses Gedicht ließ Frau Ilse Räder als Weihnachts- und Neujahrsgruß zum Jahreswechsel 1965/66 drucken.
6 Jäger, Helmut: Technik und Werkstoff. In: Ausstellungskatalog »Wiedergewonnen« Elfenbeinkunststücke aus Dresden. Eine Sammlung des Grünen Gewölbes. Sonderausstellung 2.6.–3.12.1995 Deutsches Elfenbeinmuseum Erbach. 1995, S. 44ff.
7 Richter, a.a.O., S. 177.
8 Richter, a.a.O., S.
9 Räder, Rudolf: Lebenslauf von Rudolf Räder vom 13. 8. 1935, geschrieben als Beilage zum Gesuch um Zulassung zur Meisterprüfung. Handschriftliches Manuskript, S. 2.
10 anonym: Wir besuchen das Handwerk. Arbeit am Elfenbeinzahn. In: Dresdner Anzeiger, 16. 11. 1934, S. 5.
11 Räder, a.a.O., S. 5.
12 Räder, a.a.O., S. 9.
13 Brief der Firma Rosenau & Co. München, Galeriestr. 24, an Otto Hennig vom 13. 2. 1933
14 Brief der Firma Rosenau & Co. München, Galeriestr. 24, an Otto Hennig vom 20. 2. 1933 Klappfiguren waren Heiligenfiguren zumeist im gotischen Stil, deren aufklappbare Innenseiten mit Reliefs verziert waren.
15 Brief der Firma Rosenau & Co. München, Galeriestr. 24, an Otto Hennig vom 19. 4. 1933.
16 Laßig, Gerhard: 100 Jahre Laßig Elfenbein. Maschinenschriftliches Manuskript 1976, S. 12.
17 Rudolf Räder in einem Brief an Herrn Joachim Erler, Gartenbaubetrieb in Zschopau/Sachsen vom 30. Dezember 1952.
18 Mitteilung von Rudolf Räder auf der gedruckten Neujahrskarte der Firma Max Räder & Co. 1956
19 Laßig, a.a.O., S. 15.
20 CITES: Internationale Konvention für den Handel mit bedrohten Tierarten.
21 Vgl. Thornton, Allan; Currey, Dave: Blutiges Elfenbein. Gustav Lübbe Verlag GmbH 1992
22 So gewinnt die seit Jahrhunderten bekannte Verarbeitung der etwa 3 x 4 cm großen, aus Kolumbien stammenden Tagua-Nuß mit ihrer elfenbeinähnlichen Struktur wieder an Bedeutung.
23 Fossiles Mammut-Elfenbein, auch »schwarzes Elfenbein« genannt, wird vorwiegend aus Sibirien importiert.
24 Richter, a.a.O., S. 75.
25 1893 Wartburgstraße 25, 1894 Tittmannstraße 7, 1897 Augsburger Straße 41c, 1899 Bergmannstraße 22, 1902 Südstraße 4 /Tolkewitz, 1908 Theodorstraße 8 /Tolkewitz, 1909 Dobritzer Straße 1/Tolkewitz; vgl. Richter, a.a.O., S. 205.
26 Richter, a.a.O., S. 36.
27 Erbach im Odenwald ist seit Mitte des 19. Jahrhunderts mit dem benachbarten Michelstadt ein bedeutendes Zentrum der Elfenbeinverarbeitung in Deutschland.
28 Brief von Max Räder an Otto Richter vom 16. 12. 1910, Akten von Willy Richter in den Staatlichen Kunstsammlungen Dresden, Kunstgewerbemuseum.
29 Richter, a.a.O., Bildteil II, S. 2.
30 Richter, a.a.O., S. 202.
31 Richter, a.a.O., S. 91.
32 Richter, a.a.O., S. 66.
33 Richter, a.a.O., Abb.-Band S. 34/35.
34 Richter, a.a.O., S. 88.
35 Richter, a.a.O.,Bildteil II, S. 3.
36 In Dresdner Adreßbüchern wird als Firmensitz 1896–1899 die Augsburger Str. 9, von 1900–1904 die Altenberger Str. 25, von 1905–1911 die Altenberger Str. 10 genannt.
37 Räder, a.a.O., S. 2.

38 Räder, a.a.O., S. 5.
39 Räder, Rudolf: Eigene Arbeiten 1924–26. Handschriftliches Manuskript.
40 Richter, a.a.O., S. 186.
41 Rudolf Räder an die Firma Esping & Lundell in Norrköping, am 9. Oktober 1931.
42 anonym: Wir besuchen das Handwerk. Arbeit am Elfenbeinzahn. In: Dresdner Anzeiger, 16. 11. 1934, S. 5.
43 Räder, a.a.O., S. 8.
44 Räder, Rudolf: Lebenslauf von Rudolf Räder vom 17. 2. 1948, geschrieben für die Handwerkskammer des Kreises Dresden als Anlage 2 zum Fragebogen Kunsthandwerk. Maschinenschriftliches Manuskript.
45 Anzeigenbescheinigung für Gewerbetreibende, ausgestellt für Otto Hennig am 28. 10. 1920.
46 Richter, a.a.O., S. 90.
47 Richter, a.a.O.
48 Laßig, a.a.O., S. 6.
49 Laßig, a.a.O., S. 12.
50 Laßig, Gerhard: Arbeitsbericht zur Barockuhr. Meisterprüfung August 1954.
51 Laßig, Gerhard: Kalkulation zur Barockuhr. Meisterprüfung August 1954.

Weitere verwendete Literatur:

Hegemann, Hans-Werner (Hrsg.). Wegweiser durch das Deutsche Elfenbeinmuseum Erbach. 1979.
Metz, Judith: Elfenbeinschnitzerei im Historismus. Wilhelm Gerhart Klingeberger (1859–1925). Informationsblatt des Stadtmuseums Bautzen 1998.
Philippovich, Eugen von: Elfenbein. 2. Auflage. Klinkhardt & Biermann Verlagsbuchhandlung GmbH München 1982
Zur Firma Laßig: SNN 26. 11. 1952, S. 3; »Wir«, SZ 8. 4. 1971: Dorge, Wolfgang: An den Stoßzähnen der Elefanten. In: Stadtrundschau 30. 12. 1971, S. 5: Die Union 29. Juli 1976.
Rost, Anja: Meister eines seltenen Metiers. In: DNN 25. 5. 1993.

Wohnungsbaugenossenschaften in Dresden bis zum Beginn des Zweiten Weltkrieges

KARL-HEINZ LÖWEL

Als zu Beginn des 19. Jahrhunderts Manufaktur und Stadtwirtschaft im Verlauf der einsetzenden Industriellen Revolution verdrängt wurden, war in Deutschland die Entwicklung vom Agrar- zum Industriestaat eingeleitet. Sie war mit einem nahezu vollständigen Umbruch der alten Wirtschafts- und Sozialordnung verbunden. Wesentliche Ursache hierfür war eine sich vielseitig und sprunghaft entwickelnde Industrie in einem bis dahin nicht gekannten Umfang. Der gewaltige Bedarf an Arbeitskräften der sich entwickelnden Industriestandorte löste so eine Abwanderung der Bevölkerung ländlicher Regionen Deutschlands in Industriegebiete aus, in denen sie sich als Lohnarbeiter bessere Lebensbedingungen erhofften.

Als weitere Entwicklungstendenz zeichnete sich ein Anwachsen der Bevölkerungszahlen in Deutschland ab. Beschränkt man sich bei der Aussage der Bevölkerungsentwicklung auf das Königreich Sachsen bzw. die Residenzstadt Dresden, so zeigt die Tabelle, daß etwa eine Verdoppelung der Einwohnerzahlen für Sachsen 1834–1880 und für Dresden 1834–1864 erfolgte.

Die enorme Entwicklung hatte zur Folge, daß es in den historisch gewachsenen Städten zu einer bis dahin nicht gekannten Konzentration an Lohnarbeitern kam. Bereits in der 1. Hälfte des 19. Jahrhunderts nahmen die Wohnverhältnisse der lohnabhängigen Arbeiter zum Teil katastrophale Zustände an. Überbelegungen der Wohnungen und daraus resultierende qualvolle Enge beherrschten den Alltag.

Einwohnerzahlen[1]

	im Königreich Sachsen	in der Stadt Dresden	Einwohner Sachsens in Dresden wohnend
1834	1 595 668	73 614	4,61%
1849	1 894 431	94 092	4,97%
1864	2 337 192	145 728	6,24%
1880	2 972 805	220 818	7,43%
1900	4 202 216	396 146	9,43%
1910	4 806 661	548 308	11,41%

Ausgelöst durch die steigende Wohnungsnot entstanden auf der Grundlage von Boden- und Hypothekenspekulation in den damaligen Stadtrandgemeinden vieler deutscher Städte die berüchtigten Mietskasernen, die sich durch Ausnutzung der höchstzulässigen Überbauung, eine menschenunwürdige Wohndichte und Mietwucher auszeichneten. Die Beseitigung des Wohnungselends war eine ständige Forderung auf Vereinstagen und Versammlungen von Gewerke- und Arbeitervereinen, wobei man zunehmend erkannte, daß dies nur durch eine organisierte Selbsthilfe möglich ist.

Die Entwicklung des Genossenschaftswesens

So war in Deutschland bereits im Jahr 1837 der Berliner Universitätsprofessor Victor Aimé Huber (1800–1869) erstmalig mit seinen Schriften[2] an die Öffentlichkeit getreten, in denen er auf das bedrückende Wohnungselend hinwies. Auf Anregung Hubers wurde 1848 unter Mitarbeit des Landbaumeisters C. W. Hoffmann die »*Gemeinnützige Baugesellschaft zu Berlin*« als Aktiengesellschaft gegründet, doch ihre Bemühungen scheiterten letztendlich. Leopold Sonnemann (1831–1909), ein führendes Mitglied des ständigen Ausschusses des Deutschen Arbeitervereins, erläutert 1865 hierzu: »... Ein Hauptfehler ist ferner, daß die Errichtung derartiger Baugesellschaften mit der Aufgabe, den Arbeiter in Besitz eines Eigentums zu bringen, nirgends in Einklang zu bringen ist. ...« Die zunehmenden Auseinandersetzungen über die Wohnungsfrage führten dazu, daß 1864 auf dem Vereinstag deutscher Arbeitervereine erklärt wurde, daß die auf Wohltätigkeit beruhenden Häusergesellschaften unzweckmäßig, die Selbsthilfe auf diesem Gebiet das erfolgreichste Mittel zu dauernder und durchgreifender Abhilfe sozialer Mißstände sei.[3]

Der im Jahre 1864 von Schulze-Delitzsch (1808–1883) gegründete »*Allgemeine Deutsche Genossenschaftsverhand*« veröffentlichte 1865 einen Bericht von Parisius »Zur Frage der Errichtung von Arbeiterwohnungen auf genossenschaftlichem Wege«. In Vorbereitung des Vereinstages der Arbeitervereine im Jahre 1865 in Stuttgart legten Dr. Fr. A. Lange und Sonnemann ebenfalls eine Schrift vor mit dem Titel »Jedermann Hauseigentümer«.[4] Zusammen mit dem Vorwort dieser Schrift ist der Bericht von Parisius als ein wichtiges Dokument zur Entwicklung der Genossenschaftsbewegung in Deutschland anzusehen. Anfänglich ausgehend von dem 1859 gegründeten »*Allgemeinen Verband der deutschen Erwerbs- und Wirtschaftsgenossenschaften*« wurde das 1. Genossenschaftsgesetz vom 1. Juli 1868 im Reichstag verabschiedet. Beim Entwurf dieses Gesetzes hatte Schulze-Delitzsch nur Belange des Handwerks und der kleinbäuerlichen Betriebe berücksichtigt, die sich entwickelnden Wohnungsbaugenossenschaften jedoch vernachlässigt.

In der Folgezeit stellte sich heraus, daß in diesem Gesetz der Passus der unbeschränkten Haftpflicht ein bedeutendes Hindernis war. Vor dem Hintergrund des Bismarck'schen Sozialistengesetzes wurde es durch das »*Gesetz betreffend die Erwerbs- und Wirtschaftsgenossenschaften* « vom 1. Mai 1889 (2. Genossenschaftsgesetz genannt) ersetzt. In der Epoche zwischen der Verabschiedung dieser beiden Gesetze wurden die ersten Wohnbaugenossenschaften gegründet.

Wie erst im Jahre 1997 durch den Verfasser ermittelt wurde, ist als erste Baugenossenschaft Sachsens, der »*Bauverein zu Mittweida*« im Mai 1874 in das Genossenschaftsregister[5] eingetragen worden. Fast zeitgleich erfolgte die Eintragung des »*Meißner Bauvereins*« in Meißen im Juli 1874.[6] Beide Genossenschaften errichteten jeweils drei Wohngebäude und liquidierten im Jahre 1919. Nahezu zeitgleich mit dem 2. Genossenschaftsgesetz wurde vom Reichstag das »*Invali-*

ditäts- und Altersversicherungsgesetz« vom 22. Juni 1889 verabschiedet, wonach letztendlich die Versicherungsanstalten ihr gesamtes Vermögen für den Bau von Arbeiterwohnungen anlegen konnten. Auf der Grundlage dieser Gesetze nahm die Genossenschaftsbewegung am Ende des 19. Jahrhunderts einen bis dahin nicht geahnten Aufschwung.
Nach Verabschiedung des 2. Genossenschaftsgesetzes vergingen in Sachsen noch 6 Jahre, bis es zur Gründung einer Wohnbaugenossenschaft auf dieser Grundlage kam. So wurde im Jahre 1895 als erste die »*Gemeinnützige Baugenossenschaft zu Leipzig*« gegründet. Es folgte erst 1898 die Gründung des »*Bauvereins zur Beschaffung preiswerter Wohnungen in Leipzig*«. Gleichfalls wurde im Jahre 1898 mit dem »*Dresdner Spar- und Bauverein*« die erste Wohnbaugenossenschaft in der Residenzstadt Dresden in das Genossenschaftsregister eingetragen.

Die Vorgänger von Baugenossenschaften in Dresden

Der Allgemeine Mietbewohnerverein

Nachdem die Einwohnerzahlen in der Stadt Dresden in der Zeit von 1885–1895, um mehr als 90 000 Personen angewachsen war, verschärfte sich das Wohnungselend vieler minderbemittelter Familien zusätzlich durch Wegfall vieler kleiner Wohnungen beim Durchbruch der König-Johann-Straße (jetzt Wilsdruffer Straße) und dem Abriß der als Wohnungen genutzten ehemaligen Kasernen an der Hauptstraße, im Jahre 1895. Die ersten Schritte zur Beseitigung der gravierenden Wohnungsnot unternahm der am 12. Dezember 1883 durch Dr. jur. Franz Schedlich gegründete »*Allgemeine Mietbewohnerverein*«. Die Finanzierung ihrer anfangs bescheidenen Vorhaben entlehnten sie den Ideen bereits bestehender Spar- und Bauvereine. Zur Bereitstellung des erforderlichen Eigenkapitals gab er an seine Mitglieder Sparmarken und Schuldscheine zu 0,50 RM (= Reichsmark), 5,00 RM und 150,00 RM heraus, die im Sinne eines Baudarlehns verzinst wurden. Erst nach einer Satzungsänderung im Jahre 1895 konnte er Immobilien erwerben und selbst Wohnungen bauen. Im Jahre 1914 – also 31 Jahre nach seiner Gründung – verfügte er erst über acht Wohnbauten in Dresden. Nach dem Ersten Weltkrieg errichtete er in Anlehnung an den »Allgemeinen Sächsischen Siedlerverband« ausschließlich Einfamilien- bzw. Reihenhäuser in den Gemarkungen Strehlen, Trachau und Cotta. Zuletzt konnte er die Bilanz von 215 Wohnbauten aufweisen.
Der »Allgemeine Mietbewohnerverein« war in der damaligen Zeit recht populär. Er konnte auf über 30 000 Mitglieder verweisen und verfügte mit der »Dresdner Mietzeitung« über ein eigenes Presseerzeugnis. Der Verein beendete seine Tätigkeit bereits während des Zweiten Weltkrieges und wurde am 12. Dezember 1949 im Genossenschaftsregister gelöscht.

Der Gemeinnützige Bauverein zu Dresden

Die Bemühungen Dr. Schedlichs setzten sich 1887 fort mit der Gründung des »*Gemeinnützigen Bauvereins zu Dresden*« AG in Form einer Kommanditgesellschaft. In den Jahren zwischen 1887 und 1891 erwarb der Verein die Grundstücke Friedrichstraße 47–63 und errichtete in den Jahren 1888–1893 und 1901/02 den gesamten Wohnkomplex in zwei Bauabschnitten als eine letztlich einheitliche Lösung. Der Entwurf für das Vorderhaus Friedrichstraße 55–59 war das Ergebnis eines Wettbewerbs. Die endgültige Lösung mit den 1901/02 spiegelbildlich angeordneten Hinterhäusern, den verbindenden Zwischenbauten für die Treppen- und Abortanlagen sowie der nach damaliger Auffassung wirkungsvollen Fassadengestaltung wurde durch den Architekten

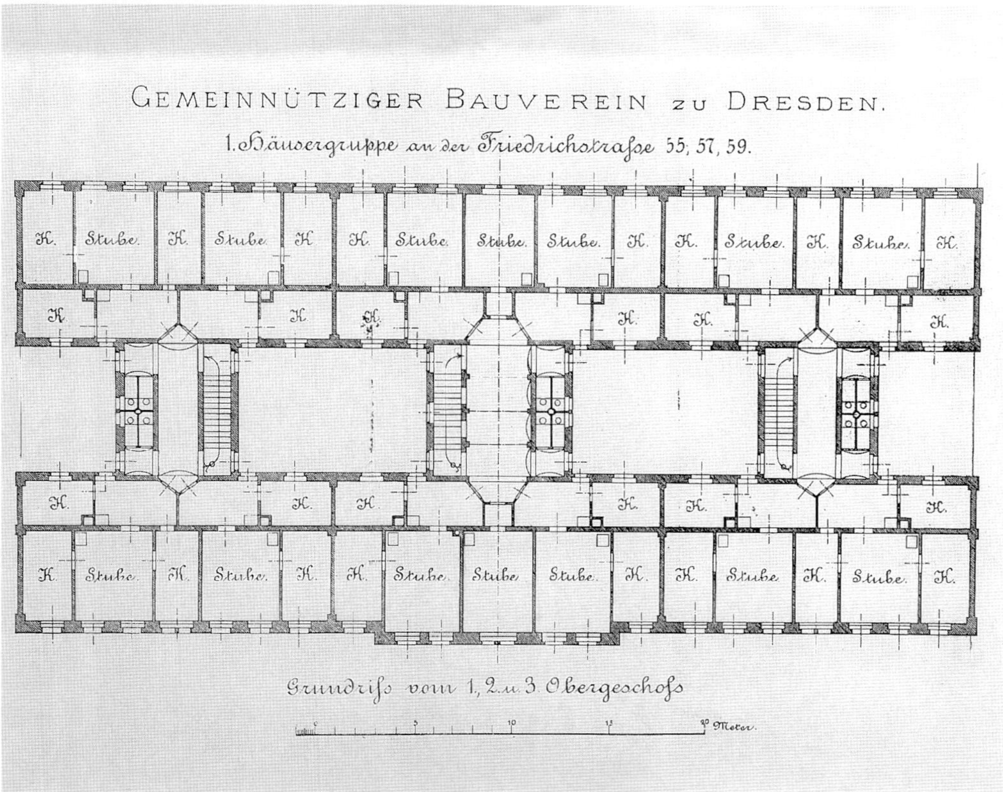

Grundrißlösung der Wohnhäuser des Gemeinnützigen Bauvereins in der Friedrichstraße, Gemarkung Dresden Friedrichstadt. Errichtet 1887/93 und 1901/02
Repro, Stadtarchiv Dresden
Die vorliegende Grundrißlösung kann als ein Prototyp der berüchtigten Mietskaserne in der Stadt Dresden angesehen werden. Leicht abgewandelte Lösungen lassen sich bei den ersten Wohnbauten der Baugenossenschaft für das Personal der königlich-sächsischen Staatseisenbahnen, wie auch des Johannisvereins in der Sebnitzerstraße (1892)nachweisen.

Carl-Heinrich Schubert entworfen. Das hier angewandte Kasernierungssystem als rationelle Lösung einer Mietskaserne aus der Gründerzeit ist später im kritischen Vergleich als Negativbeispiel bei Veröffentlichungen zur Weiterentwicklung des Kleinwohnungsbaus – vor allem durch die Baugenossenschaften – ständig mit herangezogen worden.
Zum Ende des 19. Jahrhunderts konnte sich die Mehrzahl der deutschen Staaten, außer dem Rheinland, nicht zu einer verantwortungsvollen Wohnungspolitik in ihren Ländern entschließen. Wie aus einer Denkschrift des Jahres 1904 hervorgeht, überließ die sächsische Regierung alle Verantwortung für die Wohnungsverhältnisse den Wohnungsbedürftigen selbst, den privaten Arbeitgebern oder den Gemeinden. Keinesfalls anders stellten sich die Verhältnisse in der Stadt Dresden dar, denn wie in gleicher Denkschrift[7] dargelegt, beriet das Stadtparlament Arbeitsordnungen, die städtischen Arbeitern die Beteiligung an Genossenschaften verbieten sollten. Bei den vielseitigen Bestrebungen, der bestehenden Wohnungsnot entgegenzuwirken, waren es in Dresden bürgerliche Vertreter, auf deren Initiative die erste Genossenschaft entstand.

Baugenossenschaften in Dresden

Der Dresdner Spar- und Bauverein

Durch den persönlichen Einsatz des damaligen Amtsgerichtspräsidenten Dr. Becker, wurde 1898 der »*Dresdner Spar- und Bauverein*« gegründet. Er war bis zu Beginn des Zweiten Weltkrieges eine der erfolgreichsten und mit dem Bau von 2864 Wohnungen eine der größten Baugenossenschaften in Dresden.

Der Dresdner Spar- und Bauverein
Repro, Archiv Löwel
Mit Gründung des Dresdner Spar- und Bauvereins im Jahre 1898 übernahm er von dem in Liquidation befindlichen »Dresdner Bauverein für Arbeiterwohnungen« acht Einfamiliendoppelhäuser wie auch weiteres Bauland. Der aus dem Dorf Welle bei Bremen übernommene Grundriß für diese Häuser belegt, daß bereits Beziehungen zu anderen Genossenschaften bestanden. Die acht Doppelhäuser befinden sich heute sämtlich in Privatbesitz. Auf dem übernommenen Bauland wurde das im folgenden beschriebene erste genossenschaftliche Wohngebäude errichtet.

Der Dresdner Spar- und Bauverein
Der erste genossenschaftliche Wohnungsbau in Dresden
Repro, Archiv Löwel
Bereits ein Jahr nach der Gründung errichtete die Genossenschaft im Jahre 1899 ihr erstes Gebäude in Dresden mit 22 Wohneinheiten entlang der Leipziger Straße, zwischen der Roscher- und Kolbestraße gelegen. Das Gebäude wurde nach dem damaligen Protektor, dem sächsischen Prinzen, Friedrich-August-Haus genannt.
Wie schwierig sich die Finanzierung des Vorhabens gestaltete, zeigte, daß der Vorstand der Chemischen Fabrik von Heyden einen Betrag von 10 000 Mark stiftete und dafür ein dauerndes Verfügungsrecht über fünf Wohnungen zugunsten seiner Arbeiter erhielt.

Unmittelbar nach seiner Gründung übernahm der »*Dresdner Spar- und Bauverein*« von dem in Liquidation befindlichen »*Dresdner Bauverein für Arbeiterwohnungen*« AG in der Gemarkung Kaditz Bauland und den Bestand von acht Einfamilien-Doppelhäusern entlang der Kolbestraße und Roscherstraße. Wie der einschlägigen Bauakte im Stadtarchiv Dresden zu entnehmen ist, stammen die Bauzeichnungen von einer bereits im Dorf Welle bei Bremen bestehenden Kolonie. Auf gleichem Baugelände und unmittelbar vor dieser Doppelhausreihe gelegen, wurde im Jahre 1899 das nach dem Entwurf des Architekten Hermann Thüme errichtete »Friedrich-August-Haus« bezugsfertig. Dieses viergeschossige Doppelhaus, entlang der Leipziger Straße errichtet, ist das erste von einer Genossenschaft errichtete Wohngebäude in Dresden.
Als eine Besonderheit dieser Genossenschaft ist anzusehen, daß sie in den folgenden Jahren ebenfalls allen Häusern einer Wohnanlage den Namen eines verdienstvollen Genossenschaftsmitglieds oder Schirmherrn verlieh. Dies erfolgte letztmalig 1929 bei den »Heinrich-Koch-Häusern« in der Kolbestraße, Gemarkung Kaditz.
Im Jahre 1901 begann das Deutsche Reich mit der Gewährung von Darlehen an Genossenschaften. So wurde ein Jahr später durch das Reichsamt des Inneren in der Gemarkung Löbtau der ehemalige Weißeritzfloßhof erworben und dem *Dresden Spar- und Bauverein* als Darlehen durch Reichserbbauvertrag überlassen. Nach Entwürfen des Architekturbüros Schilling und Graebner entstanden zwischen 1903 und 1905 die »Graf-von Posadowsky-Wehner-Häuser«, eine Wohngruppe mit 301 Wohnungen am heutigen Ebertplatz (früher Crispiplatz). Entsprechend den neuen reformerischen Ideen wurde, sowohl bei der städtebaulichen Lösung wie auch der Grundrißgestaltung, eine den Wohnbedürfnissen der minderbemittelten Bevölkerung angepaßte Kleinwohnung geschaffen. So ist es verständlich, daß anläßlich der *Dritten Deutschen Kunstgewerbeausstellung* im Jahre 1906 und in Schriften der Genossenschaft der Fortschritt gegenüber den Mietskasernen an der Friedrichstraße dargestellt wurde. Der imposante Wohnkomplex wurde 1945 durch Bomben zerstört.
Drei Häusergruppen wurden vor dem Ersten Weltkrieg durch den *Dresdner Spar- und Bauverein* fertiggestellt:
1906–1908 »Dr.-Becker-Häuser« an der Paulstraße Ecke Königsbrücker Landstraße
1910–1912 »Rudolf-Schilling-Häuser« zwischen Holbein- und Wormser Straße
1912–1914 »Palmié-Häuser« an der Hans-Sachs-Straße – Marienhofstraße.

Die Grundrißlösungen für die Wohnungen weichen geringfügig von den vorangegangenen Bauten der Genossenschaft ab und weisen auch noch kein Bad aus. Die sanitäre Ausrüstung in den Wohnungen, vor allem die der Ableitung von Fäkalien und Schmutzwasser, ist im Zusammenhang mit der Einführung der Schwämmkanalisation im Jahre 1910 in der Stadt zu sehen.
Bereits die Bauordnung von 1905 forderte, daß Toilettenanlagen grundsätzlich nur noch mit Wasserspülung einzubauen sind, wodurch es möglich wurde, die Abortanlagen in die Wohnungen zu verlegen. Alle drei hier genannten Häusergruppen mit 562 Wohnungen verfügten im Innenhofbereich über Kinderspielplätze und Grünanlagen. Zu vermerken ist, daß in den Schilling-Häusern bereits Wäscherei wie auch die Brausen und Wannenbäder aus dem Wohnhausbereich im Keller in ein gesondertes Gebäude gelegt wurden.
Die erste nennenswerte Baumaßnahme nach dem Ersten Weltkrieg stellen die »Dr. -Höhne-Häuser« am Ebertplatz, nahe dem neuen Kraftwerk, dar. Nach dem Entwurf des Architekten Paul Beck entstand in den Jahren 1920/21 eine fünfgeschossige Häusergruppe mit 400 Wohnungen. Während die städtebauliche Gesamtkonzeption mit innenliegenden Spielplätzen und Grünanlagen entsprechend den Vorstellungen des genossenschaftlichen Vorstandes beibehalten wurde, weisen die Wohnungsgrundrisse eine Weiterentwicklung auf. Während bislang jeweils drei Wohnungen je Geschoß vom Treppenhaus zu erreichen waren, läßt die Zuordnung von zwei Wohnungen jetzt eine Querlüftung jeder Wohnung zu.
Glückliche Umstände führten dazu, daß der Architekt Paul Beck vom *Dresdner Spar- und Bauverein* und auch vom *Bauverein Gartenheim* den Auftrag zur Erarbeitung der Bebauungspläne wie auch der Ausführungsunterlagen aller Wohnbauten ihrer zusammenhängenden Wohnanlagen in der Gemarkung Gruna erhielt. So entstand zwischen Junghansstraße – Hepkestraße – Bärensteiner Straße eine der schönsten gemeinsamen Siedlungsanlagen in Dresden, deren natürliche Grenze der Prohliser Landgraben bildet. In der Epoche eines kurzen wirtschaftlichen Aufschwungs, zwischen 1924 und 1928, wurde durch den *Dresdner Spar- und Bauverein* seine größte Wohnanlage mit 587 Wohnungen errichtet.
Der Bebauungsplan weicht mit seiner aufgelockerten Bauweise von den bisherigen Lösungen ab. Es werden einzelne Wohnblöcke ohne Ecken-Lösungen bevorzugt. Hierdurch konnten wenige, aber rationelle und zweckmäßige Grundrißlösungen angewandt werden. Eine generelle

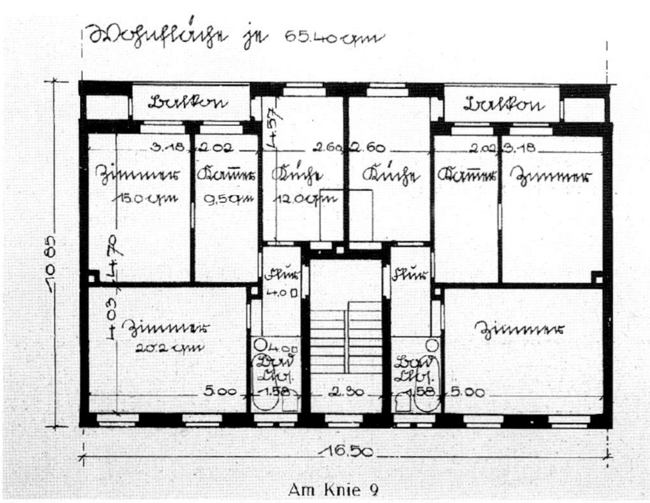

Der Dresdner Spar- und Bauverein Wohnungsgrundriß in der Wohnanlage Gruna
Repro, Archiv Löwel
Der hier dargestellte Grundriß einer Dreizimmerwohnung mit einer Wohnfläche von 64,5 m² kann als typische genossenschaftliche Lösung für Dresden um 1925 gelten. Es wurde grundsätzlich die Ofenheizung angewandt. Der Balkon war über die geräumige Wohnküche erreichbar und sollte vorrangig der Hausfrau bei der Wäsche wie auch anderer Arbeiten dienen. Eine Trennung zwischen Bad und WC war noch nicht vorgesehen. Das äußerst gering bemessene Bad war nur mit der Badewanne, dem Kohlebadeofen und dem »Closett« ausgestattet. Eine Waschschüssel konnte je nach persönlichen Bedürfnissen über der Badewanne angeordnet werden.

Der Dresdner Spar- und Bauverein Wohnanlage Pieschen
Repro
Ansicht der Wohnanlage Pieschen zwischen der Boxdorfer- und Volkersdorfer Straße gelegen. Sie wurde im wesentlichen zwischen 1929 und 1930 nach Entwürfen des Architekten Paul Beck errichtet.

Der Dresdner Spar- und Bauverein Wohnanlage Alttolkewitz
Repro, Archiv Löwel
Die kleine Wohnanlage entlang der Oesterreicher Straße in der Gemarkung Alttolkewitz entstand in den Jahren 1936/37. Als vorbildlichster und bester Wohnungsbau des Jahres 1937 wurde er durch die Stadt Dresden ausgezeichnet.

Verbesserung des bescheidenen Wohnkomforts bedeutete der erstmalige Einbau einer kleinen Bad/WC-Lösung in allen Wohnungen. Die niedrigen Preise des Baulandes ließen noch eine erforderliche Rentabilität der zwei- und dreigeschossigen Wohnanlage zu. Die großzügig angeordneten Freiflächen wurden in Kleingärten aufgegliedert und zum Zwecke der Eigenversorgung jeder Wohnung zugeordnet. Die Siedlungsanlage gehört jetzt zur *Wohnungsgenossenschaft Aufbau Dresden.*

Als beachtenswerte Leistungen müssen noch folgende Wohnanlagen genannt werden, die zwischen 1929/30 und 1936/37 errichtet wurden:

- Wohnanlage Pieschen, an der Boxdorfer/Volkersdorfer Straße mit 364 Wohnungen
  Architekt P. Beck und W. Romberger
- Wohnanlage Dölzschen, an der Hultschiner Straße mit 192 Wohnungen
  Architekt Walter Jähnig

Mit einer kleinen Wohngruppe von 25 Wohnungen in der Gemarkung Tolkewitz entlang der Oesterreicher Straße schloß der *Dresdner Spar- und Bauverein* seine erfolgreiche Bautätigkeit vor dem Zweiten Weltkrieg in den Jahren 1937/38 ab.

Der Kleinwohnungs-Bauverein Dresden

Seine Eintragung in das Genossenschaftsregister erfolgte 1910.

Sehr schnell entstand in der Gemarkung Striesen, entlang der Junghansstraße – Glashütter Straße – Dornblüthstraße – Kipsdorfer Straße die erste Wohngruppe nach dem Entwurf des Architekten Theodor Richter, die bereits ein Jahr später bezugsfertig übergeben werden konnte. Durch den Bauverein wurden zwischen 1921 und 1929 sechs Wohnanlagen mit 961 Wohnungen errichtet. Sie entstanden sämtlich nach Entwürfen des langjährig leitenden Architekten Prof. Dr. Otto Schubert, der gleichzeitig Gründungsmitglied und Aufsichtsratsmitglied des Bauvereins war. Aus der Reihe dieser sechs Vorhaben ist als reizvollste Lösung die zwischen 1921 bis 1925

Der Kleinwohnungs-Bauverein Baugruppe Dornblüthstraße
Repro
Mit dem Bau der ersten Wohnanlage mit 124 Wohnungen entlang der Junghansstraße – Kipsdorfer Straße – Glashütter Straße konnte die gerade gegründete Genossenschaft nach heutigen Maßstäben sehr schnell mit Erfolgen aufwarten. Sie erwarb von einem ihrer Gründungsmitglieder in der Gemarkung Striesen das erforderliche Bauland und konnte bereits neun Monate nach Gründung der Genossenschaft den Komplex den neuen Mietern übergeben. Entsprechend dem damaligen bürgerlichen Verständnis wurden die Gebäude »König-Friedrich-August-Häuser« genannt. Die auf dem Foto erkennbaren beiden Torhäuser wurden um 1970 abgetragen.

Der Kleinwohnungs-Bauverein Baugruppe Stetzsch
Repro
Als erste kleine Wohnanlage nach dem Ersten Weltkrieg errichtete die Genossenschaft, ganz der Idee der Gartenstadtbewegung verpflichtet, ähnlich wie in Hellerau, entlang der Straße Seegärten 60 Wohnungen. Architekt: Prof. Dr. Otto Schubert. Das Foto zeigt einen Ausschnitt der Anlage.

Der Kleinwohnungs-Bauverein
Luftbildaufnahme der Wohnanlage Hechtstraße/Bärwalder Straße/ Bärnsdorfer Straße
Blick in Richtung Nord-West
Repro
Eine der schönsten Wohnanlagen der Stadt entstand in der Gemarkung Dresden-Neustadt zwischen 1921 und 1925 nach Entwürfen von Prof. Dr. Otto Schubert.
Es ist wenig bekannt, daß in der Anlage neben den Wohnbauten des Kleinwohnungs Bauvereins auch zweigeschossige Siedlungs-Reihenhäuser des Allgemeinen Sächsischen Siedlerverbandes – Heimstättenverein Dresden Nord-West errichtet wurden. Die Siedlerbauten mit den zugehörigen Gartenanlagen sind auf der linken Bildhälfte zu erkennen. Sie befinden sich heute in Privatbesitz.

errichtete kleine Siedlungsanlage an der Straße Seegärten in der Gemarkung Stetzsch hervorzuheben.
Nach Abschluß der Bearbeitung eines Bebauungsplanes durch das städtische Hochbauamt wurde nach Entwürfen Otto Schuberts die Wohnanlage zwischen Hechtstraße – Bärwalder – Bärnsdorfer Straße in den Jahren 1926–1929 gebaut. Als größte und schönste Anlage der Genossenschaft entstanden im wesentlichen dreigeschossige Wohnbauten mit insgesamt 570 Wohnungen. Sie gehört jetzt der *Sächsischen Wohnungsgenossenschaft Dresden* an. Seine Neubaumaßnahmen schloß der *Kleinwohnungs-Bauverein* mit der Fertigstellung der kleinen Wohnanlage in der Singerstraße – Mollstraße in der Gemarkung Dobritz ab. Er hatte zwischen 1911 und 1937 insgesamt 1535 Wohnungen in der Stadt gebaut.

Die Eisenbahnerbaugenossenschaft

Die im Jahre 1912 gegründete *Baugenossenschaft für das Personal der Königlich-Sächsischen Staatseisenbahnen* wurde im Jahre 1919 in *Eisenbahnerbaugenossenschaft* umbenannt. Anderen Wohnungsbaugenossenschaften gegenüber bildete sie insofern eine Ausnahme, als sie nur Personal des Eisenbahnwesens als Mitglieder aufnahm. Als wichtigster Grund hierfür ist die Finan-

Der Kleinwohnungs-Bauverein
Repro
Ansicht des Hochhauses an der Hechtstraße – Abzweig Bärwalder Straße

Der Kleinwohnungs-Bauverein
Repro
Blick auf die Reihenbebauung (Zehnhausgruppe) entlang der Hechtstraße

zierung ihrer gesamten Wohnungsbauvorhaben zu sehen, die durch die Arbeiter- und Pensionskasse der staatlichen Eisenbahnen realisiert wurden. Im Jahre 1926 verfügte sie bereits über den Be-stand von 1683 Wohnungen und war 1939 mit 3036 von ihr errichteter oder gekaufter Wohnungen die größte Wohnungsbaugenossenschaft in Dresden vor dem Zweiten Weltkrieg. Hierbei lag die Bearbeitung der Entwurfs- und Ausführungsunterlagen nahezu ausschließlich in den Händen des Architekten Curt Herfurth. Aus der Reihe der Wohnanlagen sollen genannt werden:

- Die Bebauung in der Gemarkung Löbtau (Löbtau I–VI).
- Die Wohnbauten entlang der Hansastraße/Großenhainer Straße.
- Die Wohnanlage Teplitzer Straße/Lenbachstraße in der Gemarkung Strehlen.

Die *Eisenbahnerbaugenossenschaft* schloß ihre erfolgreichen Baumaßnahmen im Jahre 1939 mit der Bebauung entlang der Robert-Sterl-Straße/Wittenstraße ab.

Die Eisenbahnerbaugenossenschaft
Repro, Archiv Löwel
Blick auf die zwischen 1927 und 1929 errichteten Wohnbauten in der Conradstraße – einer Nebenstraße der Hansastraße.
Architekt: Curt Herfurth

Die Eisenbahnerbaugenossenschaft
Repro, Archiv Löwel
Die genossenschaftlichen Wohnbauten in der Robert-Sterl-Straße, Gemarkung Leubnitz-Neuostra.
Sie wurden zwischen 1937–1939 nach Entwürfen des Architekten Ernst Ufer errichtet.

Der Bauverein Gartenheim

Der *Bauverein Gartenheim* wurde unter wesentlicher Mitwirkung des späteren Stadtbaudirektors Max Oertel gegründet und 1917 in das Genossenschaftsregister eingetragen. Weitsichtig sicherte sich der Vorstand bereits noch während des Ersten Weltkrieges in der Gemarkung Gruna ein größeres geschlossenes Siedlungsgelände, das durch die Junghansstraße, Hepkestraße, Bärensteiner Straße und den Frauensteiner Platz begrenzt wird, um es gemeinsam mit dem *Dresdner Spar- und Bauverein* zu bebauen. Hierbei bildet der Prohliser Landgraben die natürliche gemeinsame Grenze. Gemäß Protokoll der Ratssitzung des Rates der Stadt Dresden vom 21. 1. 1919 wurde das Gelände in Form des Erbbaurechts den beiden Genossenschaften überlassen. Im Auftrag beider Genossenschaften erarbeitete der Architekt Paul Beck einen Bebauungsplan, der bereits am 18. 9. 1919 in Form von zwei Teilbebauungsplänen durch die Stadtverordnetenversammlung bestätigt wurde. Damit waren die Voraussetzungen geschaffen, in Anlehnung an die Ideen der Gartenstadtbewegung, ein genossenschaftliches Wohngebiet zu realisieren, das mit ca. 1400 Wohnungen die größte geschlossene genossenschaftliche Wohnanlage darstellt.

Das in sich geschlossene Wohngebiet des *Bauvereins Gartenheim* ist mit der Gartenheimallee als Magistrale gekennzeichnet, die an beiden Enden durch Wohnbauten begrenzt wird. Alle Zufahrten zur Siedlung sind nicht durchgehend und führen jeweils zu einem der drei zentralen Plätze der Wohnanlage. Sie sind in ihrer städtebaulichen Raumwirkung vorbildlich angelegt und hinterlassen das Gefühl der Abgeschlossenheit. Die Vielfältigkeit der gestalterischen Lösungen zeigt sich vor allem in der Vielzahl der unterschiedlich gestalteten Hauseingangstüren.

Allen Wohnungen sind Gärten zugeordnet worden, die zur Eigenversorgung gedacht waren. Von Bedeutung für die Siedlungsanlage ist die einfache Einfriedung der Wohnbereiche, so daß eine wohltuende Abgeschiedenheit von Wohnung und zugehörigen Gärten gewahrt bleibt. Neben den Reihenhäusern gehörte noch eine Gruppe von 13 Holzhäusern zur Wohnanlage. Sie wurden jedoch am 13. Februar 1945 durch Bomben zerstört.

So entstand – unterbrochen durch die Inflation – von 1919–1922 und 1924–1926 die erste und größte Siedlungsanlage des Bauvereins Gartenheim mit insgesamt 822 Wohnungen. Hierbei

Die Baugenossenschaft Gartenheim
Wohnanlage Gruna
Repro
Blick in die Gartenheimallee

Bauverein Gartenheim
Wohnanlage Gruna
Repro
Der zweigeschossige Wohnungsbau in der Langen Zeile.

Die Baugenossenschaft Gartenheim Luftbildaufnahme der Wohnanlage Gruna aus dem Jahre 1928 mit Blick in Richtung Süd-Ost
Foto, Sächsische Landesbibliothek – Staats- und Universitätsbibliothek Dresden, Deutsche Fotothek, Foto von W. Hahn
Die Luftbildaufnahme zeigt die beiden gemeinsamen Wohnanlagen des Bauvereins Gartenheim (im Bildvordergrund) und des Dresdner Spar- und Bauvereins (im Bildlhintergrund). Der Verlauf des Prohliser Landgrabens als gemeinsame natürliche Grenze ist in Bildmitte erkennbar.
Die am unteren Bildrand zu erkennende kleine Holzhaussiedlung, entlang der Junghansstraße, wie auch die am linken Bildrand im strahlenden weiß zu erkennenden Wohnbauten – sämtlich genossenschaftliches Eigentum – sind ein Opfer der schweren Bombenangriffe des 13./14. Februar und des 2. März 1945 geworden. Für den Bebauungsplan wie auch die Bauausführung der gesamten Wohnanlage zeichnete der Architekt Paul Beck verantwortlich.

waren die Kombination Bad/WC bereits obligatorisch und die Küchen in ihrer Größe als Wohnküchen ausgelegt. Die Grundrißlösungen weisen 2- bis 4-Raumwohnungen aus.
Den Bombenangriffen vom 13. Februar und 2. März 1945 fielen leider 442 Wohnungen zum Opfer. Die Siedlung gehört heute zur *Wohnungsgenossenschaft Aufbau Dresden.*
In der kurzen Phase der wirtschaftlichen Stabilisierung zwischen Inflation und Weltwirtschaftskrise entstanden, ebenfalls nach Entwürfen des Architekten Paul Beck, noch zwei weitere beachtenswerte Wohnanlagen. Als erstes ist die in den Jahren 1927–1929 errichtete Wohnanlage Trachau mit 336 Wohnungen zu nennen. Die überwiegend dreigeschossige Bebauung entlang der Aachener Straße/Böttgerstraße – Stephanstraße wurde unter Berücksichtigung vorhandener Wohnbauten nach einem Bebauungsplan des damaligen Stadterweiterungsamtes gebaut; weiterhin die vorwiegend viergeschossige Wohnanlage Münchener Straße mit der gelungenen Bebauung der letzten bis dahin noch offenen Seite des Münchener Platzes. So entstanden zwischen Georg-Schumann-Straße und Regensburger Straße in den Jahren 1929/30 insgesamt 286 Wohnungen. Der *Bauverein Gartenheim* schloß seine Baumaßnahmen mit der Errichtung einer kleinen Siedlung für 104 Familien in der Gemarkung Leubnitz-Neuostra an der Spitzwegstraße ab. Er kann darauf verweisen, daß er von 1917–1937 insgesamt 1710 Wohnungen errichtete.

Heimstättengenossenschaft Dresden-Reick

Die Gründung der Genossenschaft erfolgte durch Beschäftigte des Straßenbahnhofs Reick, sowie der in der Nähe liegenden städtischen Gasanstalt. Die Eintragung in das Genossenschaftsregister erfolgte 1919.

Bauverein Gartenheim
Wohnanlage Gruna
Repro
Straßenabschnitt Am Ende mit den zwei- und dreigeschossigen Wohnbauten, wie auch den zwei eingefügten eingeschossigen Ladenbauten. Für den Einzelhandel konzipiert, wurden sie später jedoch anderweitig genutzt.

Bauverein Gartenheim
Wohnanlage Trachau
Foto, Stadtplanungsamt Dresden – Bildstelle
Die genossenschaftlichen Wohnbauten in der Gemarkung Trachau zwischen der Aachener Straße und Stephanstraße. Sie entstandern zwischen 1927 und 1929 nach den Entwürfen des Architekten Paul Beck und schließen unmittelbar östlich an die Großsiedlung der Wohnungsgenossenschaft Trachau-Nord an.
Architekt: Paul Beck

So wie im Falle des *Bauvereins Gartenheim* war der Genossenschaft ein im Besitz der Stadt befindliches Areal in der Gemarkung Reick in der Form des Erbbaurechts überlassen worden. Der Bebauungsplan wurde durch den Architekten Bruno Just erarbeitet. Die Satzung der Genossenschaft ließ es zu, daß Wohnungen nach Fertigstellung gemietet oder nach Reichsheimstättengesetz erworben werden konnten. Neben den überwiegend 2- und 3-geschossigen Wohnbauten für Mietzwecke entstanden daher Einfamilien-Reihen- oder Doppelhäuser mit

Die Heimstättengenossenschaft Dresden-Reick
Repro
Die Wohnbauten Tornaer Straße 30–14, Gemarkung Reick. Architekten: Schilling & Graebner, Rudolf Bitzan und Otto Wulle

Die Heimstättengenossenschaft Dresden-Reick
Repro
Am Lehmhaus – Einfamilien-Doppelhäuser

Die Heimstättengenossenschaft Dresden-Reick
Wohnanlage Leubnitz-Neuostra
Repro
Wohnhaus mit Ladeneinbauten in der Wilhelm-Franke-Straße, früher Finkenfangstraße 29/29a

angemessenem Gartenland, entsprechend der Anzahl der damaligen Bewerber. Der Genossenschaftsvorstand zeigte sich allen Neuerungen der Zeit aufgeschlossen. So waren bei der Erarbeitung der Entwürfe für die Wohnbauten mehrere Architekten beteiligt. In den Jahren außerordentlicher Materialknappheit zwischen 1919–1921 wurden als Versuchsbauten drei Sektionen mit sechs Wohnungen in Lehmbauweise entlang der Straße Am Lehmhaus errichtet. Gleichfalls haben elf Architekten unter der Leitung von Prof. Dr. Otto Schubert zwischen

1925 und 1928 innerhalb der Wohnanlage eine kleine Mustersiedlung mit 42 Wohnungen realisiert. Neben dem Eigenregiebetrieb, der die Neubaumaßnahmen durchführte, wurde eine leistungsfähige Bautischlerei mit Gleisanschluß in der Nähe des Reicker Bahnhofs aufgebaut. Diese entwickelte sich nach Fertigstellung der eigenen Wohnbauten zu einem geschätzten Ausführungsbetrieb in der Stadt.
Die *Heimstättengenossenschaft* errichtete zwischen 1920 und 1930 eine Siedlungsanlage zwischen der Reicker Straße – Tornaer Straße – Keplerstraße mit 822 Wohnungen. Im Jahre 1928 entstand lediglich noch eine kleine Wohngruppe in der Gemarkung Leubnitz-Neuostra, entlang der Schmalwiesenstraße. Die Siedlungsanlagen gehören heute zur *Wohnungsgenossenschaft Glückauf Süd Dresden.*

Eigenheimsiedlung Briesnitz-Dresden

Die *Eigenheimsiedlung Briesnitz* gehört zu den Genossenschaften, die zum Zeitpunkt ihrer Gründung ihren Sitz in einer damals noch selbständigen Stadtrandgemeinde hatte. Ihre Eintragung in das Genossenschaftsregister erfolgte 1911. Eine der Gründung vorausgegangene längere Vorbereitungsphase ermöglichte es, daß bereits wenige Tage später ein geschlossenes Baugelände erworben wurde. Auf der Grundlage vorhandener Planstraßen haben die Architekten Ludloff und Stieger sowohl den Bebauungsplan wie auch die Entwürfe für die Einfamilien-Doppel- und Reihenhäuser fertiggestellt.
Allen Wohnungen dieser großzügig angelegten Siedlungsanlage an den Straßen Auf dem Eigen-Hammeraue-Vierlinden sind Siedlergärten zugeordnet worden, die auch hier der Eigenversorgung dienen sollten.
Gemäß Statut der Genossenschaft wurden mit Bewerbern Kaufanwartschaftsverträge abgeschlossen, so daß ab 1929 fortlaufend die Häuser dieses Siedlungsteiles in Privatbesitz übergingen.

Eigenheimsiedlung Briesnitz-Dresden
Repro, Archiv Löwel
Blick auf das Turmhaus.
Architekt: Curt Herfurth

Eigenheimsiedlung Briesnitz-Dresden
Repro, Archiv Löwel
Wohnbauten entlang der Zschoner Allee, erbaut 1927/28
Architekt: Karl Willy Grunert

Nach dem Ersten Weltkrieg und den Jahren der Inflation wurde bis 1926 die lockere Bebauung fortgesetzt, bis man feststellte, daß hiefür die finanziellen Möglichkeiten der Genossenschaft nicht mehr ausreichten. Auf einem ab 1916 erworbenen Areal, das durch die Zschoner Allee erschlossen wird, wurden jetzt bei wesentlicher Verdichtung der Bebauung zwischen 1927 und 1930 vorwiegend drei- und viergeschossige Wohnbauten mit 398 Wohnungen errichtet. Nach der Weltwirtschaftskrise verliefen die Neubaumaßnahmen nur noch schleppend, wobei im Jahre 1935, als letzte Baumaßnahme, nur noch 22 Wohnungen fertiggestellt wurden. Da die Genossenschaft keine weiteren Wohnanlagen anlegte, kann sie darauf verweisen, daß durch ihre Initiative zwischen 1911 und 1935, 775 Wohnungen gebaut wurden. Sie gehört heute zur *Eisenbahner-Wohnungsbaugenossenschaft Dresden.*

Der Dobritzer Spar- und Bauverein
Der Spar- und Bauverein Laubegast und Umgebung
Die Baugenossenschaft zu Leuben

Der ständig steigende Arbeitskräftebedarf der sich am südöstlichen Stadtrand entwickelnden Industriebetriebe löste um 1910 in den betreffenden Stadtrandgemeinden eine enorme Wohnungsnot aus. Hierdurch sahen sich die Interessenvertreter und Gemeindevorstände der damals noch selbständigen Gemeinden Dobritz, Laubegast, Leuben und Großzschachwitz veranlaßt, die Gründung von Baugenossenschaften zu betreiben.
Innerhalb eines halben Jahres wurden 1911/12 die drei genannten Baugenossenschaften in das Genossenschaftsregister eingetragen. Ihre lokale Bedeutung wurde jedoch bereits mit der Eingemeindung von drei Vororten in das Stadtgebiet Dresdens im Jahre 1921 hinfällig, da der

Der Dobritzer Spar- und Bauverein Wohnanlage Bodenbacher Straße – Prof.-Ricker-Straße, Gemarkung Seidnitz
Repro, Archiv Löwel
Blick von der Bodenbacher Straße in die Wohnanlage, erbaut 1928.
Architekt: Max Herfurth.

Der Dobritzer Spar- und Bauverein Wohnanlage Suttnerstraße – Hanns-Rothbarth-Straße
Repro, Archiv Löwel
Wohnbauten der Hanns-Rothbarth-Straße, Gemarkung Dobritz
Erbaut von 1922 bis 1927.
Architekt: Max Herfurth

weitaus größte Teil ihrer Bauleistungen erst ab 1924 erbracht werden konnte. Hiernach wird verständlich, daß diese drei Genossenschaften zusammen lediglich zwölf, vorwiegend kleine Wohnanlagen im Südosten der Stadt errichteten. Hervorzuheben sind hiervon:

- Die beiden beieinander liegenden Wohngruppen entlang der Bodenbacher Straße – Prof.-Ricker-Straße und Suttnerstraße/Hanns-Rothbarth-Straße. Errichtet vom *Dobritzer Spar- und Bauverein.*
- Die Wohnanlage Leuben zwischen Berthold-Haupt-Straße/Weißdornstraße/Pirnaer Landstraße. Sie wurde von der *Baugenossenschaft zu Leuben* gebaut.

Die genannten Wohnanlagen gehören heute zur *Gemeinnützigen Wohnungsbaugenossenschaft Dresden-Ost.*

Die Siedlung Am Alten Weingut Wilder Mann

Wenig bekannt ist die Baugeschichte der kleinsten heute noch tätigen Baugenossenschaft Dresdens, der *Siedlung »Am Alten Weingut Wilder Mann« mit* 88 *Wohnungen.* Sie befindet sich in der Gemarkung Pieschen entlang der Bolivarstraße und entstand als letzte von drei aneinandergrenzenden kleinen Nachbaranlagen, die sie zusammen mit dem Siedlerverein »*Zur guten Hoffnung*« und der *Baugenossenschaft* »*Volksheim*« bildete. Die Gründung erfolgte 1929 durch den gewerkschaftlich orientierten »*Allgemeinen Sächsischen Siedlerverband – ASSV*«, mit dessen Unterstützung die kleine Siedlung nach Entwürfen des Architekten Paul Müller zwischen 1930/31 entstand. Die vorwiegend zweigeschossige Reihenbebauung wurde gemäß Satzung des ASSV gebaut, so daß z. B. weitgehend alle Wohnungen gesonderte Wohnungszugänge erhielten. Allen Wohnungen sind Kleingärten zugeordnet worden, die für die Eigenversorgung mit Ge-

Siedlung am Alten Weingut Wilder Mann
Repro, Archiv Löwel
Das Foto zeigt die Wohnbauten in der Duckwitzstraße des ehemaligen Siedlervereins »Zur guten Hoffnung«, Gemarkung Pieschen. Sie wurden unmittelbar neben der Siedlung »Am Alten Weingut Wilder Mann«, gleichfalls nach den Entwürfen des Baumeisters Paul Müller, errichtet und zu gleicher Zeit in eine Genossenschaft umgewandelt.

müse und Obst gedacht waren. Mit der Gleichschaltungsaktion des nationalsozialistischen Regimes am 2. Mai 1933 wurde die Tätigkeit des ASSV unterbunden. Auf Beschluß seines Vorstandes ist daraufhin im September 1933 der Siedlerverein in eine Baugenossenschaft umgewandelt worden.
Sie wird heute unter der Bezeichnung »Gemeinnützige Wohnungsgenossenschaft Siedlung am alten Weingut Wilder Mann« e. G. geführt.

Der Spar- und Bauverein Bühlau und Umgebung

Ähnlich wie in der Gemeinde Reick war die Erweiterung des Liniennetzes der Straßenbahn und der Bau des Straßenbahnhofs in Bühlau Anlaß zur Gründung dieser Genossenschaft. Sie wurde durch das Personal des Verkehrsbetriebes gegründet und 1911 in das Genossenschaftsregister eingetragen.
Erst im Jahre 1926 gelang es ihr, in Bühlau entlang der kleinen Stichstraße Mönchsholz, auf Erbbaugelände, eine reizvolle kleine Wohngruppe nach Entwürfen des Architekten Paul Müller zu errichten. Die aus Einfamilien-Doppelhäusern bestehende Bebauung ist in Privatbesitz übergegangen.
Die Genossenschaft errichtete ihre einzige Wohnanlage entlang der Bautzener Landstraße und Rossendorfer Straße nahe der Stadtgrenze. In den Jahren 1928 bis 1937 entstanden in drei Etappen vorwiegend dreigeschossige Wohnbauten nach Entwürfen der Architekten Paul Müller, Kulka und Otto Paul.
Die Genossenschaft wurde 1943 mit dem Dresdner Spar- und Bauverein verschmolzen und gehört heute zur Wohnungsgenossenschaft Aufbau.

Das Ende

Der enorme Aufschwung, den die Baugenossenschaften ab 1919 nahmen, wurde jäh unterbrochen durch die Weltwirtschaftskrise (1929–1933) und die Machtergreifung durch das nationalsozialistische Regime. Ab 1934/35 wurden im wesentlichen nur noch Wohnungsbauvorhaben realisiert, die bereits in der wirtschaftlichen Rezensionsphase aufbereitet waren. Hierzu gehört z. B. eine Wohnanlage des ehemaligen Dresdner Spar- und Bauvereins und des Bauvereins Gartenheim in Leubnitz-Neuostra entlang der Koloniestraße; weiterhin die ab 1935 begonnenen Baumaßnahmen der Wohnanlage Hultschiner Straße/Naußlitzer Straße in der Gemarkung Dölzschen. Sie wurde nur zur Hälfte des beabsichtigten Umfanges fertiggestellt.

Da die Grundsätze des Genossenschaftswesens nicht mit dem Nationalsozialismus und dessen dirigistischen Wirtsschaftssystem in Übereinklang zu bringen waren, sind weitere Wohnbauten in der Folgezeit, im wesentlichen mit kriegswirtschaftlichen Zielen, Wohnungsbaugesellschaften übertragen worden.

Nach dem verheerenden Zweiten Weltkrieg wurden unter völlig veränderten politischen und wirtschaftlichen Vorraussetzungen in der ehemaligen DDR in den Jahren 1953 und 1954 die ersten Rahmenbedingungen und 1957 mit der »Verordnung über Arbeiterwohnungsbaugenossenschaften« die gesetzlichen Grundlagen für den Neubeginn des genossenschaftlichen Wohnungsbaus geschaffen. Dies betrifft jedoch einen weiteren Abschnitt genossenschaftlichen Bauens, der eine eigene Darstellung verdient.

Anmerkungen

1 Statistisches Jahrbuch der Stadt Dresden – 1930.
2 Mundig, K.: V. A. Hubers ausgewählte Schriften über Sozialreform und Genossenschaftswesen, Berlin, o. J.
3 Lange, Dr. Fr. A. (Einleitung von L. Sonnemann): Jedermann Hauseigentümer, Duisburg 1865.
4 Ebenda.
5 Stadtarchiv Mittweida – Genossenschaftsregister.
6 Sächsisches Hauptstaatsarchiv Dresden – Amtsgericht Meißen – Genossenschaftsregister.
7 Vossberg, Walter: Die deutsche Genossenschaftsbewegung – Dissertation –, Halle a. S. 1905, Seite 54.

Klotzsche – Dorf, Kurort, Stadt, Stadtteil

Siegfried Bannack

WICHTIGE Verkehrswege wie Landstraßen und Eisenbahnlinien führten lange Zeit am einst wenig bekannten Bauerndorf Klotzsche vorbei. Jetzt gelangt der Besucher auf Fernverkehrsstraßen und Autobahnen, mit Eisenbahn- und Fluglinien direkt nach Klotzsche. Heute ein Stadtteil der sächsischen Landeshauptstadt Dresden, zeichnet sich Klotzsche durch einen gut erhaltenen alten Dorfkern ebenso wie durch ein beeindruckendes Villenviertel aus. Der Flughafen Dresden-Klotzsche, die Flugzeugindustrie und wichtige Firmen der Mikroelektronik verleihen dem Stadtteil eine besondere wirtschaftliche Bedeutung.
Daran ist schon zu erkennen, daß Klotzsche eine recht eindrucksvolle Entwicklung erlebte, die nicht jeder Dresdner Stadtteil aufzuweisen hat. Auch gegenwärtig vollziehen sich im Ortsamtsbereich Klotzsche positive Veränderungen, die als beispielgebend bezeichnet werden können.

Das unter Schutz stehende Ensemble des Dorfkernes von Altklotzsche
Foto U. Lippke, Klotzsche, Februar 1999
Auf diesem winterlichen Foto sehen wir links das Erbgericht von 1501 nach dem Umbau von 1948. Heute ist es ungenutzt. Daneben drei Fachwerkhäuser aus der Zeit um 1830, hinter welchen die Dorfkirche von 1811 hervorlugt. Ganz rechts das Haus des Glöckners.

Erste Besiedlung und der Ortsname

Der Ortsname ist zweifelsfrei slawischen Ursprungs. Nur über die Bedeutung ist sich die Forschung nicht ganz einig. So meinen die einen, »villa kloiczowe«, so wie es in der ersten urkundlichen Erwähnung vom Jahre 1309 noch genannt wird, sei auf »Rodung« oder »Acker im Waldboden« zurückzuführen, andere sind der Auffassung, der Ortsname beziehe sich auf die im alten Dorf noch vorhandene alte Quelle, den »Fürstenborn«. Der heute gebräuchliche Ortsname wurde erst am 14. April 1883 durch die Königliche Amts-

Planskizze des alten Dorfes Klotzsche um 1805
Repro aus: Kurt und Helmut Kelling, »Chronik von Klotzsche«, 1933
Im unteren Teil des Dorfes entstand am 30. Oktober des Jahres 1802 das verheerende Feuer, wodurch das ganze Dorf vernichtet wurde. Nur die mit einem Kreuz markierten Häuser blieben verschont. Im Oberdorf ist der ehemalige sorbische Rundling zu erkennen. Nach der Besiedlung durch deutsche Bauern entstand ein Straßenangerdorf entlang einer Mittelachse, umgeben von einem Dorffrieden. Dieser besteht noch in der Hendrichstraße im Süden und in der Oderstraße im Norden.
Deutlich sind die Wege zu erkennen, welche die Verbindung mit den umliegenden Orten ermöglichten, auf denen aber ebenso Bauern ihr Vieh austrieben.

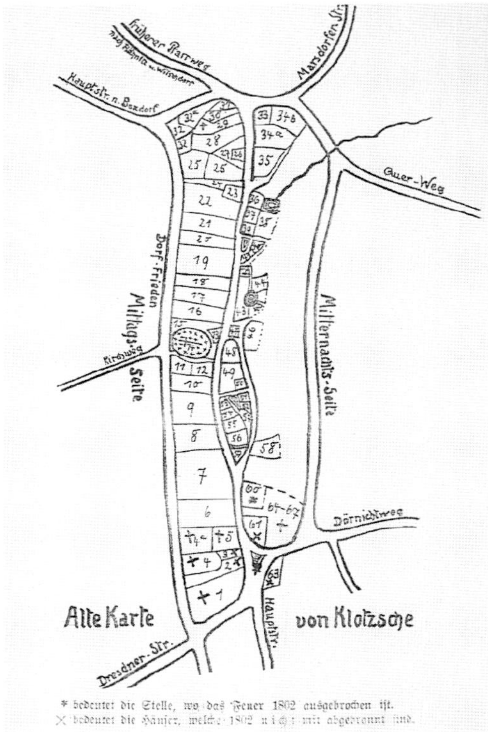

hauptmannschaft Dresden-Neustadt amtlich so festgelegt. Vorher sind andere Bezeichnungen und Schreibweisen in Gebrauch gewesen: 1321 Clozschowe, 1329 Clozcowe, 1350 Clotschowe, zuletzt Klotzscha und Klotsche.[1]
Natürlich ist die erste sorbische Siedlung von Klotzsche viel älter als diese schriftliche Erwähnung in einer Lehnsurkunde des Bernhard II. von Pulsnitz, aus dem Jahre 1309. Nachdem schon die Menschen der Steinzeit und der Bronzezeit ihre Spuren hier hinterließen, wie Bodenfunde es bezeugen, drangen etwa um 600 unserer Zeitrechnung sorbische Stämme bis an die Saale vor und gründeten an günstigen Stellen ihre Siedlungen, so auch im Gebiet von Dresden.
Wer einen Plan vom Dorf Klotzsche oder die Gegebenheiten an Ort und Stelle betrachtet, wird feststellen können, daß das Oberdorf aus einem sorbischen Rundling entstanden ist. Hier, im Bereich zwischen Schmiedeschänke und Gut Marienhof, hat einst auch die erste Kapelle des Ortes mit dem sie umgebenden Begräbnisplatz gestanden. Genau lokalisiert wird diese Stelle im »Böhmigschen Gut«, dem Grundstück Altklotzsche Nr. 89. Hier sind in den Jahren 1820 bis 1830 bei Grabungsarbeiten für einen Keller im Wohnhaus alte Grabsteine gefunden worden, deren Aufschriften jedoch nicht zu entziffern waren. Bei weiteren Grabungen im Jahre 1907 fand man außer sorbischen Mahlsteinen auch Urnen. 1923 ist hier das Skelett eines Rindes gefunden worden, vermutlich ein Tieropfer, denn es ruhte auf Fichtenreisig, das auf einer zweireihigen Lage von Bohlen, kreuzweise übereinanderliegend, ausgebreitet war. Auch Kränze waren dem Grab beigegeben.[2]
Hier, in der Nähe der erwähnten Kapelle, befand sich auch der »Kapellenteich«, vermutlich auf dem gegenüberliegenden Grundstück Altklotzsche Nr. 80, denn dort läßt noch heute der Klotzscher Dorfbach sein Wässerchen plätschern.

Die Besitzverhältnisse

Für 1309 ist belegt, daß die Bewohner des Dorfes Klotzsche dem Lehnsherren Bernhard II. von Pulsnitz unterstanden. Die Stadt Pulsnitz wiederum war zum Teil dem Königreich Böhmen zugeordnet. Somit stand Klotzsche zu dieser Zeit in gewisser Hinsicht unter dem Schutz der böhmischen Herrschaft, wie es auch unter der Verwaltung der Burgrafen zu Dohna der Fall war. Denn im Jahre 1318 wird als Lehnsherrin für Klotzsche eine Margarete von Polsnicz-Donin genannt.
Mit dem Jahre 1344 erhielt Klotzsche wieder einen neuen Lehnsherren, den Fricold von Nazzow, der schon 1335 als Vogt von Radeberg genannt wird. Eine diesbezügliche Urkunde befindet sich im Lehnsbuch Friedrich des Streitbaren, wo Klotzsche als »Dorf Clotschow im Distrikt Dresden« genannt wird.

Schon wenige Jahre danach verkauft Fricold von Nassau das Dorf an den Lehnsherren von Langebrück, einen Johann Grozze de Dobelin, welcher ab 1360 Lehnsherr von Klotzsche wird. Dies wird auch von Markgraf Friedrich in einer Kaufurkunde über 150 Schock Groschen für den Ort, im Juni 1360 bestätigt.

Diese Lehnsherrenschaft muß lange bestanden haben, denn bis zum Jahre 1440, als der Ort Klotzsche als Amtsdorf eine enge Bindung an Dresden erhielt, läßt sich kein weiteres Lehnsverhältnis nachweisen.[3]

Einer der noch vorhandenen Haussegen an alten Bauernhäusern in Klotzsche
Foto: S. Bannack, Klotzsche
Dieser Haussegen befindet sich am Wohnhaus der ehemaligen Molkerei von Georg Leuschner an der Oderstraße im Dorf Altklotzsche. Leuschner besaß in Dresden eine Molkerei. 1936 ließ er in Klotzsche einen Neubau errichten, der für Klotzsche und die Dörfer der Umgebung die Milch verarbeitete. Bis etwa 1962 war diese ehemalige Molkerei noch Lagerhaus für Wild und Geflügel. Dann richtete der VEB Mantissa eine Produktionsstätte in den Gebäuden ein, die unter anderem Namen zum Teil noch in Betrieb ist.

Kämpfe und Verwüstungen

Zu Beginn des 15. Jahrhunderts durchtobten Kämpfe die Gebiete der Mark Meißen, insbesondere in der Gegend um Dresden. Die Hussiten unter ihrem Heerführer Prokop richteten schwere Verwüstungen in den Städten, den Dörfern und auf den Fluren an. Prokop zog mit 20 000 Mann zu Pferde, 50 000 Mann zu Fuß und mit 2000 Wagen durch das Land. Auch das Dorf Klotzsche ist dabei nicht verschont worden. Wie eine Chronik berichtet, mußten die zurückgebliebenen Einwohner Gras, Heu, Laub und Wurzeln essen, um am Leben zu bleiben.

Die Einwohnerzahl wurde bei einer ersten Zählung nach dieser Zeit, im Jahre 1445, mit 16 Ansässigen angegeben. Diese 16 bildeten die wehrfähigen Männer von Klotzsche, denen etwa eine Gesamtbewohnerschaft von 120 bis 140 Personen zuzuordnen ist.

Die den hussitischen Heerscharen völlig wehrlos gegenüberstehende Bevölkerung wurde durch neue Verordnungen der Herrschenden zur Bewaffnung veranlaßt. In Klotzsche waren es die 16 »besessenen« männlichen Einwohner, die gegebenenfalls zu Kriegsdiensten herangezogen werden konnten, gewissermaßen eine Frühform der Wehrpflicht. Die Art der Ausrüstung war ebenfalls genau geregelt. Vier Mann hatten Armbrüste, die anderen zwölf Spieß und Flegel in den Kampf mitzubringen. In Gemeinschaft mit vier anderen Gemeinden hatte sich Klotzsche an der Ausrüstung von vier Heereswagen zu beteiligen.

Als Folge der Landesteilung von 1445 mußten im Jahre 1450 neue Amtsregister angelegt werden. In einem dieser Amtsregister wird Klotzsche erstmals urkundlich als Amtsdorf von Dresden bezeichnet. Eingehend werden die Steuern, Abgaben und Dienste der Ortschaften aufgezählt. Klotzsche mußte zu Michaelis 2 Schock 49 Groschen Zins zahlen. Dazu kamen noch Abgaben von Naturalien, sowie Zinsabgaben und Getreide für den Forst.[4]

Das Dorfrichteramt und das Rügenbuch

In die Zeit nach 1445 fällt auch die Einrichtung einer eigenen Gerichtsbarkeit im Orte. Ob es jedoch schon 1445 einen eigenen Dorfrichter gab, läßt sich nicht ermitteln.

Der erste bekannte Klotzscher Ortsrichter, dessen Name überliefert ist, heißt Zceissigk und lebte etwa um 1500.

Das alte Erbrichter-Schankgut »Erbgericht Klotzsche« um 1900
Ansichtskarte Sammlung S. Bannack
Ein Türschlußstein zeigt die Jahreszahl 1501, das Jahr der ersten Erwähnung. Es war bis zur Schließung nach der Wende, mit seinem großen Saal kultureller Mittelpunkt des dörflichen Lebens.In den Jahren des Ersten Weltkrieges diente es kurze Zeit als Soldaten-Unterkunft. 1948 war es noch als »Stadtsäle Klotzsche« umgebaut worden. Dann war es zeitweise Studentenwohnheim der TH Dresden. Zur Zeit des Flugzeugbaues in Klotzsche als »Klubhaus der Flugzeugbauer«, war es zuletzt noch als Kulturhaus »Friedrich Wolff« und Casino Klotzsche bekannt.
Der kunstvoll ausgemalte Saal ist mehrfach umgestaltet worden. Hier fanden einst die im alten Klotzsche so beliebten Schnitterfeste der Bauern statt.

Aufgabe des Ortsrichters war es unter anderem auch, auf die Einhaltung der Dorfgesetze zu achten, die schon sehr zeitig im »Klotzscher Rügenbuch« niedergeschrieben wurden, der wohl wertvollsten Urkunde von Klotzsche, die sich als Abschrift im Stadtarchiv Dresden erhalten hat.
In diesem Rügenbuch sind die Rechte und »Freyheiten«, auch die »guten Gewohnheiten« der Dorfbewohner nachzulesen. Zu bestimmten Veranlassungen wurde der versammelten Gemeinde dieses Gesetzesbuch vorgelesen. Diese Rügen sind im 15. und 16. Jahrhundert festgelegt und aufgezeichnet worden, im Jahre 1590 waren sie jedenfalls »schon lange« vorhanden, wie es heißt.
Das alte Klotzscher Rügenbuch ist bei einem Dorfbrand 1729, dem auch das Erbgericht zum Opfer fiel, mit verbrannt. Glücklicherweise konnte aus anderen Abschriften 1732 ein neues Exemplar hergestellt werden. Es enthält 37 Satzungen, unter anderem: »Se. Churfürstl. Durchl. Haben zu richten über Halß und Bauch, über Hand und Mund« oder: »Rüget die Gemeinde einen freyen Schank deme der Richter ist«. Des weiteren hat die Gemeinde drei freie Gemeindebiere: »zwei auf Fastnacht und Weihnachten« und ein Bier »uff die Kirch Rechnung«.
Andere Paragraphen befassen sich mit der Ordnung der Fußsteige, den Viehtrieben und dem Pfarrweg, sowie den Wasserläufen und den Teichen, auch mit dem Bau von Häusern und mit der Feuerlöschordnung. So hat »auch iedweder Bauer eine Leiter 16 Ellen lang, ein Häusler aber 8 Ellen lang zur Hand schaffen, do nun selbige am Tage Jacobi nicht befunden wird, der soll es iedes mahl mit drey Groschen verbüßen.« Es hat also jährlich am Tage Jacobi, dem 25. Juli, eine feuerpolizeiliche Inspektion stattgefunden, bei welcher nachgeprüft wurde, ob die Einwohner auch tatsächlich den Anweisungen im Rügenbuch Folge leisteten.[5]
Ebenfalls in jene Zeit fällt die Ersterwähnung der Klotzscher Erbgerichtsschänke, Altklotzsche Nr 55, deren im Jahre 1948 erneuerter Türschlußstein die Jahreszahl 1501 zeigt. Mit dem Amte des Klotzscher Erbrichters war forthin auch die Schankgerechtigkeit und der Besitz der Dorfschänke wie der Erbgerichtshufe verbunden. Letztere bestand aus einem Weinberg mit einem in späteren Jahren in den Hang gegrabenen Weinkeller unterhalb des heutigen Klotzscher Wasserturmes und in Fortsetzung nach Norden zu in den üblichen Feld- Wiesen- und Waldflurstücken, dem sogenannten »Gelänge«. Ferner bestand zumindest über einen gewissen Zeitraum in Zusammenhang mit dem Erbrichteramt auch die Berechtigung zur Bewirtschaftung des Klotzscher Schänkhübelgasthofes an der Straße nach Königsbrück.
Das Amt des Ortsrichters gab es in Klotzsche noch bis in die Jahre 1943/44. Im Adreßbuch der Stadt Klotzsche von 1944 ist der private Landwirt Eugen Ranft, Bismarckstraße 34, für dieses Ortsrichteramt angegeben.

Die Jagdlust der Fürsten

Die sächsischen Kurfürsten hatten schon im 16. Jahrhundert Gefallen an der Jagd in den Wäldern um Klotzsche, im Besonderen am Erbgericht, gefunden. Kurfürst Georg der Bärtige hielt im Dorf Klotzsche im Jahre 1529 gar ein zehntägiges Jagdlager ab, weitere folgten in den nächsten Jahren. Der Landesherr ließ deshalb auch beim Erbgericht im Jahre 1583 einen kurfürstlichen Stall für 14 Pferde einrichten und in der Nähe ein Jagdhaus erbauen. Zum Stall wurde von der Fürstenbornquelle eine hölzerne Röhrleitung verlegt, um genügend Wasser zur Tränke der Pferde bereit zu halten. Doch hatte das alles nur wenige Jahrzehnte Bestand. Am 13. März 1637 fielen im Dreißigjährigen Krieg die Schweden in Klotzsche ein und zündeten das Erbgericht an. Dabei verbrannten auch das erwähnte Jagdhaus und der Kurfürstliche Pferdestall.

Ein alter Stich des Dorfkernes von »Klotzscha«
Repro Sammlung S. Bannack, Original bei Galerie Manto Sillack, Klotzsche.
Erst seit dem 14. April 1883 wurde für den Ort die amtliche Schreibweise »Klotzsche« eingeführt. Dies wird durch ein Schreiben der Königlichen Amtshauptmannschaft zu Dresden-Neustadt an den Gemeindevorstand Hendrich belegt, welches im Stadtarchiv Dresden aufbewahrt wird.
Das Bild gewährt einen Blick von der Höhe des Weges unterhalb der ehemaligen Molkerei, in südlicher Richtung auf die Alte Kirche.

Der Fürstenborn ist sagenumwoben. Über diese fürstliche Quelle (Am Steinborn), die aus einem ehemaligen Weinberg noch immer hervorquillt, hat der Klotzscher Pastor Jenichen, aus Oberlichtenau stammend, seinerzeit ein sehr poesievolles Gedicht verfaßt. Bezugnehmend auf die kurfürstlichen Jagden, die hier stattfanden, heißt es in einem Vers, daß der Landesfürst sich mit seinem Gefolge bei einer Jagd an dem köstlichen Wasser gelabt und angeordnet habe: »Umwölbt mir, gebot er, den rinnenden Quell, er mundet so lieblich, er blinket so hell, er trage den Namen des Fürsten und labe mein Volk, wenn der Sonnenball steigt und alles im brennenden Strahle sich neigt«. Pastor Christoph Heinrich Jenichen lebte 1815 bis 1838 in Klotzsche.[6]

Fron und Kriegsnot

Im Übrigen hatten die Klotzscher allerlei Verpflichtungen gegenüber dem Dresdner Hofe zu erfüllen, wie auch die anderen Dörfler der Dresdner Gegend. So beispielsweise waren sie zu Diensten auf der Langebrücker Hofewiese und zu Jagdhilfsdiensten verpflichtet, die bei Nichtbefolgung harte Strafen nach sich zogen. Vornehmlich für die Wolfsjagd in den Wäldem der Dresdner und Laußnitzer Heide wurden sie mit herangezogen. Selbst die Haltung der fürstlichen Jagdhunde war den Bauern zum Teil auferlegt. Dagegen verbot man ihnen jedoch, sich des Wildes, das beträchtliche Schäden an ihren Feldern und Fluren verursachte, zu erwehren.
Erst gegen Mitte der 40er Jahre des 19. Jahrhunderts sind diese Jagd- und Hofedienste der Klotzscher Bauern abgeschafft worden. Die planmäßige Verringerung des Wildbestandes in der Dresdner Heide brachte im 19. Jahrhundert ebenfalls eine Minderung der Flurschäden durch das Wild.[7]
In Kriegszeiten hatte die Bevölkerung zwangsläufig immer am meisten unter den Durchmärschen, Einquartierungen und Kampfhandlungen zu leiden. Im Dreißigjährigen Krieg, im Nor-

Dorfansicht von Altklotzsche gegen Rähnitz, um 1900
Aquarell von Otto Schneider. Stadtmuseum Dresden
Eindrucksvoll hat der Maler hier die dörfliche Bauweise der Fachwerkhäuser und ihre Anordnung um die alte Dorfkirche festgehalten. Das Gut links in Bildmitte ist der Hof der Familie Eppendorfer. Die Teiche entlang des Dorfbaches dienten vorzugsweise der Bereitstellung von Löschwasser zur Bekämpfung der immer wiederkehrenden Brände.

dischen Krieg, sowie im Siebenjährigen Krieg und in den Napoleonischen Kriegen kam es zu dauernden Besetzungen und Kämpfen in und bei Klotzsche. Noch 1813 kam es zwischen Franzosen und Russen, beispielsweise auf der Rähnitzer Höhe, wo sich jetzt der Dresdner Flughafen befindet, zu Gefechten. Ebenso in der Nähe des jetzigen Gasthauses »Deutsche Eiche« in Königswald. Noch heute zeugt das Schlachtdenkmal am Bauernweg in Rähnitz von diesem Aufeinandertreffen der ausländischen Truppen.

Im Jahre 1866 fand der preußisch-österreichische Krieg statt, der Klotzsche mit Einquartierung und Schanzenbau in Mitleidenschaft zog. Zu Kampfhandlungen kam es im Ort oder in dessen Umgebung glücklicherweise nicht.

Zwölf männliche Bewohner mußten 1870/71 aus dem Dorf Klotzsche in den deutsch-französischen Krieg ausrücken, die jedoch unverletzt wieder in den Ort zurückkehrten. Daraufhin wurde später der Königlich-Sächsische Miltärverein zu Klotzsche gegründet, auf dessen Veranlassung 1916 das schöne Denkmal für den deutschen Freiheitskämpfer von 1813, Theodor Körner, in den Rathaus-Anlagen an der Gartenstraße, der heutigen Kieler Straße, aufgestellt wurde. Im Jahre 1998 ist dieses Denkmal mit Spendengeldern restauriert worden.

Doch im Ersten Weltkrieg 1914/18 sahen 160 männliche Kriegsteilnehmer und eine Kriegskrankenschwester aus Klotzsche ihren Heimatort nicht wieder. Ihnen zu Ehren ist das Kriegerdenkmal am Kaiser-Wilhelm-Platz, dem heutigen Boltenhagener Platz, nach Beendigung dieses Krieges aufgestellt worden. Es ist nach einem Entwurf des Klotzscher Kirchenbaumeisters und Architekten Woldemar Kandler (1866–1929) entstanden.

Die Zahl der Opfer des Zweiten Weltkrieges, die Klotzsche, seit 1935 Garnisonstadt der deutschen Wehrmacht, brachte, sind nicht mehr festzustellen. Allein bei einem noch am 7. Mai 1945 erfolgten Bombenangriff der sowjetischen Luftwaffe auf die Stadt Klotzsche sollen Angaben in einem privaten Tagebuch zufolge, 16 Einwohner ums Leben gekommen sein. Nach einen Bericht des damaligen kommunistischen Bürgermeisters Wilhelm Wachtveitl, waren dabei 277 Wohnungen teils zerstört oder beschädigt und ganze Straßenzüge unpassierbar gemacht worden. Unter Beschuß geriet Klotzsche in den letzten Kriegstagen glücklicherweise nicht. Die SS sprengte noch am 8. Mai 1945 die beiden großen Eisenbahnbrücken über dem Nesselgrund. Die Anlagen der Luftkriegsschule und des Flughafens sollten ebenfalls gesprengt werden, was jedoch durch mutige Leute verhindert werden konnte.

Feuerwehr und Brände im Ort

Auf das Vorhandensein einer Feuerschutzverordnung im Klotzscher Rügenbuch wurde schon verwiesen. Eine Feuerlösch-Ordnung existiert seit dem 1. November 1885. Sie ist durch die Königliche Amtshauptmannschaft Dresden-Neustadt am 30. Januar 1886 bestätigt worden.
Am 22. Oktober 1895 ist auf einer Hausbesitzer-Versammlung beschlossen worden, eine Freiwillige Feuerwehr für Klotzsche zu bilden. Diese Wehr besteht noch heute und zählt etwa 24 Kameraden. Sie ehrt mit der Bezeichnung »Freiwillige Feuerwehr Klotzsche – Alfred Neugebauer«, einen verdienstvollen Dresdner Berufsfeuerwehrmann und Heimatforscher.
Von besonders bemerkenswerten Bränden im Ort Klotzsche sind folgende bekannt:

Am 13. März 1637 brennen die Schweden das Dorf an und vernichten das Erbgericht mit dem Jagdhaus und dem kurfürstlichen Pferdestall.
Am 15. Oktober 1729 vernichtet ein Dorfbrand wieder das Erbgericht, die Dorfkirche mit drei Glocken und einer Schlaguhr, sowie weitere 10 Häuser und 6 Scheunen. Das Rügenbuch verbrennt mit.
Am 11. Februar 1746 vernichtet ein Großfeuer das Bauerngut von Hans Beckert.
Am 30. Oktober 1802 hinterläßt eine Feuersbrunst nur noch rauchende Trümmer vom ganzen Dorf. Von ca. 60 Häusern bleiben nur 7 verschont.
Am 2. Oktober 1868 brennt es erneut. Nun werden wieder *22* Gebäude von den Flammen zerstört und *155* Bewohner werden obdachlos.[8]

Das Königlich-Sächsische Forstamt in Klotzsche
Ansichtskarte Sammlung S. Bannack. Das Sächsische Forstamt wurde etwa 1903 nach Klotzsche verlegt und zog nach Aufgabe des Forsthauses an der Paulstraße in Dresden-Neustadt in den Neubau am Nesselgrundweg ein. Hier befindet es sich noch heute mit der Revierverwaltung der Dresdner Heide für die Reviere Klotzsche und Hofewiese als Staatliche Forstverwaltung mit dem Forstarchiv. Das Nebengebäude konnte nach vorbildlich durchgeführter Sanierung 1997 wieder seiner Bestimmung übergeben werden. In ihm befindet sich ein kleiner Saal, geeignet für Vorträge und Veranstaltungen.

Beschäftigung und Einkommen der Dorfbewohner

Die Erwerbstätigkeit der Klotzscher Einwohner beruhte in kurfürstlicher Zeit vornehmlich auf dem Ertrag aus der Feld- und Waldwirtschaft, aus der Viehhaltung, dem Weinbau und insbesondere der Bienenzucht und Imkerei. Ein altes Steuerbuch sagt folgendes über die Berufe im alten Klotzsche aus: »Die hiesigen Bewohner bestehen in Bauern und Häuslern, wovon die Bauern sich meist durch Verkauf erbauten Heidekornes und etwas Holzes; die Häusler aber durch Handwerk, Hand-Arbeit und einige von ihnen durch Grützemachen nähren.«

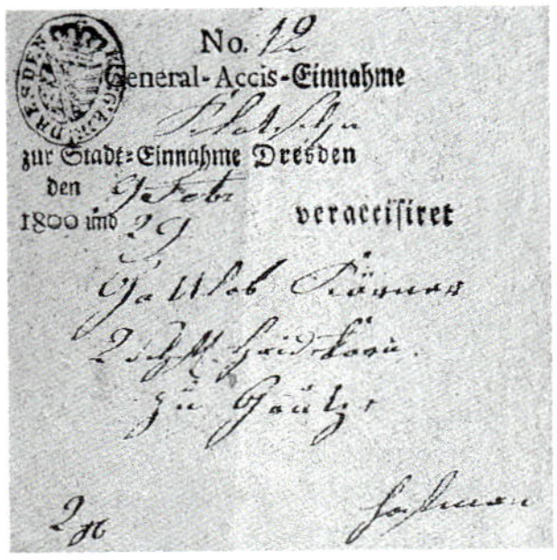

Abbildung eines kürzlich bei der Sanierung des Fachwerkhauses Altklotzsche Nr. 69 gefundenenen Mahl-Aczisescheines aus dem Jahre 1829
Original Sammlung S. Bannack
Dieser Mahlschein gibt Zeugnis über das Mahlen von 2 Scheffel Klotzscher Heidekorn zu Grütze. Eine diesbezügliche Grützemühle befand sich im alten Klotzsche am nördlichen Dorffrieden, an der heutigen Oderstraße Nr. 5. Bei dem »Heidekorn« handelt es sich um eine Getreideart, die auf den kargen und steinigen Feldern der Klotzscher Bauern gedieh.

Im alten Klotzsche gab es einen Häusler namens Matthes Opitz, der als »Bienenvater« bekannt war. Auch als erster Bauunternehmer trat dieser Mann in Erwähnung. Im Jahre 1577 wird er privilegierter Bienenzüchter des Kurfürsten.

Ein anderes, besonderes Privileg einiger Bewohner bestand in der kurfürstlichen Erlaubnis zur Vogelstellerei für die Tafel bei Hofe, ein für den Ort Klotzsche bezeichnendes Merkmal.

Gefangen wurden vornehmlich Ortolane, also Gartenammern in der Größe eines Sperlings, die für Feinschmecker als Leckerbissen bekannt waren. Auf diesem Gebiet trat besonders ein gewisser Jansen Steyger (Hans Steiger) in Erscheinung, der vom Kurfürst als Entschädigung für einen Unfall im Dienst, die Klotzscher Kurwiese geschenkt bekam.

Nicht wenige Einwohner verdienten sich ihren Unterhalt auch bei Forst- und Jagddiensten. Besonders hervorzuheben ist die Verdingung kräftiger Burschen aus Klotzsche, zu den 1720 gegründeten Hofchaisenträgern in der Residenzstadt, denen später noch die Ratschaisenträger folgten. Vielleicht ist damit auch eine Bemerkung über die sprichwörtliche Grobheit der Klotzscher in Verbindung zu bringen, die sich in einem sächsischen Postlexikon aus dem Jahre 1827 findet. Oder war es die Trunksucht der Klotzscher, die zu dieser Bemerkung Anlaß gab?

Ein Klotzscher Pfarrer beschwerte sich einst von der Kanzel der Kirche herab folgendermaßen: »Oh ihr Klotzscher, – oh ihr Klotzscher; der Weg zu eurer Kirche ist mit Gras bewachsen, aber der Weg zur Schänke – der ist breit und eben.«[9]

Auf dem durchschnittlich recht wenig ertragreichen und steinigen Ackerboden wurde das sogenannte Heidekorn angebaut, das in einer an der heutigen Oderstraße befindlichen Grützemühle zu »Grütze« gemahlen wurde. Erst kürzlich sind noch beim Umbau eines alten Häusleranwesens in Altklotzsche Mahl-Acisescheine aus den Jahren 1806 bis 1829 entdeckt worden, die dies belegen (siehe Abbildung).

Schon im Jahre 1956 wurde die LPG »Kurt Schlosser« in Hellerau gegründet, zu der in den Folgejahren viele der einst selbstständigen Klotzscher Bauern beitraten.

Von den einst zahlreichen Klotzscher Bauern gibt es heute keinen einzigen mehr. Die Gebäude der Höfe sind zu Wohnhäusern und Garagen umgebaut. Die ehemaligen Bauern verkauften ihre Felder oft günstig an Investoren, die hier Gewerbe- oder Wohnparks entstehen lassen.

Eine der typischen Altklotzscher Häuslerfamilien im schmalen Hof ihres alten Wohngrundstückes, Hauptstraße 49 (jetzt Altklotzsche)
Foto, Sammlung S. Bannack
Der Großvater Friedrich August Walther fertigte in seiner Werkstatt Holzpantoffeln, die bei Feld- und Stallarbeiten Verwendung fanden. Deshalb hieß er bei den Dörflern auch »Pantoffel-Walther«.

Namenkundliches

Die sehr zeitig bekannten Familien Kuntzsch, Meißner, Zichner, Zscheile und Pählich traten ebenfalls als Vogelsteller in Erscheinung. Hervorzuheben ist hier, daß gerade diese Namen noch auf ihren slawischen Ursprung hindeuten und sich bis heute erhalten haben.

Daneben gibt es aber auch rein deutsche Namen wie Naumann (ein Nachfahre des Vogelstellers Steiger), Thalheim, Heichen, Bergmann und Hofmann. Da es früher im Orte mehrere Familien gleichen Namens gab, mußte eine zusätzliche Unterscheidung getroffen werden.

So bürgerten sich im Laufe der Zeit Zusatznamen ein, die auf Eigenarten aus Wohnsitz und Beruf hinwiesen. So

gab es einen Schulbergmann (er war Hausmeister in der Schule), einen Ziegelnaumann (dieser besaß eine Ziegelei), einen Bergnaumann und einen Bergthalheim (beide hatten ihre Höfe auf dem Berge), und andere.
Der ererbte Hof der Bauern aus dem Geschlechte Naumann ist noch heute im Besitz der Familie, ebenso die seinerzeit an den Vorfahr Jansen Stryger geschenkte Kurwiese, die heute als Flächen-Naturdenkmal ausgewiesen ist.
Im Jahre 1889 ist der Hof allerdings nicht vererbt, sondern von Johann Gottlob Naumann an seinen ältesten Sohn, Hermann Bruno Naumann, »*mit Allen, was darinnen und daran erd, wied, niet, wand, band, mauer, nagel, klammer, wurzel und rasenfeste, auch in Dach und Fach begriffen ist, mit allen darauf haftenden Rechten und Gerechtigkeiten, Freiheiten, Nutzungen und Beschwerungen*« verkauft worden.

Die Alte Kirche von Klotzsche und das Schulhaus von 1840 von der Hendrichstraße aus gesehen
Gemälde von Conrad Felixmüller (1926), Kopie Sammlung S. Bannack, Original bei Kunstgalerie Kempe, München.
Der bekannte Maler Conrad Felixmüller lebte mit seiner Familie lange Jahre in Klotzsche-Königswald, Gartenstraße 10 (heute Kieler Straße) und zuletzt Königsbrücker Straße 61. Er schuf hier mehrere eindrucksvolle Bilder, mit denen er Momente des Lebens im Ort festhielt und Klotzscher Persönlichkeiten porträtierte.

Außer dem festen Kaufpreis von 12.000.- Mark dingte sich der Vater vom Sohn für jedes folgende Jahr noch zahlreiche »Auszüge« aus. Beispielsweise heißt es im Kaufvertrag:
»*5.: Ein Stückchen Stall zum Aufstellen einer Ziege …, 7.: 10 Zentner gute Speisekartoffeln, 8.: 5 Scheffel gutes Korn, auch ist das zum Mahlen bestimmte Getreide mit in die Mühle zu nehmen und wieder mit zu bringen, 9.: den 3ten Teil von Baum- und Strauchfrüchten, sowie Weintrauben, 12.: ein jeden Jahres 4 Fuhren unentgeldlich zu machen wohin der Verkäufer dieselben verlangt, 14.: jährlich 2 Schock frische Eier, 15.: alle Wochen 2 Stückchen frische Butter.*« und so weiter. Das war sicher ein damals zwar üblicher, aber dennoch eigenartiger Vertragsabschluß, der für den Käufer eine unter Umständen besonders schwer zu erfüllende Verpflichtung bedeutete.[10]

Der Kirchort Klotzsche

Die Entwicklung eines Ortes beeinflussend zeigt sich immer wieder die Kirche. Für das vorreformatorische Klotzsche war, wie wir anfangs erfuhren, eine Kapelle im Oberdorfe vorhanden. Trotzdem waren die Gläubigen des Dorfes gehalten, den weiten und beschwerlichen, nicht ungefährlichen Weg durch den Heidewald und über den Heller zur Frauenkirche in Dresden zurückzulegen, in die sie auf höchste Anweisung eingepfarrt waren, weil sie noch keine eigene Kirche besaßen. Erst im September 1321 wurde durch ein Bittgesuch an den Bischof Withego zu Meißen der Bau einer eigenen Kirche beantragt. Nachdem die Genehmigung zum Bau erteilt worden war, konnte eine eigene Dorfkirche erbaut werden.
Die unter der Bezeichnung »Alte Kirche« bekannte Dorfkirche in ihrer heutigen Gestalt stammt aus dem Jahre 1811, wie sie nach dem Brande von 1802 wieder aufgebaut worden war. Ihre zwei Glocken zersprangen aber kurz nach der Weihe, mußten deshalb neu gegossen werden und sind erst seit 1834 wieder auf dem Turm.
Das alte Klotzsche hatte nicht immer eine eigene, selbstständige Pfarrei. Vielmehr war Klotzsche

Die Christuskirche am Boltenhagener Platz in Klotzsche
Ansichtskarte Sammlung S. Bannack.
Die von Architekt und Kirchenbaumeister Woldemar Kandler 1905–07 im Ortsteil Königswald entworfene und von Baumeister E. Petrich (Radeberg) erbaute Neue Kirche mit ihrem 52 Meter hohen Turm. Die feierliche Weihe dieser Kirche fand am 17. März 1907 statt. Im Jahre 1925 wurde das Gotteshaus in Christuskirche umbenannt. Rechts neben dem Portal befindet sich eine Gedenktafel für Woldmar Kandler. Gegenüber der Kirche wurde nach dem 1. Weltkrieg das Kriegerdenkmal in einer Schmuckanlage errichtet.
Das im Bild erkennbare Kirchensiegel ist noch heute in Gebrauch und enthält als Symbol den Klotzscher Baum.

lange Zeit nach der Reformation eine Filialgemeinde des Nachbarortes Wilschdorf. Erst als im Jahre 1894 an der Alten Kirche (Hendrichstraße 35) ein neues Pfarramtshaus erbaut worden war, konnte am 1. April 1895 ein eigener Pfarrer für Klotzsche seinen Dienst aufnehmen. Mit diesem Tag wurde Klotzsche wieder zu einer selbstständigen Pfarrei mit einem eigenen Pfarramt erhoben.
Das Ensemble der Kirche mit den sie umgebenden Fachwerkhäusern ist immer wieder von bekannten Künstlern für ihre Arbeiten verwendet worden. So ist es in die Geschichte eingegangen und wird noch in heutigen Tagen als Vorbild für Ansichtskarten und andere Veröffentlichungen gern verwendet. Diese Dorfpartie mit der Kirche gilt wohl auch als die eindrucksvollste von allen nach Dresden eingemeindeten Orten.

Christuskirche zu Klotzsche, Innenansicht
Ansichtskarte Sammlung R. Meißner, Klotzsche.
Das Innere der Christuskirche mit dem Altarwandbild von Prof. Osmar Schindler (1869–1927), der weißen Marmorfigur des segnenden Christus, geschaffen 1859 von Prof. Johannes Schilling und der Orgel der Gebrüder Jehmlich. Den Altar schuf der Klotzscher Hofstukkateur Carl Hauer. Das Taufbecken aus Marmor bedeckt ein Zinndeckel. Die Kanzel ist eine Stiftung des Baumeisters Martin Kühn und seiner Frau Emma, geb. Bruhm.

Nachdem sich Klotzsche gegen Ende des 19. Jahrhundert um die drei Ortsteile Schänkhübel, Königswald und Alberthöhe vergrößerte, war der Bau einer neuen, größeren Kirche notwendig geworden. Am Kaiser-Wilhelm-Platz (dem heutigen Boltenhagener Platz), wurde ein geeigneter Bauplatz gefunden. Nun begann 1905 der Bau der »Neuen Kirche« nach Plänen von Woldemar Kandler, der mit der Einweihung am 17. März 1907 vollendet werden konnte. Seit 1925 heißt dieses Gotteshaus »Christuskirche«. Diese und die Alte Kirche gehören der ev.-luth. Kirchgemeinde Klotzsche.[11]

Daneben gibt es seit dem 3. 10. 1948 noch die katholische Kapelle »Zum Heiligen Kreuz« in der Villa »Odin« an der Darwinstraße 19. Seit 1927 war dieses Haus Heimstatt für die Klarissen-Kapuzinerinnen, die während der DDR-Zeit nach dem Westen Deutschlands gingen. Der kath. Kirche gehört auch das seit 1945 bestehende St. Marien-Krankenhaus an der Stendaler Straße, ein Fachkrankenhaus für Neurologie und Psychiatrie. Eine Neuapostolische Kirche befindet sich an der Oderstraße.

In den Jahren von 1940 bis 1975 bereicherten in Klotzsche die braunen Mönche des Franziskanerordens und die kath. Grauen Schwestern des St. Marien-Hospitals in ihrer Tracht besonders auffallend das Erscheinungsbild im Alltagsleben des Villenviertels Klotzsche-Königswald.

Die Verstorbenen des Dorfes Klotzsche wurden zunächst rings um die Kapelle, später an der Alten Kirche begraben. Im Jahre 1886 mußte an der Dresdner Straße (jetzt Am Hellerrand), ein neuer Friedhof geschaffen werden.

Auf diesem »Alten Friedhof« werden seit 1909 auch die verstorbenen Hellerauer Einwohner beerdigt.

Im Jahre 1932 wurde etwas abseits an der Querallee (heute Boltenhagener Straße), ein weiterer Friedhof zur Belegung freigegeben. Hier handelt es sich um den »Neuen Friedhof«, der nach dem Vorbild des Hamburg-Ohlsdorfer Friedhofes entstand.

Der Quosdorf-Gedenkstein vor dem Bahnhof in Klotzsche
Foto S. Bannack
Der »Erste Verschönerungsverein« der Gemeinde Klotzsche-Königswald ließ für den Gründer von Königswald, Friedrich August Quosdorf im Jahre 1896 neben dem Bahnhofshotel, der »Sommerfrische Quosdorf«, diesen Felsstein mit einer Inschrift setzen, um an den früh verstorbenen Bezirksfeldwebel (Beamter der Königlichen Amtshauptmannschaft) zu erinnern. Dessen Grabmal befindet sich auf dem Inneren Neustädter Friedhof an der Friedenstraße in Dresden-Neustadt.

Klotzsche auf dem Weg zum Kurort

Der Dresdner Beamtenbauverein wurde auf das den Bahn-Haltepunkt »Klotzscha« umgebende bewaldete Land aufmerksam und kaufte die ersten Parzellen des »Eisenbahnholzes«. Besonders dem Bezirksfeldwebel Friedrich August Quosdorf ist es zu danken, daß sich viele begüterte Interessenten einfanden, um hier die ersten Villen zu errichten. Quosdorf gilt deshalb als Begründer von Königswald. Er wurde nur 49 Jahre alt. Ihm zu Ehren ist ein Gedenkstein am Bahnhof gesetzt und eine Straße in Klotzsche nach ihm benannt worden.

Aufgrund der hier vorherrschend guten klimatischen Verhältnisse, welche die bisher sich im neuen Ortsteil Königswald niedergelassenen Einwohner vorfanden, der herrlichen Waldlage und der guten Verkehrsmöglichkeiten wegen, erwachte alsbald der Wunsch, Zimmer an Sommerfrischler zu vermieten und aus den naturgegebenen Vorteilen Erlöse zu erwirtschaften. So wurden zuerst in der Nähe des Schänkhübelgasthofes und später auch in Bahnhofsnähe Gästezimmer vermietet. Bald entstanden auch die ersten Badehäuser, Ärzte und Apotheker ließen sich hier nieder. Ein zuerst genanntes Badehaus befand sich allerdings schon 1880 an der heutigen Klotzscher Hauptstraße Nr. 24, unterhalb des alles überragenden Wasserturmes. Dieses Bad wurde gern von den Dresdner Kneippianern besucht.

Das neue Villenviertel in der Nähe des Bahnhofes erhielt den Namen »Königswald«. Es konnte jedoch keine Selbstständigkeit erzielen. Gleichzeitig entstanden auch im Gebiet der »Albert-

Das ehemalige Bahnhofshotel gegenüber dem Bahnhof Klotzsche
Ansichtskarte Sammlung S. Bannack
Friedrich August Quosdorf ließ sich 1884 gegenüber dem Bahnhof Klotzsche dieses Haus im Schweizerstil als »Sommerfrische Quosdorf« erbauen. Er betrieb hier eine »Cur- und Badeanstalt« für die er das als heilkräftig angesehene Wasser aus der Prießnitz verwendete. Das Wasser soll aus dem Prießnitzgrund durch das »Teufelsloch« in die Badeanstalt gepumpt worden sein. F. A. Quosdorf verstarb nur 49jährig im Jahre 1889. Sein Haus wurde danach als »Hotel zum Bahnhof« umgebaut. Hier kehrte auch König Friedrich August III. gern ein, wenn er auf der Fahrt nach Königsbrück in Klotzsche umsteigen mußte.

höhe« oberhalb des Hellers und am Schänkhübel Landhäuser und Villenkolonien. Diese drei neuen Ortsteile verschmolzen mit dem Dorf zu einem Gemeinwesen, das, wie erwähnt, seit dem 14. April 1883 den amtlichen Namen »Klotzsche« führt.

Eine Statistik mit der Zahl der Kurgäste gibt Einblick in die Auf- und Abwärtsentwicklung des Kurbetriebes im damaligen Wald-Luftkurort Klotzsche. Waren es 1880 nur 95 Kurgäste, so stieg ihre Anzahl schon zehn Jahre später auf 1160 und 1916 trotz der Kriegsjahre auf 1275 an.

Leider sank die Zahl der Kurgäste bis 1924 auf 133 und 1931 auf 103 Personen ab. Klotzsche hatte zugunsten des an Bedeutung gewonnenen Bades auf dem Weißen Hirsch, ebenso wie Kleinzschachwitz das Rennen um die Gunst der Kur- und Badegäste verloren.[12]

Zuvor war von der Gemeinde Klotzsche in den 1890er Jahren auch ein Waldpark von 180 000 Quadratmeter Fläche vom Forst erpachtet und mit Wegen, Ruhebänken, einem Tennisplatz, mit einer Wandelhalle und Musikpavillons ausgestattet worden. Selbst an Kinderspielplätze wurde zu dieser Zeit schon gedacht, und einige wurden im Waldpark eingerichtet. Zentraler Anziehungspunkt im Waldpark Klotzsche-Königswald war das überlebensgroße Denkmal König

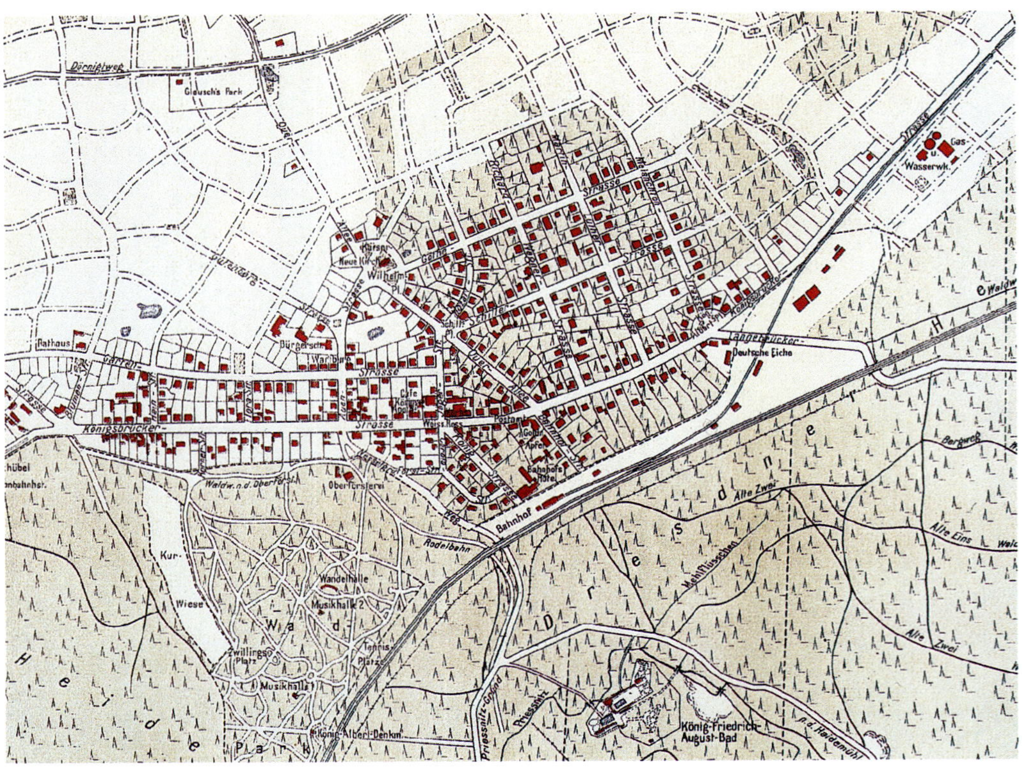

Plan von Klotzsche-Königswald aus der Zeit zwischen 1913 und 1921 (Detail)
Graphische Kunstanstalt »Globus«, Kötzschenbroda, o. Jahresangabe, Sammlung S. Bannack
Diese Abbildung zeigt das Gebiet des neuen Ortsteiles Königswald. Deutlich erkennbar sind die im Stile einer Gartenstadt angeordneten Straßenzüge. Die größtenteils mit imposanten Villen bebauten Waldgrundstücke trugen ebenfalls wesentlich dazu bei, daß Klotzsche-Königswald den Charakter einer Gartenstadtanlage noch in heutiger Zeit trägt, wenn dieser auch nun durch die DDR-Plattenbauten beeinträchtigt ist.

Alberts von Sachsen, das den Monarchen in Jägerkleidung darstellte und das sich in einer Schmuckanlage mit sandsteinernen Vasen und Bänken befand. 1948 fiel das Denkmal einer Zerstörungsaktion der FDJ zum Opfer.

Anliegen der Kurverwaltung der Gemeinde Klotzsche war es auch, mit der Anlage eines Wald-Freibades mehr Badegäste in den Ort zu locken. So entstand 1902 das Kronprinz-Friedrich-August-Bad an der Prießnitz. Hier erlernte unter anderem auch der Dresdner Schriftsteller Erich Kästner das Schwimmen, wie er es in seinem bekannten Buch »Als ich ein kleiner Junge war« trefflich beschreibt. Dieses Bad wurde auch mit einer Wasservorwärmeanlage ausgestattet, weil der Zuspruch aufgrund des eiskalten Prießnitzwassers sich in Grenzen hielt.[13]

Als Nachfolge der ehemaligen Kureinrichtungen darf wohl die Gründung des Deutschen Istitutes für Wirbeltuberkulose in Klotzsche, durch den baltischen Arzt Prof. Dr. Julius von Finck (1864–1951) angesehen werden. Julius von Finck eröffnete seine Heilstätte 1926 in der Villa »Gesundbrunnen«, Goethestraße Nr. 18 und erweiterte sie kurze Zeit später in der Villa Harzer, Goethestraße Nr. 17. Ebenso ist die Einrichtung des Rheumainstitutes von Prof. Hans Tichy (1888–1970) zu werten. Letzteres befindet sich seit 1947 noch heute als Beratungsstelle in den Räumen der früheren »Gesundheitshaus Klotzsche GmbH«, im Alten- und Pflegeheim Klotzsche, am Schänkhübel. Beide Mediziner werden durch Straßennamen in Klotzsche geehrt.

Das Kurhaus Klotzsche in früherer Zeit, um 1890
Ansichtskarte Sammlung R. Meißner, Klotzsche
Nachdem noch vor Ende des 19. Jahrhunderts Klotzsche-Königswald als Kurort bekannt wurde, entstand aus der Einkehrstätte »Carolaschlößchen« das Kurhaus des Ortes, an der Straße nach Königsbrück gelegen. Im Ballsaal des Kurhauses fanden dann neben Tanzveranstaltungen auch Konzerte und Theateraufführungen statt. Das Kurhaus Klotzsche galt auch in DDR-Zeiten, wo es von der HO bewirtschaftet wurde, als gute Adresse. Heute bemüht sich die Familie Seidel als Betreiber von Gaststätte und Hotel um gute Resonanz bei den Gästen. Von einer prächtigen Veranda aus, kann der Gast das Leben und Treiben im Zentrum des Ortsteiles beobachten.

König-Albert-Denkmal im Waldpark
Ansichtskarte Sammlung S. Bannack
In den Anlagen des Waldparkes Klotzsche befand sich das von Carl Hauer (Hauerstraße) 1905 gestiftete Denkmal des sächsischen König Albert. Der Monarch war hier überlebensgroß im Jägerrock dargestellt. Die Sandsteinfigur wurde 1948 von FDJlern zerschlagen. Reste fand man bei einer Suchaktion 1993 im Schulhof der 82. Mittelschule vergraben.

Gesamtansicht des beliebten Friedrich-August-Bades an der Prießnitz
Ansichtskarte Sammlung S. Bannack
Das 1902 eröffnete »Kronprinz-Friedrich-August-Bad« an der Prießnitz im Prießnitzgrund bei Klotzsche war zu allen Zeiten ein beliebter Erholungsort der Klotzscher und ihrer Gäste. In diesem Bad erlernte der Dresdner Schriftsteller Erich Kästner als Kind das Schwimmen. Das Bad hatte zur Aufwärmung des kalten Prießnitzwassers schon eine Wasservorwärmanlage. In den ersten Jahren des Badebetriebes war die öffentliche Benutzung streng in Damen- und Herrenbadetage aufgeteilt. Die Anlage des Bades hat allerdings im Laufe der Jahre stark unter den Ereignissen der Zeit gelitten.

Der Arzt und Heiler Julius von Finck
Original Sammlung S. Bannack
Neben anderen bedeutenden Persönlichkeiten, die in Klotzsche lebten und wirkten, ist Prof. Dr. Julius von Finck zu nennen. Er kam 1926 aus dem Baltikum nach Klotzsche und gründete in der Villa »Gesundbrunnen«, Goethestraße Nr. 18, das Deutsche Institut für Wirbeltuberkulose. Hier konnten vor allem junge Patienten von dieser heimtückischen Rückenkrankheit geheilt werden. Eine Straße in Klotzsche ist nach diesem hervorragenden Mediziner benannt. Prof. v. Finck wohnte in Friedewald – Ortsteil Buchholz.

Die Ortszeitung

Um die zahlreichen Kurgäste und die Einwohner selbst immer auf dem Laufenden zu halten, gründete der Klotzscher Buchdrucker Alwin Hänsel im Jahre 1894 unter der Bezeichnung »Dresdner Haide-Zeitung« eine eigene Ortszeitung, die wöchentlich dreimal erschien und als Beilage ein aktuelles Gästeverzeichnis enthielt. Diese Zeitung konnte sich bis kurz vor Ende des II. Weltkrieges fortlaufend behaupten und fand am 11. Juli 1945 mit der Herausgabe der »Amtlichen Nachrichten für die Rayonstadt Klotzsche und Umgebung« ihre Fortsetzung als Mitteilungsblatt der Stadtverwaltung und der sowjetischen Stadtkommandantur. Mit der Eingemeindung nach Dresden 1950, hatte die Zeitung keinen Bestand mehr.
Erst im Jahre 1990 kam unter dem Namen »Klotzscher Heideblatt« die Neuauflage einer ortseigenen, unabhängigen Heimatzeitung auf den Markt, Verdienst einiger resoluter und heimatverbundenen Einwohner, die einen journalistischen Neubeginn wagten. Dieses unterhaltsame Blatt besteht noch und erscheint vierteljährlich mit Beiträgen zur Ortsgeschichte, aktuellen Mitteilungen und Vorstellungen von niedergelassenen Unternehmen sowie Erinnerungen an bekannte Persönlichkeiten aus früherer und heutiger Zeit.

Das Schulwesen von Klotzsche

Von Bedeutung ist auch die Entwicklung des Schulwesens in Klotzsche. So ist schon aus dem Jahre 1688 das Vorhandensein einer Schule bekannt, denn »auf dem Schulfelde neben der Schänke, sollen 5 Rainsteine gesetzt werden«.

Ein Gebäude der Schule an der Hauptstraße in Klotzsche
Ansichtskarte Sammlung R. Meißner, Klotzsche
Das Bild zeigt das zweite Schulhaus der heutigen 83. Grundschule an der Klotzscher Hauptstraße. Die Einweihung erfolgte am 25. 9. 1888. Bis zum Bau einer eigenen höheren Schule in Königswald besuchten auch die Schüler des neuen Ortsteiles diese Höhere Knaben- und Mädchenschule im Dorf. Das Türmchen mit der Uhr gibt es schon lange nicht mehr. Es ist bei Renovierungsarbeiten beseitigt worden.

Als ältestes noch vorhandenes Schulhaus ist jenes neben der Alten Kirche bekannt, das aus dem Jahre 1840 stammt und das sich heute in Privatbesitz befindet, von seinen Eignern in vorbildlicher Weise saniert und optisch gut wieder hergerichtet. An der Hauseingangsseite weist über der Tür ein Haussegen darauf hin. Er hat den Wortlaut: »Gott schirme dieses Haus und segne unsre Kinder«. Hierbei soll erwähnt werden, daß es oft üblich war, in der dörflichen Anordnung der Bauten, Kirche, Schulhaus und Spritzenhaus der Feuerwehr unmittelbar beieinander zu platzieren, so wie es in Altklotzsche seit fast 200 Jahren vorzufinden ist.
Mit der Zunahme der Einwohner und der damit verbundenen höheren Anzahl der Kinder, machte sich der Neubau eines Schulgebäudes an der Hauptstraße Nr. 26, der heutigen Klotzscher Hauptstraße, notwendig. Dieser ist am 30. November 1875 eingeweiht worden. Nach der Gründung des neuen Ortsteiles Königswald im Jahre 1884, mußten auch dessen Kinder eine weitere Schule mit einer höheren Abteilung erhalten. So kam es zum Bau eines zweiten Schulgebäudes neben dem von 1875, das am 25. September 1888 als »Höhere Knaben- und Mädchenschule« eingeweiht wurde. In der DDR-Zeit erhielt diese Schule den Namen eines Botschafters, 83. POS »Siegfried Krebs«.
Bald schon genügte auch diese Schule nicht mehr den Anforderungen, zumal für die kleinen Kinderbeine der weite Weg von Königswald über die Felder nach Altklotzsche bei Wind und Wetter nicht zu verantworten war. Es gründete sich in Königswald ein Schulbauverein, der zuerst in verschiedenen Villen Schulzimmer anmietete.
1892 eröffnete man in einem Wohnhaus, in der Auenstraße 1, der heutigen Gertrud-Caspari-Straße, eine dreiklassige Schule, der nach Fertigstellung eines Neubaues im Jahre 1896 an der gleichen Straße Nr. 9 eine »Höhere Knaben & Mädchenschule« Klotzsche-Königswald folgte.

Die Anlagen der Landesschule Klotzsche am Schänkhübel
Ansichtskarte Sammlung S. Bannack
Unter den Schulbauten von Klotzsche nimmt die Landesschule am Schänkhübel eine hervorragende Stellung ein. Dieser Schulbau ist ein Werk der Architekten Heinrich Tessenow und Oskar Kramer. Im Oktober 1927 als Oberrealschule eröffnet, bot sie begabten männlichen Schülern, auch aus minderbemittelten Kreisen, eine umfassende höhere Schulbildung mit Unterbringung im Internat. Gegenwärtig erlebt diese großzügige Schulanlage einen Wiederaufbau nach dem historischen Vorbild als Akademie für Arbeitswissenschaften.

Eine geräumige Turnhalle wurde dazu am 25. Mai 1906 auf dem angrenzenden großen Schulhof eröffnet. Am 20. April des Jahres 1914 konnte ein weiterer Schulhausneubau mit einer höheren Abteilung an der Florastraße eingeweiht werden. Das ist das Gebäude der jetzigen 82. Mittelschule an der Korolenkostraße. Diese Schule war bis 1989 unter dem Namen »Siegfried-Rädel-Schule« bekannt. In den Jahren 1993 bis 1994 erhielt das ältere Haus an der Gertrud-Caspari-Straße einen großzügigen Erweiterungsbau in zeitgemäßem Baustil.[14]

In der Zeit nach dem Ersten Weltkrieg gab es noch die private Waldschule von Pollatz, Königsbrücker Straße 82 und eine Zweigstelle der Dresdner Musikschule, für alle Fachrichtungen im Ort.

Daß Klotzsche zum besonders bevorzugten Schulstandort auserkoren war, davon zeugt die Anlage der Landesschule Klotzsche gegenüber dem Schänkhübel, am Rande der Dresdner Heide. Diese vorbildliche und großzügige Anlage eines Reform-Realgymnasiums von den Architekten Prof. Heinrich Tessenow und Dr. Oskar Kramer ist am 20. Oktober 1927 eingeweiht worden. Diese Schule wurde sofort nach der Machtergreifung der Nationalsozialisten 1933 als Nationalpolitische Erziehungsanstalt (Napola) und Kaderschmiede der Wehrmacht eingerichtet und 1945 von der Roten Armee besetzt. Als Kaserne genutzt und schließlich zu Ruinen verkommen, ist diese Schule erst 1992 von den Russen verlassen worden. Gegenwärtig ist der Wiederaufbau dieser herrlichen Anlage nach historischem Vorbild als Akademie für Arbeitswissenschaften in vollem Gange.

Am 1. Mai 1936 erfolgte die Grundsteinlegung für eine weitere ausgedehnte Schulanlage, allerdings ebenfalls für militärische Zwecke. Gemeint ist hier die Luftkriegsschule 1 in Klotzsche, Königsbrücker Landstraße 159. Heute befindet sich hier der Technik-Park »Mikropolis« im Aufbau. Angesiedelt sind hier viele kleine und mittlere Firmen unterschiedlicher Branchen.

In der Zeit von 1973 bis 1975 entstand an der Karl-Marx-Straße die 105. POS, heute Gymnasium Klotzsche, 1985 bis 1987 als weitere Schule die 86. POS, jetzt 86. Mittelschule an der Alexander-Herzen-Straße und 1988 bis 1990 die 50. POS am Dörnichtweg, heute eine Grundschule, die am 11. 8. 1994 den Ehrennamen »Getrud-Caspari-Schule« erhielt.

Nicht unerwähnt sollen die inzwischen nicht mehr vorhandenen Einrichtungen der Gehörlosenschule und der Kinder- und Jugendsportschule bleiben, die gleichfalls in Klotzsche mit Wohnheimen angesiedelt waren, auch die Musikschule und Abteilungen der Volkshochschule, genauso wie das Berufschulzentrum »Paul Schwarze«, das nicht mehr besteht, in welchem aber Tausende von Lehrlingen ihre Berufsschulausbildung erhielten. Jetzt ist in dem Gebäude eine Außenstelle des Gymnasiums Klotzsche untergebracht.

Über die Anzahl der Schüler im früheren und heutigen Klotzsche können folgende Angaben gemacht werden:

Im Jahre 1842 gab es 79 Schulkinder. Ihre Anzahl stieg bis 1872 auf 162. 1880 waren es 233 Schüler.

1890 hatte sich die Anzahl fast verdoppelt und betrug 440 Schulkinder. Im Jahre 1904 zählte man in Klotzsche 799 Schüler und bis 1932 war eine geringe Steigerung bis auf 804 Kinder zu verzeichnen.

Nach neuesten Recherchen werden gegenwärtig an den Klotzscher Schulen etwa 1990 Schülerinnen und Schüler unterrichtet. Die Anzahl der Lehrerinnen und Lehrer beträgt nach Angaben der Schulleiter etwa 130. (Stand Juni 1999)

1935 – 1945

Werbezeichnung und Stadtsiegel der neuen Stadt Klotzsche
Sammlung S. Bannack
Aus Anlaß der Erhebung zur Stadt wurde vom Stadtrat ein Wettbewerb zur Findung eines neuen Stadtsiegels und Stadtwappens ausgeschrieben. Die Beteiligung hielt sich in Grenzen und keiner der Entwürfe kam zur Ausführung. Die hier gezeigten stammen wohl von beauftragten Fachleuten.

Klotzsche erhält das Stadtrecht

Der Weg des Überganges vom Kurort zur »Stadt der Flieger«. war für Klotzsche schon 1934 mit der Verlegung des Dresdner Flughafens vom Heller auf die Rähnitzer Höhen bei Klotzsche, besiegelt worden. Wie im vorhergehenden Abschnitt schon erwähnt, entstanden nachfolgend die militärischen Schulen und andere Einrichtungen mit militärischem Charakter. Dies hatte zur Folge, daß die bisherige Gemeinde Klotzsche am 1. November 1935 zur Garnisonsstadt erklärt wurde. Wenige Tage später, am 18. November 1935, erhielt dann Klotzsche per Dekret vom sächsischen Gauleiter und Reichsstatthalter Martin Mutschmann das Stadtrecht verliehen.[15]

Aus diesem Anlaß fand am 28. November 1935 im Saal der Alberthöhe eine großartige Feier mit zahlreichen Teilnehmern statt. Nun war auch ein neues Stadtwappen und Siegel entworfen worden, das von einem Kreis umschlossen, den Wasserturm und die Klotzscher Kiefer über der stilisierten Prießnitz zeigte. Zuvor gab es als Gemeindesiegel nur den Klotzscher Baum, die Kiefer. Dieses Wahrzeichen ist nach der Verleihung des Stadtrechtes von den Klotzscher Bäckern als Rosinenteiggebäck, analog zur Meißner Fummel oder zum Freiberger Hasen, kreiert worden. Es wurde von den Klotzscher Einwohnern und den Gästen der neuen Fliegerstadt gern gekauft.

Mit der Erhebung zur Fliegerstadt erlebte Klotzsche einen regelrechten Bauaufschwung. Es entstanden moderne Wohnhäuser in lockerer Bebauung an der Flughafenstraße, (der heutigen Karl-Marx-Straße), Ludwig-Jahn- und an der Bismarckstraße (heutige Kieler Straße). Um den neuerbauten Wasserturm herum sollte ein städtisches Zentrum mit Aufmarschplatz, Stadthalle und größeren Wohnhäusern entstehen. Auch das heute noch bestehende Altenheim am Heiderand sollte durch den Bau von weiteren zehn Gebäuden vergrößert werden. Diese Pläne verhinderte der kriegsbedingte Baustop.[16]

Die Zahl der Einwohner hatte sich seit der Jahrhundertwende beträchtlich erhöht. Waren bei einer Volkszählung im Jahre 1905 noch 4692 gezählt worden, betrug ihre Anzahl 1916 schon 5906. Im Jahre 1925 zählte man 6406 Einwohner in Klotzsche. Die Zahl stieg 1933 auf 7511 und erreichte 1942 laut Brockhaus-Lexikon 12600 gemeldete Einwohner. Am 1. August 1947 lebten nach einer Zählung 10688 Einwohner in Klotzsche. Davon waren 4299 männlich und 6389 weiblich. Gegenwärtig leben in Klotzsche etwa 14000 Einwohner.

Die Bedeutung der Verkehrswege

Führte schon im frühen Mittelalter der »Weg gein der Langenbrucken« etwas entfernt am Dorf vorbei und stellte die Verbindung zwischen Dresden und der »Hohen Straße« bei Königsbrück her, so gewann dieser Verkehrsweg später mehr an Bedeutung.

Am Schänkhübel kreuzte auch ein uralter Handelsweg, der »Rennsteig«, auch »Langer Weg« genannt, eine Verbindung zwischen Franken und Böhmen, die Straße nach Königsbrück.[17]

Gesamtansicht des neuen Bahnhofes von Klotzsche
Ansichtskarte Sammlung R. Meißner, Klotzsche
Der neue Bahnhof von Klotzsche erfüllte über viele Jahrzehnte von 1908 an seinen Dienst zum Vorteil der Bahnreisenden, die hier von den Umsteigmöglichkeiten Gebrauch machen konnten. Ab Klotzsche verkehrte auch eine Schmalspurbahn nach Königsbrück. Diese wurde 1884 erbaut, um die Orte bis Königsbrück wirtschaftlich zu erschließen. Die Bahn endete, bzw. begann zwischen dem alten Bahnhof und der Sommerfrische Quosdorf. Ohne Unterbrechung des Bahnbetriebes wurde die Strecke im Jahre 1896 auf Regelspur umgebaut.
Nach der Wende 1989 sollte hier der erste Kunst-Bahnhof eingerichtet werden. Leider kam es nicht dazu. Heute ist dieser Bahnhof von der Deutschen Bahn AG zum Verkauf ausgeschrieben.

Der Verkehr wuchs, als der Postverkehr mit reitender und fahrender Post zwischen Bautzen, Kamenz und Hoyerswerda über den Schänkhübel bei Klotzsche nach Dresden aufgenommen wurde. Selbst die sächsischen Kurfürsten nahmen als polnische Könige nachweislich den Weg samt Tross über Königsbrück und Hoyerswerda nach Polen, so werden sie auch über den Schänkhübel gekommen sein.

An diesem befand sich eine Pferdewechselstation, eine Wagenschmiede und 1888 die erste Postagentur von Klotzsche. Am Ende des vorigen Jahrhunderts ist diese Agentur zu einem Postamt erhoben worden. Dieses befand sich bis zum Bau des neuen Postamtes an der Auenstraße (heutige Gertrud-Caspari-Straße) im Jahre 1936, an der Königsbrücker Straße Nr. 79.

Als am 1. September 1875 der erste Zug am »Haltepunkt Klotzscha« an der schon 1845 eröffneten Eisenbahnstrecke zwischen Dresden und Radeberg hielt, gelangten die Dresdner endlich bequemer in ihre Heide.

Von den Dresdnern gern besucht wurde das vielfach als »romantisch« geschilderte und oft mit dem Schwarzatal in Thüringen verglichene Tal der Prießnitz bei Klotzsche und auch der Ort selbst stieß zunehmend auf das Interesse größerer Bevölkerungskreise.

Eine weitere Verkehrsverbindung mit dem Hinterland entstand am 17. Oktober 1884 mit der Eröffnung einer Schmalspur-Eisenbahnstrecke von Klotzsche nach Königsbrück, die aus militärischem Interesse 1896 in eine Regelspurbahn umgebaut wurde. Zuvor war auf diesem Bahnhof die erste Wagenkasten-Umsetzanlage in Betrieb genommen worden. Aus dieser verkehrstechnischen Neuerung ging die heute weltweit gängige Container-Technologie hervor,[18] (siehe auch Modell der Anlage im Verkehrsmuseum Dresden)

Gegenwärtig ist gerade auch der Ausbau des S-Bahnanschlusses zum Flughafen Dresden-Klotzsche in vollem Gange, was eine noch weitere Verbesserung des Eisenbahnverkehrs für Klotzsche mit sich bringen wird.

Im Jahre 1903 gab es in Klotzsche wieder ein Novum des Verkehrswesens zu bestaunen. Am 24. März 1903 konnte nach langer Vorbereitung die erste elektrische O-Buslinie im Dresdner Verkehrsraum zwischen Arsenal-Dresden und dem Gasthaus »Deutsche Eiche« in Klotzsche eröffnet werden. Dieses interessante Nahverkehrsmittel nannte sich »Dresdner Haide-Bahn« und war von dem Dresdner Schmiedemeister und Straßenbahnwagenfabrikanten Carl Stoll erbaut worden. Doch infolge der nicht ausgereiften Holzkonstruktion der Fahrzeuge kam es immer wieder zu Aus- und Unfällen und schließlich schon im Juli 1904 zur vollständigen Einstellung des Betriebes, obwohl sich auch die Dorfbewohner von Klotzsche und Lausa (Weixdorf) um eine Abzweigstrecke und Verlängerung der Bahn bemüht hatten. Die Bahn war so beeindruckend, daß selbst der russische Verkehrsminister Fürst Chilkow nach Klotzsche kam, um die Anlagen interessehalber zu besichtigen.[19]

Ein Wagen der Dresdner Haide-Bahn auf der Fahrt nach Klotzsche
Foto aus »Die Gartenlaube« Jahrg. 1904, Sammlung S. Bannack
Ein kurioses Verkehrsmittel war die »Dresdner Haide-Bahn«, die dem Personenverkehr zwischen der Residenzstadt Dresden und dem Waldluftkurort Klotzsche-Königswald diente. Dieser elektrische Oberleitungsbus in Holzbauweise verkehrte in den Jahren 1903 bis 1904. Endpunkt war der Gasthof »Deutsche Eiche« am König-Albert-Platz, heute KätheKollwitz-Platz. Das Bild zeigt den Winterbetrieb am Schänkhübelberg auf der Königsbrücker Straße. Um die Steigung bewältigen zu können, wurden die sechs Fahrzeuge hinten mit Kufen und auf den Antriebsrädern mit Zahnkränzen ausgestattet.

Auf die schienengebundene Straßenbahn mußten die Klotzscher noch bis zum 21. Januar 1911 warten. An diesem Tage traf der erste Wagenzug der Linie 7, von Dresden kommend am Schänkhübel ein. Hier war bis 1925 vorerst Endstation. Dann wurde die Strecke der Straßenbahn bis »Deutsche Eiche« verlängert, 1928 bis Weixdorf weitergeführt.
Im Jahre 1934 begann der Bau des Klotzscher Flughafens auf der mit 230 Meter höchsten Erhebung, der Rähnitzer Höhe, welches Areal zum Ortsteil Hellerau gehörte. Deshalb erhielt diese neue Verkehrseinrichtung zuerst auch den Namen »Flughafen Hellerau«.
Mit seiner Eröffnung am 11. Juli 1935 zog der Luftverkehr in Klotzsche ein. Somit war der Ort nun nicht nur an das Straßenverkehrs-, Straßenbahn- und Eisenbahnnetz sondern auch an das nationale und internationale Luftverkehrsnetz angeschlossen. Um die Anbindung an das Dresdner Nahverkehrsnetz zu ermöglichen, war eine Pendelbuslinie zwischen dem Schänkhübel und dem Flughafen eingerichtet worden.[20]
Wenn auch der Anschluß an die seit 1938 unmittelbar an Klotzsche vorbeiführende Autobahn erst im Jahre 1998 hergestellt werden konnte, so ist eine bessere verkehrsmäßige Erschließung kaum noch denkbar und hat doch schon jetzt mit der Ansiedlung von Großbetrieben mit zukunftsorientierter Produktion positive wirtschaftliche Erfolge im Raum Klotzsche zur Folge. Gegenwärtig verzeichnet Klotzsche 96 benannte Straßen und Plätze auf seinem Territorium.[21]

Die erste Straßenbahn kommt nach Klotzsche
Ansichtskarte Sammlung S. Bannack
Der Gasthof zum Schänkhübel an der Königsbrücker Straße mit der Straßenbahn. Als diese am 21. Januar 1911 erstmals hier eintraf, erregte sie große Aufmerksamkeit bei Jung und Alt. Die Klotzscher Einwohner und der Gemeinderat hatten schon Jahre vorher mit Petitionen an die Königl. Amtshauptmannschaft zu Dresden-Neustadt den Bau einer Straßenbahnverbindung mit Dresden gefordert. Wegen der vorhandenen Eisenbahnverbindung waren die Gesuche aber abgelehnt worden.

Flugbetrieb auf dem neuen Flughafen Klotzsche
Ansichtskarte Sammlung S. Bannack
Der Flughafen Dresden-Klotzsche war am 11. Juli 1935 eröffnet worden. Nun hatte Klotzsche vollständig den Status eines Kurortes verloren, denn mit dem Flugplatz wurden auch umfangreiche Kasernenbauten errichtet und der Ort wurde am 18. November 1935 zur Garnisonstadt erhoben. Zuvor hatte am 1. November 1935 der feierliche Einzug der Einheiten der Luftnachrichten in ihre neuerbauten Kasernen in Klotzsche, stattgefunden. Diese Kasernen waren unter der Bezeichnung »Hermann-Göring-Kaserne« bekannt und befanden sich entlang der Königsbrücker Straße und am Moritzburger Weg.

Der Bau von Siedlungen

In der Zeit nach dem Ersten Weltkrieg bis zum heutigen Tage, sind in Klotzsche mehrere Siedlungen unterschiedlichen Charakters entstanden.

So gibt es seit 1914 die Häuser einer Siedlung der Heimstättengesellschaft Sachsen g.GmbH. am Windmühlenweg, seit 1920 die private Steinacker- und die gemeindeeigene Trobischberg-Siedlung, die Eigenwerksiedlung von 1928–30 ging in der Geschwister-Scholl-Straße auf. Die Ödlandsiedlung am nördlichen Ortsrand wurde beim Flughafenneubau eingeebnet und verschwand vollständig. Hier war vor dem Flughafenbau ebenfalls eine große Siedlungsanlage geplant.

Eine Behelfsheimsiedlung, die 1944 für Flüchtlinge und Ausgebomte errichtet worden war, heißt heute Am Feldgehölz, die Nordsiedlung ist in der Zeit nach 1935 erbaut, die Siedlung »Klein-Wandlitz« (Volksmundbezeichnung) entstand noch 1989 bis 1990 für verdienstvolle Leiter der DDR-Mikroelektronik. Schon 1956 entstanden »An den Ruschewiesen« Wohnblöcke in Ziegelbauweise für Beschäftigte der Flugzeugwerke, in den 1960er Jahren auch an der Karl-Marx-Straße und am Dörnichtweg.

1973 bis 1990 sind Wohngebiete in Plattenbauweise zwischen der Grenzstraße und der Selliner Straße, sowie an der Boltenhagener und der Karl-Marx-Straße entstanden, wodurch der trotz Industrieansiedlung erhalten gebliebene Charakter einer Gartenstadt nunmehr ungünstig beeinflußt wurde.

Nach der Wende 1989 sind weitere Neubausiedlungen mit vielversprechenden Namen wie »Fontane-Park«, »Königswald-Park«, »Am Pappelhain« und Neubauten an Einzelstandorten entstanden.

Blick über das Dorf mit dem neuerbauten Wasserturm
Ansichtskarte Sammlung S. Bannack
Trotz Flughafen und Garnison blieb jedoch der dörfliche Charakter von Altklotzsche und die Gartenstadtatmosphäre des Villenviertels erhalten. Der wegen des Flughafenbaues notwendig gewordene Neubau des Wasserturmes beherrscht seitdem das Ortsbild. Der Turm überragt seit 1935 das Dorf und gilt als Wahrzeichen und Symbol. Heute ist er längst außer Betrieb und wartet auf seine Auferstehung als Aussichtsgaststätte, Kulturhaus oder Ähnlichem.

Die Wohnanlage »Fontanepark«
Foto: S. Bannack
In Anwesenheit der Ehefrau unseres Ministerpräsidenten, Ingrid Biedenkopf, erfolgte am 2. Dezember 1996 die Grundsteinlegung für eine der interessantesten Wohnanlagen der Stadt Dresden, am Göhrener Weg in Klotzsche. Hier sind in kurzer Zeit 800 unterschiedlich große Wohnungen, zum Teil in Terrassenbauart entstanden. Der Wohnpark verfügt über ein entsprechendes Einkaufszentrum mit Groß- und Einzelhandel und vorgelagertem Marktplatz. Für Dresden ohne Beispiel, befindet sich auf dem Dach eines der Wohnhäuser ein großes Schwimmbad (Bildmitte), das nur den Mietern zur Verfügung steht. Viel Grünfläche und Baumbestand, durchzogen von offenen Wasserläufen, zeichnet dieses moderne Wohnviertel aus.

Die Siedlunganlage »Am Trobischberg«
Foto: S. Bannack
Der Bau dieser Siedlung begann schon in den ersten Jahren nach dem I. Weltkrieg auf einem Areal, welches der in Klotzsche beheimatete Apotheker und Pharmazeut Maximilian Glausch, inklusive einer beträchtlichen Geldstiftung, der Gemeinde zur Verfügung stellte. Die in einfacher Bauweise errichteten Doppelhäuser waren alle auch mit einer Wohn- und Waschküche und angrenzenden Stallungen für Kleinvieh ausgestattet. Sie sind insbesondere für beschädigte Kriegsteilnehmer vorgesehen gewesen. Als Architekt trat Professor Oswin Hempel in Erscheinung. Im oberen Teil der Siedlung befindet sich ein Rondell, im unteren Teil bildet ein größeres Mehrfamilienhaus als Querriegel den Abschluß.

Vor- und Nachwendewohnbauten in Klotzsche
Foto: S. Bannack
Dicht beieinander finden wir in Klotzsche DDR-Plattenbauten aus der Zeit um 1989/90 und moderne Wohngebäude von 1996/98 nach westlichem Standard, unweit der alten Trobischbergsiedlung, hier von der Selliner Straße aus gesehen. Fehlte bei den Wohnhäusern aus DDR-Zeit jegliche Infrastruktur, wurden 1996 Freizeitanlagen, Tiefgaragen, sowie Einkaufs- und Büroflächen gleich miterrichtet, was sich allerdings auch im Mietpreis der Wohnungen niederschlägt.

Reliefbild am Wasserturm zu Klotzsche
Foto: S. Bannack, Klotzsche
Neben den noch reichlich vorhandenen alten Haustafeln, Hauszeichen und Türschlußsteinen in Altklotzsche nimmt dieses, am Wasserturm angebrachte moderne Bildrelief einen besonderen Stellenwert ein. Sinnbildlich ist hier dargestellt, wie wertvoll das Trinkwasser für unser Leben ist. Klotzsche besaß einst auch ein eigenes Wasserwerk und das in Tiefbrunnen und aus der Dresdner Heide gewonnene Wasser war seiner guten Qualität wegen, bekannt.

Klotzsche in der Zeit nach dem 8. Mai 1945

Nach dem Bombenangriff sowjetischer Flieger auf die Stadt am 7. Mai, sprengten letzte Einheiten der deutschen SS die Brücken der Bahnlinien aus Richtung Osten. Noch am 8. Mai gegen 6 Uhr morgens erfolgte eine gewaltige Detonation im Nesselgrund, die beiden großen Eisenbahnbrücken über dem tiefen Heidegrund sanken in Trümmer. Nun war auch noch die letzte Bahnverbindung aus den Kohlegebieten der Lausitz für die zerbomte Stadt Dresden, in Klotzsche unterbrochen. Eine notdürftig errichtete Holzbrücke ermöglichte ab 1. Juli 1945 wieder den Bahnverkehr über den Nesselgrund. Erst 1952 konnte das Brückenbauwerk in Stein wiederhergestellt werden. Gegenwärtig befindet sich die zweite Brücke im Wiederaufbau.[22]

Am 8. Mai 1945 besetzte die einrückende Rote Armee die Stadt Klotzsche und übernahm die von Kriegseinwirkungen unversehrt gebliebenen militärischen Anlagen und den Flughafen. Die ausgedehnten und umfangreichen Unterkünfte reichten jedoch nicht aus, sodaß es zur Besetzung ganzer Straßenzüge und einzeiner Villen kam. Die betroffenen Straßen wurden durch hohe Bretterzäune abgeriegelt, nachdem zuvor die privaten Bewohner der Häuser vertrieben worden waren. Viele Häuser standen ohnehin leer, weil die Bewohner geflüchtet waren.

Von besonderer Bedeutung war Klotzsche in der Zeit nach dem 13. Februar 1945 bis Juli 1945 für die Post. Auf dem Bahngelände von Klotzsche wurde der gesamte Postverkehr im Zustellbereich Dresden in bereitgestellten Bahnpostwagen abgewickelt.[23]

Die beiden Eisenbahnbrücken über den Nesselgrund vor dem Klotzscher Bahnhof
Repro einer Ansichtskarte aus dem Kunstverlag Adam,
Sammlung S. Bannack
Diese Viadukte sind noch am letzten Kriegstag, dem 8. Mai 1945, von den zurückweichenden deutschen SS-Verbänden gesprengt worden. Schon am 1. Juli 1945 konnte der Eisenbahnverkehr auf einer hölzernen Behelfsbrücke wieder aufgenommen werden. Gegenwärtig wird die zweite Brücke wegen Einrichtung einer S-Bahnverbindung zum Flughafen in moderner Form wieder aufgebaut.

Das Grabmal der Malerin Gertrud Caspari
Foto: S. Bannack
Eine Künstlerin von Rang war Gertrud Caspari, die Malerin des Deutschen Bilderbuches. Sie lebte von 1914 bis 1945 in Klotzsche und schuf über 50 Kinderbücher, die in Millionenauflagen in aller Welt verbreitet sind. Ihr bemerkenswertes Grabmal befindet sich auf dem Neuen Friedhof von Klotzsche. Eine Straße in Klotzsche und die 50. Grundschule am Dörnichtweg tragen ihren Namen.

Künstler und Gelehrte

Die ausgezeichnete Wohnlage und die günstigen klimatischen Bedingungen im Raum Klotzsche und die unmittelbare Nähe der Dresdner Heide, zogen zu allen Zeiten viele reiche Pensionäre, Beamte und Unternehmer ebenso an, wie Künstler und Gelehrte aller Fachrichtungen, die sich hier ihren Wohnsitz oder Altersruhesitz auswählten oder auch zu längerem Kuraufenthalt hier weilten.

So wohnte hier der bedeutende deutsche Bildhauer Prof. Johannes Schilling in seinen letzten zehn Lebensjahren. Sein von ihm selbst entworfenes Wohnhaus befindet sich in der Goethestraße 9. Von Schilling stammen unter anderem die Figurengruppen der vier Tageszeiten, sowie das Semper- und das Rietscheldenkmal auf der Brühlschen Terrasse, das Reiterstandbild König Johanns vor und die Quadriga auf der Dresdner Oper. Der am 23. Juni 1828 in Mittweida/Sa. geborene Meister, verstarb in Klotzsche am 21. März 1910.[24]

Der dänische Nobelpreisträger und Romancier Karl Gjellerup bewohnte die Villa »Baldur« in der Goethestraße 11. Er verstarb hier im Jahre 1919. Seine bemerkenswerte Grabstätte befindet sich auf dem Alten Friedhof in Klotzsche, Am Hellerrand.

Der Kunstmaler Conrad Felixmüller (1897–1977) wohnte von 1918 bis 1931 in Klotzsche, Königsbrücker Straße 61 und in der Gartenstraße 10 (Kieler Straße). Von Felixmüller sind viele schöne

Ansicht von zwei Gebäuden des ersten Altersheimes in Klotzsche
Ansichtskarte Sammlung S. Bannack
In den 1890er Jahren erbaute der Pestalozziverein an der Königsbrücker Straße und an der Gartenstraße (heutige Kieler Straße) zwei Altenheime als »Carolastift« unter Schirmherrschaft der Königin Carola von Sachsen. Hier wohnten vornehmlich verarmte und alleinstehende Lehrerstöchter, die in diesem ersten Altersheim von Klotzsche ihren Lebensabend verbrachten.

Ansichten Klotzscher Straßenszenen und von Klotzscher Persönlichkeiten erhalten.

Gertrud Caspari, die »Malerin des Deutschen Bilderbuches«, wohnte in der Königsbrücker Straße 3. Ihr Grabmal befindet sich auf dem Neuen Friedhof in Klotzsche.

Ebenfalls in Klotzsche lebte der Landschaftsmaler Georg Estler (1868–1954), der letzte Schüler Ludwig Richters. Estler wohnte in der Carolastraße 3 (jetzt Georg-Estler-Straße), in der Nähe des Bahnhofes.

Der Kunstmaler Friedrich Alfred Oehme aus Chemnitz (geb. 16. 1. 1881), ließ sich von Kirchenbaumeister Woldemar Kandler in der Parkstraße 10 (jetzt Greifswalder Straße ein bemerkenswertes Haus erbauen. Oehme verstarb im Jahre 1935.

Oskar Störmer, ebenfalls Kunstmaler, wohnte in der Hainstraße Nr. 2 (heutige Flurstraße).

Die Kunstmalerin Franziska Schenkel wohnte in der Auenstraße 3 (heutige Gertrud-Caspari-Straße).

Der Organist und Tonkünstler C. F. Klemens Braun (1862–1933) bewohnte das Haus Nr. 11 in der Gartenstraße (heute Kieler Straße), wo auch der Maler Peter Flittert wohnte.

Der bekannte Maler Rudolf Nehmer, Träger hoher Kunstpreise, bewohnte bis zu seinem Tode ein Eigenheim in der Rostocker Straße 17. Rudolf Nehmer schuf u. a. Porträts von Klotzscher Persönlichkeiten.

Ansicht der Villa »Harzer« mit Parkanlagen
Foto Sammlung S. Bannack
Das Villenviertel von Klotzsche-Königswald zeichnet sich durch viele prachtvolle, schloßähnliche Wohnbauten inmitten von parkartigen Gärten aus. Ein besonderes Merkmal dieser Grundstücke waren die an der Straßenseite gelegenen Gartenlauben, die der Kommunikation zwischen Bewohnern und Gästen des Kurortes dienten. Das Bild zeigt die Villa des Plantagenbesitzers Bruno Harzer, auch als »Ananasvilla« bekannt. Die Villen in Klotzsche hatten fast alle einen wohlklingenden Namen. So gab es beispielsweise die Villen Abendstern, Karlsruhe, Hohenzollern, Fürst Bismarck, Graf Moltke, Tristan, Idyll, Auenthal und viele andere.

Ein Ziegen-Fuhrwerk auf Klotzscher Straßen
Foto: Schmidt/Neugebauer, Klotzsche, Repro Sammlung S. Bannack
Eine merkwürdige Erscheinung in Klotzsche waren von Ziegen und von Hunden gezogene Gespanne, mit denen einfache Transporte der Einwohner preiswert besorgt werden konnten. Besonders beliebt bei den Kindern des Ortes waren die Kutschfahrten mit solchen Fuhrwerken aus Anlaß von Heimatfesten und beim Fasching.

Ebenfalls in Klotzsche wohnhaft waren, um nur einige zu nennen, die Kapellmeister Fidelio F. Fincke und Jörg-Peter Weigle, der bekannte Operettenkomponist Gerd Natschinski, die Schauspielerin Marita Böhme (Kieler Straße 36), und Traude Richter, Reinhold Stöwesand, Rolf Hoppe (Goethestraße 23) und Wolfgang Stumph (Korolenkostraße 5), zum Teil auch nur vorübergehend.
Der bekannte Architekt und sächsische Kirchenbaumeister Woldemar Kandler bewohnte ein Landhaus in der Goethestraße Nr. 3.
Wenig bekannt ist auch, daß die beliebte Volks- und Filmschauspielerin Grethe Weiser (1903–1970) in Klotzsche einige Jahre ihrer Kindheit verlebte. Ihr Vater Ernst Nowka, hatte sich wegen eines Asthmaleidens kurze Zeit nach ihrer Geburt mit der Familie im Luftkurort Klotzsche bei Dresden eingemietet, von dessen berühmten Klima sich der Vater Besserung versprach. Diese Besserung trat auch tatsächlich ein, sodaß die Familie dann ihren Wohnsitz im nahen Dresden nahm.
Besonders beliebt als Altersruhesitz war Klotzsche bei den Beamten des Forst- und Postdienstes und der Kirchenverwaltung. Aber auch viele Fabrikdirektoren, Steinbruchbesitzer und Bankbeamte besaßen Villen im Ort. [25]

Handwerk und Gewerbe

Aufgrund der Entwicklung Klotzsches zum Kurort ließen sich zahlreiche Händler, Handwerker, und Gewerbetreibende, hier nieder, die bald gute Bedingungen vorfanden. 1899 wurde an der Königsbrücker Straße von F. W. Salbach ein gemeindeeigenes Wasserwerk errichtet, daneben ein Gaswerk mit Koksproduktion. Jedoch erst im Jahre 1909 ist Klotzsche an das öffentliche Stromnetz angeschlossen worden, wozu ein vom Landesverein Sächsischer Heimatschutz entworfenes Trafohaus im Dorf errichtet wurde. Damals gab es im ganzen Ort nur 10 Elektromotore und eine Anzahl Glühlampen. Das unter Denkmalschutz stehende Trafohäuschen ist 1981 auf Anweisung von DDR-Organen beseitigt worden.
Interessant ist auch, daß es 1933 in Klotzsche 67 angemeldete Kraftfahrzeuge gab, für die neun Tankmöglichkeiten an verschiedenen Stellen verfügbar waren, wenn letztere auch meist aus nur einer Zapfsäule bestanden.
Es gab über einhundert selbstständige Handwerker aller Berufe, allein 20 Schlosser. Daneben Sand- und Kiesgrubenwirtschaften, mehrere Kohlehandlungen, 9 Gärtnereien, 15 Baumeister, Architekten und Baubüros.
In über 100 Geschäften konnten die Klotzscher ihre Einkäufe an Lebensmitteln, Obst- und Grünwaren, Feinkost und Drogeriewaren tätigen. An größeren Betrieben sind in der Vorkriegszeit ein Sägewerk, eine Taschenlampenfabrik, eine Maschinenfabrik und eine Holzhausfabrik, sowie 3 Druckereien zu nennen.[26]

Handwerksbaubetrieb am Schänkhübel in Klotzsche
Fotokopie Sammlung S. Bannack
Unter den zahlreich in Klotzsche ansässigen Handwerksbetrieben waren die Baugewerke reichlich vertreten. Auf diesem Foto aus der Zeit um 1925 ist der Baubetrieb von Emil Lasche aus dem Schänkhübelviertel zu sehen, (Königsbrücker Straße 17). Von dieser Baufirma sind mehrere Villen und Landhäuser in Klotzsche errichtet worden.

Erst in der Nachkriegszeit wurde mit dem Aufbau der Dresdner Flugzeugwerke und der Mikroelektronik die Großindustrie hier seßhaft, nachdem zuvor schon ein Versuch, die Dresdner Karosseriewerke von Gläser am Fürstenweg, der heutigen Grenzstraße anzusiedeln, infolge Einspruchs des Fliegerhorstkommandanten gescheitert war.
In den seit 1955 aus dem Boden gestampften Flugzeugwerken war das erste Düsenverkehrsflugzeug Deutschlands, die »152« entwickelt und in mehreren Varianten gebaut worden. Der Erstflug dieser Maschine fand im Dezember 1958 statt.
Mit deren tragischen Absturz am 4. März 1959 beim Anflug auf Klotzsche endete ein vielversprechender Neuanfang in der »Stadt der Flieger«.

Verwaltung und Politik

Die Geschicke des Dorfes wurden in früherer Zeit maßgeblich vom Ortsrichter und von den Gemeindeältesten bestimmt. Nach Gründung der neuen Ortteile kam es zur Bildung eines Gemeinderates, dessen Vorstand Friedrich Gottlob Theodor Hendrich, Ritter des Albrechtkreuzes, bis zu seinem Tode am 6. August 1900 war. Wegen seiner Verdienste um die Entwicklung des Gemeinwesens ist nach ihm in Klotzsche eine Straße benannt. Während der langjährigen Wirkungszeit F. Hendrichs wurde u. a. die Straßenbeleuchtung in Klotzsche eingeführt. Es wurde eine Lokalbauordnung, ein Bebauungs- und Beschleusungsplan, die Neuordnung des Steuerwesens, die Errichtung einer freiwilligen Berufsfeuerwehr, die Errichtung eines Wasserhebewerkes unter Benutzung einer Waldquelle, in Hendrichs Amtszeit ermöglicht. Sogar eine eigene Straßenverkehrsordnung besaß Klotzsche damals. Die Zahl der ständigen Einwohner verdreifachte sich in dieser Zeit. Friedrich Hendrich wurde 66 Jahre alt.[27]

Gesamtanansicht des Ortsteiles Klotzsche-Königswald 1934 (Ausschnitt)
Friedrich Alfred Oehme, Gemälde in Öl (300 × 120 cm)
Stadtmuseum Dresden
Das Gemälde schmückte bis zur Eingemeindung von Klotzsche nach Dresden am 1. Juli 1950 den Bürgersaal im Rathaus zu Klotzsche. Seither befand es sich im Stadtmuseum Dresden.

Das Rathaus zu Klotzsche an der Gartenstraße
Repro Sammlung S. Bannack
Im Jahre 1907 bekam Klotzsche ein eigenes Rathaus, in dem der Gemeinderat Platz fand. Bei der kürzlich erfolgten Rekonstruktion konnte der eindrucksvoll mit Jugendstilornamenten und Wappen verzierte Bürgersaal der Öffentlichkeit wieder zugänglich gemacht werden. Das Ortsamt Klotzsche hat hier im Klotzscher Rathaus seinen Sitz. Gegenüber dem Rathaus befindet sich das ebenfalls restaurierte Denkmal für den deutschen Freiheitskämpfer Theodor Körner inmitten eines gepflegten Schmuckplatzes.

In den Jahren 1906/07 bekam Klotzsche nach Plänen von C. Rudolph ein eigenes Rathaus an der Gartenstraße Nr. 52, heute Kieler Straße. Hier residierte nach der Erhebung zur selbstständigen Stadt der Bürgermeister mit dem Stadtrat. Als Bürgermeister hatten sich bis 1933 Alfred Angermann und ab 1933 der NSDAP-Genosse Emil Olzmann einen Namen gemacht.

Vom 18. November 1935 bis zum 30. Juni 1950 genoß Klotzsche das Stadtrecht. Mit einem Beschluß des Rates der Stadt Dresden wurde die Stadt Klotzsche als bisher einzige Stadt am 1. Juli 1950 nach Dresden eingemeindet. Dies hatte außer einigen Verbesserungen im Öffentlichen Personennahverkehr, die jedoch auch erst mit dem Bau der Flugzeugwerke wirksam wurden, nur Nachteile für die Bevölkerung, insbesondere in der Versorgung mit Waren des täglichen Bedarfes und mit Obst und Gemüse, mit sich gebracht. Auch nach 1990 verbesserte sich dies nur langsam.

Klotzsche gehörte seit der Aufteilung Dresdens in Stadtbezirke ab 1957 zum IX. Stadtbezirk, später dann zum Stadtbezirk Nord der Stadt Dresden. Bei der Eingemeindung 1950, wurde der Apparat der Stadtverwaltung vollständig aufgelöst. Die Unterlagen und Dokumente der Orts- und Stadtgeschichte wurden in das Stadtarchiv Dresden, das Stadtmuseum Dresden und in die Sächsische Landesbibliothek verbracht.

Was die Besetzung der Stadtverwaltung von 1945 bis 1950 betrifft, so spielten sich Machtkämpfe zwischen den Sozialdemokraten und den von den sowjetischen Besatzern bevorzugten Kommunisten ab, wobei letztere durch Verleumdungen und Intrigen an die Macht zu kommen suchten, wie es vorhandene Dokumente beweisen.

Bei der noch einigermaßen demokratisch abgehaltenen Gemeindewahl am 1. September 1946, siegte die Liberaldemokratische Partei in Klotzsche, ebenso bei den Kreistags- und Landtagswahlen, die am 20. Oktober 1946 stattfanden. Mit der Eingemeindung nach Dresden hatte sich dann auch dieses Kapitel von selbst erledigt.

Die Ergebnisse der Gemeindewahl von 1946 stellen sich für die Stadt Klotzsche wie folgt dar:

Anzahl der Wahlberechtigten: 6701. Gewählt hatten 6414, ungültige Stimmen 215, gültige Stimmen 6233.

Davon entfielen auf die Liberaldemokratische Partei (LPD) 3101 Stimmen, auf die Sozialistische Einheitspartei (SED) 2262 Stimmen,

auf die Christlich-Demokratische Union (CDU) entfielen 875 Stimmen, auf die Vereinigung der gegenseitigen Bauernhilfe (VdgB) kamen keine Stimmen, auf den Frauenausschuß entfielen 93 Stimmen,

auf den Kulturbund zur demokratischen Erneuerung Deutschlands entfielen ebenfalls keine Stimmen.

Bei den Wahlen zum Kreistag, am 20. 10. 46, siegte in Klotzsche ebenfalls die LPD mit großer Mehrheit vor der SED und der CDU.[28]
Gegenwärtig besitzt Klotzsche mit einem eigenen Ortsamtsbereich in bestimmten Dingen wieder eine gewisse eigene Entscheidungsfreiheit.
Der Ortsbeirat übt dabei eine beratende Funktion aus. Ihm gehören vier Mitglieder aus der CDU-Fraktion, zwei der SPD-Fraktion, zwei der PDS-Fraktion, und je ein Mitglied der DSU-Fraktion, Freie Bürger und AF-Bündnis 90 Die Grünen an.[29]
Das seit 1990 bestehende Bürgerkomitee Klotzsche hat sich nach Erfüllung seiner Aufgaben und nach Annahme des Ortsbeirates durch die Bürger, mit einer letzten Sitzung am 31. Mai 1999 aufgelöst.

Sport, Spiel und Heimatgeschichte

Auch das Vereinswesen hatte in Klotzsche eine hohe Tradition. Neben mehreren Turn- und Sportvereinen gab es bis zur Auflösung aller Vereine 1945 und gibt es heute wieder diverse andere Zusammenschlüsse von Einwohnern zu Vereinen.
Zur sportlichen Betätigung und zur Erholung stehen auch heute noch das 1902 eröffnete Waldbad im Prießnitzgrund und Tennisplatzanlagen im Waldpark, sowie mehrere Sportplätze zur Verfügung.
Der im Jahre 1454 gegründete älteste Dresdner Scheibenschützen-Verein hat in Klotzsche sein Domizil auf dem Schießplatz an der Langebrücker Straße gefunden.
Besonders hervorzuheben ist die 1996 erfolgte Gründung des »Klotzscher Verein e. V.«, der sich der Pflege der Heimatgeschichte und der Durchführung der schon in früheren Jahren beliebten Heimatfeste »Klotzscher Herbst« verschrieben hat.

Titelseite vom Goldenen Buch der Stadt Klotzsche
Kopie Sammlung S. Bannack
Im Klotzscher Rathaus bewahrte der Rat der Stadt das »Goldene Buch« der ehemaligen Fliegerstadt Klotzsche auf. Die Titelseite zeigt das Wappen und vorherige Gemeindesiegel von Klotzsche, den Klotzscher Baum. Es ist eine Kiefer der nahen Dresdner Heide auf einem Sandhügel, der von einer blauen Wellenlinie durchzogen wird. Diese soll auf das König-Friedrich-August-Bad an der Prießnitz hinweisen.
Das Goldene Buch wurde 1935 angelegt. In ihm sind Namen von bekannten Nazigrößen ebenso zu finden, wie Namen von deutschen Wehrmachtsangehörigen, die sich bei einem Heimaturlaub in das Buch eintrugen. Auch eine Widmung von Gertrud Caspari enthält dieses, für die Ortsgeschichte wichtige Dokument.

Gasthof und Hotel Alberthöhe in Klotzsche
Ansichtskarte, Stadtmuseum Dresden
Die Gaststätte und Hotel Alberthöhe war bei den Klotzschern und Gästen als Aussichts- und Tanzlokal sehr beliebt. Von hier aus hatte der Besucher einen herrlichen Rundblick über das Elbtal und die vieltürmige Landeshauptstadt Dresden. Nach dem Kriege wurde in dem Haus die Backwarenfabrik von Herbert Wendler seßhaft, der hier die von ihm kreierten, beliebten Dominosteine herstellte. Durch den hochgewachsenen vorgelagerten Waldbestand ist heute keine Aussicht auf Dresden mehr möglich.

Blick in den Ballsaal der Alberthöhe Klotzsche
Sammlung S. Bannack
In Klotzsche gab es bis 1945 fünf Ballsäle. Jener der Alberthöhe nahm dabei einen besonderen Rang ein. Auf diesem Saal spielte nach dem 13. Feb. 1945 unter anderem das Dresdner Staatsschauspiel sowie eine Kleinkunst- und Kammertanzbühne. Das Bild zeigt den Ballsaal der Alberthöhe im Festschmuck einer der damals beliebten Winzer- und Mühlenfeste.

Ansicht eines der ersten Hotels im damaligen Kurort Klotzsche
Ansichtskarte Sammlung S. Bannack
Eine bedeutende gastronomische Einrichtung vor der Jahrhundertwende war das Gast- und Logierhaus »Goldener Apfel« an der Bahnhofstraße, der jetzigen Wolgaster Straße 7. Hier existiert noch heute eine volkstümlich, als »Uboot« bezeichnete Kellergaststätte mit dem offiziellen Namen »Bürgerschänke«. Die vier Sandsteinsäulen des Vorbaues stammen von der Brühlschen Terrasse in Dresden. Sie zierten einst den im Jahre 1886 dort abgebrochenen Tempel des »Cafè Reale«, auch unter der Bezeichnung »Bonboniere« bekannt, des Italieners Ercole Balthasar Samuel Torniamenti.

Das Vereinssiegel des Klotzscher Verein e. V.
Dieses Siegel der Stadt Klotzsche gibt es zwar ebenfalls schon seit 1935. Sein neutrales Symbol veranlaßte den 1996 gegründeten Heimatverein Klotzscher Verein e. V. zur Wiederverwendung als Vereinslogo. Es zeigt gleichfalls die für Klotzsche so typischen Wahrzeichen: Wasserturm, Kiefer und Prießnitz.

Der Gasthof zur Deutschen Eiche in Klotzsche-Königswald
Ansichtskarte Sammlung R. Meißner Klotzsche
Zu den zahlreichen Gaststätten in Klotzsche zählt auch der Gasthof zur Deutschen Eiche, der nach jahrelangem Verfall 1998/99 fachgerecht saniert und mit zweckmäßigen Ergänzungsbauten versehen wurde. Die Gebäude sind weitgehend im Originalzustand wiederhergestellt worden. Direkt vor dem Gasthof an der Straße nach dem Waldkurort Langebrück, befand sich 1903/04 der Endpunkt der schienenlosen Dresdner Haide-Bahn, welche der Dresdner Schmiedemeister Carl Stoll ins Leben gerufen hatte.

Anmerkungen

1 Vergl. Koepert und Pusch: Die Dresdner Heide, Dresden 1932.
2 Vergl. Kurt und Helmut Kelling: Klotzsche in Vergangenheit und Gegenwart, Klotzsche 1933.
3 ebenda
4 ebenda
5 ebenda
6 ebenda
7 Heinrich Meschwitz: Geschichte der Dresdner Heide und ihrer Bewohnerschaft, Dresden 1911.
8 FFW Klotzsche: Festschrift 100 Jahre Freiwillige Feuerwehr Klotzsche, Klotzsche 1995.
9 Heinrich Meschwitz: Mein Vaterhaus, Dresden 1920.
10 Aus Dokumenten der Familie Nauman, Klotzsche.
11 Hartmut Mai: Kirchen in Dresden-Klotzsche, Regensburg 1996.
12 Vergl. Kurt und Helmut Kelling: Klotzsche in Vergangenheit und Gegenwart, Klotzsche 1933.
13 Klotzsche-Königswald in der Dresdner Heide und sein König-Friedrich-August-Bad, ohne Angaben.
14 Festschrift anläßlich des 100. Geburtstages der 82. Grundschule Am Königswald, Klotzsche 1996.
15 Das Goldene Buch der Stadt Klotzsche, Klotzsche 1935 bis 1945, (Kopie bei S. Bannack).
16 Eigene Recherchen im Stadtarchiv Dresden und in der Sächsischen Landesbibliothek, S. Bannack 1980 bis 1993.
17 Karl Scheiblich: Von alten Wegen rings um Dresden, Dresden 1930.
Manfred Ruttkowski: Historische Zeichen und Wege der Dresdner Heide, Dresden 1987.
18 Erich und Reiner Preuß: Schmalspurbahnen in Sachsen, Transpress Berlin 1983.
20 Flughafen Dresden GmbH: 60 Jahre Flughafen, Dresden 1995.
21 Landeshauptstadt Dresden: Ortsamtsbroschüre für Klotzsche, 1998.
22 Stadt Klotzsche: Amtliche Nachrichten Nr. 57ff., vom 23. Dez. 1945.
23 Günter Holfert: Dresdens Postwesen nach der Nacht der Christbäume, Dresden.
24 Vergl. Kurt und Helmut Kelling: Klotzsche in Vergangenheit und Gegenwart, Klotzsche 1933.
25 Adreßbuch für Klotzsche: Jahrgänge 1929, 1937, 1941 und 1943/44.
26 ebenda
27 Vergl. Dresdner Nachrichten: 8. 8. 1900, S. 9.
28 Der Stadtrat zu Klotzsche: Wegweiser im Wirtschafts- und Verkehrsleben, Klotzsche 1947.
29 Angaben des Ortsamtes Klotzsche.

Weitere verwendete Quellen:

Akademie-Verlag: Werte unserer Heimat Band 22, Berlin 1973
Sächs. Pestalozzi-Verein: Bunte Bilder aus dem Sachsenlande, Erster Band, Leipzig 1905
Kantor Gottlob Fischer: Vortrag über Klotzsche, Klotzsche 1893
Helmut Kelling: Kriegschronik der Stadt Klotzsche, Klotzsche 1941
Stadtrat Klotzsche (Kulturamt): Klotzsche und seine Umgebung, Klotzsche 1949
Christian Schubert: Erinnerungen an Klotzsche-Königswald, in Dresdn. Heide, Heimatwerk Dsd., Frankf. a. M., ohne Jahresangabe
Autorenkollektiv: Stadtlexikon Dresden A – Z, Dresden 1994
Erster Verschönerungsverein zu Klotzsche-Königswald: Luftkurort Klotzsche-Königswald, ohne Jahresangabe
Fredo Zschaber: Klotzsche in früheren Jahrzehnten, in Sächs. Heimat, Heft 5/1983, Stuttgart

Oberbürgermeister der Stadt Dresden Wilhelm Külz

Christel Hermann

Als am 1. Dezember 1930 Oberbürgermeister Dr. Bernhard Blüher nach reichlich 15jähriger Dienstzeit im Alter von 66 Jahren beim Rat der Stadt Dresden zum 31. März 1931 seine Versetzung in den Ruhestand beantragte, stellte sich für die Kommune die Frage: Wer sollte Nachfolger des scheidenden Oberbürgermeisters werden?

Es galt einen Mann zu finden, der großstädtische Verwaltung beherrscht, die Dresdner Verhältnisse und die Eigenarten dieser Stadt und ihrer Einwohner kennt sowie Vertrauen und Entgegenkommen bei den städtischen Kollegien und der Dresdner Einwohnerschaft genießt; einen Mann, der außer kommunalpolitischer Theorie und Praxis auch Verbindung zu den wichtigsten Spitzenorganisationen, Gemeindetag und Deutscher Städtetag, hat und darüberhinaus zu den nicht minder wichtigen staatlichen Stellen und zu den Reichstagsorganisationen und Reichskörperschaften Beziehungen pflegt und sie für die von ihm zu betreuende Großstadt nutzbar machen kann.[1]

All den genannten Anforderungen entsprach Dr. Wilhelm Külz. Aber trotzdem ging es mit der Wahl zum Oberbürgermeister nicht ganz so schnell. Die Wahl im Jahre 1931 unterschied sich in einigen nicht unwesentlichen Details von den vorangegangenen Oberbürgermeisterwahlen:

Zum ersten Mal erfolgte eine Ausschreibung für die Stelle des Dresdner Oberbürgermeisters. Innerhalb der vorgegebenen Frist vom 14. bis 24. Januar 1931 gingen 29 Bewerbungen ein, darunter auch die von Dr. Wilhelm Külz.[2]

Ebenfalls zum ersten Mal war der Dresdner Oberbürgermeister nur von den Stadtverordneten zu wählen. Bisher, seit Inkrafttreten der Revidierten Städteordnung 1873, war die Wahl auf einer gemeinschaftlichen Sitzung der städtischen Körperschaften, also Stadtrat und Stadtverordnete, erfolgt. Die Grundlage für das veränderte Wahlverfahren bildete die neue Gemeindeordnung des Freistaates Sachsen in der Fassung vom 15. Juni 1925.[3]

Mehr als bei vorangegangenen Wahlen spielten 1931 bei der Auswahl der Kandidaten für das Amt des Dresdner Oberbürgermeisters politische Interessen eine vordergründige Rolle. Deshalb wurde auch die ursprünglich für den 29. Januar vorgesehene Wahl auf den 9. Februar 1931 verlegt. Bis dahin hatten sich unter den Stadtverordneten drei politische Interessengruppen herausgebildet, und jede favorisierte ihren Kandidaten:

Dr. Wilhelm Külz wurde vom Stadtverordnetenvorstand und dem Wahlausschuß sowie von seiner Partei, der Deutschen Staatspartei, und von der SPD unterstützt.

Dr. Most aus Duisburg-Ruhrort, Syndikus der Niederrheinischen Industrie- und Handelskammer, wurde von seiner Partei, der Deutschen Volkspartei, von der Konservativen Volkspartei, der Nationalsozialistischen Deutschen Arbeiterpartei und von der Gruppe Handwerk, Handel und Gewerbe empfohlen.

Georg Stolt aus Berlin trat als Kandidat der KPD an, obwohl gerade die Kommunisten aus Sparsamkeitsgründen immer wieder die Nichtbesetzung der Oberbürgermeisterstelle gefordert hatten; selbst am Wahltag ging noch ein derartiger Antrag ein.[4]

Dr. Wilhelm Külz
Reproduktion aus: Deutschland. Jahrbuch für das deutsche Volk 1929, Leipzig 1929

Am 9. Februar 1931 fand die Wahl des Oberbürgermeisters statt.
Bereits im ersten Wahlgang wählten die Stadtverordneten in geheimer Wahl Dr. Wilhelm Külz zum neuen Oberbürgermeister. Er erhielt von den 74 anwesenden Stadtverordneten 36 Stimmen; 28 Stimmen entfielen auf Dr. Most und 6 Stimmen auf Georg Stolt; 4 Stimmzettel waren weiß geblieben.[5]
Nach seiner Wahl zum Oberbürgermeister der Stadt Dresden kennzeichnete Dr. Wilhelm Külz seine Position mit folgenden Worten: »Ich sitze hier in diesem Saale ganz genau in der Mitte, nicht nur räumlich, sondern auch nach meiner ganzen kommunalen und auch menschlichen Einstellung. Und nun gehe ich aus ihrer Mitte als künftiger Oberbürgermeister der Stadt Dresden hervor. Das soll mir Symbol und Vorbedeutung sein, und ich will hoffen, daß es mir vergönnt sein wird, mich als Mittelpunkt einer gemeinsamen Arbeit für die Allgemeinheit unserer Stadt zu bewähren.«[6]

Die politischen Parteien brachten ihre Haltung zur Wahl von Dr. Wilhelm Külz als Oberbürgermeister der Stadt Dresden auf sehr verschiedene Weise zum Ausdruck:
Die nationalsozialistische Fraktion der Stadtverordneten verweigerte aus Protest gegen die Wahl von Dr. Wilhelm Külz die Teilnahme an der Einweisungsfeier.[7]
Die Ortsgruppe Dresden der Deutschnationalen Volkspartei bezeichnete die Wahl als »unwürdigen Vorgang«.[8]
In der »Arbeiterstimme«, der Tageszeitung der KPD für den Bezirk Sachsen, wurde der neugewählte Oberbürgermeister als »Schund- und Schmutz-Külz« verunglimpft.[9]

Und doch war Dr. Wilhelm Külz für das Amt des Oberbürgermeisters der Stadt Dresden bestens geeignet:
Er verfügte über eine abgeschlossene volkswirtschaftliche und verwaltungsrechtliche Ausbildung und hatte den akademischen Grad Doktor der Staatswissenschaften erworben.
Er beherrschte aufgrund seiner beruflichen Entwicklung die Verwaltung unterschiedlicher Gemeinwesen in Deutschland und auch im Ausland. Gearbeitet hatte er unter anderem in Meerane, in Bückeburg (Fürstentum Schaumburg-Lippe), in Zittau und in Deutsch-Südwestafrika.
Er besaß besondere Erfahrungen auf dem Gebiet des großstädtischen Finanzwesens. Schließlich war er ab August 1923 bis September 1926 als 2. Bürgermeister von Dresden für die Finanzen

Dr. Wilhelm Külz (links) und die deutsche Delegation vor ihrer Abreise nach Genf
Dr. Wilhelm Külz war 1927 Präsident einer internationalen Staatenkonferenz zur Gründung des Welthilfsverbandes für Katastrophenhilfe in Genf. Reproduktion aus: Das schöne Sachsen, a. a. O.

zuständig gewesen und hatte die Stadt durch die komplizierte Zeit der Inflation geführt.[10]
Er war Vorstandsmitglied des Deutschen Städtetages und des Reichsstädtebundes.
Politisch organisiert in der Deutschen Demokratischen Partei, später Deutsche Staatspartei, war er deren Vorsitzender in Sachsen und Mitglied in der Nationalversammlung und im Deutschen Reichstag.
Nach einjähriger Tätigkeit als Reichsminister des Innern wurde er 1927 Reichskommissar für Sonderaufgaben und arbeitete für den Völkerbund im Welthilfsverband für Katastrophenhilfe in Genf. 1928 zeichnete er für die Ausrichtung der Internationalen Presseausstellung in Köln und 1930 für die Internationale Hygiene-Ausstellung in Dresden verantwortlich.
Er blieb auch nach seinem Ausscheiden aus der Stadtverwaltung Dresden im Jahre 1926 und nach der Übernahme neuer beruflicher Verpflichtungen auf Reichsebene der Stadt Dresden und auch dem Land Sachsen eng verbunden. Er behielt seinen Hauptwohnsitz in Dresden, Henzestraße 12, ganz in der Nähe des Großen Gartens. Vor 1925 hat er in Dresden kurze Zeit in der Nürnberger Straße 46 und der Reichenbachstraße 4 gewohnt.[11] Die Verbundenheit von Dr. Wilhelm Külz zu Dresden und Sachsen fand vielfältigen Ausdruck, beispielsweise:
Er war Vorsitzender des Dresdner Verkehrsvereins, der Volkshochschule Sachsen und Dresden, des Sächsischen Gemeindetages, des Landesverbandes Sachsen des Vereins für das Deutschtum im Ausland, der Landesgruppe Sachsen im Deutschen Luftfahrtverband und des Dresdner Hochschulvereins.
Er war Herausgeber des Jahrbuches Sachsen.
Er war Reichskommissar für die Durchführung der Internationalen Hygiene-Ausstellung 1930 und zugleich Vorstandsmitglied des Deutschen Hygiene-Museums.
Er gehörte seit dem 1. Januar 1930 dem Stadtverordnetenkollegium Dresden an – bis einen Tag vor seinem Amtsantritt als Oberbürgermeister. Ansonsten hatte er fast alle Ehrenämter behalten – und neue kamen nun hinzu, unter anderem die Mitgliedschaft in verschiedenen Aufsichtsräten (zum Beispiel der Dresdner Gas-, Wasser- und Elektrizitätswerke AG, der Dresdner Straßenbahn AG, der Hille-Werke AG Dresden, der Mitteldeutschen Luftverkehrs-AG Leipzig) und als Mitverwalter der Dr. Güntzschen Stiftung.[12]

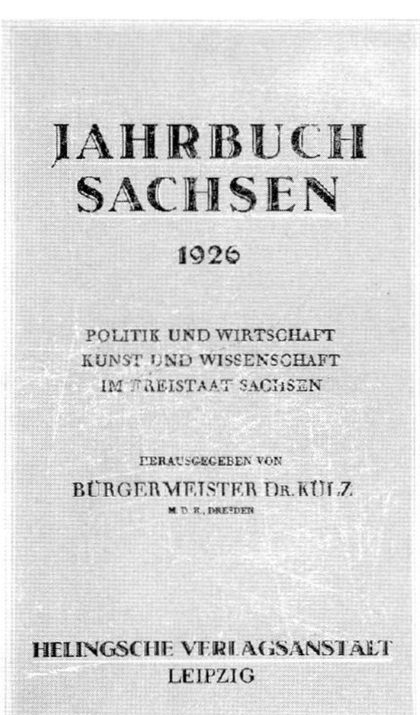

Als der am 18. Februar 1875 in Borna bei Leipzig geborene Friedrich Leopold Wilhelm Külz am 1. April 1931 das Amt des Oberbürgermeisters der Landeshauptstadt des Freistaates Sachsen Dresden übernahm, war er 56 Jahre alt, verheiratet mit Erna Külz geb. Freymond und Vater eines Sohnes.[13]
Die Verpflichtung und Einweisung des auf zunächst sechs Jahre gewählten Oberbürgermeisters Dr. Wilhelm Külz erfolgte im Festsaal des Neuen Rathauses durch Kreishauptmann Wilhelm

Buck. Der Minister des Innern Friedrich Richter bestätigte in seiner Ansprache, daß der neue Oberbürgermeister vor einer schwierigen Aufgabe stehe, da die allgemeine wirtschaftliche und politische Lage im Reich, in den Ländern und in den Gemeinden sehr ernst, ernster denn je sei, und Sachsen wie kein anderes deutsches Land an den Folgen der Wirtschaftskrise leide. Als Hauptaufgabe formulierte er deshalb, die Gemeindehaushalte in Ordnung zu bringen und die hierzu erforderlichen Maßnahmen zu treffen, so schwer sie auch fallen und so unpopulär sie auch sein mögen. In Dr. Wilhelm Külz sah er einen »Mann von seltener Umsicht und Energie, von erstaunlicher Arbeitskraft und vielseitiger Erfahrung«.[14]

Dr. Wilhelm Külz war sich bei seinem Amtsantritt als Oberbürgermeister der Stadt Dresden sehr wohl der an ihn gestellten hohen Erwartungen und auch der von ihm zu übernehmenden Verantwortung bewußt. Seine Ziele, Absichten, Hoffnungen und Wünsche brachte er in der Antrittsrede unter anderem so zum Ausdruck:

»Der Weg der deutschen Oberbürgermeister führt jetzt nicht wie früher durch blühende kommunale Gefilde, wo Blüten und reife Früchte zur Ernte luden, er führt oft durch unwirtliches Land, durch Hecken und Dornen. ... Wenn mir etwas im Augenblick der Amtsübernahme das Schwere, was in ihr liegt, erleichtert, so zunächst der Umstand, daß ich als kein Fremder nach Dresden komme und als kein Fremder unter meine Mitarbeiter trete. Aus gemeinsamer jahrelanger Zusammenarbeit im Rat und bei den Stadtverordneten und im öffentlichen Leben der Stadt bringe ich die Hoffnung mit, daß wir recht bald in gemeinsamer Arbeit uns verbunden fühlen werden. Wir werden nicht immer die gleichen Ansichten haben, das wäre langweilig und fortschrittshemmend, denn nur das Ringen der Meinungen gebiert den Fortschritt. Wir wollen unsere Arbeit geistigen Kampf und keinen anderen sein lassen und wollen uns daran gewöhnen, nicht jeden schon deswegen für einen Dummkopf oder schlechten Kerl zu halten, weil er eine andere Ansicht hat wie wir, und wollen bei aller, oft vielleicht weitgehenden Verschiedenheit der Auffassungen im einzelnen doch im letzten Ziele und in dem Selbstgebot uns verbunden fühlen: Dresdens Wohlfahrt oberstes Gesetz!

Meine Hoffnung erstreckt sich auch auf eine vertrauensvolle Zusammenarbeit mit der Beamtenschaft. ... Wir wollen uns nach wie vor beherrschen lassen von der alten guten deutschen Dienstauffassung, das heißt: vom kategorischen Imperativ der Pflicht, der geboren ist nicht aus einem ›ich muß‹, sondern aus dem ›ich will‹, das ist der ethisch ungleich höhere Pflichtgedanke. ... Der Einwohner soll das Gefühl haben: auf dem Rathaus und in den städtischen Dienststellen wird für dich gearbeitet, dort sitzen Menschen, die haben Verständnis für deine Anliegen und Nöte, die wollen dir helfen.

Unsere Arbeit vollzieht sich für die Öffentlichkeit und in der Öffentlichkeit und wird und soll deswegen der Kritik ausgesetzt sein, sie steht nicht außerhalb aller Kritik und ist nicht erhaben über aller Kritik, sie ist aber hoffentlich auch nicht unter aller Kritik. Deshalb wollen wir die öffentliche Meinung nicht scheuen. ... Selbstverständlich können wir auch der Zusammenarbeit mit der Presse nicht entbehren. Die Presse ist auch im kommunalpolitischen Leben eine Macht; das weiß sie selbst, und das wissen wir. Ihre Macht steht im gleichen Dienst wie unsere Arbeit, im Dienste des Allgemeinwohls, und ihre Verantwortung ist mindestens die gleiche wie die unsere. ... Die Wahrheit kann man von verschiedenen Seiten her suchen, aber jede Presse, die sie sucht, soll uns willkommener Bundesgenosse sein, auch wenn ihr Suchen uns einmal unbequem ist.

Dr. Wilhelm Külz
Reproduktion aus: Dresden. Das Buch der Stadt 1924

Dr. Wilhelm Külz
Reproduktion aus: Eine deutsche Zeitung. Zweihundert Jahre Dresdner Anzeiger, Dresden 1930

Wir brauchen aber auch noch andere Bundesgenossen bei unserer Arbeit, das sind Reich und Staat. Ein sächsischer Minister hat vor kurzem den sehr richtigen Satz gesprochen: Gemeindenot ist zugleich Landesnot und Reichsnot. Die Erkenntnis hiervon ist noch nicht Gemeingut aller Stellen, die es angeht. Wem die Arbeit für die deutschen Städte zum Lebensinhalt geworden ist, der weiß, daß ein großer und wesentlicher Teil des deutschen Erneuerungs- und Selbstbehauptungskampfes in und von den deutschen Städten geführt wird. Ihr Ringen vollzieht sich an der vordersten Front des persönlichen, wirtschaftlichen und kulturellen Gemeinschaftslebens unseres Volkes. Die Städte werden diese lebenswichtige Funktion nur erfüllen können, wenn man ihre Front stärkt.
Das Gegenteil ist jetzt der Fall. Nichts schwächt und gefährdet gegenwärtig die Lebensmöglichkeit der deutschen Städte mehr als das, daß man die volle Flut der Arbeitslosenkatastrophe gegen sie anbranden läßt, ohne ihnen genügende finanzielle Möglichkeiten zur Bestreitung der daraus entstehenden sozialen Notwendigkeiten zu geben. Ich will in dieser Stunde nicht klagen und anklagen, aber das eine muß ich als einer, der im Kommunaldienst und im Reichsdienst die Verantwortung getragen hat, warnend zum Ausdruck bringen: ohne eine gesunde und gesicherte Finanzwirtschaft der Städte würden alle Versuche der Sanierung der Finanzen in Reich und Staat jeder Wirkung entbehren.
In der Schaffung einer gesicherten selbstverantwortlichen kommunalen Finanzwirtschaft erkenne ich die dringendste Voraussetzung für die Aufrechterhaltung der Selbstverwaltung, eine Voraussetzung, die zum Teil durch uns selbst, im wesentlichen aber durch das Reich geschaffen werden muß. Auf den von der Gesetzgebung des Reiches und des Landes geschaffenen Grundlagen liegt die Gestaltung und Durchführung der Selbstverwaltung bei den städtischen Körperschaften. Jede deutsche Großstadt hat ihr bestimmtes eigenes Gepräge.«
Im weiteren ging er auf die Eigenarten der Stadt Dresden ein, die er vor allem bestimmt sah durch ihre geographische Lage, durch ihre geschichtliche Entwicklung und durch die Wesensart ihrer Einwohner. Er charakterisierte Dresden als Landeshauptstadt, als Zentrum von Wirtschaft und Verkehr und als ein deutsches Kulturzentrum.
Das Wirken der Stadtverwaltung betrachtete Dr. Wilhelm Külz als »Volksdienst, Staatsdienst, Menschheitsdienst«. Ihm war sehr wohl bewußt, daß die Tätigkeit der Stadtverwaltung einer gewissen politischen Beeinflussung unterlag, die seiner Meinung nach jedoch nicht überhandnehmen durfte. Warnend, fast beschwörend sagte er:
»Aber wehe der Stadtvertretung, die im Staate Staat spielen wollte, die der Tummelplatz parteipolitischer Ambition oder Demagogie werden würde, in der die Parteien vergessen würden, daß auch ihr letztes Ziel allein das Allgemeinwohl sein kann und sein muß.«[15]
In welcher Situation fand Dr. Wilhelm Külz Dresden, die Landeshauptstadt des Freistaates Sachsen, bei seinem Amtsantritt im Jahre 1931 vor?
Die Stadt Dresden umfaßte 1931 eine Fläche von etwa 123 Quadratkilometern. Sie blieb in der Amtszeit von Dr. Wilhelm Külz unverändert, da keine Eingemeindungen vorgenommen wurden. Mit etwa 630.000 Einwohnern stand Dresden unter den 50 deutschen Großstädten mit über 100.000 Einwohnern an 7. Stelle. Die Stadt war in 57 Stadtteile gegliedert, von denen 41 auf dem linken und 16 auf dem rechten Elbufer lagen.
In den städtischen Geschäftsstellen waren etwa 6.200 Beamte und Angestellte sowie rund 2.800 Arbeiter beschäftigt, deren Zahl sich während der Amtszeit von Dr. Wilhelm Külz als Oberbür-

germeister nur unwesentlich verringerte.[16] Das Ratskollegium bestand – übrigens seit 1910 – aus 17 hauptamtlichen und 22 ehrenamtlichen Ratsmitgliedern. 2 Stellen hauptamtlicher Ratsmitglieder waren längere Zeit unbesetzt geblieben. Die meisten Ratsmitglieder verfügten auf Grund ihrer langen Dienstzeiten über große Erfahrungen in der Verwaltungsarbeit.[17] Der Rat war in 3 Abteilungen untergliedert. Als Oberbürgermeister war Dr. Wilhelm Külz Mitglied aller Ratsabteilungen und der ersten Ratsabteilung stand er selbst vor. Bei der Vorbereitung wichtiger Repräsentations- und Personalangelegenheiten, insbesondere bei der Verteilung der Ratsgeschäfte, stand ihm der Ältestenausschuß zur Seite. Der Oberbürgermeister leitete als Vorsitzender die Gesamtratssitzungen. Er war Vorsitzender der Ausschüsse bzw. er konnte diese Verantwortung einem ständigen Vertreter übertragen.[18]

Aufbau und Arbeitsweise der Stadtverwaltung entsprachen den Anforderungen der damaligen Zeit. Allerdings machten sich – wie überall in Deutschland – auch in Dresden die Folgen der allgemeinen Wirtschafts- und Finanzkrise immer mehr bemerkbar. Notverordnungen der Brüning-Regierung von 1931, der Papen-Regierung von 1932 und auch die Notverordnung der Sächsischen Staatsregierung vom September 1931 diktierten immer einschneidendere Sparmaßnahmen in Staat, Ländern und Gemeinden, und natürlich auch in Dresden.

Weder 1931 noch 1932 konnten sich Rat und Stadtverordnete über den Haushaltplan einigen. Deshalb mußte er jeweils durch Zwangsvollzug von der übergeordneten Behörde, der Kreishauptmannschaft Dresden-Bautzen, in Kraft gesetzt werden – und immer unter strengsten Sparauflagen. 1931 war im Stadthaushalt ein Fehlbetrag von 17 Millionen Reichsmark und 1932 ein Fehlbetrag von 9 Millionen Reichsmark auszugleichen.[19] Unter

Verpflichtung und Einweisung von Dr. Wilhelm Külz als Oberbürgermeister von Dresden am 1. April 1931
Reproduktion aus: Dresdner Anzeiger, 02. 04. 1931.

Dr. Wilhelm Külz mit Familie am 1. April 1931 vor dem Neuen Rathaus in Dresden
Reproduktion aus: Sächsische Volkszeitung, 02. 04. 1931.

Blick nach dem Neuen Rathaus
Aquarell von Fritz Beckert, 1930
Stadtmuseum Dresden

Trauerzug für den letzten sächsischen König Friedrich August III. am 22. Februar 1932 in der Moritzstraße
Reproduktion aus: Heim und Welt. Wochenbeilage des Dresdner Anzeigers, 28. 02. 1932.

Vorsitz von Dr. Wilhelm Külz wurde eine Sparkommission – vergleichbar mit einem Ratsausschuß – gebildet. Diese Sparkommission überprüfte ständig alle Bereiche der Stadtverwaltung auf mögliche Reserven.
Von den Sparmaßnahmen betroffen wurden vor allem die öffentliche Fürsorge, die Kinderfürsorge, das Schulwesen; die Unterstützung der Arbeitslosen, der Wohlfahrtserwerbslosen und der Kleinrentner wurde drastisch eingeschränkt. Eine der unpopulärsten und fragwürdigsten Sparmaßnahmen war die Schließung des seit dem Jahre 1901 bestehenden städtischen Krankenhauses Johannstadt. Hatte Dresden 1929 im Wohnungsbau mit 5.658 Wohnungen noch eine führende Stellung unter den deutschen Großstädten eingenommen, wurden 1932 nur noch 877 Wohnungen bezugsfertig.[20]
Die Zahl der Arbeitslosen in Dresden stieg vom April 1931, dem Amtsantritt von Dr. Wilhelm Külz, bis zum Januar 1933 von 67.000 auf 93.600, die der Wohlfahrtserwerbslosen im gleichen Zeitraum von 22.800 auf 48.200.[21] Diese außerordentliche Zunahme der Wohlfahrtserwerbslosen, für deren Fürsorge die Stadt allein in der Pflicht stand, wurde zu einem schier unlösbaren Problem, zumal auch die Steuereinnahmen ständig sanken. Damit wurde die Finanznot der Stadtkasse zum bestimmenden Thema sowohl in den Ratssitzungen als auch in den Sitzungen der Stadtverordneten.
Aus Geldmangel mußten größere Vorhaben der Stadt, beispielsweise im Wohnungs- und Straßenbau, aufgeschoben werden, und Höhepunkte im öffentlichen Leben wurden zur Ausnahme. Zu derartigen Ausnahmen im Jahre 1932 gehörten die Einweihung der neuen Schlachthofbrücke und der Abschluß des fast 9jährigen Erneuerungswerkes der Frauenkirche, dessen Leitung in den Händen des städtischen Hochbauamtes gelegen hatte.
Oberbürgermeister Dr. Wilhelm Külz war de facto zum obersten Verwalter des Mangels und der Not geworden. Dem allgemeinen Sparzwang unterwarf er sich auch selbst: Von seinem aufgrund der Sächsischen Notverordnung um 20 Prozent gekürzten Gehalt verzichtete er freiwillig auf weitere 22 Prozent.[22]
Als die Wiederholung der Internationalen Hygiene-Ausstellung von 1930 im Jahre 1931 vor allem wegen wirtschaftlichen Schwierigkeiten auf Zweifel stieß, verteidigte Oberbürgermeister Dr. Wilhelm Külz das Vorhaben. In diesem Zusammenhang äußerte er: »... wer sich seine Entschließungen nur vom Augenblick diktieren läßt, und wer mit seinem Urteil nur an der äußeren Erscheinung der Dinge haften bleibt, der wird mit fatalistischer Gleichgültigkeit jede Beschäftigung mit Zukunftsproblemen dieser Art ablehnen...«[23]
Das tagtägliche Ringen um verantwortungsvolle Erfüllung seines Amtes als Oberbürgermeister der Stadt Dresden verlangte Dr. Wilhelm Külz viel Kraft ab. Aber die wohl komplizierteste Situation seines bisherigen beruflichen und auch persönlichen Lebens stand ihm noch bevor.

Faltblatt zur Internationalen Hygiene-Ausstellung 1931
Stadtmuseum Dresden

Die neue Kinderklinik im Stadtkrankenhaus Dresden-Johannstadt
Die Einweihung erfolgte am 15. Februar 1930. Im April 1932 wurde das gesamte Stadtkrankenhaus wegen Sparmaßnahmen geschlossen, ab Mai 1933 schrittweise wieder in Betrieb genommen. Die Kinderklinik öffnete im Oktober 1933.
Foto: Landeshauptstadt Dresden, Stadtplanungsamt

Städtisches Planetarium an der Stübelallee
Eingeweiht am 24. Juli 1926, wegen Sparmaßnahmen geschlossen am 30. Dezember 1931.
Foto: Stadtmuseum Dresden/Alfred Hartmann

Die neue Schlachthofbrücke
Am 27. Mai 1932 wurde die geschweißte Stahlbrücke über die Ostraflutrinne als Verbindung zwischen der Schlachthofinsel und der Magdeburger Straße übergeben. Sie löste die hölzerne Brücke aus dem Jahre 1899 ab.
Reproduktion aus: Dresdner Nachrichten, 27. 05. 1932.

Die Machtübernahme durch die Nationalsozialisten im Januar 1933 brachte für Dr. Wilhelm Külz jähe Änderungen. Hatte er auf eine Kandidatur für die Deutsche Staatspartei bei der Reichstagswahl am 5. März 1933 noch von sich aus verzichtet, so wurde sein Ende im Amt als Oberbürgermeister von den neuen politischen Machthabern, den Nationalsozialisten, diktiert!

Dr. Wilhelm Külz war als Oberbürgermeister wiederholt Provokationen der Nationalsozialisten ausgesetzt, denen er mit Mut entgegentrat. Beispielsweise lehnte er das Hissen der Hakenkreuzfahne auf dem Rathaus ab und verwahrte sich entschieden gegen das »Entfernen aller Marxisten« aus dem Stadtrat. Auch der nationalsozialistischen Forderung, Kommunisten das Betreten des Rathauses zu untersagen, kam Oberbürgermeister Dr. Wilhelm Külz nicht nach. Diese eindeutige Haltung war Ausdruck seiner klaren Auffassung von Humanismus und Rechtsstaatlichkeit. Außerdem glaubte er, wie viele andere auch, an ein baldiges Ende der nationalsozialistischen Gewaltherrschaft. Das ganze Ausmaß der bereits erfolgten Untergrabung der Demokratie durch die Nationalsozialisten wollte wohl auch Dr. Wilhelm Külz nicht wahrhaben. Noch am 7. März 1933 erklärte er, daß es für ihn eine Selbstverständlichkeit sei, die

Die Frauenkirche im November 1932
Am 13. November 1932 erfolgte die Wiedereinweihung der Frauenkirche nach den seit 1924 durchgeführten umfassenden Erneuerungsarbeiten.
Foto: Landeshauptstadt Dresden, Stadtplanungsamt

Gesetze des Reiches, ungeachtet der Zusammensetzung von Reichsregierung und Reichstag, zu befolgen.[24] Die NSDAP hatte in Dresden bei den Wahlen zum Stadtverordnetenkollegium am 13. November 1932 die knappe Mehrheit erzielt, und seit dem 16. Januar 1933 war der Nationalsozialist Rudolf Kluge Vorsteher des Stadtverordnetenkollegiums. Nach den Neuwahlen der 22 ehrenamtlichen Ratsmitglieder durch die Stadtverordneten am 30. Januar 1933 stellte die NSDAP mit sieben Mitgliedern die stärkste Fraktion und bestimmte zunehmend in Ton und Inhalt die Stadtverordneten- und Ratssitzungen.

Am 14. März 1933, kurz vor der Gesamtratssitzung – Dr. Wilhelm Külz hatte sich bereits in die Anwesenheitsliste eingetragen – wurde ihm, dem Demokraten und Oberbürgermeister von Dresden, durch den Vorsitzenden der nationalsozialistischen Stadtratsfraktion Dr. Max Schreiter die sofortige »Beurlaubung vom Amte« ausgesprochen. Am 16. März ging dafür die Bestätigung des Reichskommissars für das Land Sachsen, Manfred von Killinger, beim Rat ein, und umgehend erhielt Dr. Wilhelm Külz nunmehr schriftlich seine »Beurlaubung« zugestellt.[25] Am 15. Juli 1933 war im »Dresdner Anzeiger« die folgende Mitteilung der Nachrichtenstelle der Staatskanzlei zu lesen: »Der Herr Reichsstatthalter hat auf Antrag des Innenministeriums den Oberbürgermeister Dr. Külz in Dresden auf Grund § 4 des Gesetzes zur Wiederherstellung des Berufsbeamtentums aus seiner Dienststelle entlassen.« In der Gesamtratssitzung vom 25. Juli 1933 nahmen die Stadträte Kenntnis von einem Dankschreiben des Reichskanzlers Adolf Hitler für seine Ernennung zum Ehrenbürger der Stadt Dresden und für die Umbenennung des Theaterplatzes in »Adolf-Hitler-Platz« – und zugleich auch von der Entlassung des bisherigen Oberbürgermeisters Dr. Wilhelm Külz aus dem Dienst der Stadt Dresden.[26] Damit war nach nur 2 Jahren die Amtszeit von Dr. Wilhelm Külz als Dresdner Oberbürgermeister gewaltsam beendet worden.

Von seinen bei Amtsantritt verkündeten Vorhaben und Zielen hatte er kaum etwas verwirklichen können. Dafür fehlte ihm, ganz abgesehen von den widrigen Umständen seiner Entlassung, die notwendige Zeit. All seinen Vorgängern im Amt als Dresdner Oberbürgermeister war eine wesentlich längere Amtsdauer beschieden.[27]

Dr. Wilhelm Külz versuchte mit den ihm zur Verfügung stehenden Mitteln seine Rehabilitierung – doch vergeblich. 1935 schließlich verließ er die Stadt Dresden und übersiedelte nach Berlin. Nur

Zur Eröffnung der Internationalen Hygiene-Ausstellung am 6. Mai 1931
Vor dem Hygiene-Museum (v.l.n.r.): Präsident Dr. Georg Seiring, Oberbürgermeister Dr. Wilhelm Külz, Geheimrat Prof. Dr. Adolf Thiele
Reproduktion aus: Internationale Hygiene-Ausstellung. Offizielle Ausstellungszeitung, Nr. 1/1931.

Im Staatenhof der Internationalen Hygiene-Ausstellung 1931
Oberbürgermeister Dr. Wilhelm Külz (rechts) und Stadtrat Dr. Johannes Krüger – der Reichskommissar und der 1. Präsident der Internationalen Hygiene-Ausstellung
Reproduktion aus: Internationale Hygiene-Ausstellung. Offizielle Ausstellungszeitung, Nr. 7/1931.

Dr. Wilhelm Külz
Gemälde von Friedrich Lindig (Ausschnitt), 1948
Wilhelm-Külz-Stiftung

Dr. Wilhelm Külz
Reproduktion aus: Das schöne Sachsen. Monatsschrift für sächsische Kultur, Wirtschaft und Verkehr, April 1931

Dr. Wilhelm Külz
Büste von Otto Rost, o. J.
Wilhelm-Külz-Stiftung

gelegentlich kam er nach Dresden zurück. So im Juli 1938, um auf dem Johannisfriedhof Abschied von seinem Amtsvorgänger Dr. Bernhard Blüher zu nehmen.
Die Zeit des Nationalsozialismus verbrachte Dr. Wilhelm Külz in innerer Emigration, aber in Verbindung mit Gleichgesinnten. Die Nachricht von der Zerstörung Dresdens, seiner letzten großen Wirkungsstätte, erreichte ihn unmittelbar vor seinem 70. Geburtstag. Erschüttert hielt er in persönlichen Aufzeichnungen fest: »Eiskalt senkt sich für mich die Winternacht über die Stätte, wo mir einst der hellste und wärmste Sonnenschein meines Lebens strahlte. Von so manchem Grab von lieben und verehrten Menschen und von dahinsinkenden Erscheinungen der Staats- und Weltordnung ging ich hinweg zu neuem Leben und Streben mit dem Selbstgebot ›Über Gräber vorwärts!‹ – vor diesem Massengrab gibt es nur trostlose Trauer und einen tiefen, tiefen, nie verblassenden Fluch gegen die Totengräber!«[28] Der politische Pessimismus, von dem Dr. Wilhelm Külz zunehmend erfaßt wurde, wich mit dem Ende des Zweiten Weltkrieges einer großen Energie zur Mitgestaltung eines neuen demokratischen Deutschlands.
Im Sommer 1945 wurde er Mitbegründer und führender Politiker der Liberal-Demokratischen Partei Deutschlands (LDP). Sein gesamtes Wirken war darauf gerichtet, die Einheit Deutschlands zu erhalten. Doch seine Nachgiebigkeit gegenüber der sowjetischen Besatzungsmacht und der KPD bzw. SED, die sich unter anderem in seiner Zustimmung zu Blockpolitik und Volkskongreßbewegung äußerte, stieß auf Kritik der liberalen Kräfte um Theodor Heuss in den westlichen Besatzungszonen und zum Teil auch in den eigenen Reihen, vor allem in den Jugendausschüssen und im Berliner Landesverband der LDP.[29]
Am 10. April 1948 verstarb Dr. Wilhelm Külz im Alter von 73 Jahren in Berlin.
In Dresden wird in verschiedenen Formen an Dr. Wilhelm Külz, den Oberbürgermeister von 1931 bis 1933, erinnert. Beispielsweise tragen Straßenzüge seinen Namen:

Blick in den Dr. Külz-Ring, April 1999
Foto: Stadtmuseum Dresden/ Franz Zadnicek

Wenige Tage nach seinem Tod faßten die Dresdner Stadtverordneten in der Sitzung am 22. April 1948 einstimmig den Beschluß, die Ringstraße vom Rathausplatz bis zur Marienstraße als »Dr.-Külz-Ring« zu benennen.[30]
In Dresden-Hellerau erhielt Anfang der 50er Jahre ein Teil der Klotzscher Straße den Namen »Wilhelm-Külz-Straße« (seit 1993 gilt diese Bezeichnung nur noch für den Straßenabschnitt von der jetzigen Boltenhagener Straße bis zur Autobahn).[31]
Und nicht zuletzt wird dem einstigen Dresdner Oberbürgermeister Ehrung zuteil durch das Wirken der seit Oktober 1991 in Dresden ansässigen Wilhelm-Külz-Stiftung, dem liberalen Bildungswerk Sachsens.

* Dieser Beitrag ist die überarbeitete Fassung eines Vortrages, gehalten am 4. April 1998 im Stadtmuseum Dresden auf dem von der Wilhelm-Külz-Stiftung veranstalteten Kolloquium »Wilhelm Külz – ein sächsischer Liberaler«.

Anmerkungen

1 Vgl. Stadtarchiv Dresden, Stadtverordnetenakten, St. I. 196, Bl. 99.
2 Vgl. ebenda, Bl. 9 ff.
3 Vgl. Gemeindeordnung für den Freistaat Sachsen vom 1. August 1923 in der Fassung der Bekanntmachung vom 15. Juni 1925, 2. Auflage, Leipzig 1925.
4 Vgl. Stadtarchiv Dresden, Stadtverordnetenakten, St. I. 196, Bl. 18 ff.
5 Vgl. ebenda, Bl. 56.
6 Ebenda, Bl. 57.
7 Vgl. Der Freiheitskampf, 02. 04. 1931.
8 Vgl. Sächsischer Kurier, 11. 02. 1931.
9 Vgl. Arbeiterstimme, 27. 01. 1931 und 10. 02. 1931. Die Bezeichnung »Schund- und Schmutz-Külz« nimmt Bezug auf das von Dr. Wilhelm Külz als Reichsinnenminister gegen den Widerstand von KPD und SPD verteidigte und vom Reichstag am 3. Dezember 1926 angenommene »Gesetz zur Bewahrung der Jugend vor Schund- und Schmutzschriften«.
10 Vgl. Stadtarchiv Dresden, Stadtverordnetenakten, St. I. 195, Bl. 41 ff. und St. I. 190, Bl. 80.
11 Vgl. Adreßbuch für Dresden und Vororte 1924/25, Teil I, S. 485; 1925/26, Teil I, S. 486 und 1926/27, Teil I, S. 421.
12 Vgl. Stadtarchiv Dresden, Stadtverordnetenakten, St. I. 196, Bl. 14 ff. und Bl. 101 ff.
13 Ausführliche biographische Angaben u. a. in: Armin Behrendt: Wilhelm Külz. Aus dem Leben eines Suchenden, Berlin 1968; Thorsten Tonndorf: Die Politiker-Karriere des Wilhelm Külz bis zur Errichtung der nationalsozialistischen Diktatur. In: Sächsische Heimatblätter 1/1995, S. 28 ff.
14 Stadtarchiv Dresden, Stadtverordnetenakten, St. I. 196, Bl. 99.
15 Ebenda.
16 Vgl. Dresden in Zahlen 1931. Statistisches Jahrbuch der Stadt Dresden, 30. Jg., Dresden 1932, S. 1 und 47.
17 Vgl. Die Verwaltung der Stadt Dresden 1931, Dresden 1932, S. 5.
18 Vgl. Stadtarchiv Dresden, Ratsarchiv, A. II. 96, 1933 Bd. 1–3, Bl. 91.
19 Vgl. Die Verwaltung der Stadt Dresden 1931, Dresden 1932, S. 5 ff. und Die Verwaltung der Stadt Dresden 1932, Dresden 1933, S. 4 ff.
20 Vgl. Dresdner Jahrbuch und Chronik 1933, 24. Jg., Dresden o. J., S. 138.
21 Vgl. Dresden in Zahlen 1931 …, a. a. O., S. 98 und Dresden in Zahlen 1932/33, 31./32. Jg., Dresden 1934, S. 100.
22 Vgl. Stadtarchiv Dresden, Stadtverordnetenakten, St. I. 196, Bl. 105.
23 Wilhelm Külz: Die zukünftige Ausstellungspolitik der Stadt Dresden, In: 10 Jahre Dresdner Ausstellungsarbeit. Jahresschauen deutscher Arbeit 1922–1929 und Internationale Hygiene-Ausstellung 1930/31, Dresden 1931, S. 19.
24 Vgl. Dresdner Neueste Nachrichten, 09. 03. 1933.
25 Vgl. Stadtarchiv Dresden, Ratsarchiv A. II. 96., 1933 Bd. 1–3, Bl. 146.
26 Vgl. ebenda, Bd. 4, Bl. 21.
27 Friedrich Wilhelm Pfotenhauer (1849, 1850, 1853–1877): 23 1/2 bzw. 27 Jahre, Alfred Stübel (1877–1895): 18 Jahre, Georg Beutler (1895–1915): 20 1/2 Jahre, Bernhard Blüher (1915–1931): 15 1/2 Jahre.
28 Zit. nach: Armin Behrendt: Wilhelm Külz. …, a. a. O., S. 127 f.
29 Vgl. Gerhard Papke: Die Nachkriegspolitik von Wilhelm Külz. Hrsg. Wilhelm-Külz-Stiftung Sachsen, o. O. (Dresden) 1998.
30 Vgl. Stadtarchiv Dresden, Stadtverordnetenversammlung. Protokolle, 4.1.1., Bl. 686.
31 Vgl. Karlheinz Kregelin: Dresden. Namenbuch der Straßen und Plätze im Norden der Stadt, Halle/Saale 1999, S. 89.

Vom Werkstättenareal zum Industriegelände

Die Entwicklung des Industriegebietes an der Königsbrücker Straße in Dresden von der Entstehung der Albertstadt bis zur Auflösung der Industrieanlagen Nord (1873–1952)

HOLGER STARKE

SCHROFFE Gegensätze sind gegenwärtig das Markenzeichen des Industriegeländes in der Dresdner Albertstadt: einerseits hochmoderne Betriebe wie das Heizkraftwerk der DREWAG, moderne ansprechende Gebäude wie jenes der Handwerkskammer – andererseits kaputte Straßen, heruntergekommene Baracken, ungenutzte Gleisanlagen, verlassene Fabrikgebäude. Letztere werden mit ihrem maroden Charme zunehmend zur Zufluchtsstätte von Jugendlichen vor dem kommerzorientierten Zeitgeist oder zur Stätte experimenteller Kunstprojekte. So widersprüchlich, wie sich das IG heute darstellt, so wechselhaft und kompliziert ist auch seine Geschichte. Abgesehen von einzelnen Firmengeschichten ist hierzu bis heute keine eigenständige Veröffentlichung erschienen. Als auch ein Kolloquium zur Dresdner Garnisongeschichte keine derartige Studie beinhaltete,[1] war dies Anlaß, sich intensiv dem Thema zuzuwenden. Erste Archivrecherchen ergaben eine überraschend dichte Überlieferung.

Kgl. Arsenal und Bekleidungsamt
Postkarte, 1914
Stadtmuseum Dresden

Auf der Grundlage des vom Autor erarbeiteten und im Zuge der Quellenerschließung präzisierten Konzepts trugen Gert Patzelt und Klaus Schubert die Hauptlast bei der arbeitsintensiven Durchsicht und Auswertung der relevanten Bestände. Neben einer Kurzchronik ist dabei eine Zusammenstellung von Inhaltsauszügen und Kopien von fast 600 Akten, Plänen, Zeitungen und Büchern entstanden.

Ein ausdrücklicher Dank gebührt den Mitarbeitern von Archiven, Bibliotheken, Ämtern, Sammlungen, Museen und Vereinen, welche diese Arbeit durch bereitwillige Unterstützung und wertvolle Hinweise gefördert haben. Der Aufsatz stellt eine historische Skizze des IG dar – der Bogen spannt sich von der Entstehung des Werkstättengeländes in der Albertstadt ab 1873 bis zur faktischen Aufhebung des Sonderstatus des Areals mit der Auflösung der »Industrieanlagen Nord« zum Jahresende 1952.[2]

Die Entstehung der Albertstadt als autonomer Kasernenbezirk

Die Reorganisation des sächsischen Heeres, seine Eingliederung in das norddeutsche Bundeskontingent und die Einführung der allgemeinen Wehrpflicht 1867 stellten die Entscheidungsträger in Sachsen vor neue Herausforderungen. Spätestens nach der im deutsch-französischen Krieg 1870/71 vollzogenen Reichseinigung waren Änderungen in der Militärorganisation unumgänglich geworden. Dies betraf Ausbildung, Dislozierung, Versorgung und Führung der Truppen. Die sächsische Militärverwaltung konnte hierbei im Rahmen der Reichs- und Landesgesetze durchaus eigenständig handeln. Das wesentliche Planungsziel bestand in einer Effektivierung des Militärapparates, was durch weitgehende Konzentration und Autonomie erreicht werden sollte. Letzteres entsprach auch der Sonderrolle, welche die Armee im Kaiserreich einzunehmen gedachte. Das Paradebeispiel für die Verwirklichung dieser Vorstellungen war ohne Zweifel die Albertstadt. Die Militäranlagen waren vom zivilen Umfeld separiert; staatliche Wirtschaftsbetriebe und andere Einrichtungen verliehen dem Militärbezirk ein Höchstmaß an Autarkie.

Die neuen Kasernenbauten in Dresden
Holzstich nach einer Zeichnung von Bruno Heinrich Straßberger (1832–1910), 1876
Stadtmuseum Dresden
In der Nachfolge des Militärmalers, Prospektzeichners und Lithographen Ernst Wilhelm Straßberger (1796–1866) war auch dessen Sohn als Illustrator für Zeitungen und Verlage tätig. Im Jahre 1876 zeichnete er für die Zeitschrift »Daheim« eine Ansicht des neuen Arsenalgeländes aus der Vogelperspektive. Vorn links ist das Montierungsdepot (Bekleidungs- und Ausrüstungslager, Schneiderwerkstätten) und rechts das Administrationsgebäude (Garnison- und Artilleriewerkstättenverwaltungen, Depots, Baudirektion) erkennbar. Dazwischen befindet sich die Zufahrt von der Heerstraße zu zwei Rampen. Über die 18 Meter breite Treppe konnte man von der unteren Terrasse in das Arsenalhauptgebäude gelangen. Im Erdgeschoß, welches als Kreuzgewölbe mit 152 Sandsteinpfeilern ausgeführt wurde, fanden die Geschütze Aufstellung. In den oberen Etagen wurden die Handfeuerwaffen, Blankwaffen und Ersatzausrüstungsstücke untergebracht. Wagenschuppen für die Einlagerung der »Kriegsfahrzeuge« begrenzten den Arsenalhof nach Westen, Norden und Osten. Hinter dem Arsenalhauptgebäude sind die Artilleriewerkstätten erkennbar. Daß die Albertstadt mitten im Waldgebiet der Dresdner Heide entstanden war, zeigt noch der dichte Baumbestand westlich der Königsbrücker Straße und nördlich der Militäranlagen. Die Gesamtanlage geht maßgeblich auf die im engsten Kreise des sächsischen Kriegsministers Graf Alfred von Fabrice (1818–1891) erarbeiteten Vorstellungen zurück. Die Ausführung oblag der Militärbaudirektion; für architektonische Entwürfe und Details wurden Architekten wie Hermann Nicolai (1811–1881) und Gustav Rumpel (1844–1904) hinzugezogen.

Die Neuanlage der Albertstadt inmitten des Heidewaldes bot die Chance, moderne Erkenntnisse militärischer Ausbildung und der Truppenhygiene zu berücksichtigen. Die kasernierte Unterbringung sicherte kurze Wegezeiten und »bewahrte« die Mannschaften vor dem unmittelbaren Einfluß »defätistischer« Ideen. Direkt vor der Haustür befanden sich Exerzier-, Übungs- und Schießplätze. Die angrenzende Stadt Dresden war jedoch nahe genug, um Infrastruktur, Arbeitskräftepotential und Kulturangebot nutzen zu können. Wirtschaftliche und soziale Aufgaben, die das Militär nicht selbst wahrnehmen konnte, wurden der Stadt per Vertrag übertragen. Man mußte deshalb nicht befürchten, daß der Stadtrat Einfluß auf die inneren Angelegenheiten nehmen oder eine massenhafte Ansiedlung von Zivilpersonen erfolgen würde. Die Autonomie des Militärbezirkes wurde stetig ausgebaut. Nachdem in den 1870er Jahren Einrichtungen und Versorgungsbetriebe im engeren Sinne (Garnisonverwaltung, Festungsgefängnis, Ämter, Produktionsstätten und Lager für Kleidung, Nahrung, Futter, Waffen, Munition) konzentriert bzw. neu errichtet worden waren, folgten am Ende des Jahrhunderts Postamt, Wasser-, Kraftwerk, Garnisonkirche und -friedhof. Gleichzeitig wurden die nur zum Teil zivil nutzbaren Verkehrsanlagen (Straßen, Wege, Anschlußgleise, Feldbahnen), die Schießstände und Rüstungsunternehmen erweitert. Eine entscheidende Prägung erhielt die Albertstadt im ersten Weltkrieg, als der hohe Rüstungsgüterbedarf einen umfassenden Ausbau des späteren IG erforderte.

Der 7. März 1873 markierte den Beginn des Aufbaus der Kasernenstadt, als die sächsische Ständeversammlung die vom Kriegsministerium erarbeiteten Pläne billigte. Die Anlagen sollten auf den sandigen und dicht bewaldeten Höhenzügen nördlich von Dresden entstehen. Nach Abholzung der Baumbestände und Planierung des Areals entstand bis 1879 ein gewaltiger Militärbezirk, der im Kaiserreich nahezu ohne Beispiel war.[3] In der Zeit der wirtschaftlichen Depression bedeutete das Bauvorhaben eine merkliche Entlastung des Arbeitsmarktes. Das sinkende Lohn- und Preisniveau in den Jahren der »Gründerkrise« hielt auch die Kosten im Rahmen. Einer veranschlagten Grunderwerbs- und Bausumme von 18,5 Mio. Mark stand 1879 ein Betrag von 19.694.286 Mark gegenüber, zu dem das Land noch einen Reichszuschuß von 1.196.563 Mark erhielt.[4] Am 19. 3. 1877 erteilte König Albert (1828/1873–1902) die Genehmigung, daß der neue Militärbezirk seinen Namen tragen durfte. Über den politischen Status wurde jedoch noch immer diskutiert, wobei folgende Möglichkeiten in Erwägung gezogen wurden:

- Anschluß als Stadtteil an Dresden,
- Gründung einer selbständigen Gemeinde,
- Bildung eines selbständigen Gutsbezirkes.

Man entschied sich schließlich für die letztgenannte Variante, da das Kriegsministerium sonst lange Entscheidungswege und hohe Unterhaltskosten (Anliegerbeiträge) befürchtete sowie den Vorrang militärischer Interessen gefährdet sah. Die Revidierte Landgemeindeordnung von 1873 schloß die Errichtung neuer Gutsbezirke auf dem Wege der Gesetzgebung nicht aus.[5] Da das Gebiet für militärische Zwecke, also Reichsaufgaben, vorgesehen war, fand zugleich das Reichsgesetz vom 25. 3. 1873 über die »Rechtsverhältnisse der zum dienstlichen Gebrauche einer Reichsverwaltung bestimmten Gegenstände« Anwendung.[6] Am 11. 9. 1877 wurde ein Vertrag zwischen der Stadt Dresden und dem Reichsmilitärfiskus über den »Anschluß der Militärbauten« an das städtische Schleusennetz geschlossen.[7] Es sollten jedoch noch Jahre vergehen, ehe der Gutsbezirk ins Leben trat. Am 13. 6. 1883 gab das Innenministerium eine von Kriegs- und Finanzministerium gebilligte Bekanntmachung über die Bildung des Gutsbezirkes Albertstadt im politischen Verband der Amtshauptmannschaft Dresden-Neustadt heraus. Gutsherr war fortan der sächsische Kriegsminister, Gutsvorsteher der von der Amtshauptmannschaft verpflichtete Vorstand der Dresdner Garnisonverwaltung. Letzterer hatte die gleichen Befugnisse wie ein Bürgermeister, war jedoch vom »störenden« Element des Gemeinderates befreit – alle Entscheidungen wurden von ihm bzw. seinem Dienstherrn getroffen.

Zum Zeitpunkt der rechtlichen »Konstitution« 1883 bestand die Albertstadt formal nur aus dem Areal der ehemaligen forstfiskalischen Flächen, die mit Zustimmung des Finanzministeriums aus den Grundbüchern von Pieschen und Loschwitz überwiesen wurden. Die Eintragung des neugebildeten reichseigenen Flurstücks Nr. 1965 im Flurbuch von Neu- und Antonstadt erfolgte am 31. 8. 1885.[8] Hier ist vor allem der Passus von Interesse, daß die Grundstücke »in das Eigentum des Reiches übergegangen« sind. Diesem Eintrag lag eine Erklärung von Kriegs-, Justiz- und Finanzministerium vom 24. 4. 1878 zugrunde, wonach das Reich zum Eigentümer aller militärisch genutzten Grundstücke wurde.[9] Nur wenn sie für Zwecke der Reichsverwaltung »entbehrlich« werden sollten, war ein »Heimfall« an die Bundesstaaten vorgesehen.[10] Die Fläche der Albertstadt wurde 1878 mit ca. 360 ha angegeben.[11]

Mit der Stadt Dresden, die wie die Landgemeinden Loschwitz, Klotzsche, Rähnitz und Wilschdorf Parzellen zugunsten des Reichsfiskus ausbezirken sollte, kam es anfangs zu keiner Einigung. Der Stadtrat verlangte, wenn schon nicht der Anschluß des gesamten Militärbezirks zu erreichen war, einen adäquaten Gegenwert für die Grundstücke. Da dies nicht gelang, wurde am 20. 4. 1883 vorerst eine, später mehrfach ergänzte und erneuerte Vereinbarung über die gegenseitigen Beziehungen geschlossen.[12] 1886/87 wurden wieder ergebnislose Verhandlungen in der

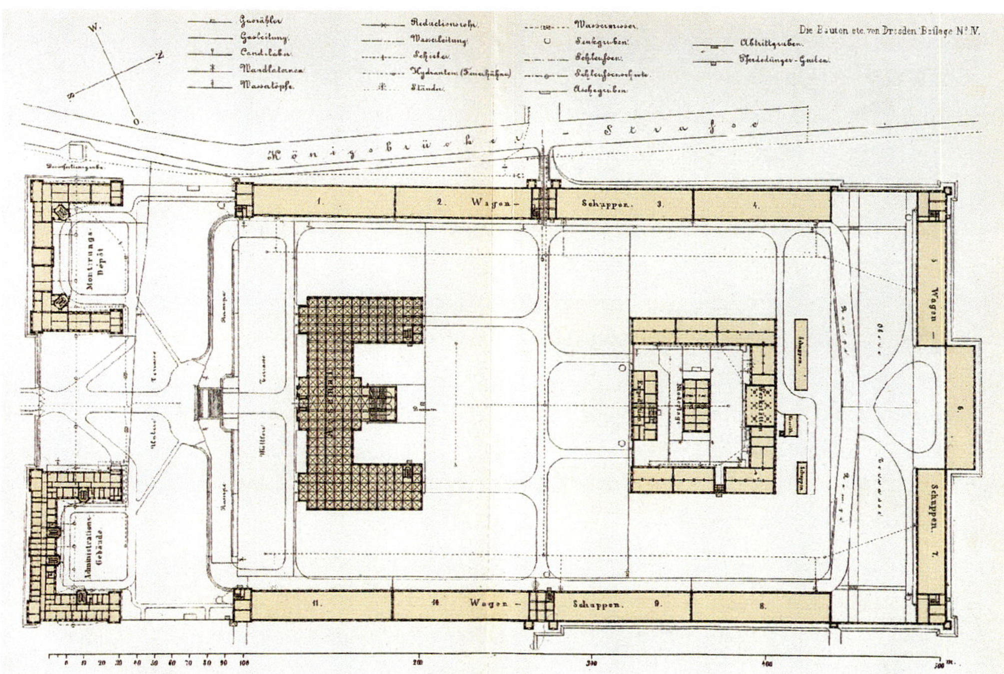

Grundrißplan des Arsenals
Aus: Die Bauten, technischen und industriellen Anlagen von Dresden, 1878
Stadtmuseum Dresden
In der ersten Periode des Aufbaus der Albertstadt in den 1870er Jahren wurden die Militärverwaltungen, das Artilleriedepot und die Artilleriewerkstatt in den Neubauten des Arsenalgeländes zusammengeführt. Im südlichen Teil des Arsenals wurde das Artilleriedepot und im nördlichen Teil die Artilleriewerkstatt eingerichtet; etwas weiter landwärts entstand das Traindepot. Der auf dem Plan erkennbare Zugang von der Königsbrücker Straße durch die Wagenschuppen in den Arsenalhof (gegenüber der späteren Fabricestraße) wird seit den 1920er Jahren auf Karten als Eingang A und der Weg gegenüber der Provianthofstraße (über den Wagenschuppen 5–7) als Eingang B bezeichnet. Mit der Inbetriebnahme des neuen Arsenals wurden die alten Militäranlagen in Dresden abgebrochen oder umgebaut. Das frühere Arsenal (Zeughaus), welches im Februar 1877 von allen militärischen Gegenständen vollständig geräumt war, wurde nach einem Umbau 1884–1887 als »Albertinum« zur Heimstatt von Hauptstaatsarchiv, Antiken- und Abgußsammlung.

Grundstücksfrage geführt, ehe die im Jahre 1900 wiederaufgenommenen Beratungen schließlich zur Einigung führten. Der Vertrag vom 4. 2. 1902 beseitigte die Grenzstreitigkeiten (u. a. Umbezirkung des Areals mit dem Kriegsarchiv an den Gemeindebezirk der Albertstadt) und regelte andere Probleme wie die Abwasserentsorgung. Eine vom Autor durchgeführte Berechnung ergab für Anfang 1903 eine Fläche des Gutsbezirkes von 385,18 ha, die seitdem weitgehend unverändert blieb und sich später nur noch geringfügig bis auf etwa 400 ha vergrößerte.[13]

Die Wirtschaftsbetriebe in der Albertstadt bis zum Ausbruch des ersten Weltkrieges

Ausgangs- und Schwerpunkt der Wirtschaftsunternehmen waren die Anlagen im und nördlich vom Arsenal. Das zwischen dem steilen Prießnitzufer und der Königsbrücker Straße gelegene und am 1. 5. 1877 bezugsfertige Arsenal (Zeughaus) bildete den geographischen und optischen Mittelpunkt des gesamten Militärbezirks. Der Arsenalhof war nach drei Himmelsrichtungen von Wagenschuppen für »Kriegsfahrzeuge« begrenzt. Den südlichen Abschluß bildeten Montierungsdepot (Lager für Bekleidungs- und Lazarettgegenstände, Schneiderwerkstätten) und Administrationsgebäude (Verwaltungssitz von Artilleriewerkstätten, Depots, Baudirektion, Garnisonverwaltung). Die Artilleriewerkstätten wurden im nördlichen Teil des Hofes eingerichtet. Folgende Werkstätten waren dort untergebracht: Schmiede, Formerei, Gießerei, Dreherei, Schlosserei, Stellmacherei, Tischlerei. Dampfhammer und 50-PS-Dampfmaschine zählten zur Ausstattung. Hier wurde, mit Ausnahme der Geschützrohre, Gewehre und Munition, das gesamte »Artillerie- etc. Material« für das XII. (sächsische) Armeekorps gefertigt.[14]
»Materialienniederlage« und »Pulverlaboratorium« befanden sich ca. 500 Meter weiter nördlich, mitten im Wald. Hier wurde die Artillerie- und Infanteriemunition, letztere vorwiegend durch Frauen, gefertigt. Die Wohn-, Verwaltungs-, Betriebs- und Lagerräume waren zumeist in Fachwerk ausgeführt.[15] Das Laboratoriumsgelände war über die 1879 benannte Laboratoriumstraße sowie auf direktem Wege vom Arsenal erreichbar. Noch weiter im Norden befanden sich ein Dynamit- und 7 Pulvermagazine in Abständen von je 140 Metern. In den Schuppen wurden das aus der staatlichen Pulvermühle Gnaschwitz bei Bautzen gelieferte Pulver und die fertige Munition gelagert. Man war der Meinung, daß die Schuppen »so weit draußen in der Heide [liegen], daß jeder Gedanke an Gefahr ausgeschlossen ist«.[16] Mit Inbetriebnahme wurden die bis 1875 benutzten Pulvermagazine in den Feldern des Ostravorwerks überflüssig.
Westlich der Königsbrücker Straße, an der Schlesischen Eisenbahn, befanden sich Proviantamt, Dampfwasch-, Schlachtanstalt, Kohlen-, Proviantdepot, Dampfmühle, Dampfbäckerei, Mehl-, Brot-, Körner- und Rauhfuttermagazine. In den folgenden Jahrzehnten wurden weitere Infrastruktur- und Wirtschaftsgebäude errichtet. Unter den außerhalb des späteren IG gelegenen Bauten sind das Postamt an der Königsbrücker Straße (1891), die Kaserne für die von der Festung Königstein verlegte kasernierte Arbeiterabteilung (1892/93), das Wasserwerk an der Charlottenstraße (1901/02) und die Garnisonmühle (1902/03) erwähnenswert. Im Wasserwerk wurde das aus einem 47 Meter tiefen Brunnen gewonnene Naß zu einem Hochbehälter auf der sogenannten Schwedenschanze in der Heide (214,5 NN) gepumpt. Der durch das starke Gefälle erzielte Betriebsdruck ermöglichte sogar Feuerlöscharbeiten in der gesamten Albertstadt.[17]
Beschaffung und Fertigung von Waffen, Heeresgerät und Munition erfolgte in Sachsen durch bzw. in den Technischen Instituten, Artilleriewerkstätten, Geschützgießereien, Feuerwerkslabo-

ratorien, Geschoß-, Pulver-, Gewehr- und Munitionsfabriken. Für Verwaltung und Bereitstellung an die Truppen waren die Artillerie-, für die Ausrüstung z. T. die Traindepots verantwortlich.[18] Vorgesetzte Behörde war die Zeugmeisterei. Einen Eindruck von der Verdichtung der Bausubstanz im Magazin- und Werkstättengelände erbrachte eine Analyse der Brandversicherungsakten.[19] Der Höhepunkt der Bebauung lag nicht überraschend in den 1870er Jahren und im ersten Weltkrieg. Ein nicht erwartetes Ergebnis war die rege Bautätigkeit 1887/89 (20 Bauten), 1892/94 (20), 1898/1900 (33) – bis zu zehnmal höher als in »Normaljahren«.

Die Baugenehmigung für die »Elektrische Zentrale« wurde von der Amtshauptmannschaft Dresden-Neustadt am 15. 11. 1901 erteilt.[20] Kriegsminister Edler von der Planitz (1837–1902) kündigte die Eröffnung des »kontinuierlichen Betriebs« für den 1. 10. 1902 an. Der Anschluß elektrischer Anlagen bedurfte der ministeriellen Genehmigung; Anträge bearbeitete die Hauptzeugmeisterei. Die Aufsicht wurde der Direktion der Dresdner Aw. übertragen. Außer an »hellen Tagesstunden der Sonn- und Festtage« war das Werk durchgängig in Betrieb; die Schichtablösung erfolgte im 12-Stunden-Rhythmus. 1906 wurden neue Dampfkessel und ein Dampfdynamo und 1909/10 eine Dieselmotorenanlage für den Havariefall eingebaut; die Bekohlungsanlage (Ostseite Kesselhaus) wurde 1908/09 errichtet. Die Einrichtungen der Umgebung (Bekleidungs-, Proviantamt, Garnisonmühle, Waschanstalt, Traindepot, Militärgericht, Gefängnis, Arrestanstalt, Geschoßwerkstatt, Gießerei) wurden vom Kraftwerk mit elektrischem Licht und Dampfheizung versorgt. Nur die Zünderwerkstatt hatte eine eigene Heizanlage, die auch Luftbefeuchtung gestattete.[21]

Heeresverstärkungen sowie die Einführung neuer Bewaffnung und Munition (z. B. 1896/98 Geschütz C 96, 1905 neues Infanteriegeschoß) zogen die Erweiterung der nahegelegenen Schießstände nach sich. Unmittelbar neben dem Traindepot befand sich ein Anschießstand, dem später ein Lafettenanschießstand nördlich der Infanterieschießstände hinzugefügt wurde. Wegen Zunahme der Blindgänger wurde auch die Ausdehnung des »Gefahrenbereiches« um die Militärschießanlagen in der Heide erwogen.[22] 1907 bedeckten die Schießstände mit Gefahrenbereich eine Fläche von über 450 ha – mehr als der gesamte Gutsbezirk Albertstadt![23] In jener Zeit verbesserte sich auch die Verkehrsanbindung. 1901 wurde im Grundbuch das Recht zum Bau eines Zeugmeisterei-Bahngleises im Arsenalgelände, 1902 zur Anlage einer Straße, 1904 zum Bau einer Schleuse und eines Fußweges an der Königsbrücker Straße eingetragen.[24] Im Januar 1911 übernahm die Stadt Dresden die eingleisige Staatsstraßenbahn vom Arsenal zum Schänkhübel und eröffnete den Straßenbahnhof Klotzsche.[25] 1913 folgte das Anschlußgleis nach Hellerau; die Pflasterung der Königsbrücker Straße bis in Höhe der Eisenbahnbrücke konnte im gleichen Jahr vollendet werden.

Aus den benutzbaren Akten über die Rüstungsbetriebe[26] kann geschlossen werden, daß die Fertigung bereits vor dem Krieg auf Hochtouren lief und es sich durchweg um Fabriken mit beachtlichem Ausstoß und hoher Beschäftigtenzahl handelte. 1889 wurde die Geschoßfabrik errichtet.[27] Aus dem Jahre 1911 stammt ein Grundbucheintrag wegen »Neuanlagen der Artilleriewerkstatt Dresden und der hiermit verbundenen Verlegung der Zeugmeistereibahn«.[28] Im Sommer 1913 drängte die Direktion der Aw. auf Einrichtung einer Straßenbahnhaltestelle in Höhe des Kraftwerks, da bis Jahresende »ein großer Teil der alten Artilleriewerkstatt in die neuerbauten Werkstätten verlegt« werde und die 1.200 Arbeiter auf die Haltestelle angewiesen wären. Die Haltestelle »Militärwerkstätten« solle jedoch bestehen bleiben, da sich dort der Haupteingang zu

Generalleutnant
Paul Richard Zerener (1844–1926)
Photographie aus der Mappe »Sächsische Generale« (Armeesammlung) Arbeitskreis Sächsische Militärgeschichte e. V.
Paul Richard Zerener, der 1859 als Artillerieschüler in die sächsische Armee eintrat, prägte die wechselvolle Militärgeschichte des Landes in der zweiten Hälfte des 19. Jahrhunderts mit. Am 3. Dezember 1890 erreichte er den Zenit seiner Laufbahn, als er zum Direktor der vereinigten Artillerie-Werkstätten und Depots ernannt wurde. Bis zur Strukturänderung im Sommer 1892 war er damit zugleich Direktor der Artilleriewerkstätten, Geschoß- und Pulverfabrik sowie Vorstand von Artillerie- und Traindepot. Im Juli 1892 wurden die technischen Institute der Artillerie und Depots personell und räumlich getrennt. Artilleriewerkstatt und Geschoßfabrik erhielten einen gemeinsamen und die Pulverfabrik einen eigenen Direktor. Der Artillerieoffizier vom Platz von Dresden wurde Vorstand des Artilleriedepots und der Kommandeur des Train-Bataillons Nr. 12 Vorstand des Traindepots. Zerener bekam die Oberleitung über alle technischen Institute sowie die Befugnisse eines Inspektors von Artillerie- bzw. Traindepot übertragen. Aus den von ihm geleiteten Rüstungsbetrieben kamen z. B. die modernen Geschütze C 96, mit denen 1896/98 die gesamte sächsische Feldartillerie neu ausgerüstet wurde. Für seine Leistungen im sächsischen Militärdienst, u. a. zum Aufbau der Armeesammlung (Bestandteil des heutigen Militärhistorischen Museums der Bundeswehr), erhielt er hohe Ehrungen. Anläßlich seines Übergangs in den Ruhestand (1899) wurde Zerener zum Generalleutnant befördert.

Heizkraftwerk Nord
Photographie von Franz Zadniček (geb. 1954), Juli 1999
Stadtmuseum Dresden
Die Abbildung zeigt die ehemalige »Electrische Centrale« der Albertstadt. Die Architektur dieses Gebäudes erinnert an andere Industriebauten jener Zeit und paßt sich hervorragend an die Gestaltung der umliegenden Bauten an. Das Werk wurde in den Jahren 1901/1902 errichtet und 1916/18 umfassend erweitert. Das an der Rückfront erkennbare Bergbauzeichen (Hammer und Schlegel) erinnert daran, daß die Beschickung ursprünglich mit Kohle erfolgte. Nach dem zweiten Weltkrieg erfolgte eine Teildemontage durch die sowjetischen Besatzungstruppen. 1949 wurde das Werk in den Verband der KWU (Kommunalwirtschaftsunternehmen) der Stadt Dresden eingegliedert. Damit waren alle Kraftwerke der ehemaligen städtischen DREWAG sowie das Kraftwerk Albertstadt zusammengeführt. Kurz darauf wurde das Werk Bestandteil des Energiebezirkes Ost, später des VEB Energieversorgung Dresden bzw. des Energiekombinates Ost (Dresden). 1955, 1961 und 1981 führte man Erweiterungsbauten aus, nach deren Abschluß das Kraftwerk den Energiebedarf des gesamten Industriegeländes decken konnte. In den Jahren 1992/93 wurden die braunkohlebetriebenen durch heizöl- bzw. erdgasgefeuerte Dampferzeuger ersetzt. Seit 1994 speist das Werk Wärme in das Dresdner Fernwärmenetz ein. 1995 ging eine nach der Technologie der Kraft-Wärme-Kopplung arbeitende Gasturbine in Betrieb. Im August 1996 beendete die Dresden Elektrizität und Fernwärme GmbH (seit 1997 Teil der wiedergegründeten DREWAG), die Wiederherstellung der Fassade unter Berücksichtigung denkmalpflegerischer Belange.

»abgelegenen militär-technischen Instituten« (Mf., -anstalt) befinde, in der weitere 700–800 Arbeiter beschäftigt seien.[29] Die gefährlichste Arbeit wurde wohl in der Gießerei verrichtet. Die Arbeiter am Schmelzofen hatten Gesichtsmasken; »Bleiarbeiter« mußten zweimal wöchentlich baden und erhielten täglich 1 Liter Milch.

Auch die »Privatindustrie« wurde für Heeresaufträge herangezogen. Vier Firmen sind besonders erwähnenswert: die Aktiengesellschaft für Cartonnagen-Industrie (ACI), die Konservenfabrik Dr. Louis Naumann in Dresden-Plauen, das Gußstahlwerk in Döhlen und das Niedersedlitzer Sachsenwerk. Sprengladungsbüchsen, Kartuschdeckel und Verpackungsschachteln für Militärmunition waren »Hauptspezialitäten« des Dresdner Werkes der 1888 gegründeten ACI. Abnehmer waren »staatliche Institute« und die deutsche Privatindustrie; selbst »fast das gesamte Ausland« bezog von der ACI Patronenschachteln oder Maschinen zu deren Herstellung. Seit Einführung der neuen Schießvorschrift 1906 fanden die von der Fabrik mitentwickelten, im »In- und Ausland wohlbekannten« wetterbeständigen »Dresdner Scheiben« (Militärschießscheiben) allgemeine Verbreitung.[30] Die 1865 von K. Louis Naumann (1843–1900) begründete Konservenfabrik (seit 1923 AG) war 1874 erstmals als Armeelieferant (Gemüsekonserven) in Erscheinung getreten. Seit 1876 bestanden langfristige Lieferverträge; bei Fleischkonserven wurde man seit 1886 zum Alleinlieferanten des sächsischen Heeres. Die 1903 unter Übernahme der Betriebsanlagen des bankrotten Kummerwerkes vom Dresdner Privatbankhaus Gebr. Arnhold neu eröffnete »Sachsenwerk Licht- und Kraft-AG« lieferte komplette Elektrizitätswerke, elektrische Anlagen und Motoren, später auch Granatzünder. Im Aufsichtsrat saß u. a. der Nationalliberale Gustav Stresemann (1878–1929), Syndikus des Verbandes Sächsischer Industrieller. Die Auftragsbücher der Sächsischen Gußstahlfabrik AG (gegründet 1855) waren zum bemerkenswerten Teil mit Staatsaufträgen der Eisenbahnverwaltung und Artilleriewerkstätten gefüllt. Um 1910 zählten die zwei zuletzt genannten Firmen je über eineinhalbtausend Arbeiter.

Das Gelände der Heereswerkstätten im ersten Weltkrieg

Bei Ausbruch des Krieges befand sich das Ad. Dresden unter dem Kommando der sächsischen Feldzeugmeisterei, an deren Spitze Oberst Johannes Fellmer, der frühere Direktor der Aw., stand. Das Depot hatte die Inspektion der technischen Institute, die Direktion und Inspektion des Artillerie- und Traindepots inne und war für die Beschaffung von Kriegsgerät und die Ausbildung des »Zeug- und Feuerwerkspersonals« zuständig. Die Mobilmachung in der Albertstadt verlief nahezu reibungslos. Binnen weniger Tage verdreifachte sich die Stärke der Garnison auf 45 000 Mann. Die formationsweise bereitliegende Bewaffnung und Ausrüstung und das zusätzlich beschaffte Gerät wurden ausgegeben, die Munition (u. a. 1000 Granaten pro Geschütz) fertiggemacht, verpackt und versandt. Das »militärische Aufsichtspersonal« im größten sächsischen Ad. bestand damals aus 7 Zeug- und 6 Feuerwerksoffizieren sowie Feuerwerkern, Zeug- und Schirrmeistern verschiedener Dienstränge.

Am Ende des ersten Kriegsmonats, noch während des Vormarschs der deutschen Truppen im Westen, wurden ernste Versorgungsprobleme sichtbar. Selbst die Heeresleitung, die nach dem russisch-japanischen Krieg 1904/05 immer wieder auf ungenügende Reserven hingewiesen hatte, zeigte sich vom unerwartet hohen Waffen- und Munitionsverbrauch völlig überrascht. Seit September 1914 konnte nur noch den Fronttruppen durchgängig neues Kriegsgerät geliefert werden. Ersatzbataillone, Rekrutendepots und die zur Gefangenenbewachung eingesetzten Landsturm-Ersatzbataillone erhielten zumeist ältere Modelle und Beutestücke. Für die Maschinengewehrausbildung wurden seit Ende 1914 Beutewaffen benutzt.

Eine Achillesferse der Kriegswirtschaft war vor allem die Rohstoffversorgung. Im August 1914 wurde die Kriegsrohstoffabteilung beim preußischen Kriegsministerium gebildet. In Sachsen

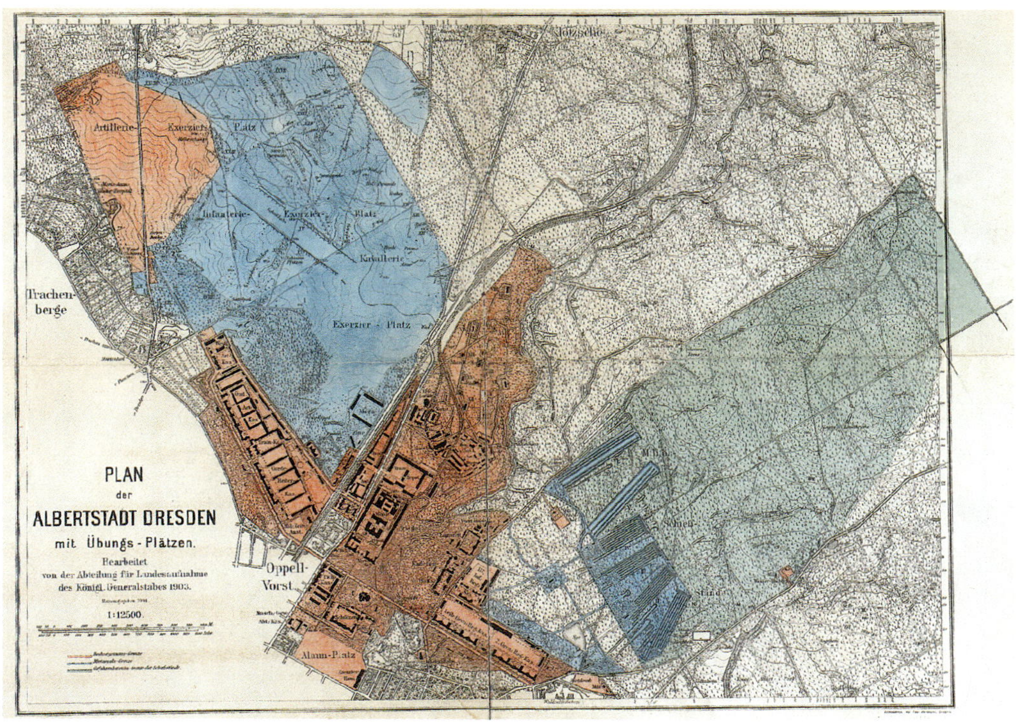

Plan der Albertstadt Dresden mit Übungs-Plätzen 1:12 500
Bearbeitet von der Abteilung für Landesaufnahme des Kgl. Sächs. Generalstabes 1903, hg. 1904
Stadtarchiv Dresden
Der Plan, der am Beginn des 20. Jahrhunderts nach Abschluß der Geländeverhandlungen mit der Stadt Dresden erarbeitet wurde, zeigt, daß sich nur der engere Kasernenbezirk im Reichseigentum befand. Die Schieß- und Exerzierplätze waren gemietet; daneben wurde von der Armee ein umfangreicher (später noch erweiterter) Gefahrenbereich für die Schießplätze in der Heide in Anspruch genommen. Da eine Gefährdung von Unbeteiligten bei den Schießübungen nicht ganz auszuschließen war, wurden die Schießübungen immer öfter auf den nahegelegenen Truppenübungsplätzen Königsbrück und Zeithain durchgeführt. Das spätere Industriegelände nahm reichlich ein Viertel der in Reichseigentum befindlichen Fläche des Gutsbezirkes ein.

Blick auf Munitionsfabrik und Munitionsanstalt
Photographie, um 1905
Militärhistorisches Museum der Bundeswehr Dresden
In den 1870er Jahren entstanden die ersten Bauten für die Munitionsfertigung (Laboratorium, Materialien-Niederlage) im Kernbereich des späteren Industriegeländes. Die anliegende Straße erhielt 1879 den Namen Laboratoriumstraße. Bis zum Beginn des 20. Jahrhunderts wurden weitere Fabrikgebäude zur Herstellung von Artillerie- und Infanteriemunition errichtet. Im Jahre 1903 wurde die Laboratorium- in Planitzstraße umbenannt. Man ehrte damit den kurz zuvor verstorbenen sächsischen Kriegsminister Carl Paul Edler von der Planitz (1837–1902), der dieses Amt seit 1891 bekleidet hatte. Die Aufnahme ist am Beginn des 20. Jahrhunderts als Teil einer umfassenden Photoserie der Albertstadt entstanden. Der Photograph konnte nicht ermittelt werden. Ob die Stempelsignatur »Schaufuss, Blasewitz.« auf die berühmte Sammlung von Ludwig Wilhelm Schaufuß (1833–1890) Bezug nimmt oder sich auf den in den Adreßbüchern jener Zeit nachgewiesenen Blasewitzer Pensionär E. Gustav Schaufuß bezieht, konnte bisher nicht geklärt werden. Nach dem ersten Weltkrieg bezogen die Firmen L. Naumann, Radio-Mende, Maschinenbau- und Blechbearbeitungsfirmen sowie Handwerksbetriebe die Gebäude der ehemaligen Munitionsfabrik. Im Jahre 1946 wurde der Straßenname nochmals geändert. Anstelle der Bezeichnung Planitzstraße, die als »militaristisch« galt, erhielt sie jetzt den Namen Meschwitzstraße. Friedrich Wilhelm Meschwitz (1815–1888) war ein verdienstvoller Forstmeister, der maßgeblichen Anteil an der Aufforstung großer Flächen der Dresdner Heide und ihrer Erschließung für den Ausflugsverkehr (Bau von 20 km Wegen) gehabt hatte.

beschlagnahmte man die Lager größerer Fabriken und Lieferanten. Rohstoffe waren bald nur noch über »Rohstoffgesellschaften« (Kriegsmetall-, Kriegswollbedarf-, Kriegsleder-, Kriegschemikalien-AG usw.) zu beziehen. Im Juni 1915 wurde das reguläre Beschaffungsverfahren im sächsischen Feldzeugbereich ausgesetzt. Gemeinsam mit Rohstoff- und Facharbeitermangel führte dies zu höherer Ausschußquote, steigenden Preisen und verminderter Qualität. Die sächsische Frontartillerie erhielt seit Ende 1914 statt moderner Stahl- die Gußeisengranate 14A – ein Aushilfsgeschoß, das eigentlich nur noch zu Übungszwecken diente.[31] Im weiteren Kriegsverlauf übernahm der Staat die Kontrolle über Beschaffung, Verwaltung und Verteilung aller Rohstoffe, Produkte und Lebensmittel.

Der Übergang zum materialintensiven Stellungskrieg nach dem Scheitern der Blitzkriegsstrategie erforderte den umfassenden Ausbau der Rüstungswirtschaft, insbesondere der Munitions- und Schanzzeugfabriken. Fabrikationshallen, Lagerschuppen und Verwaltungsgebäude der Dresdner Artilleriewerkstätten, Munitionsanstalt und anderen Wirtschaftsbetriebe »schossen infolge der ungeheuren Anforderungen der Truppen […] wie Pilze aus der Erde.«[32] Etwa 30 Fabriken in Sachsen und Schlesien wurden als Zulieferer für Munition (Geschosse, Zünder) vertraglich gebunden. An größeren Bauten auf dem Gelände des Dresdner Ad. wurden bis 1918 durch das Militärbauamt fünf Munitionsanfertigungsgebäude, zwei Lagerhäuser, ein Arbeiteraufenthaltsgebäude mit Nebenanlagen, neue Gleisanschlüsse, Verkehrswege und Förderbahnen errichtet. 1914/15 wurde der repräsentative Verwaltungsbau der Aw. in Höhe der heutigen Fußgängerbrücke errichtet. 1916 wurde am Nordende des Munitions-Magazingeländes für 800 000 Mark die neue Munitionsanstalt erbaut.[33] Gleichzeitig errichtete man weitere Munitionslager und bis Ende 1917 im Prießnitzgrund neue »Pulverhäuser«. Die Feldzeugmeistereibahn erhielt zur Abwicklung des Munitionstransportes zwei Behelfsschuppen.[34] Der Güterverkehr auf dem Anschlußgleis zur Mf. hatte sich, im Vergleich zur Vorkriegszeit, schon bis Mai

Granatzünderproduktion im Niedersedlitzer Sachsenwerk
Photographie, um 1915
Ehemaliges Werksarchiv des Sachsenwerkes
Das Niedersedlitzer Sachsenwerk arbeitete bereits vor dem Ausbruch des ersten Weltkrieg für Heeresaufträge, im Verlauf des Krieges wurde das Unternehmen dann zu einem der größten Auftragnehmer der sächsischen Militärverwaltung. Die Herstellung von Feldartillerie-Munition erfuhr aufgrund des unerwartet hohen Verbrauchs bereits im August 1914 ihre erste große Steigerung. Im ersten Kriegsjahr gelangten aus Sachsen allein 141 000 Granaten für schwere Feldhaubitzen und 11 000 Mörsergranaten an die Front. Verantwortlich für die Munitionsversorgung der Feldtruppen war die Waffen- und Industrieabteilung (Abteilung VI) des Kriegsministeriums. Neben der Erweiterung staatlicher Institute (Neubauten und Betriebserweiterungen in der Pulverfabrik Gnaschwitz, Neubau Feuerwerkslaboratorium Radeberg, neues Artilleriedepot Chemnitz-Auerswald, neue Munitionsanstalten in Plauen und Zeithain) erfuhr auch die Produktion in den Privatuntemehmen eine erhebliche Ausdehnung. Diese waren zumeist als Zulieferer tätig; das Fertigmachen der Geschosse, Füllen der Kartuschen und Zusammensetzen der Zünder besorgte die Artilleriewerkstatt Dresden. Die größten Anforderungen an die sächsischen Munitionshersteller brachte die Vorbereitung der Frühjahrsoffensive 1918.

1916 auf das Siebenfache erhöht.[35] Wasser- und Elektrizitätswerk mußten aufgrund des steigenden Bedarfs der Fabriken ab 1916 großzügig erweitert werden. Die östliche Hälfte des Traindepots war bereits frühzeitig zum Reservelazarett II Dresden umgebaut worden.

Obgleich nicht im späteren IG gelegen, sollen an dieser Stelle auch das im Alberthafen befindliche Proviantdepot und die westlich der Königsbrücker Straße gelegenen Einrichtungen des Proviantamtes erwähnt werden.[36] Bis Mitte 1918 wurden in Dresden fast 1 000 Eisenbahnzüge mit Proviant für die Front zusammengestellt. Zum Proviantamt gehörten mit Gleisanschluß versehene Korn- und Mehlspeicher, Mühle, Brot- und Zwiebackbäckerei, Rauhfutterschuppen und Lagerböden. Die Beschäftigtenzahl vervielfachte sich während des Krieges, etwa 140 Frauen übernahmen allein das »Einsacken« des Zwiebacks. Große Mengen an Lebens- und Futtermitteln wurden bei Kriegsausbruch bei Privatfirmen vertraglich gebunden. Fleisch- und Gemüsekonserven lieferte die Naumannsche Fabrik in Dresden, die »in staunenswert kurzer Zeit« eine Zweigfabrik errichtete, aus der schließlich eine »Höchsttagesleistung« von 326 000 Portionen Fleisch- und 283 000 Portionen Gemüsekonserven kam. In den ersten sechs Kriegsmonaten lieferte die Fabrik etwa 70 Mio. Konserven an das Heer. Für Wegebau und Erdarbeiten bekam die Depotverwaltung 500 kriegsgefangene Russen (später Serben) zugeteilt, die auf dem Gelände untergebracht wurden. Deren Entlohnung erfolgte mit dem speziellen Lagergeld für deutsche Kriegsgefangenenlager. Zunehmende Mühe bereitete die Verköstigung dieser »höchst willkommenen Arbeitskräfte«. Bekleidet waren die Gefangenen in der Regel mit speziellen Arbeitsanzügen, ausgesonderten oder fremden Uniformen sowie mit Holz- oder Ersatzschnürschuhen – gerade so, daß deren »Leistungsfähigkeit [...] nicht etwa durch mangelhafte Bekleidung litt.«[37]

Neben der eigenen Produktion war die Aw. Dresden für die Abnahme der Rüstungsgüter aus Privatbetrieben des erweiterten mitteldeutschen Raumes verantwortlich. Zuletzt bestanden Abnahmestellen in etwa 400 Unternehmen mit fast 1 000 (darunter etwa 100 weiblichen) Revi-

Blick auf das ehemalige Verwaltungsgebäude der Artilleriewerkstatt
Photographie von Franz Zadniček (geb. 1954), September 1999
Stadtmuseum Dresden
In den Jahren 1914/15 wurde an der Königsbrücker Straße, gewissermaßen als Auftakt für die umfangreichen Erweiterungen im Norden des späteren Industriegeländes, dieser repräsentative Verwaltungsbau der Artilleriewerkstätten errichtet. Die Militärbaudirektion nahm dabei stilistisch Rücksicht auf die in dieser Gegend bereits vorhandenen Bauten der Jahrhundertwende. Das Gebäude gelangte unlängst, nach einer wechselvollen Geschichte unter verschiedener Nutzung (u. a. durch die Actiengesellschaft für Cartonnagen-Industrie), an die Firma ALSTOM. Unter dem Dach dieses Untemehmens sind heute verschiedene Firmen im Industriegelände tätig, darunter die Starkstromanlagen Dresden GmbH, die Energietechnik Dresden GmbH und die Anlagen- und Automatisierungstechnik GmbH.

soren. Aus dem Verantwortungsbereich der Aw. Dresden kam im Krieg etwa ein Sechstel der gesamten brauchbaren Feldartillerie-Munition des deutschen Heeres.[38] Der Beschuß von Munition und Zündern sowie das Anschießen der Geschütze erfolgte vor allem auf dem Truppenübungsplatz Zeithain und im neuen Feuerwerkslaboratorium Radeberg. In der Dresdner Mf. wurden Gewehre M 98 und Infanteriemunition hergestellt. Pro Tag verließen bis zu 150 Gewehre das Werk; die Schäfte mußten statt aus Nußbaum- bald aus Birken-/Ahornholz gefertigt werden. Der höchste Tagesausstoß an Infanteriemunition wurde im Oktober 1917 mit 1 Mio. Patronen erreicht.

Mit der fieberhaften Erweiterung der Produktionsstätten stieg die Arbeiterzahl »lawinenartig« an, allein in der Munitionsanstalt waren 1915 schon 3500 Arbeiter beiderlei Geschlechts beschäftigt.[39] In anderen Militärwerkstätten wurden Schanzzeug, Uniformen und Ausrüstungsgegenstände, Geschirre und Geschützteile, Feldküchen und Fahrzeuge gefertigt, zusammengesetzt bzw. umgerüstet. Gearbeitet wurde rund um die Uhr. Akkordarbeit (Einführung von Stücklohn in der Mf.) und Schichten von 10–11 Stunden führten jedoch zur Zunahme von Unfällen. Besonders gefährlich war das Zerlegen von unbrauchbarer oder Beutemunition zur Wiederverwendung sowie das Befüllen von Gasgranaten. Durch Kurzschluß oder Explosionen ereigneten sich Brände, bei denen auch komplette Gebäude vernichtet wurden. Vergiftungen mit Pulverstaub bzw. den als »Ersatzfüllstoff« bezeichneten Giftgasen Grün-, Blau- und Gelbkreuz sind belegt.

Ein Unglück mit erheblichen Auswirkungen auf die Munitionsversorgung der deutschen Feldtruppen ereignete sich am 28. 12. 1916.[40] Bei der Untersuchung von Munition kam es zu einer Explosion, die fünf damit beschäftigten Arbeiter fanden sofort den Tod. Explodierende Granaten setzten Gebäude und Magazine in weitem Umkreis in Brand. In der Stadt kursierten Gerüchte über einen feindlichen Anschlag. Oberbürgermeister Blüher versuchte durch eine Erklärung auf der am gleichen Tag stattfindenden Stadtverordnetensitzung die Gemüter zu beruhigen. Der Brand wütete zwei Tage. Gewaltige Explosionen erschütterten das Gelände; Geschosse, Munitionssplitter und Blindgänger wurden bis weit in die Heide hinein verteilt. Die

Beschlagschmiede des Kgl. Sächs. 1. Feld-Artillerie-Regiments Nr. 12
Postkarte aus dem Verlag Brück & Sohn/Meißen, um 1900
Stadtmuseum Dresden

materiellen Schäden schätzte der Chef der sächsischen Feldzeugmeisterei am 4. 1. 1917 auf fast 25 Mio. Mark, wovon vier Fünftel auf Verluste an Munition, Rohstoffen, Materialien, Halb-, Fertigfabrikaten sowie Löhnen für Aufräumungsarbeiten entfielen. Die Gebäude-, Werkzeug- und Maschinenschäden wurden mit ca. 4 Mio. und die Schadenersatzansprüche Dritter mit 500 000 Mark beziffert. Eine genaue Aufstellung über die vernichtete Munition ergab Verluste von über 30 000 Granaten und knapp 10 Mio. Patronen. Mehr als zwei Dutzend Gebäude und Schuppen waren völlig zerstört, wogegen die neue Munitionsanstalt mit ihren 7 Gebäuden und 26 Magazinen im Wesentlichen erhalten blieb. Die Schäden wurden umgehend beseitigt, acht

Blick auf die nördliche Giebelfront des ehemaligen Schmiedegebäudes
Photographie von Franz Zadniček (geb. 1954), Juli 1999
Stadtmuseum Dresden
Der gewaltige Neubau der Schmiede mit Geschoßpreßwerk (Gebäudenummer 242) war mit den südlich gelegenen Großbauten der Holzbearbeitungswerkstätten mit Montagehalle (222) und der Geschoßdreherei III (237) Kernstück der im ersten Weltkrieg im Norden des späteren Industriegeländes errichteten Bauwerke im Gelände der Artilleriewerkstatt Nord. Das Wappenschild läßt einen Rückschluß auf die Bauzeit zu. Im Vordergrund ist das Drehkreuz der Eisenbahn zu erkennen, daneben befindet sich der alte Lokschuppen. An diesem Ort befand sich die sogenannte »Übergabestelle« zwischen Reichs- und Industriebahn. Nach dem ersten Weltkrieg gelang es den Reichsbehörden, die Dresdner Zweigniederlassung der Sächsischen Maschinenfabrik vorm. Richard Hartmann AG Chemnitz als Großmieter für den Gebäudekomplex zu gewinnen. In der Hartmannschen Fabrik fand ein bemerkenswerter Teil der ehemaligen Rüstungsarbeiter (1923: etwa 3500 Beschäftigte) eine neue Anstellung. Die Hälfte der ausgedehnten Werkhallen der Hartmann AG im Industriegelände wurde nach dem Auszug der Firma Mitte 1928 von der Actiengesellschaft für Cartonnagen-Industrie Loschwitz und den Auerbacher Günther-Werken übernommen. Im Adreßbuch von 1930 ist die ehemalige Schmiedehalle als »Cement-Jalousien-Fabrik« der Günther-Werke Adolf Günther & Söhne, Auerbach–Dresden, Zweigwerk Dresden, verzeichnet, ein Teil der Geschoßdreherei befand sich später u. a. in Nutzung der Gläser-Karosserien (Werk III).

Zerstörte Artilleriewerkstatt mit Holztrockenhaus
Aufnahme des Photographischen Ateliers der Kgl. Polizei-Direktion Dresden
Stadtmuseum Dresden
Die Aufnahme ist Teil einer Photoserie unter dem Titel »Brand des Arsenals am 28. 12. 1916«, die in einer Mappe zur Dresdner Feuerwehrgeschichte im Stadtmuseum erhalten ist. Weitere Photographien, die allerdings durch chemische Reaktionen schon stark verblichen sind, zeigen das ganze Ausmaß der Zerstörungen. Das Gelände um den Rohbau des großen Schmiedegebäudes im Bereich der Artilleriewerkstatt Nord (errichtet 1915/18) gleicht einem Trümmerfeld. Eine Aufnahme dokumentiert die Reste des Magazins Nr. 23, in dem das Unglück seinen Ausgang genommen hat. Ein photographisch dokumentierter Übersichtsplan über die Zerstörungen im gesamten Magazingelände ist leider kaum noch erkennbar.

Tage nach dem Unglück arbeiteten in der Munitionsanstalt schon wieder 1500 Personen. Das sächsische Kriegsministerium erklärte sich erst knapp zehn Monate später »aus Billigkeitsgründen« bereit, Unternehmen und Arbeiter zu entschädigen, um der »außerordentlichen Verbitterung gegen die Militärverwaltung« entgegenzuwirken.[41] Aufräumungsarbeiten und Munitionsbergung, bei denen weitere Personen getötet und verletzt wurden, zogen sich bis 1918 hin. Am Schluß ließ man das Gelände noch einmal von einem »im Felde bewährten Wünschelrutengänger« [!] nach Munition absuchen.[42]

Der Schriftwechsel vor Eröffnung des Eisenbahnhaltepunktes Dresden-Arsenal für den »Arbeiterverkehr der Werkstätten der Heeresverwaltung Dresden« im Januar 1917 gestattet einen Überblick über das Personal.[43] Im Dezember 1916 waren in den drei Betrieben der Feldzeugmeisterei rund 17500 Arbeiterinnen und Arbeiter beschäftigt; nach den Unterlagen war noch eine Steigerung um 4000–5000 Personen zu erwarten. Gearbeitet wurde in zwei, bei Bedarf in drei Schichten. In der Tagschicht (11,5–12 Stunden mit Pausen) waren zwei und in der Nachtschicht (11 Stunden) ein Drittel der Arbeitskräfte tätig. Etwa 12000 Beschäftigte wohnten in Dresden, ca. 3000 kamen aus der Gegend um Meißen/Potschappel und ca. 2500 aus dem Raum Radeberg/Königsbrück. Ein Lageplan des FzM-Geländes im Maßstab 1:5000 verzeichnet folgende Bereiche (in Klammern Hauptanlagen): Artilleriedepot (Wagenschuppen im Arsenal, Pulvermagazine im Prießnitzgrund), Artilleriewerkstätten (alte Anlage im Arsenal, neue beiderseits der Mf.), Munitionsfabrik, Traindepot.

Mit dem »Hindenburgprogramm« wurden ab 1917 alle verfügbaren Reserven der »Heimatfront« für den Krieg mobilisiert. Die Versorgung der Bevölkerung mit Lebensmitteln und Kleidung wurde zugleich immer schlechter. Kräftig steigenden Nominallöhnen, zu denen Leistungs- und Teuerungszulagen kamen, standen kaum noch frei erhältliche Waren gegenüber. Seit Anfang 1918 erhielten selbst Offiziere und Beamte Kleiderkarten. Um die Arbeitskraft der Rüstungsarbeiter(innen) einigermaßen zu erhalten, richtete man in der Albertstadt eine Lebensmittel-

Satire auf die Nahrungsmittelversorgung im ersten Weltkrieg
Postkarte, 1915
Stadtmuseum Dresden

Satire auf die Brennstoffversorgung 1917/18
Postkarte aus dem Kunstverlag Albert Horn/Gotha
Stadtmuseum Dresden

stelle und -verkaufsstelle ein. Gleichwohl wurden die Essenportionen immer geringer, die Brotqualität verminderte sich, Ersatzmittel (z. B. Kohlrüben statt Kartoffeln) kamen auf den Tisch. Die Lebensmittelstelle der Dresdner Feldzeugmeisterei übersandte der Kriegsamtsstelle XII im Oktober 1917 eine Vorschrift zur »Zubereitung eines sehr wohlschmeckenden und doch billigen Kriegsfleisches«, bestehend aus 50 % zerkleinertem Klippfisch, 33 % gekochten Kartoffeln, 14 % geschabtem Rindfleisch, 3 % Zwiebel und Gewürzen. Das Gericht sollte gekocht die Königsberger Klopse und gebraten den Wiegebraten ersetzen.[44] Der um sich greifenden Kriegsmüdigkeit suchten »Aufklärungsoffiziere«, im Ad. Dresden der Kassenoffizier, entgegenzuwirken. Von der im Gefolge des permanenten Rohstoffmangels eintretenden Arbeitslosigkeit waren die Rüstungsfabriken kaum betroffen. Die Vorbereitung der deutschen Frühjahrsoffensive 1918 war der letzte Kraftakt der deutschen Industrie – die Munitionsherstellung erreichte Ende 1917 ihren Höhepunkt. Schwachpunkt blieb die Braunkohleversorgung aus Böhmen. Lieferstockungen führten zu Produktionseinschränkungen, so daß Sachsen einen Kontrollposten in Teplitz einrichten mußte.

1917 wurden erste Demobilmachungspläne erarbeitet, wobei die »… Abstoßung der weiblichen und jugendlichen Arbeitskräße, die die männlichen während des Krieges in großem Umfang hatten ersetzen müssen …«, breiten Raum einnahm.[45] Man nahm an, daß die Militärwerkstätten im Dresdner Norden noch zwei Jahre nach Friedensschluß in voller Höhe weiterlaufen müßten, um die Heeresbestände aufzufüllen. Am 28. 2. 1918 wurde im Berliner HR eine »Ölländereien-Pacht-GmbH« zur »Vermietung und wirtschaftlichen Ausnutzung des als Industriegelände Dresden-Albertstadt zusammengefaßten Geländes der früheren [?] Heeresverwaltung in Dresden« eingetragen.[46] Dieser Vorläufer der Industriegelände-Gesellschaft Dresden-Albertstadt (Ida) entstand wohl im Zusammenhang mit dem Demobilisierungsplan, der Anfang 1918 in Erwartung eines siegreichen Kriegsendes erarbeitet wurde. Dies war jedoch eine Illusion. Die Gegenoffensive der Ententetruppen an der Westfront im Juli 1918 brachte das deutsche Heer in

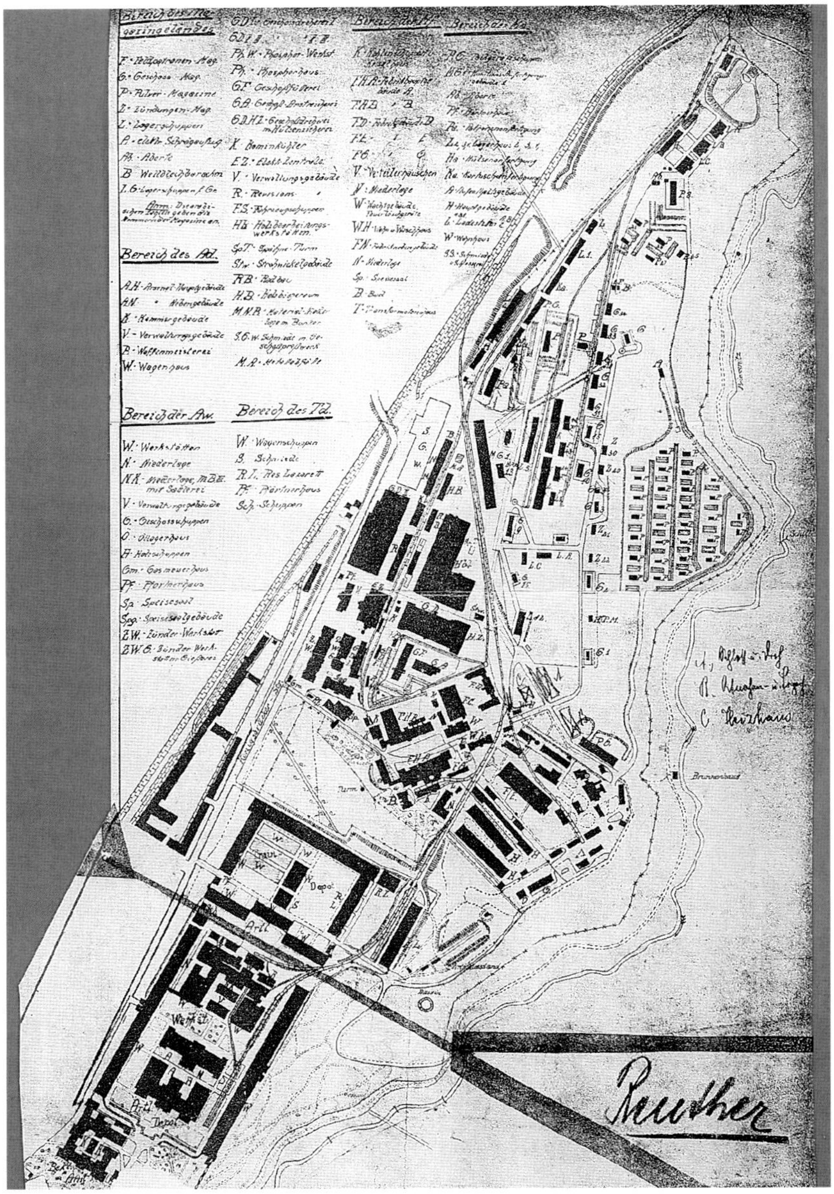

Plan des Feldzeugmeistereigeländes Dresden. Zustand um 1917/18
Sächsisches Hauptstaatsarchiv Dresden
Der in den Akten des Landbauamtes Dresden erhaltene Plan bildet den Zustand des späteren Industriegeländes kurz vor dem Ende des Krieges ab. Von Süd nach Nord (bzw. unten nach oben) sind folgende Geländebereiche zu unterscheiden: Artilleriewerkstatt (alte Anlage), Traindepot, Munitionsfabrik, Artilleriewerkstatt Nord (neue Anlage) und Magazingelände (nördlicher und östlicher Bereich).

eine aussichtslose Lage. Die Masse der Bevölkerung im Reich litt unter katastrophalen Lebensbedingungen. Streiks und Proteste häuften sich – am 22. 9. 1918 versammelten sich Vertreter des »Ortskartells der militärischen Betriebe Dresdens« im Zirkus Sarrasani.[47] Nach Ausbruch der Revolution wurde am 11. 11. 1918 ein Waffenstillstand geschlossen. Damit war die militärische Niederlage des Kaiserreiches und das Schicksal der Heereswerkstätten in der Albertstadt besiegelt.

Die Herausbildung des Industriegeländes nach 1918

Nach Kriegsende bestanden die Ententemächte, an erster Stelle Frankreich, auf einer umfassenden Abrüstung Deutschlands. Der Versailler Friedensvertrag begrenzte die deutsche Heeresstärke auf maximal 100 000 Mann. Die Demobilisierung der Streitkräfte und die Konversion der Rüstungswirtschaft wurden von der Interalliierten Militär-Kontrollkommission (IMKK) überwacht. Die IMKK inspizierte deutsche Heeresanlagen, -werkstätten und Rüstungsbetriebe und traf danach eine Entscheidung über deren weitere Verwendung. Die deutsche Seite war von Beginn bestrebt, wichtige Unternehmen und Anlagen der Kontrolle zu entziehen oder vor der Zerstörung zu bewahren. Deshalb wurden manche Entscheidungen ohne Rücksprache mit der IMKK getroffen bzw. Anweisungen nur unvollständig, zögerlich oder gar nicht umgesetzt.
Es gibt Hinweise darauf, daß man bei einer Änderung der politischen Situation eine sofortige Wiederaufrüstung in Gang bringen wollte. Die schwierige Finanzlage des Reiches, dessen Haushalt seit 1916 defizitär war, erforderte jedoch schnelle Lösungen. Eine schwere Hypothek waren vor allem die in der Deutsche Werke AG zusammengefaßten staatlichen Kriegsunternehmen, die kaum für Zivilzwecke nutzbar waren.[48] Den Handlungsdruck auf die Reichsbehörden erhöhten auch lange Entscheidungswege in der IMKK.
Die Verwaltung der im Reichsbesitz befindlichen Unternehmen und Grundstücke befand sich seit der Auflösung des Reichskriegsamtes einschließlich der Kriegsrohstoffabteilung 1918 beim Reichsschatzministerium. Die Übergabe der Liegenschaften an die Abteilung III des Ministeriums erfolgte zum 1. 10. 1919; die neugebildeten Landesfinanzämter handelten in derem Auf-

trag. Zum Dienstbereich des Reichs-Vermögens-Amtes Dresden III gehörten Ad., Aw., Elektrische Zentrale, Mf. und Traindepot in Dresden.[49] Die Abwicklungsstellen des Garnisonbauwesens, der Garnisonverwaltungen und der Proviantämter schieden zum 1. 7. 1920 aus dem Heeresabwicklungsamt Sachsen aus und traten ebenfalls in den Geschäftsbereich des Reichsschatzministeriums bzw. des Landesfinanzamtes über. Die Staatsbehörden bemühten sich intensiv um die Verwertung des Reichsvermögens. Die Dresdner Zweigstelle der Reichstreuhand AG (30. 1. 1920 gegr.) führte 1920/21 im früheren Ad. mehrere Versteigerungen gebrauchter Militärfahrzeuge und -teile, von Pferdegeschirren und Handwerkszeug durch. Parallel dazu wurden Gebäude an Staatsbehörden überlassen oder an Zivilbetriebe vermietet, ohne daß der Status des späteren IG bereits völlig geklärt war. Im Sommer 1920 erhielt die Sächsische Landespolizei mehrere Gebäude und Anlagen, darunter ehemalige Pulvermagazine, Ladestellen-, Hülsenreinigungsgebäude und Schießstände.[50] Im Gegenzug für die unentgeltliche Überlassung auf 20 Jahre verzichtete Sachsen mit dem Vertrag vom 27. 12. 1922 zwischen Reichsfiskus (Reichsschatzministerium) und Ida auf das ihm zustehende Heimfallrecht an den Grundstücken.[51]

Am 1. Oktober 1921 übermittelte Oberstleutnant A. Gaba der deutschen Verbindungsstelle in Dresden den Beschluß der IMKK über die Zukunft der Militäranlagen in der Albertstadt.[52] Das Schreiben listet folgende Bereiche auf:

- Traindepot für das XII. AK (früher Lagerung von Kriegsmaterial)
- Artilleriedepot Süd (früher Lagerung von Kriegsmaterial: Handfeuerwaffen, Geschirre, Artilleriegerät)
- Artilleriedepot Nord (während des Krieges errichtete Anstalt zur Zubereitung und Lagerung von Munition)

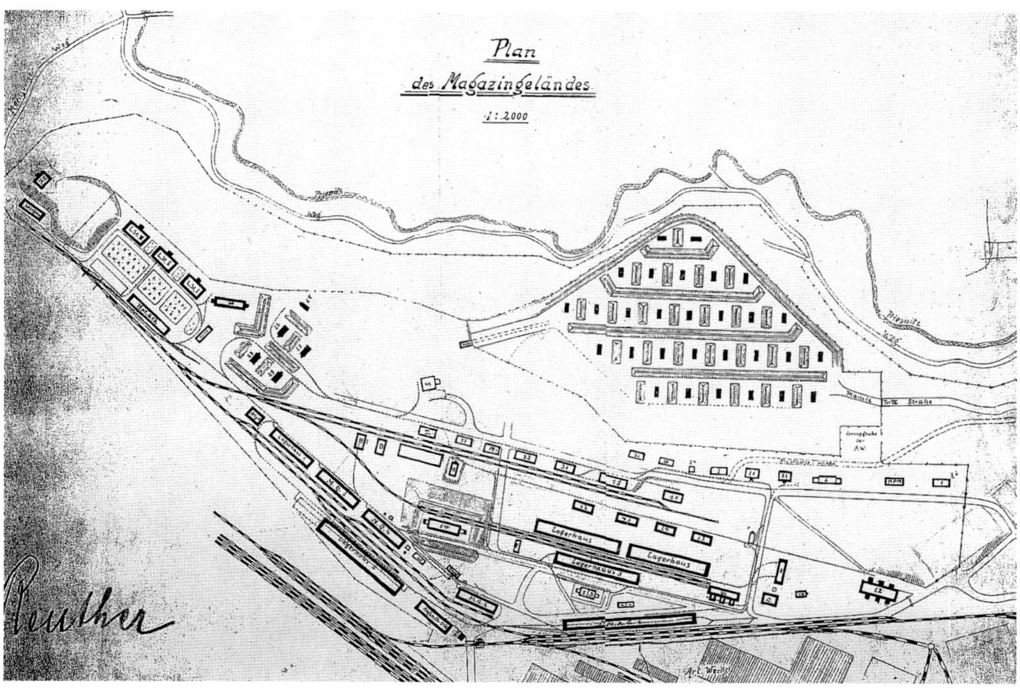

Plan des Magazingeländes 1:2000
Um 1918
Sächsisches Hauptstaatsarchiv Dresden
Der im Militärbauamt III Dresden erarbeitete und von Regierungsbaumeister Franz Hermann Reuther gegengezeichnete Plan dokumentiert den Zustand des nördlichen Bereiches des Artilleriedepots Dresden (Magazingelände) am Ausgang des ersten Weltkrieges. Die augenfälligste Veränderung gegenüber dem Vorkriegsstand sind die bis Ende 1917 im Prießnitzgrund neu angelegten »Pulverhäuser«. Sie waren aus Sicherheitsgründen durch einen Zaun weiträumig von der Umgebung abgeschlossen, aufgeschüttete Erdwälle zwischen den Magazinen sollten ein ähnliches Unglück wie im Dezember 1916 verhindem. Weitere mit Erdwällen umgebene Pulvermagazine sind im linken Teil des Planes zu sehen. Die auf dem Plan unterhalb der Magazine im Prießnitzgrund erkennbaren, mit arabischen Ziffern bezeichneten Gebäude, waren Zünder-, Feldpatronen- bzw. Geschoßmagazine. Noch weiter unten, direkt an der Bahnlinie, befanden sich Munitions-, Hülsen-, Kartusch- und Patronenanfertigungsgebäude. Am unteren Bildrand sind Teile der in den Kriegsjahren errichteten Gebäude im Bereich der Artilleriewerkstatt Nord, darunter das Schmiedegebäude von 1915/18 (ganz links), erkennbar. Am linken oberen Bildrand befinden sich die drei Ladestellengebäude, um die sich nach dem Krieg ein mehrjähriger Streit zwischen den deutschen Behörden und der Interalliierten Militär-Kontroll-Kommission entspinnen sollte. Obgleich sie von der IMKK ursprünglich zum Abbruch bestimmt waren, gelang es der Industriegelände-Gesellschaft, diese einer zivilen Nutzung zuzuführen. Im Dezember 1925 siedelte die Firma Klauber & Simon (Infesto) hierher über. Die Firma ist noch heute auf ihrem angestammten Produktionsgebiet (Kolbenringe) tätig. Nach der Übernahme des ehemaligen VEB durch ein Burscheider Spezialunternehmen firmierte das Untemehmen als Goetze GmbH Dresden, seit kurzem als Federal Mogul Dresden GmbH.

- Artilleriewerkstatt nördlicher Teil (während des Krieges für die Herstellung von Kriegsgerät und Munition errichtete Werkstätten)
- Artilleriewerkstatt südlicher Teil (südlicher Teil der vormaligen Instandsetzungswerkstätten für Artillerie)
- Munitionsfabrik (frühere Werkstätten für die Herstellung von Handfeuerwaffenmunition)

Nach den Festlegungen der IMKK waren die Versuchsschießstände für Lafetten und Handfeuerwaffen, die Mehrzahl der Anschlußgleise und Verladerampen sowie alle nicht zivil nutzbaren und auf »wirtschaftlichen Betrieb umgestellten« Gebäude zu zerstören. Für den Abriß waren folgende, im Gelände des Ad. Nord befindliche Anlagen ausdrücklich vorgesehen: 7 Munitionsschuppen und zugehörige Werkstätten, 3 Füllanstalten für Sprenggranaten (Geschoßladeanstalten), alle 9 Munitionsmagazine und 15 Pulvermagazine mit den zugehörigen Schutzwällen (davon 10 Pulvermagazine im Prießnitzgrund), die Drahtseilbahn zwischen dem Hauptgelände und den Pulverhäusern im Prießnitzgrund. Als Voraussetzung für den Erhalt der zur »Friedensarbeit umgewandelten« Betriebe forderte die IMKK detaillierte Pläne und Berichte über Lage, Ausrüstung, Produktionsprofil, Inhalt und Dauer der Miet- bzw. Kaufverträge an. Die Kommission wollte sichergehen, daß eine Wiederbenutzung für militärische Zwecke unmöglich sein würde. Da fünf ehemalige Munitionsmagazine im Bereich des Ad. Nord bereits an kleine Fabriken (Herstellung von Schuhcreme, Holzartikeln und Benzinkanistern) vermietet waren, erhob die deutsche Verbindungsstelle Einspruch gegen deren vorgesehene Zerstörung. Die Interalliierte Distriktskommission Dresden beharrte jedoch darauf, da die deutschen Stellen vor der Vermietung keine Genehmigung beantragt hatten und die »Belegung dieser wenigen einzelnen Baracken, die isoliert mitten im Gelände liegen, fern von jeder Bequemlichkeit für die Inhaber, die Veranlassung gebildet hat die Aufrechterhaltung des gesamten Gleisanlagennetzes, das seinerzeit angelegt worden ist für den Verkehr von Kriegsmaterial […] zu fordern.« Zugleich wurde der deutsche Protest gegen die Zerstörung der Geschoßladeanstalten und von drei Pulvermagazinen abgelehnt, die mit zehn anderen Gebäuden der Schutzpolizei des Bezirks Dresden als »Materialienlager« dienten. Dies sei ein klarer Verstoß gegen die Instruktion 117 der IMKK, welche große Polizeidepots dieser Art verbiete.[53] Die genutzten Schießstände und Pulvermagazine wurden daraufhin 1922 »zwecks Abbruch« von der Landespolizei an die Hauptverwaltung der Reichsbetriebe zurückgegeben.[54]

Schließlich wurde mit Wirkung vom 1. Januar 1922 von der Hauptverwaltung der Reichsbetriebe die zu 100 % im Reichsbesitz befindliche »Industriegelände-Gesellschaft Dresden-Albertstadt m.b.H.« (Ida) gebildet.[55] Die erste Gesellschafterversammlung und Aufsichtsratssitzung fand im Dezember 1921 in den Berliner Geschäftsräumen der späteren VIAG statt. Zu Mitgliedern des Aufsichtsrates wurden Ministerialrat Dr.-Ing. Schäfer (Vorsitzender), Ministerialrat Dr. Becher, Oberregierungsrat Dr. Mackensy und Mini-

Reichsvertrag zur Bildung der Mieter-Gesellschaft Albertstadt e. V.
Stadtarchiv Dresden
Auf der Grundlage von § 13 der »Allgemeinen Bedingungen für die Vermietung von Teilen der Munitionsfabrik, der Artilleriewerkstatt und des Artilleriedepots zu Dresden« (MAD) schlossen sich Teile der Mieter im Industriegelände zur »Mieter-Gesellschaft Albertstadt e. V.« zusammen. In dem auf den 9. Juni 1922 datierten Reichsvertrag wurden die Rechte und Pflichten der Mietergemeinschaft festgeschrieben. Die gesamte Akte enthält neben Nachträgen (MAD I, MAD II) auch Pläne und Inventarverzeichnisse, aus denen weitere Einzelheiten hervorgehen. Die Geschäftsräume der Mietergesellschaft befanden sich im Bereich der ehemaligen Munitionsfabrik.

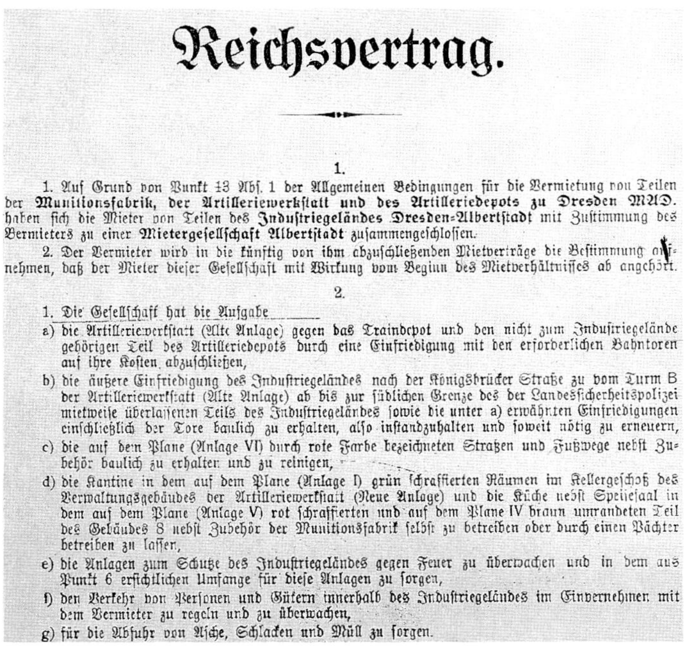
Reichsvertrag.

1.

1. Auf Grund von Punkt 13 Abs. 1 der Allgemeinen Bedingungen für die Vermietung von Teilen der **Munitionsfabrik, der Artilleriewerkstatt und des Artilleriedepots zu Dresden MAD.** haben sich die Mieter von Teilen des **Industriegeländes Dresden-Albertstadt** mit Zustimmung des Vermieters zu einer **Mietergesellschaft Albertstadt** zusammengeschlossen.

2. Der Vermieter wird in die künftig von ihm abzuschließenden Mietverträge die Bestimmung aufnehmen, daß der Mieter dieser Gesellschaft mit Wirkung vom Beginn des Mietverhältnisses ab angehört.

2.

1. Die Gesellschaft hat die Aufgabe
a) die Artilleriewerkstatt (Alte Anlage) gegen das Traindepot und den nicht zum Industriegelände gehörigen Teil des Artilleriedepots durch eine Einfriedigung mit den erforderlichen Bahntoren auf ihre Kosten abzuschließen,
b) die äußere Einfriedigung des Industriegeländes nach der Königsbrücker Straße zu vom Turm B der Artilleriewerkstatt (Alte Anlage) ab bis zur südlichen Grenze des der Landessicherheitspolizei mietweise überlassenen Teils des Industriegeländes sowie die unter a) erwähnten Einfriedigungen einschließlich der Tore baulich zu erhalten, also instandzuhalten und soweit nötig zu erneuern,
c) die auf dem Plane (Anlage VI) durch rote Farbe bezeichneten Straßen und Fußwege nebst Zubehör baulich zu erhalten und zu reinigen,
d) die Kantine in dem auf dem Plane (Anlage I) grün schraffierten Räumen im Kellergeschoß des Verwaltungsgebäudes der Artilleriewerkstatt (Neue Anlage) und die Küche nebst Speisesaal in dem auf dem Plane (Anlage V) rot schraffierten und auf dem Plane IV braun umrandeten Teil des Gebäudes 8 nebst Zubehör der Munitionsfabrik selbst zu betreiben oder durch einen Pächter betreiben zu lassen,
e) die Anlagen zum Schutze des Industriegeländes gegen Feuer zu überwachen und in dem aus Punkt 6 ersichtlichen Umfange für diese Anlagen zu sorgen,
f) den Verkehr von Personen und Gütern innerhalb des Industriegeländes im Einvernehmen mit dem Vermieter zu regeln und zu überwachen,
g) für die Abfuhr von Asche, Schlacken und Müll zu sorgen.

sterialrat Müller gewählt. Zum Geschäftsführer wurde der ehemalige Betriebsdirektor der Aw., Militärbaumeister Ottomar Queißer berufen, auf dessen Initiative die Umwandlung der Heereswerkstätten zu zivilen Betrieben begonnen hatte. Der Verantwortungsbereich der Ida erstreckte sich auf die (nun offiziell als IG bezeichneten) wirtschaftlich nutzbaren früheren Militärgelände in Dresden und Gnaschwitz bei Bautzen; Ende 1922 kam noch das IG Zeithain hinzu. Hauptaufgabe der Ida war Verkauf oder Vermietung sowie Verwaltung der Grundstücke und Gebäude. Daneben betrieb die Gesellschaft im Dresdner IG das Elektrizitätswerk, die Industrievollbahn und die Fernsprechanlage als »werbende Unternehmen«. Der Pachtvertrag zwischen Reichsfiskus (Reichsschatzministerium) und Ida vom 27. 12. 1922, mit dem die Ida bis auf einige Einschränkungen (Reichswehr-, Polizeinutzung) freie Hand zur wirtschaftlichen Verwertung erhielt, ist als die eigentliche Geburtsstunde des Dresdner Industriegeländes anzusehen.

Die ansässigen Mieter hatten sich bereits vorher auf der Grundlage von § 13 (1) der »Allgemeinen Bedingungen für die Vermietung von Teilen der Munitionsfabrik, der Artillerie-Werkstatt und des Artilleriedepots zu Dresden« (MAD) zur »Mietergesellschaft Albertstadt« zusammengeschlossen.[56] Diese übernahm im Auftrag der einzelnen Mieter den Betrieb bzw. die Unterhaltung gemeinsam genutzter Einrichtungen (Müllabfuhr, Straßenbeleuchtung, Instandhaltung von Straßen, Wegen, Gleisen, Zäunen, Toren, Schleusen, Feuerlöscheinrichtungen) und brachte die Mittel für die Instandhaltung des Kraftwerks mit allen Nebenanlagen auf. Für den allgemeinen Mieterverkehr wurden vorerst nur zwei Eingänge geöffnet. Die Genossenschaft hatte den Pförtnerdienst in Turm B der alten Anlage der Aw. (späterer Eingang A) sowie am Eingang der Planitzstraße (Eingang D/E) zu organisieren. Das Pförtnerhaus an der Hauptstraße der neuen Anlage der alten Artilleriewerkstätten (Eingang G) sollte der dort ansässige Großmieter Sächsische Maschinenfabrik vorm. Richard Hartmann AG und das noch weiter nördlich, an der Weiche zur Stichbahn ins IG gelegene Haus von der Sächsischen Landespolizei auf eigene Kosten betrieben werden. Als Sitz der Genossenschaft diente ein Teil des Verwaltungsgebäudes der früheren Aw. (neue Anlage) und ein Haus in der alten Mf. Fünf Beschäftigte der früheren Heereswerkstätten mußten übernommen werden. Küche und Speisesäle an der Planitzstraße (spätere Straße E) wurden von der Genossenschaft gemeinsam genutzt und durch einen Pächter betrieben.

Der Streit mit der IMKK über den Abbruch der Militärgebäude zog sich bis Mitte der 1920er Jahre hin. Am 9. 10. 1924 teilte General C. Walch (Vorsitzender der IMKK) dem Vertreter der deutschen Regierung Legationsrat Nord mit, daß über die Zukunft der drei ehemaligen Geschoßfüllanstalten erst entschieden werden könne, wenn diese von der Polizei geräumt seien. Zugleich widerspreche die dortige Reparaturwerkstatt der Polizei seinen Weisungen und sei deshalb aufzulösen. Immerhin gestattete Walch die Weiternutzung der restlichen Gleisanlagen und der fünf Munitionsmagazine – vor allem deshalb, weil die Ida bisher »ernstliche Anstrengung« unternommen habe, einen »wirklich industriellen Betrieb durchzuführen.« Die während der Unterbrechung der Kontrollen ohne Genehmigung der IMKK errichtete Azetylenfabrik könne gleichfalls beibehalten werden.[57] Gemeint war die Sächsische Acetylen-Werke AG, die im November 1922 einen Mietvertrag mit dem Reichsschatzministerium abgeschlossen hatte. In diesem Vertrag verpflichtete sich die Fabrik, ihre Beschäftigten »in erster Linie den ehemaligen Beamten, Angestellten und Arbeitern der früheren Heeres-

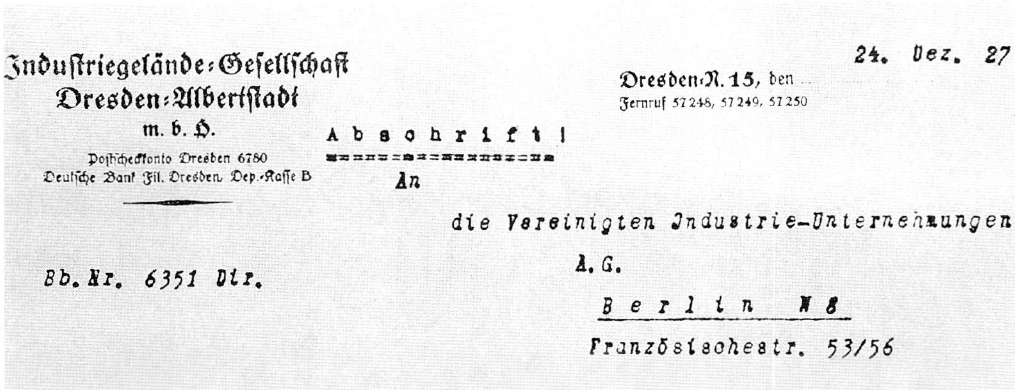
Industriegelände-Gesellschaft
Dresden-Albertstadt
m. b. H.
Postscheckkonto Dresden 6780
Deutsche Bank Fil. Dresden, Dep.-Kasse B

Abschrift!

An

die Vereinigten Industrie-Unternehmungen
A. G.
Berlin W 8
Französischestr. 53/56

24. Dez. 27
Dresden-N. 15, den
Fernruf 57248, 57249, 57250

Bb. Nr. 6351 Dir.

Kopfbogen eines Schreibens der Industriegelände-Gesellschaft Dresden-Albertstadt mbH
Stadtarchiv Dresden
In dem Ende 1927 an die Berliner VIAG-Zentrale gerichteten Schreiben (wie viele Dokumente im Dresdner Stadtarchiv nur als Abschrift überliefert) bittet die Industriegelände-Gesellschaft die VIAG um die Genehmigung zum weiteren Bau von Werkswohnungen in einem Gebäude der ehemaligen Munitionsfabrik. Der Bedarf an Werkswohnungen war in jener Zeit sehr groß. Manch potentielle Mieter wie die Gummiwarenfabrik Johannes Pohlers, die Actiengesellschaft für Cartonnagenindustrie oder die Auerbacher Günther-Werke waren nur unter dieser Bedingung zum Abschluß eines Mietvertrages zu bewegen.

werkstätten Sachsens« und zwar in der Reihenfolge »vorm. Artilleriedepot, vorm. Artilleriewerkstatt und vorm. Munitionsfabrik, sonstige frühere Heereswerkstätten Sachsens« zu entnehmen.[58]

Die letzte Kontrolle der IMKK im IG fand am 14. 10. 1925 statt. Direktor Queißer teilte der Berliner VIAG-Zentrale mit, daß er der Entente-Kommission die drei im Umbau befindlichen früheren Ladestellengebäude vorgeführt habe. Nach der Entscheidung auf der letzten Aufsichtsratssitzung waren die Gebäude nach dem Auszug der Landespolizei an eine Metallwaren- (Klauber & Simon, Mietvertrag ab 1. 12. 1925) bzw. eine Zuckerwarenfabrik vermietet worden. Die Kontrollgruppe der IMKK, die ursprünglich den Abriß gefordert hatte, akzeptierte diese Tatsachen und äußerte auch keinen Widerspruch zu der Feststellung Queißers, daß »nunmehr alle noch offenen Fragen im Industriegelände Dresden-Albertstadt [...] endgültig bereinigt seien.«[59]

Der am Kriegsende wieder aufgeflammte Streit über den Status der Albertstadt konnte im darauffolgenden Jahr beigelegt werden. Im Dezember 1920 war rückwirkend zum 1. April des Jahres eine neue Vereinbarung zwischen der Stadt Dresden und dem Landesfinanzamt Dresden, Abt. Reichsschatzverwaltung (in Vertretung des Reichsfiskus und des selbständigen Gutsbezirkes Albertstadt) über die von der Stadtgemeinde zu übernehmenden Verwaltungsaufgaben abgeschlossen worden.[60] Seit 1. 10. 1920 fungierte ein Beamter der Finanz-, Abt. Liegenschaftsverwaltung statt des Vorstehers der Garnisonverwaltung als Gutsvorsteher. Bemühungen um die Demokratisierung der Verwaltung blieben erfolglos, weil sich im Prinzip alle maßgeblichen Stellen darin einig waren, den Sonderstatus der Albertstadt zu bewahren. So blieb auch eine Einwohnerversammlung im »Soldatenheim« am 9. 12. 1921, auf der Generalsekretär Büttner die Vorstellungen des Einwohnerausschusses hinsichtlich der »Schaffung einer Gemeindevertretung für den Gutsbezirk Albertstadt und die Wohnungsfrage« erläuterte,[61] ohne dauerhafte Folgen. Obgleich die sächsische Gemeindeordnung von 1923 die Auflösung aller selbständigen Gutsbezirke bis Ende 1924 und den Zusammenschluß (notfalls die Zwangseingemeindung) mit den Nachbarorten verfügt hatte,[62] blieb die Albertstadt selbständig. Eine Gesetzespassage ermöglichte Ausnahmeregelungen, wenn die Eingemeindung »wesentlichen öffentlichen Belangen zuwiderläuft«. So hatte Dresden mit seinen »geschulten Eingemeindungstechnikern«[63] das Nachsehen. Das sächsische Gesamtministerium verfügte am 25. 6. 1926, daß die Eingemeindung der Albertstadt zu unterbleiben habe. Statt dessen wurde ein neuer Verwaltungsvertrag mit

Dresden zum 1. Juli 1928 abgeschlossen. Gutsvorsteher wurde Karl Weber (1873–1945), der diese Position bis 1943 bekleidete.

Im September 1929 kam es dann auch endlich zu einem »Generalvergleich« zwischen Reich und Land hinsichtlich des seit Kriegsende strittigen Eigentumsrechts an ehemaligen Militärgrundstücken.[64] In Dresden handelte es sich um folgende Immobilien und Grundstücke: Dienstgebäude am Wilhelmsplatz, Teil des Finanzamtsgebäudes an der Wasserstraße, Teil des Genesungsheims Glasewald's Ruhe in Wilschdorf, Alaunplatz, Teil des Arsenalgrundstücks, Teil der Johannkaserne, Kriegsarchiv, Militärpostamt. Nach dem Gesetzestext von 1873 hätten die für die Militärverwaltung »entbehrlich« gewordenen Grundstücke eigentlich wieder in Landesbesitz übergehen müssen. Da aber der Reichswehrminister bisher keines der früheren Armeegrundstücke für »entbehrlich« erklärt hatte, um »sich alle Möglichkeiten der künftigen Verwendung für Heereszwecke« offenzuhalten und noch dazu ein neues Reichsgesetz die Klärung des Heimfallanspruchs der Länder einer Kommission des Reichs übertragen hatte, blieb selbst eine gerichtliche Klage des Freistaates Sachsen erfolglos. Im Hinblick darauf, daß Sachsen für die Belegung eines Teils der Johannkaserne durch die Sächsische Schutzpolizei bis dahin keinerlei Mietzahlungen an das Reich geleistet hatte, verzichtete das Land auf seinen Heimfallanspruch und das Reich auf Mietzahlungen für die Polizeigrundstücke. Zugleich erhielt das Land die Räume des Armeemuseums und das Reich alle Zollgrundstücke. Wenig bedeutsam erschien damals das dem Reich eingeräumte Rückforderungsrecht an den Polizeigrundstücken, wenn dieselben »für Zwecke der Reichswehr infolge aussergewöhnlicher organisatorischer Änderungen der Wehrmacht benötigt« werden sollten.[65] Das Dokument wurde am 20./29. 9. 1929 vom sächsischen bzw. Reichsfinanzminister unterzeichnet. Der Dresdner Ida-Geschäftsführer Walter Karplus sah in dem auf die Dauer von 20 Jahren (bis 31. 12. 1952) abgeschlossenen Vertrag die

Im Industriegelände
Photographie von Franz Zadniček (geb. 1954), Juli 1999
Stadtmuseum Dresden
Die Abbildung zeigt einen typischen Blick auf die rückwärtigen Gebäude im Gelände der früheren Artilleriewerkstatt Nord. Im Rücken des Photographen befindet sich das Stichgleis der Industriebahn, links ist die ehemalige Zünderwerkstatt mit Gießerei (nach dem ersten Weltkrieg u. a. von der Ernemann AG genutzt) und rechts die ehemalige Geschoßdreherei I (später u. a. »Dresdner Metallfilmfabrik«) zu sehen. Im Hintergrund ist das Kraftwerk erkennbar.

Inschrift an einem ehemaligen Fabrikgebäude an der Meschwitzstraße
Photographie von Franz Zadniček (geb. 1954), August 1999
Stadtmuseum Dresden
Die Inschrift befindet sich an einem Gebäude im Eingangsbereich der früheren Essenzen- und Lackfabrik Dr. Louis Naumann AG, unmittelbar neben dem Pförtnerhaus. Albert Naumann war einer der ersten Mieter im Gelände der früheren Munitionsfabrik an der damaligen Planitzstraße gewesen, seine Fabrik lag direkt neben den Werkhallen von Radio-Mende.

wirtschaftlichen Interessen des Unternehmens ungerechtfertigt beschnitten. In einem Brief an den Ida-Aufsichtsratsvorsitzenden und VIAG-Vorstandsmitglied Wilhelm Lenzmann vom 26. 2. 1930 fragte er an, auf welchem Wege die Interessen der Ida am besten gewahrt werden könnten.[66]

Die Firmenansiedlung im Industriegelände in den 1920er Jahren

Die Umstellung der Militärfabriken auf zivile Produktion gestaltete sich schwierig. Die ersten Entlassungen waren unmittelbar nach Kriegsende erfolgt. Das gesamte Jahr 1919 wurde auf allen Ebenen über die Zukunft der Staatsunternehmen beraten. Am 19. 4. 1919 berichtete der sächsische Militärbevollmächtigte aus Berlin, daß eine Angliederung der FzM Dresden mit Mf., Aw., Feuerwerkslaboratorium, Pulverfabrik, Artillerie- und Traindepot an die Reichswehr erwogen werde. Im Sommer 1919 dementierte Sachsens Wirtschaftsminister Albert Schwarz (1876–1929) Gerüchte, wonach die Entlassung der »Gesamtarbeiterschaft« zum 1. 10. 1919 geplant sei. Die »ganze Verwertungsmöglichkeit sei noch im Stadium der Vorberatung. Jedenfalls würden die Interessen der Arbeiter und Beamten unter allen Umständen berücksichtigt werden.«[67] Weniger optimistisch klang ein Bericht des Militärbevollmächtigten. Nach seinen Informationen lasse sich nur die Übernahme der (wenigen) Militärbeamten »voraussichtlich im erfreulichen Umfange« ermöglichen.[68]

Der erste zivile Mieter war wohl die GmbH »Kreiswerkstätten für Schwerbeschädigte«, die im April 1919 vom städtischen Ausstellungsgelände in die Mf. an der Planitzstraße übergesiedelt war. Für die Druckerei konnte eine Anlage aus Militärbeständen übernommen werden, daneben wurden die Abteilungen Tischlerei, Metallverarbeitung, Korbmacherei, Besen- und Bürstenbinderei und Schuhmacherei eingerichtet. Das Landesamt für Kriegerfürsorge forderte die Behörden auf, ihren Bedarf an Drucksachen, Buchbinderarbeiten, Möbeln, Holz und Metallgeräten, Korb-, Besen- und Bürstenwaren »tunlichst« bei den Kreiswerkstätten zu decken. Vor

Blick von Osten auf das ehemalige Schmiedegebäude der Artillerie-werkstatt Nord
Photographie von Franz Zadniček (geb. 1954), Juli 1999
Stadtmuseum Dresden

allem unter den »zahlreichen Kriegsblinden von Dresden und Umgebung« sei die Arbeitslosigkeit hoch.[69] Welche Erbitterung unter den Kriegsbeschädigten herrschte, hatte die Demonstration in Dresden am 12. 4. 1919 gezeigt, als der Minister für Militärwesen Gustav Neuring (1879–1919) gelyncht worden war, was die Verhängung des Belagerungszustandes über Sachsen nach sich zog.

Die Ernemann AG, welche gerade eine Interessengemeinschaft mit Krupp in Essen geschlossen hatte, bezog 1919 drei Fabrikgebäude (ehemalige Artilleriewerkstätten und Mf.), da eine Fortführung der Erweiterungsbauten am Stammhaus aus finanziellen Gründen nicht möglich war. Die 1920 gemieteten Räume mit einer Fläche von 10000 qm wurden bis 1925 zur Produktion optischer Geräte und Kinomaschinen genutzt.

Ende November 1919 unterbreitete Albert Naumann, Inhaber der Konservenfabrik, dem sächsischen Arbeitsminister einen Vorschlag zur Einrichtung einer Produktionsstätte mit 600–800 Arbeitskräften im Hauptgebäude E der Mf. mit Nebengebäuden und in der Waffenwerkstatt 1–7. Als Gegenleistung für die von ihm erbetene Staatsbeteiligung in Höhe von 30 Mio. Mark sollte das Land die Hälfte des Gewinns erhalten. Falls das Reich »infolge der Befürchtung etwaiger kriegerischer Verwicklungen« die Mf. wieder in Gang bringen wolle, ließe sich dies nach seinen Worten ohne Weiteres bewerkstelligen. Arbeits- und Finanzministerium standen den Vorschlägen ablehnend gegenüber, da die Lieferung von Frischfleisch und Hülsenfrüchten aus dem Ausland nicht gesichert war. 1920 wurde schließlich die Einkaufsgesellschaft für Ostsachsen GmbH als Abnehmer gebunden und die Produktion aufgenommen. Freilich blieb die Realität hinter Naumanns Vorstellungen weit zurück: 1920 wurden gerade 17 Angestellte, 93 weibliche und 66 männliche Fabrikarbeiter beschäftigt. Ohne lukrative Heeresaufträge lief das Geschäft nicht besonders. Die Suppenproduktion mußte bald eingestellt werden. 1922 hatte Naumann Steuerschulden und bat um Staatsaufträge für die Lack- und Farbenproduktion.[70]

Am 1. 4. 1920 wurde die Hauptwerkstatt der Kraftverkehrsgesellschaft Freistaat Sachsen mbH (KVG) in Betrieb genommen. Die Mehrheit der Anteile befand sich in der Hand des Freistaates;

Notgeld der Ernemann AG von 1923
Gedruckt in der Buchdruckerei der Dr. Güntzschen Stiftung in Dresden
Stadtmuseum Dresden
Im Herbst 1923 führte die dramatisch fortschreitende Inflation zu einer raschen Entwertung des Volksvermögens. Die tägliche Änderung des Wertes der Banknoten führte auch dazu, daß die staatlichen Emmissionsstellen nicht mehr in der Lage waren, genügend Geldwertzeichen mit entsprechender Wertkennzeichnung zur Verfügung zu stellen; selbst mit Überdrucken konnte man diesem Manko nicht abhelfen. So schritten Gemeinden und Firmen zur Ausgabe eigener Banknoten. Der Gutschein der Ernemann-Werke über 50 Millionen Mark wurde am 28. September 1923 ausgegeben. Er war bis zum 30. November am Stammhaus der Firma in Dresden-Striesen einzulösen. Wer allerdings bis zur Einlösung die gesamte Geltungsfrist von zwei Monaten verstreichen ließ, hatte nur noch ein wertloses Stück Papier in der Hand.

die Stadt Dresden war ebenfalls beteiligt. Die KVG war am 23. 12. 1919 vom Reichsschatzministerium als Nachfolgerin der Kraftverkehrsämter Dresden und Chemnitz gegründet worden. Diese waren wiederum im November 1918 aus den im Krieg gebildeten militärischen »Heimat-Kraftwagen-Kolonnen« hervorgegangen. Für die Einrichtung der Werkstätten wurden die Hallen I/II der früheren Geschützwerkstatt an der Planitzstraße verwandt. 64 Metall- und Holzbearbeitungsmaschinen sowie Hebezeuge, Werkbänke und Werkzeuge wurden übernommen. Bis 1923 erhöhte sich die Belegschaft von 84 auf 182 Personen.[71]

Hauptmieter im IG in jener Zeit war die Sächsische Maschinenfabrik vorm. Richard Hartmann AG Chemnitz; die Eintragung der Dresdner Zweigniederlassung im Handelsregister datiert vom 8. 10. 1920. Die Firma belegte einen Großteil der Gebäude im Gelände der Aw. Nord. Im Mai 1923 arbeiteten dort etwa 3500 Personen, in der Mehrzahl wohl ehemalige Rüstungsarbeiter. Zur gleichen Zeit zählte die Ernemann-Niederlassung 600, das Donar-Werk (Werkzeugmaschinen) 100, die Dresdner Bohrmaschinenfabrik 90, die Hufeisenfabrik Mücklich & Fischer sowie die Firma Lindner & Maak je etwa 70 Beschäftigte.[72] Im Bereich des ehemaligen Ad. existierten im Oktober 1922 auch 21 Kleingärten mit einer Gesamtfläche von 3900 qm; ein Antrag auf Einrichtung einer Jugendherberge war hingegen vom Finanzministerium 1920 abschlägig beschieden worden.[73]

Der erste Geschäftsbericht der Ida für 1922 berichtete über den Abschluß weiterer Mietverträge und die Erhöhung des Gesellschaftskapitals; infolge der günstigen Konjunktur sei die Industrie »allenthalben voll beschäftigt« und das Ergebnis der »werbenden Unternehmen« zufriedenstellend.[74] Das Kraftwerk erhielt mit einer Überlandleitung eine Anbindung an das Großkraftwerk Hirschfelde. Nach den Weisungen der IMKK wurden die Magazingebäude im Bereich des Mietgeländes der Landespolizei und im Prießnitzgrund abgebrochen, der Schießstand der Mf. zerstört und einige nicht unbedingt notwendige Gleisanlagen entfernt. Am 7. 3. 1923 wurde in Berlin die Vereinigte Industrie-Unternehmungen Aktiengesellschaft (VIAG) gegründet, in der alle Industrieunternehmungen des Reiches, darunter die Ida, zusammengefaßt wurden.[75] Im April 1924, bei der Umstellung von Renten- auf Goldmark, war die VIAG die größte deutsche Trustgesellschaft. Die Ida war eine 100%ige Tochter der VIAG und arbeitete nicht als Behörde, sondern wie ein privater Wirtschaftsbetrieb.[76]

Die Wirren des Jahres 1923 ließen auch das IG nicht unbeeinflußt. Mitte September, nach Ausbruch der Streikwelle in Sachsen während der Zeigner-Regierung, erklärte der Dresdner Reichswehrkommandeur Oberstleutnant von Schweinitz die gesamte Albertstadt zum Bannkreis.[77] Im Spätherbst erreichte die Inflation ihren Höhepunkt. Die kreditfinanzierte Rüstung und das starke Steigen der Nominallöhne ohne Warendeckung seit 1914 hatten zu einer Entwicklung geführt, die nun in die Hyperinflation mündete. Das Jahr 1924 stand dann »im Zeichen des Wiederaufbaus«.[78] Alle Mietverträge im IG wurden auf Goldmark umgestellt, wobei eine

Blick auf die ehemalige Platzpatronenfabrik (später: Radio-Mende)
Photographie von Franz Zadniček (geb. 1954), Juli 1999
Stadtmuseum Dresden

Die Aufnahme zeigt einen Blick auf das Ende des 19. Jahrhunderts errichtete frühere Fabrikhauptgebäude D der Dresdner Munitionsfabrik (Platzpatronenfabrik). Im Südwesten war der Fabrikhof durch das Hauptgebäude C (im Bild nicht sichtbar) abgeschlossen. Nach dem ersten Weltkrieg wurde das Gelände zum Firmenareal von Radio-Mende. In den 1920er und 1930er Jahren wurden mehrere Anbauten, wie der Übergang im Eingangsbereich errichtet. Nach der Enteignung von Radio-Mende wurden die Fabrikgebäude vom Unternehmensnachfolger VEB Funkwerk Dresden genutzt. Heute ist das Gelände zur Stätte der avantgardistischen Kunst geworden. Das Ende der 1980er Jahre in St. Petersburg von Anton Adassinski (geb. 1959) gegründete und international sehr erfolgreiche Avantgarde-Theater DEREVO (russisch für Baum) hat in Teilen der Gebäude seine Probenräume. Zukünftig sollen hier auch Tanzschüler arbeiten und leben, dazu ist es beabsichtigt, die Zahl der Workshops und Aufführungen im »Derevo-Laboratorium« zu erhöhen.

Einigung zwischen Ida und Hartmann-Zweigwerk nicht gelang. Durch »Kreditnot« und »unauskömmliche Preise« kam es zu einigen Konkursen (Turbinenfabrik Kaiser, Schuhwarenfabrik Petzold) oder Betriebseinschränkungen, was wiederum Folgen für den Strom- und Dampfabsatz sowie die Auslastung der Industriebahn hatte. Die Privatunternehmer, welche der Arbeiterschaft nach der Novemberrevolution erhebliche Zugeständnisse hatten machen müssen, suchten nun deren Rechte allmählich wieder einzuschränken. Eine Anordnung der Direktion im Zweigwerk der Universelle AG im IG zur Ableistung von Überstunden führte Ende April 1924 zum Streik; Direktor Hellang drohte mit Stillegung des Betriebes und Maßregelung des Betriebsrats. Auch aus anderen Fabriken wie der Firma Gebr. Ruf sind Behinderungen der Arbeitervertretungen bekanntgeworden.[79]

Da nun auch absehbar war, daß die IMKK keinen Einspruch mehr gegen den Neubau und Erweiterung von Industrieanlagen für Friedenszwecke einlegen würde, verkaufte die Ida die bis dahin nur vermieteten Maschinen und Anlagen an die jeweiligen Nutzer. Im Januar 1925 wurde das Stammkapital der Ida auf 480.000 RM verringert, wobei es bis zur Auflösung der Gesellschaft geblieben ist. Der allmähliche wirtschaftliche Aufschwung und die Rückkehr zu einem relativ normalen gesellschaftlichen Leben in der zweiten Hälfte der 1920er Jahre läßt sich an den Geschäftsberichten recht gut nachvollziehen. Allerdings ist hierbei die privilegierte Stellung der Ida zu berücksichtigen, die als Staatsunternehmen von der Körperschaftssteuer befreit war und nur die Erträge aus dem Betrieb von Kraftwerk und Industriebahn zu versteuern hatte.

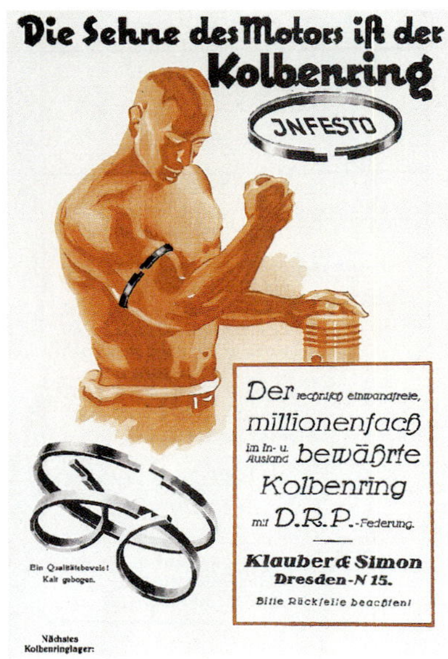

Werbeblatt der Firma Klauber & Simon
Gedruckt bei der Kunstanstalt Stengel & Co. Dresden, 1930er Jahre
Stadtmuseum Dresden
In zeittypischer Gestaltung warb die Firma Klauber & Simon (Infesto) hier für ihr Hauptprodukt – die kalt gebogenen Kolbenringe aus Spezial-Stahl-Mangan-Guß mit einer Toleranz von 0,005 mm, welche nach einem Firmenpatent gefertigt wurden. Nach Aussagen der Firma waren diese in ihrer Qualität den traditionell gehämmerten Federringen (bei vergleichbarem Preis) deutlich überlegen. Der Markenname »Infesto«, der später sogar zur Firmenbezeichnung wurde, ist im Übrigen eine Abkürzung für »**In**(nen)**fe**(dernde) **Sto**(pfbuchspackung)«.

Das IG hatte sich in der Zwischenzeit mit weiteren Mietern gefüllt. Die im November 1923 gegründete OHG H. Mende & Co. zur »Fabrikation von elektrischen Maschinen und Apparaten« nahm ihren Firmensitz in der ehemaligen Mf. an der Planitzstraße. 1924 zog die Turbinenfabrik Brückner, Kanis & Co. (BKC) zu, die Mietvertrag und Anlagen der bankrotten

MIETER-GESELLSCHAFT ALBERTSTADT E. V.

Fernsprecher: 54646
Postscheck-Konto: Dresden 1006
Bank-Konto: Deutsche Bank und Disconto-Gesellschaft Fil. Dresden, Depositenkasse B

Dresden-N. 15, 3. Juli 1934
Industriegelände, Eingang D

Firma
Jndustriegelände – Gesellschaft Dr.-Albertstadt G.m.b.H.
für Fa. Daimler – Benz A.G.
Hier.

Nachstehend bringen wir Jhnen die Abschlussverhandlung über die erfolgte Auflösung zur Kenntnis, womit auch die Tätigkeit der Liquidatoren beendet ist.

Heil Hitler!

Mietergesellschaft Albertstadt E.V. i.L.

gez. Lindner gez. Schilling

Briefkopf der Mieter-Gesellschaft Albertstadt e. V.
Stadtarchiv Dresden
Aus einem der letzten Schreiben der Mieter-Gesellschaft Albertstadt e. V. vom 3. Juli 1934 geht hervor, daß die Liquidation der Gesellschaft ein Jahr nach ihrer Auflösung beendet war und die Löschung im Vereinsregister des Amtsgerichts Dresden bewirkt wurde. Der vorhandene Kassenbestand war vorher im Wege der Rückvergütung von Umlagebeiträgen an die Mitglieder der Mietergesellschaft ausgezahlt worden, die nicht verteilbare Summe hatte die NS-Volkswohlfahrt erhalten.

Turbinenfabrik Kaiser in der Aw. (alte Anlage) übernahm und in den nächsten Jahren stetig ihren Betrieb erweiterte. Ende 1925 siedelte die 1883 gegründete Firma Klauber & Simon von Dresden in den nördlichen Zipfel des IG (Ad. Nord) über. Hier wurden Kolbenringe für Automobile und Schiffe sowie Stopfbüchspackungen für Eisenbahnen gefertigt.[80]
Die ausgezeichnete wirtschaftliche Lage des Jahres 1927 illustriert die Tatsache, daß es der Direktion der Ida im Jahresverlauf gelang, die letzten noch unbelegten Gebäude im IG zu vermieten. Sogar für die Hälfte der riesigen Flächen, welche durch den endgültigen Auszug der Hartmannschen Filiale zum 30. 6. 1928 frei wurden, konnten schon im Jahr 1927 neue Mieter vertraglich gebunden werden. Die Sächsische Maschinenfabrik AG hatte im Geschäftsjahr 1925/26 einen Verlust von rund 1,5 Mio. Mark erwirtschaftet. Der Versuch der Direktion des Zweigwerkes, im April 1925 erhebliche Lohnkürzungen durchzusetzen, war am Widerstand der Metallarbeiter gescheitert. Die Holzbearbeitungswerkstätten und Montagehallen wurden 1928 von der ACI Loschwitz und die große Schmiedehalle vom Kunststeinwerk Auerbach, Inh. Adolf Günther, übernommen. Beide machten den Abschluß des Mietvertrages vom Erhalt von Werkswohnungen abhängig, welche die Ida auf ihre Kosten herrichten mußte. Die ACI verlegte ihren gesamten Dresdner Betrieb in das IG, während das Günther-Werk mit der neuen Niederlassung erheblich expandierte. Daneben zogen verschiedene kleinere Firmen in die verlassenen Fabrikhallen ein. Stromabgabe, Waggonverkehr und Installationsgeschäft verzeichneten 1927 eine »wesentliche Steigerung«.[81] Von dem Gewinn floß 90% an die Reichskasse, 10% verblieb der Ida.[82] Das positive Geschäftsklima hielt auch 1928 an, es wurde u. a. noch ein weiterer Mietvertrag mit der Firma Klauber & Simon und ein Nutzungsvertrag mit der Dresdner Fuhrwesen-Gesellschaft AG über die Sandgrube am Prießnitzhang geschlossen. 1929 pachtete die Neue Baugesellschaft Wayss & Freytag AG ein größeres Areal.
Der wirtschaftliche Abstieg des IG im Zuge der Weltwirtschaftskrise fiel mit dem Tod des bisherigen Direktors Queißer zusammen. In der Aufsichtsratssitzung der Ida vom 11. 10. 1929 trat Walter Karplus, der bereits die Geschäftsleitung des VIAG-Unternehmens Industrieanlagen GmbH Berlin (Inag) innehatte, an dessen Stelle. Oberingenieur Löbker erhielt Prokura der Ida. Der Geschäftsbericht der Ida über das Jahr 1931 beschreibt die »fortschreitende Verschlechterung« der allgemeinen Wirtschaftslage.[83] Durch Firmenzusammenbrüche (z. B. Großdruckerei Johannes Päßler) und Kündigungen verlor die Ida mehrere Mieter. Die Installationsabteilung erhielt weniger Aufträge von Privatfirmen, Reichs- und Heeresbauämtern. Neuvermietungen konnten nur »zu stark gedrückten Preisen« durchgeführt werden; viele Firmen bestanden auf einer Senkung des Miet- oder Pachtzinses. Die Einnahmen aus dem Kraftwerk gingen »entsprechend dem Beschäftigungsgrad" zurück. Das ungünstige Geschäftsergebnis konnte nur durch relativ hohe Zinseinnahmen sowie Rücklagen vergangener Jahre etwas aufgebessert wer-

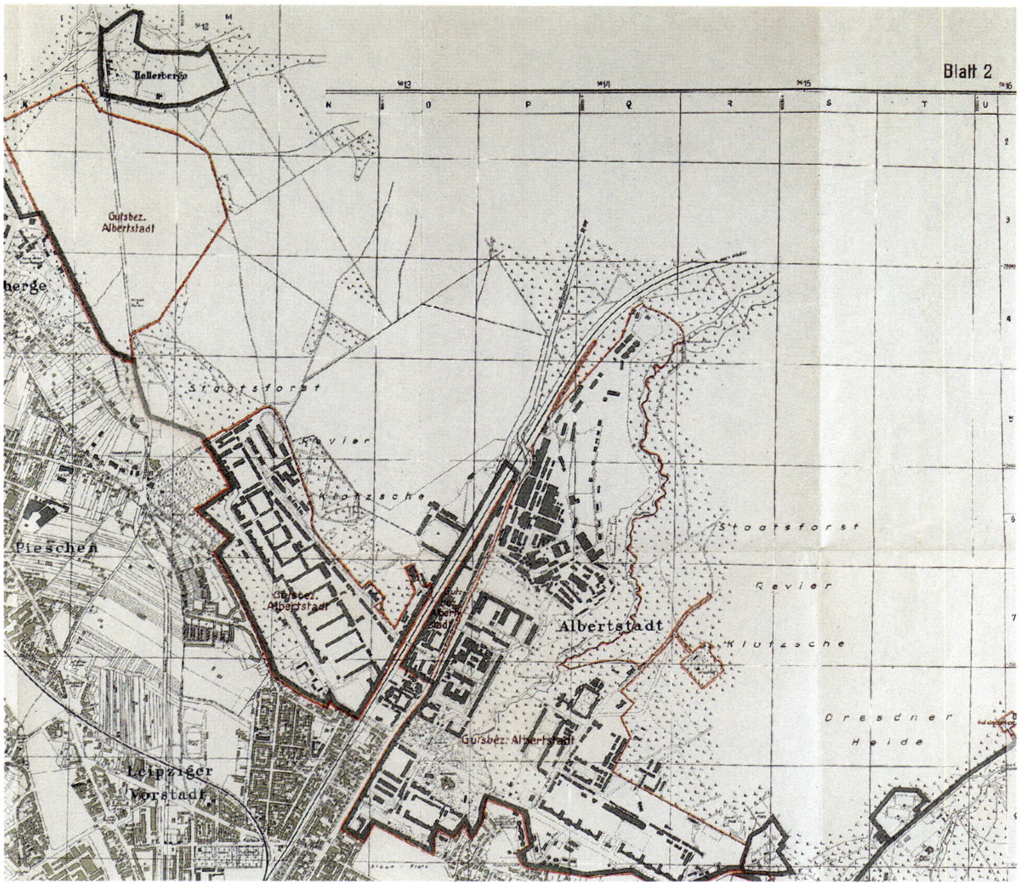

Plan von Dresden 1 : 10 000 (Ausschnitt)
37. Auflage 1941, Blatt 4
Bearbeitet vom Vermessungsamt der Landeshauptstadt Dresden
Stadtarchiv Dresden
Rote Linie … Grenze des Gutsbezirks Albertstadt
Fettgedruckte Strich-Punkt-Linie … Stadtgrenze von Dresden
Strich-Punkt-Linie … Flurbezirks-grenzen
Fettgedruckte Gebäude … öffentliche Gebäude

den. Hinweise auf die scharfen innenpolitischen Auseinandersetzungen jener Zeit lassen sich in manchen Firmenakten finden. 1932 beauftragte Radio-Mende & Co. die Ermittlungsstelle Deutscher Industrieschutz mit der Überwachung der Belegschaft. Jene Arbeiter, die eine kommunistische Betriebszelle gegründet und eine Zeitung herausgegeben hatten, wurden entlassen.[84] Im selben Jahr wurde bekannt, daß im ACI-Werk Sprengstoffhülsen für Sprenggranaten (Kaliber 88 mm) produziert wurden, die nach Auskunft der Firmenleitung jedoch nicht für den Export nach Japan bestimmt waren.[85]

Die Reaktivierung des Industriegeländes für militärische Zwecke nach 1933

Die Regierungsübernahme durch die Nationalsozialisten Ende Januar 1933 bedeutete auch für das IG eine Zäsur. Nach einem Beschluß der Hauptversammlung am 4. 4. 1933 wurde die »Mietergesellschaft Albertstadt« zum 30. 6. 1933 aufgelöst. Seit dem 1. 7. 1933 übernahm die Ida vollständig deren Aufgaben. Ab September 1933 wurden die kasernierten Bereitschaften der Dresdner Schutzpolizei zu sogenannten Landespolizeiabteilungen zusammengefaßt und militärisch ausgebildet.[86] Mitte der 1930er Jahre hatte sich dann das NS-Regime, begünstigt durch den Aufschwung der Weltwirtschaft, wirtschafts- und auch machtpolitisch gefestigt. Wie rigoros man dabei selbst innerparteiliche Rivalen ausschaltete, hatte die Exekution von Dresdner SA-Führern

Werbeblatt der Firma Radio-Mende
Stadtmuseum Dresden
Die Rundfunkempfänger des Unternehmens Mende zählten zu den technisch modernsten Geräten in Deutschland und wurden auch in zahlreiche Länder exportiert. Das Dresdner Musik- und Rundfunkhaus Hentschel & Gräf gab dieses Werbeblatt mit einem Sonderangebot im März 1938 heraus. Der Werbespruch »Wer Musik liebt, wählt Mende« zierte viele Werbeprospekte von Mende in jener Zeit.

während des sogenannten »Röhm-Putsches« in der Nacht vom 30. 6. zum 1. 7. 1934 auf dem Heller gezeigt. Im September d. J. wurde das kurzzeitig vom SA-Motorsturm III M 33 genutzte Gebäude im IG von der Landespolizei übernommen. 1936 richtete die NSDAP-Ortsgruppe Dresden-Albertstadt einen Schießstand am Hanggelände zur Prießnitz ein.[87]

Als die NS-Führung 1935 zur offenen Wiederaufrüstung schritt, geriet die Albertstadt wieder stärker in ihr Blickfeld. Am 1. 4. 1935 wurde die Verwaltung mitsamt dem Personal von der Heeresstandortverwaltung Dresden übernommen.[88] Die Fläche des Gutsbezirkes (mit dem reichseigenen Teil des Heller-Exerzierplatzes) wurde 1938 mit 397,3 ha angegeben. Am 8. 4. 1941 verfügte der sächsische Reichsstatthalter Martin Mutschmann (1879–1948), daß die Albertstadt mit Wirkung vom 1. 4. 1941 ein Gutsbezirk im Sinne der Verordnung über gemeindefreie Grundstücke und Gutsbezirke vom 15. 11. 1938 wurde, der offizielle Name lautete nach Anordnung des OKW nun »Heeresgutsbezirk Albertstadt«.[89]

Daß das IG nicht schon 1935 unter volle Militärverwaltung geriet, lag an der langen Laufzeit der Mietverträge und den Finanzinteressen der Reichsunternehmen. Das IG wurde zum Austragungsort von Machtkämpfen zwischen Reichsfinanz- und Reichswehrministerium. Obgleich die Dresdner Wehrkreisverwaltung 1929 durchgesetzt hatte, daß Gebäude und Grundstücke im IG von der Ida nur nach vorheriger Zustimmung des Reichswehrministers veräußert werden durften, schritt die unter Aufsicht des Reichsfinanzministeriums stehende VIAG bei Umgehung des 1938 neugebildeten Oberkommandos der Wehrmacht zum Verkauf. Hierzu wurde die Ida aufgelöst und die von ihr verwalteten Grundstücke (FlSt. 1964/1965, Bl. 1318 des Grundbuches Dresden Neu- und Antonstadt) mit Vertrag vom 19. 10. 1939 rückwirkend zum 1. 4. 1939 an die Inag übertragen.[90] Den Vertrag über das knapp 110 Hektar große Areal unterzeichneten Inag-Direktor Karl Meyer und der sächsische Oberregierungsrat Walther Bahmann. Die Gelände- und Gebäudeverwaltung und die Industriebahn kamen an die Inag, das auf deren Rechnung laufende Kraftwerk wurde den Elektrowerken A.-G. Berlin (sogenannte »Reichselektrowerke«) zum Betrieb übergeben. Zugleich beauftragte der Reichsfinanzminister die Inag mit dem Verkauf der Grundstücke und Anlagen an Mieter oder andere Interessenten. Davon ausgenommen blieben nur die von der Wehrmacht (im alten Arsenal und angrenzenden Gebäuden) bzw. der Polizei (südlich der Heeresstraße und im Norden des IG) unentgeltlich genutzten Immobilien. Die Inag verkaufte Flächen an BKC, ACI, die Zahnräderfabrik Kurt Münnich, die Papierwollebelagfabrik Otto Reinsch, das Sägewerk Robert Uhlig, die Vereinigten Asphalt- und Teerproduktenfabriken GmbH und die Staatliche Kraftwagenverwaltung des Landes Sachsen.

Die Verwaltung des IG durch die Inag nach Auflösung der Ida (1. 1.–31. 7. 1941) blieb nur eine Episode. Auf Drängen der Wehrmachtsbehörden gelangten die noch im Inag-Besitz befindlichen Grundstücke und Anlagen samt Inventar mit Kaufvertrag vom 25. 7. 1941 (wirksam ab 1. 8. 1941) an den Reichsfiskus (Heer).[91] Die 73 Beschäftigten (davon 35 im Kraftwerk) wurden von der neuen Heeresbetriebsstelle Industriegelände Albertstadt (HBSt) unter Oberingenieur Karl Fritzsche, ehemals leitender Angestellter der Ida (Prokura 10. 6. 1938), übernommen. Die HBSt wurde der Heeresstandortverwaltung Dresden II zugeordnet und sollte durch allmähliche Räumung die privat genutzten Immobilien wieder »Nutznießern des Heeres« zuführen. Durch weitere Verträge mit der Inag ging der gesamte frühere Grundbesitz der Inag im »sogenannten Industriegelände Albertstadt« (etwas über 96 ha) in das Eigentum des Reichsfiskus (Heer) über. Davon ausgenommen blieb nur das knapp 5½ Hektar große BKC-Areal, für das bereits die Auflassung erfolgt war. Die von der Inag mit Privatfirmen geschlossenen Kaufverträge über eine Fläche von fast 14 Hektar Land mußten rückgängig gemacht werden. Da Bauverbot herrschte, durften die Firmen ihr Betriebsgelände auf der Basis neuer Mietverträge weiter nutzen. Die ACI legte gegen die mit Beschluß der Reichsstelle für Landbeschaffung vom 8. 6. 1942 erfolgte Enteignung ihres Geländes Einspruch ein, der bis 1945 nicht entschieden wurde. Eine Anfang 1942 vom Dresdner OFP erstellte Übersicht verzeichnet folgenden Reichsgrundbesitz:

Mende-Radioapparate
Photographie von Iris Güttler/Technische Sammlungen Dresden
Die Abbildung zeigt zwei Apparate aus den umfangreichen Beständen der Technischen Sammlungen in Dresden: links das Modell E 38 N und rechts das Radio vom Typ 148. Nachdem Mende auf der Dresdner Funkausstellung von 1926 den 2-Röhren-Reflexempfänger E 35 – ein »Wunder deutscher Technik« vorgestellt hatte, erlebte die Firma mit dem Schrägpult-Radio E 38 N von 1929/30 ihren geschäftlichen Durchbruch. Anfangs wurde das Gehäuse noch aus Blech, später (wie auf dem Photo) aus Bakelit gefertigt. Seit dem Erfolgsmodell E 38 ging es mit der Firma steil bergauf, einen großen Anteil hatte daran der Werksingenier Ulrich Günther (»System Günther«). Mende war in den 1930er Jahren in der Lage, sämtliche Marktbereiche vom einfachsten Modell bis zum Luxusgerät abzudecken. Das Mende-Radio Typ 148 von 1932, ebenfalls mit Bakelitgehäuse, verkörperte die damals beliebte Form des Wohnstubenradios mit zwei Schirmgitterröhren und wurde auch zum Vorbild für Puppenstubeneinrichtungen. Die Technischen Sammlungen Dresden werden im Jahr 2000 eine von Ralf Rüdiger erarbeitete Studienausstellung eröffnen, in der erstmals ein Überblick über die Entwicklung der Radiohersteller im Dresdner Raum und ihrer bedeutendsten Produkte gegeben wird.

Ort, Bezeichnung, dienstliche Bestimmung	bisher beim OFP nachgewiesene Grundstücke			davon bereits [an Reichsfiskus (Heer)] verkauft			von HStV noch zu übernehmen		
	ha	a	qm	ha	a	qm	ha	a	qm
Postamtsgebäude (Königsbrücker Str. 90)		10	11					10	11
Ehem. Artilleriedepot	89	45	74	87	86	95	1	58	79
Ehem. Traindepot (Industriegelände)	7	66	48				7	66	48
Ehem. Artilleriewerkstatt (Industriegelände)	13	5	62	13	5	62			
Ehem. Munitionsfabrik (Industriegelände)	8	90	53	8	90	53			
GESAMT	**119**	**18**	**48**	**109**	**83**	**1**	**9**	**35**	**58**

NS-Regime und Wirtschaftsunternehmen – der Weg in die Katastrophe

Die Verstrickung von Dresdner Firmen in die Verbrechen der NS-Machthaber und ihr Anteil an der deutschen Kriegspolitik ist bis heute ein weitgehend ungeklärtes Kapitel der Stadtgeschichte, obgleich daran nahezu alle größeren Unternehmen auf die eine oder andere Art Anteil nahmen. Einfache Deutungsversuche aus Unternehmerperspektive oder auf Grundlage politischer Ideologien liefern hierzu kaum eine befriedigende Erklärung. Weder unterwarfen sich die Firmen bedingungslos dem Regime, noch war jenes ein willfähriges Werkzeug zur Durchsetzung der Unternehmerinteressen. In widerspruchsvoller Entwicklung und unter ständiger Austragung von Interessenkonflikten verknüpften sich hier auf unheilvolle Weise unternehmerische Initiative, Gewinnstreben, persönlicher Ehrgeiz, Konkurrenzdenken, Forscherdrang, sittliche Werte und geistige Traditionen mit dem von maßgeblichen politischen Kräften geschürtem Revanchedenken und den aberwitzigen Theorien der NS-Spitze. Vgl. u. a. die Beiträge von Albrecht Ritschl und Rolf-Dieter Müller in: Deutschland 1933–1945. Neue Studien zur nationalsozialistischen Herrschaft, hg. von Karl Dietrich Bracher, Manfred Funke und Hans-Adolf Jacobsen, Bonn 1992 (= Schriftenreihe der Bundeszentrale für politische Bildung, Bd. 314). Die Arbeitgeber profitierten gleich am Beginn der NS-Herrschaft von der Zerschlagung der

Arbeiterorganisationen und Belegschaftsvertretungen (20. 1. 1934 »Gesetz zur Ordnung der nationalen Arbeit«), mit der ein Eckpfeiler der Demokratie, die Tarifautonomie, beseitigt wurde. Die danach einsetzenden Zentralisierungsmaßnahmen in der Wirtschaft erachtete die Unternehmerschaft als vorübergehende Erscheinung. Noch unter dem Eindruck der verheerenden ökonomischen und politischen Krise der vergangenen Jahre stehend, nahm sie die Beschränkungen ihrer Entscheidungsfreiheit fast widerspruchslos hin. In einem längeren Prozeß, in dem persönliche Beziehungen und wirtschaftliche Abhängigkeiten wuchsen, erreichten die Firmen schließlich einen Punkt, an dem es kein Zurück mehr gab. Sie waren selbst zum Teil des Systems geworden, hatten sich dort mehr oder weniger gut eingerichtet und waren aufgrund ihrer eigenen Handlungen auf Gedeih und Verderb mit dem Hitler-Staat verbunden. Dazu kamen die jahrelange ideologische Bearbeitung und die allgegenwärtigen Drohungen des Regimes. Dennoch gibt es Beispiele dafür, daß deutsche Unternehmer Handlungen verweigerten, die sie mit ihrem Gewissen nicht vereinbaren konnten – und das ohne Gefahr für ihr Leben. Dies ist der Maßstab, an dem diese Personen gemessen werden müssen.

Besonders enge Beziehungen zu den NS-Machthabern unterhielten Firmen wie BKC, ACI oder Radio-Mende, deren Geschäftsinteressen weitgehend mit den politischen Zielen der NSDAP-Führung übereinstimmten. Sicher gab es auch unter diesen Unternehmern Beispiele für persönliche Lauterkeit.[92] Jedoch selbst wenn sie nicht direkt an Verbrechen beteiligt waren, partizipierte ein großer Teil der Firmeninhaber an der profitablen »Arisierung« jüdischer Unternehmen, der Kriegsrüstung und der wirtschaftlichen Ausbeutung der eroberten Gebiete sowie der Fremd- und Zwangsarbeiter. Aufgrund der ausgezeichneten Aktenlage läßt sich dies besonders deutlich an der Firma Mende verfolgen. Freilich kann man eine Person wie den seit 1938 als »Betriebsführer« agierenden Martin Mende nicht allein anhand der Belege über die Mitgliedschaft in NS-Organisationen oder den Spendenbescheinigungen beurteilen, die manchmal eine Schutzfunktion vor einer engeren Einbeziehung in das System hatten. Die herausgehobene Position Mendes in der Wirtschaftsstelle der deutschen Rundfunkindustrie e. V. (WDRI) oder seine intensiven persönlichen Kontakte zu hohen NS-Funktionären sind dazu ebensowenig geeignet, da diese bei den häufigen Eingriffen der NS-Führung in die Wirtschaftspolitik für ein Unternehmen notwendig waren. Der Inhalt der Akten läßt jedoch den Schluß zu, daß die Firmenleitung den damals üblichen Rahmen verließ und sich aktiv im NS-System engagierte.

Die OHG H. Mende & Co. wurde 1923 von Otto Hermann Mende (1885–1940) und Rudolf Müller (gest. 1940) gegründet.[93] Sie machte sich bald durch innovative Entwicklungen im Radiobau einen Namen. 1927 wurde Martin Mende Prokura erteilt. Mit Anbruch der NS-Zeit hätte man erwarten können, daß die Firma sofort einen steilen Aufstieg genommen hätte, da das Radio das bevorzugte Propagandamedium der neuen Machthaber war. Am 11. 12. 1934 besuchte Reichssendeleiter Eugen Hamadovski das Mende-Werk und hielt vor den etwa 1600 Beschäftigten eine Rede, welche u. a. die Bedeutung des Volksrundfunkempfängers (»Goebbels-Schnauze«) zum Inhalt hatte.[94] Geringer Auftragseingang und hohe Lagerbestände führten 1935/36 jedoch vorerst zu Entlassungen und Kurzarbeit. Daraufhin suchte man die Fachkompetenz und Innovationskraft der Firma auf dem Gebiet der Elektrotechnik für direkte Kriegszwecke nutzbar zu machen und stellte in den nächsten Jahren nahezu die gesamte Produktion auf Heeresbedarf (Nachrichtengeräte, Fernschreib-, Fernschaltapparate, elektrische Zünder u. a.) um. Öffentliche Aufträge für das OKH in Berlin, die Marinewerft in Wilhelmshaven, das Marine-Arsenal-Ver-

Anfertigung von Wickelkondensatoren bei Radio-Mende
Aufnahme: Boehner-Film Dresden, um 1935
Stadtmuseum Dresden
Das Werksareal von Radio-Mende im Industriegelände wird noch heute nach seiner ursprünglichen Funktion als »Laboratorium« bezeichnet. Mit dem Aufstieg der Firma Mende seit den 1920er Jahren dehnte sich der Fabrikbetrieb immer weiter aus. Mitte der 1930er Jahre waren »in der Saison« bereits ca. 2500 Arbeitskräfte für Mende tätig. Sämtliche Arbeitsgänge, vom Pressen der Kunststoffgehäuse im eigenen Preßwerk bis zum Zusammenbau der Einzelteile am Fließband, wurden in den dortigen Werkshallen ausgeführt. Allein in dem hier abgebildeten Arbeitssaal waren mehrere Hundert Beschäftigte, vorwiegend Frauen, mit der Anfertigung von Wickelkondensatoren beschäftigt. In monotoner Arbeit bewickelten sie die Spulenkörper mit Drähten. Anschließend wurden die kugelgelagerten Kondensatoren montiert. Das neueste Ergebnis der Mende-Forschung war damals eine Spule mit Hochfrequenzeisenkern und Trolitul-Isolierung. Die Abbildung stammt aus dem »Dresdner Jahrbuch und Chronik« von 1936 und konnte durch eine im Besitz der Technischen Sammlungen vorhandene Serie von bezeichneten Fotokopien der Dresdner Reklamefirma von Fritz Boehner zugeordnet werden. Die 1923, im Mende-Gründungsjahr, ins Geschäftsleben eingetretene Firma Boehner fertigte Photographien und Reklamefilme von fast jeder größeren Dresdner Firma und drehte auch im Auftrag des Rates Werbefilme für die Stadt Dresden.

waltungsamt in Kiel und die Deutsche Reichsbahn seit Ende 1936 sowie Anmietungen weiterer Gebäude im IG 1937[95] deuten auf eine Verbesserung der wirtschaftlichen Lage hin. Am 5. 10. 1939 bescheinigte die Wehrwirtschaftsstelle Dresden, daß die Firma als »Wirtschaftsbetrieb (Wehrmacht) mit der Erfüllung wichtiger Wehrmachtsaufgaben betraut ist«. Auf Antrag der Firmen Mende und BKC wurde der für diese Unternehmen seit Jahren als Steuerberater und Wirtschaftsprüfer tätige Kaufmann Rudolf Müller 1939/40 »UK«-gestellt. Bei der Volkszählung am 17. 5. 1939 wurden bei Mende 2150 Beschäftigte, in der Mehrzahl Frauen, gezählt. Da eingearbeitete Arbeitskräfte bereits damals rar waren, lehnte Betriebsführer Mende im Dezember 1939 die Kündigung einer Beschäftigten als »unentbehrlich« ab. Einen Monat später beantragte er jedoch persönlich ihre Entlassung und bat darum, sie der »geheimen Staatspolizei namhaft zu machen«, da sie »trotz wiederholter Mahnungen« ihrem Arbeitsplatz ferngeblieben war.
1936 bedankten sich Gauleitung und Ortsgruppe der NSDAP für Wahlkampfspenden. 1939 sandte Mende Weihnachtswünsche an Martin Mutschmann; der sächsische Gauleiter besuchte das Werk 1943. Mende war Mitglied der »Nordischen Gesellschaft« und Fördermitglied im »Bund Deutscher Osten«. Mit anderen namhaften Firmen wie Telefunken beteiligte sich sein Unternehmen an der Deutschen Rundfunkempfängerfabrik Warschau GmbH, einem 1941/42 gegründeten Gemeinschaftsbetrieb der WDRI. Die Fabrik war als »reine Kriegsmaßnahme« zur »Versorgung des deutschen Inlandsmarktes mit deutschen Kleinempfängern« gedacht.
Die offizielle Zahl der Beschäftigten wuchs von 2256 (31. 12. 1941) auf 2513 (1. 7. 1943). Weit über die Hälfte waren Arbeiterinnen, deren Zahl, gemeinsam mit jener der ungelernten Arbeiter, in diesem Zeitraum stark angestiegen war. Durch eine Kombination von Propaganda, Vergün-

Besuch von Gauleiter Martin Mutschmann (1879–1948) bei Radio-Mende
Photographie, 1943
Sächsisches Hauptstaatsarchiv Dresden
Je weiter der Krieg voranschritt, desto vehementer wurde überall in Deutschland, auch bei Radio-Mende, die Einheit der »Betriebsgemeinschaft« beschworen. Rüstungswichtige Unternehmen wie Radio-Mende genossen besondere Aufmerksamkeit und profitierten von den regen Kontakten zur politischen Führung. In den letzten Kriegsjahren, als Arbeitskräfte- und Rohstoffmangel allerorten fühlbar wurden, war, neben guten Beziehungen zur NS-Führung, auch die Pflege von Kontakten zu wichtigen staatlichen Stellen (Arbeitsamt) für das Gedeihen der Firma notwendig. Arbeitspapiere von sogenannten »Ostarbeitern« und anderen ausländischen Arbeitskräften sind im Sächsischen Hauptstaatsarchiv erhalten geblieben. Der Unterschied zu den deutschen Arbeitern hinsichtlich Verdienst und Lebensbedingungen ist umso augenfälliger, als sich die Firma Radio-Mende für ihre deutschen Beschäftigten wohl über das übliche Maß hinaus engagierte.

stigungen und Druck sollte eine maximale Arbeitsleistung erzielt werden. In Verbindung mit der NS-Organisation »Kraft durch Freude« gaben Wehrmachtskapellen »Werkpausenkonzerte« für die Belegschaft kriegswichtiger Betriebe wie Mende. Appelle dienten der psychologischen Beeinflussung. Beim Betriebsappell am 17. 2. 1944 unter dem Motto »Europa siegt!« wollte man den deutschen und ausländischen Arbeitskräften den Sinn des »aufgezwungenen Krieges« und der »sozialen Revolution« für die europäischen Völker vermitteln. Unterordnung und Leistungswillen wurden mit Unterstützungsmaßnahmen für die deutsche Belegschaft und Kriegsverdienstmedaillen honoriert; Verweigerungen mit Sanktionen. Im Sommer 1942 wurde 26 Halbtagsbeschäftigten die Urlaubsvergütung gestrichen, da die Frauen eine Verlängerung der Arbeitszeit abgelehnt hatten.

Am 17. 5. 1943 richtete die Firma einen Brief an den Leiter des Hauptausschusses Munition (Sonderausschuß MX) beim Reichsminister für Bewaffnung und Munition R. Hircher (GF der Fachgruppe Waffenindustrie und verwandte Geräte). Darin präzisierte man den Personalbedarf für die monatliche Fertigung von 100 000 Zündern Z 66 A. Für die volle Produktion in Doppelschicht seien weitere Arbeitskräfte vonnöten, darunter 158 »Ganztagsfrauen«, 2 deutsche ungelernte Arbeiter, 2 deutsche Vorarbeiter bzw. Meister und 2 deutsche Mechaniker. »Da wir die Absicht haben, die zweite Schicht ausschließlich durch Ostarbeiterinnen zu besetzen, ist die Zuweisung von 60 Ostarbeiterinnen erwünscht …«. Im Mai 1942 wird in einem Schriftstück der Wehrkreisverwaltung IV an die HBSt von der Aufstellung einer Baracke zur Unterbringung sowjetischer Kriegsgefangener durch die Firma Mende berichtet; die Herstellung hatten die im Holzbau erfahrenen Deutschen Werkstätten in Hellerau übernommen.[96]

Martin Mende unterhielt und suchte gute Beziehungen zu NS-Größen wie Joseph Goebbels, Martin Mutschmann und Hermann Göring. Für das nach dem Kriege zu errichtende »Reichsjagdmuseum« des »Reichsjagdmeisters« Göring versprach er eine Spende. Sicher geschah dies vor allem im Firmeninteresse, war doch Görings Reichsluftfahrtministerium einer der wichtigsten Kunden. In dessen Auftrag wurden z. B. elektrische Zünder gefertigt; die Produktionsumstellung war schon im Sommer 1939 angelaufen. Im Februar 1940 teilte die Wirtschaftsgruppe Eisen-Stahl-Blechwarenindustrie Mende mit, daß das RLF den Wunsch geäußert hat, die Betriebe zur Herstellung elektrischer Zünder zu einer Fachunterabteilung zusammenzuschließen. Äußerst aufschlußreich ist der geheime Schriftverkehr über die Kriegsproduktion und der Schriftwechsel mit der Fachgruppe Waffenindustrie und verwandte Geräte in Berlin. Eine Übersicht der Produktpalette von Mende für Kriegszwecke 1944/45 verzeichnete 24 verschiedene Positionen, von Fernschreib- und Funkgeräten über Meßgeräte bis zu Zündern und Minensuchgeräten. Daneben führte man auch Forschungs- und Entwicklungsarbeiten aus. Abnehmer waren Firmen, Institute, Luftwaffe, Heer, SS und Polizei. Die Monatsproduktion erreichte im März 1945 ca. 750 Tornisterempfänger »Theodor«, 2500 Kleinfunksprecher »Dora«, 3500 Feldfernsprecher und 750 Handapparate. Im Frühjahr 1945 erteilte das OKL noch einen dringlichen Auftrag zur Fertigung von 20 000 elektrischen Zündern.

Seit 1943 wurden Werksteile nach Bodenbach, Olbernhau, Kreischa, Ruppersdorf/OL, Eibau und Rochlitz ausgelagert. Die in Ruppersdorf installierten Produktionsanlagen (u. a. für das Artilleriebeobachtungsgerät [Prüfgerät] »Ida«) wurden im März 1945 in Räume der Staatlichen Porzellanmanufaktur in Meißen überführt. Am 9. 4. 1945 teilte die Firma der Güterabfertigung der Deutschen Reichsbahn in Rochlitz mit, daß ein Teil der Fertigung (Feldfernsprecher, Prüfgerät) »auf Anweisung höherer Stellen« in die dortige Mechanik GmbH (Magnaphon Rochlitz i. Sa. Muldenwerk) verlegt worden ist. Diesem Betrieb war im September 1944 ein Arbeitskommando von 300 Frauen aus dem KZ Flossenbürg zugewiesen worden, das später durch Transporte aus dem KZ Bergen-Belsen auf eine Stärke von etwa 600 Arbeiterinnen gebracht wurde.[97]

Im IG arbeiteten zwar nicht alle, jedoch sämtliche größere Unternehmen für Kriegszwecke. Ein (sehr unvollständiges) Verzeichnis der Rüstungsfabriken[98] führt neben Radio-Mende folgende Namen auf:

- Aktiengesellschaft für Cartonnagen-Industrie, Dresden N 15, Werk Dresden
- Turbinenfabrik Brückner, Kanis & Co., Dresden, Industriegelände, Eingang A
- Schmalzeder Erben, Zieh-Stanzwerk-Metalldrückerei Dresden-Reick [Zweigwerk im Industriegelände]
- Gawadi-Wetterschutz GmbH, Schutzkleiderfabrik, Dresden N 15, Industriegelände, Eingang G

Werkpausenkonzert im Industriegelände
Photographie von Kurt Schaarschuch (1905–1955), um 1940
Stadtmuseum Dresden
Ein bevorzugtes Motiv des Photographen Kurt Schaarschuch waren Aufnahmen aus dem Arbeitsleben, die in seinem gesamten künstlerischen Schaffen eine bemerkenswerte Stellung einnahmen. In den 1930er Jahren war er z. B. für verschiedene Privatunternehmen und im Auftrag der Deutschen Arbeitsfront tätig. Zahlreiche Bilder in dem 1936 von der DAF herausgegebenen Buch »Dresden am Werk« stammen von ihm. Zu manchen Firmen, wie Radio-Mende, entwickelte er eine sehr enge Beziehung. Er kehrte auch nach dem Krieg immer wieder dorthin zurück, um neue Photographien anzufertigen. So sind über Jahre Serien entstanden, welche von hohem künstlerischen und dokumentarischen Wert sind. Aus heutiger Sicht ist es erstaunlich, mit welchen bescheidenen technischen Möglichkeiten er es verstanden hat, solch qualitativ hervorragende Aufnahmen zu fertigen. Die vorliegende Abbildung ist von Schaarschuch mit dem Titel »Wenn der Arbeitsdienst in der Mittagspause im Betrieb spielt« bezeichnet worden und etwa um 1940 entstanden. Das nicht näher bestimmte Foto konnte durch einen Vergleich mit den Örtlichkeiten im Industriegelände lokalisiert werden. Die Kapelle spielt auf der Wiese vor dem 1898 errichteten Hauptgebäude B der ehemaligen Munitionsfabrik (Verwaltung, Geschoßfertigung mit Pulververarbeitung) an der heutigen Meschwitzstraße. In dieses Gebäude zog nach dem ersten Weltkrieg die Naumannsche Essenzen- und Lackfabrik ein; Radio-Mende hatte die benachbarten Räumlichkeiten (ehemalige Geschoßhülsen bzw. Platzpatronenfabrik) gemietet. Auf einem Großteil der Wiese vor dem alten Hauptgebäude B steht heute eine Baracke.

In Archivquellen lassen sich weitere Hinweise finden. Die ACI wies in einem Schreiben vom Januar 1944 an die HBSt darauf hin, »daß unsere Fabrikation für die Rüstung von größter Bedeutung ist.«[99] Aus dem Infesto-Werk sind Kriegsfertigungsvorbescheide aus den Jahren 1940–1944 erhalten. 1941 setzte das RLF die Ausgliederung des Apparatebaus aus dem Unternehmen durch. Hergestellt wurden u. a. Steuerelemente für Torpedos, Flugzeuge und U-Boote. Einschließlich »Ostarbeiter« hatte das Infesto-Werk zuletzt ca. 850 Beschäftigte.[100] Das Werk III von Gläser-Karosserien wurde 1943 im Rahmen des »Jumo«-Programms als Zulieferer für die Regensburger Messerschmitt-Werke gebunden. Die dafür nötigen zusätzlichen Arbeitskräfte wurden mit 150–200 beziffert.[101] Seit Anfang 1944 bezog das Werk in seinem 1938 gemieteten Fabrikgebäude weitere Räumlichkeiten. Schon seit 1937 arbeitete die Metallwarenfabrik Josef Schmalzeder Erben für die Wehrmacht;[102] die »Dresiedra« von Rudolf Ruf arbeitete ebenfalls für die Rüstung. Die Maschinenbaufirma H. Hertrampf wurde 1939 zum Rüstungsunternehmen erklärt.[103] Von größter Bedeutung war die Turbinenfabrik BKC, deren Geschäftszweck die Herstellung von Kleindampfturbinen war und die sich nun auf Schiffsturbinen spezialisiert hatte. In der zweiten Hälfte der 30er Jahre wurde eine Hochdruck-Prüffeld-Anlage errichtet, in der 50–60 Arbeitskräfte beschäftigt werden sollten. Das Prüffeld wurde mehrfach erweitert und schließlich von der Kriegsmarine als »Marineprüfstand« genutzt.[104]

Eine Beitragsliste für den Hauptwerkluftschutz im IG aus dem Jahre 1943 verzeichnet insgesamt 45 Firmen, wobei die Höhe des Beitrages Rückschlüsse auf die Größe erlaubt. Die Zahl der untergebrachten »zivilen Ausländer« (insgesamt 830) entstammt einem Personenstandsbericht der HBSt vom Oktober 1943.[105] Dabei ist zu berücksichtigen, daß der Höhepunkt des Fremdarbeitereinsatzes noch nicht erreicht war und in der Folgezeit weitere Firmen aus dem IG solche Arbeitskräfte anforderten. Da die Industrie nach Ausrufung des »totalen Krieges« erheblichen Arbeitskräftebedarf anmeldete und die Werbekommandos der auf dem Rückzug befindlichen Wehrmacht immer weniger Freiwillige rekrutieren konnten, handelte es sich dabei zunehmend um Zwangsarbeiter.

Schlußstein an einem Hauseingang im Gelände der früheren Artilleriewerkstatt Nord
Photographie von Franz Zadniček (geb. 1954), Juli 1999
Stadtmuseum Dresden
Der Schlußstein zeigt das Firmenlogo der Gawadi-Wetterschutz GmbH am Gebäude mit der Ortslisten-Nummer 26 J^{I}a an der heutigen Werner-Hartmann-Straße (frühere Straße E). Nach den Brandversicherungsunterlagen war das Gebäude 1915 als Zünderwerkstatt mit Gießerei errichtet worden. Nach dem ersten Weltkrieg stand es lange Zeit leer, ehe es von verschiedenen Firmen belegt wurde. 1933 wurde die Gawadi-Schutzkleiderfabrik im Industriegelände ansässig. Der letzte, 1946 noch gültige Mietvertrag über dieses Gebäude stammt vom 1. Juli 1939.

Firmenverzeichnis des Industriegeländes 1943

	Luftschutz-Beitrag (RM)	Zivilausländer (10. 10. 1943)
Mende-Radio	100	207
Turbinenfabrik Brückner, Kanis & Co.	100	200
AG für Cartonnagenindustrie	100	112
Infesto-Werk Raßmann & Goedecke	80	155
Apparatebau GmbH Raßmann & Goedecke		20
Gläserkarosserie GmbH, Werk III	50	
Kraftverkehr Sachsen AG, Hauptwerkstatt	50	23
Maschinen- und Zahnräderfabrik Kurt Münnich	30	1
Günther-Werke, Adolf Günther & Söhne, Auersbach, ZW Dresden	30	32
Lackfabrik Dr. L. Naumann	30	
Daimler-Benz AG, Kfz-Reparaturwerkstatt	30	8
Flachsspinnerei und Leinenzwirnerei Arthur Lipfert & Co. GmbH	30	3
Maschinenfabrik Vasanta AG	30	24
Dresdner Schürzen- und Kleiderfabrik Hopf & Feilgenhauer	30	
Vereinigte Asphalt- und Teerprodukten Fabriken GmbH	20	
Industriegas AG, Zweig-NL Sächsische Acetylen Gaswerk Dresden	20	
Bruno Augustin, Herst. von Hoch- und Niederspannungsapparaten	20	
Fabrik von Nähmasch.-teilen und feinmech. Erzeugnissen Erich Gründel	20	
Gawadi-Wetterschutz GmbH	20	
Elsner Maschinenfabrik	20	24
Wayss & Freytag AG, NL Dresden	10	2
Lackierfabrik Schmidt & Müller	10	6
Dresdner Hufeisen- und Gerätefabrik GmbH	10	
Papierwarenfabrik Weiß & Kuntze GmbH	10	
Mineralwasserfabrik und Bierhandlung Glau & Pötschke	10	
Fabrik kosmet. und pharmaz. Apparate Wilhelm Ahrens	10	
Maschinenbau Hermann Hertrampf	10	
Werkstatt für Maschinenbau Hugo Kurt Kohl	10	6
Chemische Fabrik für Klebstoffe Göhring & Sack	10	
Universal-Klebstoff-Fabrik Kuttig & Teisler	10	
Elektro- und Autogenschweißerei Paul Seifert	5	1
Otto Reinsch, Steinholzfußböden	5	
Holzbearbeitung Oskar Günther	5	
Allgemeine Straßenbaugesellschaft mbH	5	
Mörtelfabrik und Sandgruben Paul Arndt	5	
Dr.-Ing. Müller GmbH	5	
Bischoff KG, Feldbahnfabrik Frankfurt/Main	5	
Beton- und Tiefbau KG Walther Piltz	5	
Grünzweig & Hartmann GmbH	5	
Beton- und Eisenbau Carl Grunewald	5	
Zentra, Straßen- und Tiefbau GmbH	5	
Lackieranstalt Albert Richter	5	
Kistenfabrik Max Lösch	5	
Eisenbetonbau GmbH	5	
Bernhard Fischer Nachf. E. Weichert, Berfiwerkzeuge	5	
Dresiedra, Dresdner Sieb- und Drahtwaren-Erzeugung Rudolf Ruf	5	
Heeresbetriebsstelle (Elektrische Zentrale)	–	6

Die HBSt war im weiteren Verlauf des Krieges mit den vielfältigen Verwaltungsaufgaben im IG und dem Betrieb der Versorgungsunternehmen (Kraftwerk, Industriebahn, Telegraphenanstalt, Kanalisation) vollauf beschäftigt. Darüber vergaß sie jedoch auch die Finanzinteressen des Reiches nicht, so führte sie Verhandlungen zur Erhöhung der Verschubgebühren mit den Firmen ACI, BKC, Gläserkarosserie, Günther-Werke, Vereinigte Asphalt- und Teerproduktefabriken und der Neuen Baugesellschaft Wayss & Freytag. Schließlich unternahm die HBSt Maßnahmen, um auftretende Engpässe bei der Rüstungsproduktion zu beseitigen. Sie stellte im Geschäftsjahr

1942/43 der Heeresverwaltung ein Baugelände am Eingang C für die Errichtung eines Barackenlagers und einer Entlausungsanstalt zur Verfügung. Das Personal der HBSt bestand 1944 aus 5 technischen und 15 kaufmännischen Angestellten, 53 Arbeitern, 6 kommandierten Soldaten und 9 Kriegsgefangenen.[106]

Mit der Luftschutzverordnung vom 7. 2. 1944 wurden Neu- und Erweiterungsbauten im IG verboten. Örtlicher Luftschutzleiter war der Gutsvorsteher der Albertstadt.[107] Das Bauverbot erstreckte sich allerdings nicht auf die Errichtung von Luftschutzkellern. Die Kündigung des von der Beton- und Eisenbaufirma Carl Grunewald gemieteten Lagerplatzes im Bereich der ehemaligen Aw. am 31. 12. 1943 wurde mit der vom Luftgaukommando III angewiesenen »luftschutzmäßigen Auflockerung« des IG begründet. Man befürchtete dort mit gutem Grund, daß der gut erkennbare und den Alliierten durch die Kontrollen der 1920er Jahre auch im Detail bekannte Kasernenbezirk mitsamt den Rüstungsbetrieben eines der ersten Luftziele sein würde. Bereits während der tschechoslowakischen Krise 1938 galt die gesamte Albertstadt als hochgradig »bombengefährdet«. Neben Mende verlegten weitere Unternehmen Teile der Produktion an weniger gefährdete Orte, so der Apparatebau von Raßmann & Goedecke 1944 in die Lederfabrik Sohre nach Ostritz/OL. Da der von den zuständigen Wirtschaftsämtern andernorts zur Verfügung gestellte »Ersatzraum« jedoch bei weitem nicht ausreichend war, konnten die Planungen des Luftgaukommandos nicht umgesetzt werden. Im Gegenteil – 1944/45 kam es erneut zur Vermietung leerer Gebäude und Freiflächen, so daß der Gewinn der HBSt mehr als 580 000 Mark erreichte. Die Betriebsverlagerungen stellten sich im Endeffekt als völlig überflüssig heraus. Während das industriefreie Dresdner Stadtzentrum am 13./14. 2. 1945 völlig zerstört wurde, blieben die Schäden in der Albertstadt erstaunlich gering. Nennenswerte Auswirkungen im IG hatten nur zwei Angriffe. Am 2. 3. 1945 kam es durch einen Volltreffer zu einer vierstündigen Unterbrechung der Stromversorgung. Bei anderen Angriffen wurden das Gleis- und Kabelnetz, Trafostationen und Kanalisationsanlagen beschädigt. Direkt von Sprengbomben getroffen wurden insgesamt 16 Fabrik- und ein Wohngebäude. »Die Anzahl der Verletzten und Toten war im Vergleich zur starken Belegschaft des Industriegeländes gering.«[108]

Die angespannte Rüstungstätigkeit 1944/45 erinnert in vielem an die Jahre 1917/18.[109] Neben einem hohen Wagenumschlag (13 520) kam es zur Steigerung der Heiz- und Betriebsdampfabgabe (38 967 t). Daneben erhöhte sich auch der Fremdstrombezug (8,7 Mio. kWh gegenüber 3,5 Mio. kWh Eigenproduktion), zuletzt vor allem als Folge ausbleibender Kohlelieferungen. Weitere Schäden und Störungen in der Stromversorgung erfolgten durch »Verteidigungsmaßnahmen der Wehrmacht«. Der Anordnung des Verteidigungskommandanten zur Zerstörung des Kraftwerkes am 7. 5. 1945 wurde nicht Folge geleistet, da hiermit u. a. die gesamte Trinkwasserversorgung von Albertstadt und Rähnitz-Hellerau ausgefallen wäre. Nach Abzug der Wehrmacht wurden noch Teile der Kesselanlage durch »Planbeschuß« beschädigt; die Wiederaufnahme der Stromerzeugung erfolgte am 10. Mai. Das Personal der HBSt bestand am 1. 4. 1945 aus 21 Angestellten und 56 Arbeitern. Nach ihrem Einmarsch am 7./8. 5. 1945 besetzte die Rote Armee wichtige Gebäude, Fabriken und Anlagen im IG. Militärbaracken wie die Entlausungsanstalt wurden sofort in Anspruch genommen. Unter dem Schutz der Besatzungsmacht bildeten sich Selbstverwaltungsorgane und »antifaschistische Komitees«. Noch im Mai 1945 entstand als Nachfolger der HBSt die »Industrieanlagen Albertstadt« (IA). Leiter blieb der frühere HBSt-Chef Fritzsche, der erst am 1. 2. 1946 durch Dipl.-Ing. Paul Brandes ersetzt wurde. Neben

Beschriftung an einem Schutzkeller im Gelände der früheren Artilleriewerkstatt Nord
Photographie von Franz Zadniček (geb. 1954), Juli 1999
Stadtmuseum Dresden
Der Schutzkeller mit der verblichenen Inschrift befindet sich an dem Anfang des 20. Jahrhunderts errichteten Gebäude der Zünderwerkstatt mit Gießerei. Nach dem ersten Weltkrieg zogen dort zivile Firmen ein. Das Dresdner Adreßbuch weist 1927 eine Nutzung durch die Firma »Dresdner Metallfilm«, 1929 als »Niederlage für Kartonagen« und 1939 als »Flachs- und Hanfspulerei« aus. Die Anlage des Luftschutzkellers wird wohl in den 1930er oder 1940er Jahren erfolgt sein, in denen das Industriegelände vom zuständigen Luftgaukommando als besonders bombengefährdet eingestuft wurde.

der IA war ein dreiköpfiger »antifaschistischer Betriebsausschuß« tätig. Die Aufgaben der früheren HBSt blieben vorerst fast unverändert; im März 1946 waren 17 Angestellte und 53 Arbeiter bei der IA beschäftigt.

Die Eingemeindung der Albertstadt zum 1. Juli 1945

Am 1. 6. 1945 gab Oberbürgermeister Rudolf Friedrichs (1892–1947) den städtischen Ämtern zur Kenntnis, daß »auf Anregung der Stadt Dresden« und »durch Verfügung des Herrn Stadtkommandanten« Albertstadt, Dölzschen, Gittersee, Niedersedlitz und Zschachwitz »eingemeindet worden sind«.[110] Daß dieser Verwaltungsakt über die Köpfe der Betroffenen hinweg erfolgte, zeigt die Bemerkung, daß mit den Landräten und Gemeinden erst noch gesprochen werden müsse. Mit Albertstadt, Dölzschen und Gittersee wurde der 1. 7. 1945 als offizielles Eingemeindungsdatum vereinbart; Niedersedlitz und Zschachwitz kamen erst 1950 nach Dresden. An Unternehmen im IG wurden 27 Fabriken, je 2 Händler, Kantinen, Gaststätten; dazu die Polizeiwerkstätten und Hundeabrichtanstalt gezählt. Die 407 Hektar große Albertstadt wurde der BV I unterstellt und dem 15. Stadtbezirk zugeschlagen. Außenstellen waren nicht vorgesehen; die Übernahme von Personal sollte nach Bedarf und unter Beachtung der »Säuberungs-Richtlinien« erfolgen. Die Steuerharmonisierung folgte später.

Am 25. 6. 1945 beschlagnahmte Friedrichs den »gesamten Grundbesitz einschließlich Gebäude« im IG und erhob darauf einen Eigentumsanspruch zugunsten der Stadt Dresden.[111] Alle Entscheidungen waren fortan mit dem Rat abzustimmen, freiwerdende Räume sofort dem städtischen Grundstücksamt zu melden. Mit Verordnung vom 16. 7. 1945 ging die Verantwortung für das Reichsvermögen auf die sächsische Finanzverwaltung über. Bei der Ermittlung »industrieller Reichsbetriebe« wurden in der Albertstadt das Wasser- und Elektrizitätswerk, die Industriebahn und die Grundstücksverwaltung (IA) aufgeführt.[112] Mitte Oktober teilte Friedrichs, jetzt als Präsident der Landesverwaltung Sachsen, dem Rat der Stadt Dresden mit, daß das IG weiterhin in der Verwaltung des Landes verbleibt.[113] Mit Verfügung der Landesverwaltung vom 26. 11. 1945 hob Friedrichs die von ihm für die Stadt Dresden verfügte Beschlagnahme des IG wieder auf. Die Industrieanlagen wurden als 6. Verwaltungsbezirk der Liegenschaftsverwaltung der Landesverwaltung angegliedert.

Verzeichnis der Mieterfirmen im Industriegelände Albertstadt 1946

Firma		Ortsl.-Nr. Geb.	Mietvertr. seit
Eingang C			
Max Lösch Wwe.	Kistenfabrik	1 La	1. 1. 1935
Weiß & Kuntze	G. b. m. H., Papierw.-Fabr.	1 Ma	1. 11. 1929
Starck & Co.	Kartonnagenfabr.	1 Ma	1. 10. 1945
Bruno Stein	Kantine	1 Na	30. 6. 1934
Berfi-Werkzeuge	Inh. Walter Weichert	1 Na	1. 7. 1929
Herbert Köhler	Elektrowerkstatt	1 Na	1. 12. 1945
Arthur Junge	Werkst. f Heizungsanlagen	1 Na	1. 4. 1946
Herbert Schiffler	Lacke, Farben	1 Na	1. 1. 1946
Arthur A. Grund	Fell- u. Teppich-Fabr.	1 Na	1. 4. 1946
Glau & Pötschke	Mineralwasser-Fabr.	1 Od	1. 2. 1928
Albert Richter	Lackieranstalt	1 Od	1. 4. 1930
Eisenbetonbau	G. m. b. H.	Lagerplatz	15. 11. 1928
Karl Dammrich	Holz- u. Kohlenhandlung	Lagerplatz	1. 12. 1930

Verzeichnis der Mieterfirmen im Industriegelände Albertstadt 1946

Firma		Ortsl.-Nr. Geb.	Mietvertr. seit
Eingang D			
Tankstelle der Rhenania-Ossag		26 Ha	1. 1. 1939
Harry Hoffmeister	Säcke, Planen-, Deckenfabr.	26 Wa	1. 9. 1945
Kantine Wels		25 Ca	1. 10. 1935
Dresdn. Eisschrank- u. Blechw.-Fabr. Friedrich Reindel		25 Ca, 25 Da, 25 Ea	1. 10. 1945
Gühring & Sack	Chemische Fabrik	25 Ea	1. 1. 1925
Grünzweig & Hartmann	G.m.b.H.	19 b, 25 G, 25 H	13. 8. 1940
Otto Schönwälder	Tischlerei	20 Ga	1. 3. 1946
Radio H. Mende & Co.		20 E, 20 B, 20 X	1. 7. 1928
Untermieter v. Radio H. Mende & Co.			
• Max Kaltschmidt			
• Wenk & Walter			
• »Astra« G.m.b.H. Zahnräderfabrik			
• Vierhuff & Drobisch			
• Volksfürsorge Lebensversicherung a. G.			
• Kurt Hoppe, Sportgeräte			
• Dr. L. Naumann, Essenzenfabr.			
Reichsbahndirektion Dresden, Drucksachenlager		25 a	1. 10. 1945
Dr. L. Naumann	Essenzenfabrik	26 a	1. 2. 1921
Erich Trampler	Reparaturwerkstatt	20 Fa	1. 2. 1946
Elsner Maschinenfabrik		25 Ka	1. 7. 1938
Carrasalt – Edelputz- u. Kunststeinwerk		25 Ja	11. 1. 1935
Carl Grunewald	Beton- u. Eisenbetonbau	19 Ca	16. 9. 1920
Dresdn. Schürzen- u. Kleiderfabr. Hopf & Feilgenhauer		20 Sa	1. 1. 1933
Untermieter v. Hopf & Feilgenhauer			
• Reichsbahn-Fahrkartendruckerei			
Naumann & Görner	Lackfabrik	20 K, 20 N	1. 10. 1920
Untermieter v. Naumann & Görner			
• Curt Pußkeiler, Schlossermeister			
»Dresiedra«	Inh. Rudolf Ruf	20 Ra	1. 6. 1935
Kraftverkehr Sachsen A.-G.		20 B, 20 C	1. 4. 1920
Walter Piltz	Beton- u. Tiefbau K.-G.	Lagerplatz	1. 6. 1935
»Zentra«	Straßen- u. Tiefbau G. m. b. H.	Lagerplatz	1. 10. 1936
Universal-Klebstoff-Fabrik Kuttig & Teisler		20 P	16. 3. 1920
Eingang E und F			
Arthur Lipfert & Co.	G. m. b. H.	26 K^{1}a	1. 1. 1933
Gawadi-Wetterschutz	G. m. b. H.	26 J^{1}a	1. 7. 1939
Untermieter v. Gawadi			
• Heinrich Schlüter, G. m. b. H. Papiersackfabr.			
• Tschache & Co., Fabr. f. Lederbekleidung			
• Paul Kretzschmar, Tempowagen			
Erich Krellmann	Jalousien, Rollos	26 F^{1}a	1. 3. 1946
Vasanta	Maschinenfabrik A.-G.	26 Ea	15. 5. 1926
Rekuto	K.-G. Tönende Filmreklame	26 Ec	21. 5. 1946
H. Kurt Kohl	Werkst. f Maschinenbau	26 Ed	1. 10. 1934
Aktiengesellschaft f Cartonnagenindustrie		26 Pa	19. 8. 1927
Verband landw. Genossenschaften in Sachsen e. V.		26 Pa	1. 7. 1945
Generatorkraft Sachsen	G. m. b. H.	26 Pa	15. 7. 1945
Agfa-Photo	G. m. b. H.	26 E^{1}a	1. 10. 1945
Telegraphen-Zeugamt		26 C^{1}a	1. 1. 1921
Eingang G			
Koh-i-noor	Metallwarenfabr. Waldes & Co.	26 Qa	1. 10. 1945
D.K.W. Elektrokälte	Werner Kratzsch K.-G.	26 U	1. 10. 1945
»Grawepa«	G. m. b. H- Prägeplakate-Fabr.	26 U	1. 10. 1945
Wilhelm Ahrens	Fabr. Kosm. Präparate	26 Oa	11. 5. 1932
Landwirtschaftliche Zentralgenossenschaft e. G. m. b. H.		26 Oa	1. 7. 1945
Celluloidwarenfabrik	Continental A.-G.	26 Oa	15. 7. 1937
Schmidt & Müller	Autolackiererei	26 Na	1. 10. 1928

Kantine Paul Kitzig		26 Sa	1. 10. 1928
Daimler-Benz A.-G.		26 Qa	22. 5. 1928
Untermieter v. Daimler-Benz			
• Moritz Fiedler			
Hermann Hertrampf	Maschinenbau	26 R	12. 4. 1928
Bruno Augustin		26 R	1. 9. 1934
Erich Gründel	Wekadeco	26 R	1. 4. 1937
Günther-Werke		26 R	1. 7. 1928
Martin Mehnert	Steinholzherstellung	46 Ca	1. 10. 1937
Emil Berger	Schleiferei	46 Ca	1. 6. 1946
Kurt Münnich	Masch.- u. Zahnräderfabr.	46 Da	1. 3. 1932
Untermieter v. Kurt Münnich			
• Gärtner & Nietzner			
Paul B. Hübner		46 Ca	1. 8. 1928
Untermieter v. P. B. Hübner			
• Hennry Barschkies			
• Emil Fuhrmann	Inh. Herbert Friebel	46 Ba	15. 10. 1945
Untermieter v. E. Fuhrmann			
• Kurt Schubert			
Aparatebau	G.m.b.H. Raßmann & Goedecke	48 a	1. 1. 1938
Infesto-Werk	Raßmann & Goedecke	49 Ca	1. 12. 1925
Bischoff K.-G.		Lagerplatz	1. 4. 1926
Wittig & Nürnberger	Schrotthandlung	Lagerplatz	15. 11. 1933
Dr. Ing. Gotthard Müller	G.m.b.H.	Lagerplatz	1. 12. 1933
Eingang G			
Industriegas A.-G.		unbeb. Gelände	16. 11. 1922
Mörtelfabrik- u. Sandgruben Paul Arndt		Pachtfläche	1. 11. 1926
Otto Reinsch	Cellubit-Fußböden	41 K	1. 4. 1942
Paul Seifert	Elektroschweißerei	41 a	1. 10. 1935
Neumann & Meier	Spezialschweißerei	Flurstück 2271	1. 2. 1946
Oskar Günther	Holzbearbeitung	41 H	1. 10. 1921
Wayss & Freytag	A.-G.	Lagerplatz	1. 10. 1922
Vereinigte Asphalt- u.Teerprodukten-Fabr. G. m. b. H.		Lagerplatz	1. 4. 1940
Robert Buhl	Stanzbetrieb	45 a	1.4 . 1946
Paul v. Frankenberg	Ölreinigungswerke	47 a	1. 4. 1946
Curt Schiffner	Maschinenbau	45 a	1. 4. 1946
»Joki« W. Jordan	Herstellung v. Bohnerwachs	Baracke u. 44 b	
Heinrich Westerholz		Baracke	1. 4. 1946

Besetzung und Demontage der Fabriken

Mit Kriegsende waren Kommandos der Roten Armee in das IG eingerückt. Sie sicherten das Inventar der zumeist unzerstörten Betriebe und ordneten die ersten Demontagen an. Die Arbeiter der jeweiligen Unternehmen wurden angewiesen, Produktionsanlagen, Maschinen, Geräte, Werkzeuge, Rohstoffe, Halb- und Fertigprodukte, ja selbst Gebäudeteile, zum Transport in die Sowjetunion in Bahnwaggons zu verladen. Da das Kraftwerk zunächst der einzige Stromlieferant der Reichsbahn war, wurde es von den Besatzern bei Kohlelieferungen bevorzugt und konnte so bis Mitte März 1946 kontinuierlich Strom und Dampf liefern. Bis September 1945 liefen allein im IG unbezahlte Rechnungen über 30.000 RM für Leistungen an die Rote Armee (Strom, Dampf für Entlausungsanstalt, Verschubgebühren der Reichsbahn) auf.[114] Bei Radio-Mende wurden bis Juli 1945 sämtliche Maschinen und Anlagen abtransportiert. Die Kfz-Werkstatt von Daimler-Benz meldete Ende Juni, daß die gesamte Facharbeiterschaft im IG unter Aufsicht von Oberst Tschernjuk für die Besatzer arbeitet. Von 148 Personen vor dem Einmarsch seien noch 65 beschäftigt. Das Infesto-Werk wurde von Juli bis Oktober vollständig demontiert. Die Turbinenfabrik BKC berichtete im Dezember 1945, daß die »Betriebseinrichtung total,

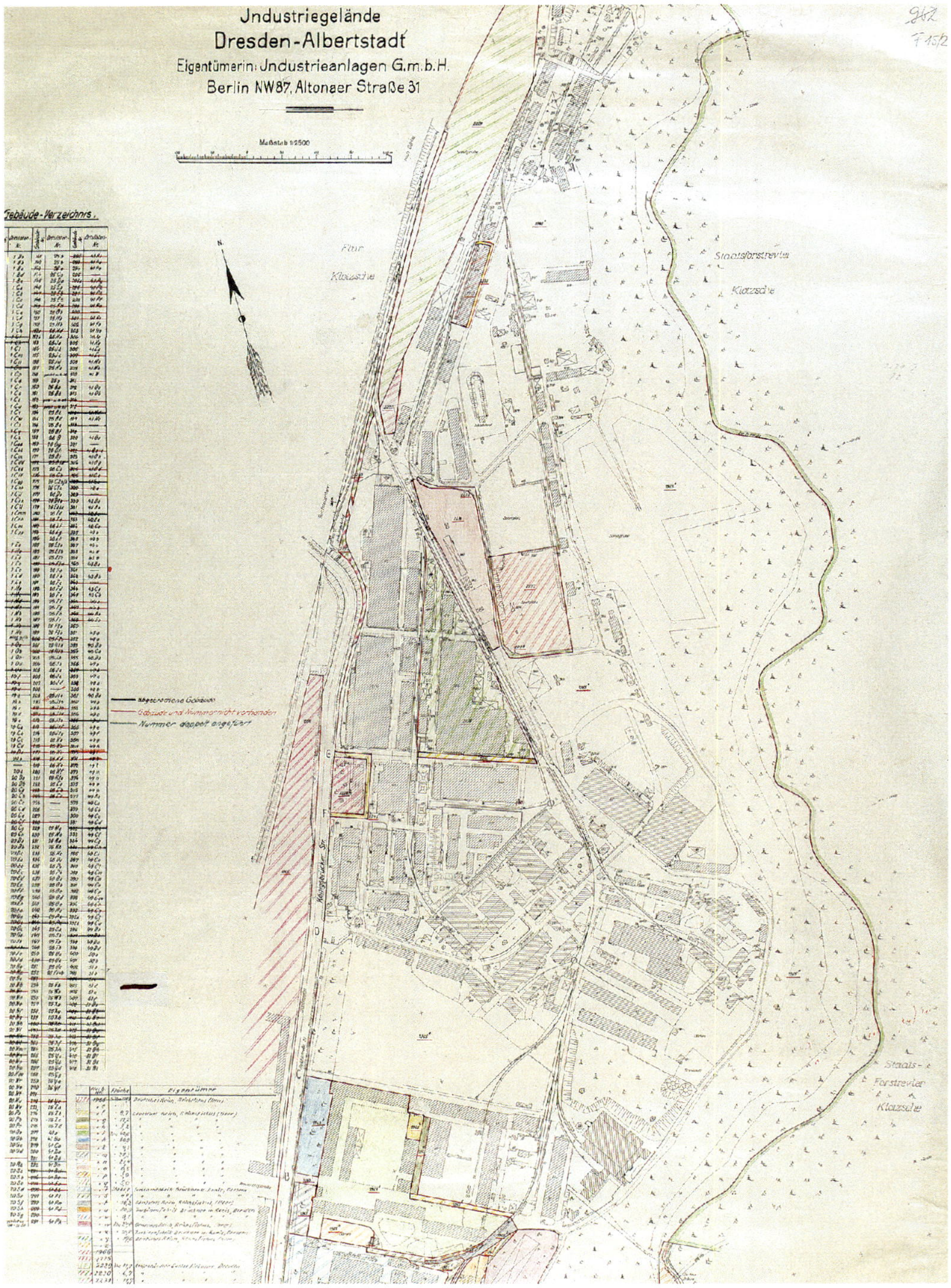

Plan des Industriegeländes Dresden-Albertstadt 1 : 2500
Grundkarte um 1940, hs. Eintragungen um 1945/46
Stadtarchiv Dresden
Anhand der Eigentümerbezeichnung ist ersichtlich, daß die später immer wieder aktualisierte Grundkarte um 1940 entstanden sein muß, als die VIAG-Tochter Industrieanlagen GmbH kurzzeitig Eigentümer des Industriegeländes war. Die handschriftlichen Korrekturen stammen aus der Nachkriegszeit und sind wohl noch 1945 aufgetragen worden, als die deutschen Behörden von der Besatzungsmacht verpflichtet wurden, den gesamten Reichsgrundbesitz zu erfassen. Wie aus der Legende ersichtlich ist, wurde dabei festgestellt, daß z. T. Gebäudenummern doppelt vorhanden und einige Baulichkeiten zwischenzeitlich zerstört oder abgebrochen worden sind. Zu den inzwischen beseitigten Gebäuden zählten z. B. die Zucht- und Abrichtanstalt für Polizeihunde im äußersten Norden des Industriegeländes (Nr. 408–416). Die erhaltenen Pläne in den Archiven sind nicht immer ohne Weiteres vergleichbar, da in den Jahren der Existenz des Industriegeländes mehrmals Änderungen von Ortslisten- oder Gebäudenummern vorgenommen worden sind. Ein Vergleich mit den Adreßbüchern sowie den Brandversicherungs- und Handelsregisterakten ist deshalb unumgänglich. Die angestrebte Neuordnung der Eigentumsverhältnisse nach 1945 gestaltete sich besonders kompliziert durch die um 1940 vorgenommenen Verkäufe einzelner Parzellen an private Firmen. So war das Areal mit der Flurstücksnummer 2229, das der Kohlenhändler Gustav Liebscher 1941 von der Forstverwaltung erworben hatte, immer wieder Gegenstand von Verhandlungen. Im Geschäftsbericht der Heeresbetriebsstelle/Industrieanlagen Albertstadt für 1944/45 vom 31. 12. 1945 wurde der Landesverwaltung empfohlen, diese Parzelle anzukaufen, um damit die von der Reichsbahn aus Sicherheitsgründen seit längerem geforderte Erweiterung, des Übergabebahnhofes durchführen zu können. Für eine Zuordnung der Gebäudenummern zu konkreten Firmen ist die auf den Seiten 186/187 befindliche Mieterliste von 1946 zu benutzen.

Fabrikate und Lagervorräte fast restlos« nach der UdSSR verlagert worden sind und auch die Hochdruck-Prüffeld-Anlage vollständig demontiert sei.[115] Die Demontageliste, welche die Dresdner Wirtschaftskammer am 10. 7. 1945 an den Vizepräsidenten der Landesverwaltung Kurt Fischer (1900–1950) sandte, mußte regelmäßig aktualisiert werden.[116] Neben den genannten Firmen wurden bis September 1945 die Firmen Zahnradfabrik Kurt Münnich, Vasanta AG,

Berfiwerkzeuge, Apparatebau GmbH, Günther-Werke, Celluloidwaren-Fabrik AG Continental, Maschinenfabrik Elsner, Dresdner Kleider- und Schürzenfabrik Hopf & Feilgenhauer und Gläser-Karosserie (Werk III) demontiert. Erst nach Erlaß des SMAD-Befehls Nr. 43 vom 28. 8. 1945 zum beschleunigten Aufbau der Industrie entspannte sich die Situation etwas.

Als Folge der Demontagen sanken die Industriebetriebe auf ein handwerkliches Niveau herab. Die Beschäftigtenzahl ging im Jahresverlauf dramatisch zurück, die Grundversorgung von Wirtschaft und Bevölkerung war gefährdet. Nur mit Hinweisen auf den drohenden Wirtschaftskollaps und die anstehenden Reparationsaufträge erreichten deutsche Stellen, daß einigen Firmen eine Mindestausstattung verblieb. So erhob der Stadtrat für Handwerk, Industrie und Handel Rudolf Pollack am 5. 6. 1945 im Auftrag des OB beim Dresdner Stadtkommandanten Einspruch gegen die am 26. 5. erfolgte Besetzung des Werk- und Lagerplatzes von Wayss & Freytag am Eingang E. Die Baugesellschaft sei als einzige Firma mit der Wiederherstellung der Carolabrücke betraut und für den Wiederaufbau des Verwaltungsgebäudes der Sächsischen Werke AG (Energieversorgung) und des Hauptpostamtes vorgesehen. Pollack bat, die Besetzung des Werkplatzes rückgängig zu machen und die »Wegführung von Geräten, Maschinen und Baustoffen nicht zuzulassen«.[117] Vermutlich führte diese Intervention dazu, daß ein Zehntel der Ausrüstung erhalten blieb. Am Jahresende konnte dem Infesto-Werk ein Drittel seiner Maschinen, die noch verpackt an den Bahngleisen standen, zurückgegeben werden. Einen (unvollständigen) Überblick über die Demontagen gestattet folgende Liste.[118]

Firmenname	Produktionsprofil	Grad der Demontage	Wiederanlauf		
			Antrag gestellt	Antrag genehmigt	erfolgt
Vasanta Maschinenfabrik AG	Getriebe, Strickmaschinen, Reparaturen	80%	ja	ja	ja
Infesto-Werk Raßmann & Goedecke	Kolbenringe	70%	ja	ja	ja
Kurt Münnich	Zahnräder, Getriebereparatur	100%	ja	ja	ja
Wayß & Freytag, Werkplatz	Reparatur von Baumaschinen	90%	Betrieb nicht unterbrochen		
Elsner Maschinenfabrik	Koffermaschinen	40%	ja	ja	ja
Turbinenfabrik Brückner, Kanis & Co.	Dampfturbinen	100%	ja	ja	ja
Radio H. Mende & Co.	Rundfunkgeräte, Meß- und Prüfgeräte	100%	ja	ja	ja
Celluloidfabrik Continental AG	Zahnbürsten	100%	ja	ja	ja

Die Wiederaufnahme der Produktion durfte erst erfolgen, wenn die Militärbehörden eine »Wiederanlaufgenehmigung« erteilt hatten. Dem nach den Demontagen niedrigen Niveau der technischen Ausstattung entsprach der vorerst bescheidene Umfang der Produktion, die in einigen Betrieben im dritten Quartal 1945 wieder begann. Mieterträge und Erlöse aus Strom- und Dampflieferung, die zwischenzeitlich aufgrund der Bankenschließung nicht gezahlt worden waren, flossen wieder auf das Konto der IA. Im Jahre 1946 erreichten einige Unternehmen (z. B. Daimler-Benz) wieder annähernd ihren früheren Personalstand.

Die Enteignungen im Industriegelände 1945–1948

Bis Ende Juni 1945 wurden in den meisten Privatunternehmen »Vertrauensmänner« (antifaschistische Ausschüsse) bestimmt und Betriebsräte gewählt.[119] Dort, wo Werkleiter ihre Firma verlassen hatten (Kurt Galle, Elsner-Fabrik) oder von der Roten Armee verhaftet worden waren (M. Mende), wurden Treuhänder bzw. kommissarische Werkleiter eingesetzt. Alle Firmen hat-

Die erste Produktpalette bei Radio-Mende nach der Demontage
Photographie von Kurt Schaarschuch (1905–1955), 3. November 1945
Stadtmuseum Dresden
Nach dem Abtransport fast aller Maschinen und Ausrüstungen aus dem Industriegelände durch die sowjetischen Demontagekommandos konnten in den betroffenen Betrieben anfangs nur sehr einfache Produkte (wie die hier abgebildeten) hergestellt werden. Unter Hinweis auf die Folgen einer ungeregelten Demontagepolitik (z. B. hohe Arbeitslosigkeit, Nichterfüllung von Reparationsleistungen) gelang es in einigen Betrieben, eine Mindestausstattung für die Wiederaufnahme der Produktion vor dem Abtransport zu bewahren bzw. von anderen Fabriken zu erhalten.

ten Übersichten über bekanntgewordene Kriegsverbrechen und die frühere Mitgliedschaft von Werkleitung und Personal in der NSDAP einzureichen. Einerseits diente dies der Strafverfolgung, andererseits wurden die dabei gewonnenen Erkenntnisse zur Auswechslung nicht genehmer Werkleiter, zur Beschlagnahmung oder Enteignung benutzt. Ende 1945 befand sich schon mindestens 40% des Dresdner Produktionspotentials in den Händen von Besatzungsmacht, Landesverwaltung oder Kommune.[120] Den überprüften Firmen wurden Industriepässe ausgestellt. Berücksichtigt man das politische Klima jener Zeit, so erscheint es kaum möglich, den Wahrheitsgehalt der in den Nachkriegsakten vermerkten Hinweise auf frühere Verfehlungen der Firmeninhaber zu bestimmen. Beschuldigungen, welche sich später manchmal als haltlos herausstellten, dienten als Grundlage für die Einordnung der Firmen in die Enteignungslisten. Trotzdem müssen Falschaussagen nicht unbedingt politisch gesteuert gewesen sein, wenn man bedenkt, wie schwer es für jene, die unter dem NS-Regime gelitten hatten, gewesen sein muß, weiterhin unter dem alten Betriebsführer arbeiten zu müssen. In wichtigen Firmen nahmen hohe Parteifunktionäre direkt Einfluß. Bei Radio-Mende setzte sich Walter Weidauer (1899–1986) mit Nachdruck für den von ihm favorisierten kommissarischen Betriebsdirektor ein: »Wir haben das größte Interesse daran."[121]

Arbeiterin bei Radio-Mende an der Maschine
Photographie von Kurt Schaarschuch (1905–1955), 3. November 1945
Stadtmuseum Dresden
Da alle maßgeblichen Unterlagen von einer vollständigen Demontage des Maschinenparks bei Radio-Mende berichten, erscheint die Datumsangabe von Kurt Schaarschuch auf den ersten Blick erstaunlich. Da der Photograph aber seine Aufnahmen akribisch hintereinander verzeichnet hat, wird das Datum der Realität entsprochen haben. Es ist zu vermuten, daß Radio-Mende als ein Betrieb unter unmittelbarer SMA-Verwaltung bald nach der Demontage neue Maschinen erhalten hat – sei es aus anderen Firmen oder als Rückführung aus den zahlreichen Auslagerungsorten, an denen Mende in den letzten Kriegsmonaten produziert hat. Höchstwahrscheinlich wird es sich jedoch bei der hier abgebildeten Apparatur um einen Eigenbau einfacher Konstruktion gehandelt haben.

Mit den SMAD-Befehlen 124/126 vom Ende Oktober 1945 wurde das den früheren deutschen Staats- und Militärbehörden, der NSDAP und NS-Organisationen gehörende Eigentum offiziell beschlagnahmt. Darunter fiel auch das Vermögen hoher NS-Funktionäre und anderer Personen, die »von dem Sowjetischen Militärkommando durch besondere Listen oder auf eine andere Weise bezeichnet werden.« Das sogenannte »herrenlose Gut« wurde in provisorische Verwaltung der Militäradministration genommen. Alle deutschen Ämter, Organisationen, Firmen und Privatpersonen wurden verpflichtet, das von ihnen genutzte Eigentum dieser Kategorien bei den verantwortlichen »Kommissionen für Sequestrierungen und Beschlagnahmungen« anzuzeigen. Diese hatten die Angaben zu prüfen und den örtlichen Militärkommandanten zu übermitteln. Die für die Dresdner Stadtver-

Flüchtlinge im Umsiedlerlager im Industriegelände
Photographie: Dresdner Bilderdienst E. Pohl – E. Höhne, 1946
Stadtmuseum Dresden
Aufgrund der großen Zerstörungen beim Luftangriff auf Dresden im Februar 1945 war die Stadt für die Flüchtlinge aus den ehemaligen deutschen Ostgebieten zumeist nur Durchgangsstation vor ihrer Weiterreise an andere Orte. Von den Behörden waren vor allem solch dünn besiedelte Territorien wie Mecklenburg als neue Heimat für die Vertriebenen vorgesehen. Die auf dem Neustädter Bahnhof ankommenden Personen wurden erst einmal in das »Umsiedlerlager« im Industriegelände am Eingang C gebracht, wo sie verpflegt und medizinisch versorgt wurden und sich von den Strapazen erholen konnten. Die Photographie zeigt die Ankunft von Flüchtlingen in dem vom Rat der Stadt Dresden betriebenen Barackenlager. Da sich die Weiterleitung dieser Personen als nicht einfach erwies, mußten manche Familien längere Zeit in dem Lager zubringen. Die Behörden bemühten sich, den Aufenthalt so normal wie möglich zu gestalten und richteten z. B. für die Kinder eine Schule ein. Baracken vom Typ der hier abgebildeten sind noch heute vereinzelt im Industriegelände vorhanden.

waltung erstellte Liste stammt vom 16. 11. 1945.[122] Als ehemaliges Reichseigentum im IG wurden dabei 10 Wohngebäude, 10 Wohnbaracken, 48 Fabrikgebäude, 9 Schuppen, Kantinengebäude mit Wohnung, Elektrizitätswerk und Industriebahnanlage verzeichnet. Davon wurden 4 Schuppen und das ehemalige Hochdruckprüffeld noch von der Roten Armee benutzt. Die Wohnbaracken am Eingang C dienten dem Dresdner Rat als Durchgangsstelle für Flüchtlinge aus den früheren deutschen Ostgebieten.[123] Daneben waren einige Räume der ACI für das Landesernährungsamt beschlagnahmt worden.

Die Entscheidung über das sequestrierte Vermögen sollte beim sächsischen Volksentscheid zum »Gesetz über die Übergabe von Betrieben von Kriegs- und Naziverbrechern in das Eigentum des Volkes« vom 30. 6. 1946 fallen.[124] Zuvor wurden der Bevölkerung die zur Enteignung und Überführung in Landeseigentum vorgesehenen Unternehmen (Liste A) bekanntgegeben. Auf Liste A befanden sich 10 Unternehmen mit Sitz oder Niederlassung im IG: Daimler-Benz AG, Paul Kaiser Nachf., Carl Grunewald, Elsner Maschinenfabrik, ACI, Hopf & Feilgenhauer KG, Metallwarenfabrik Hermann Aurich, Gläser-Karosserie GmbH, Wayss & Freytag AG, Industriegas-AG (Zweig-NL Sächsisches Acetylengaswerk). Sofern der Betrieb nicht schon einen Treuhänder als Leiter hatte, wurde eine amtlich verpflichtete Kontrollperson in jedem Betrieb bestimmt, um das »Wegbringen von Teilen des Betriebsvermögens«, »Finanzmanipulationen« oder »Sabotageakte« zu verhindern. Den »früheren« [!] Eigentümern konnte der Zutritt verwehrt und dazu polizeiliche Hilfe in Anspruch genommen werden. Die Liste B, auf der die zur Rückgabe an die Inhaber vorgesehenen Betriebe standen (z. B. Mörtelwerk P. Arndt), wurde nicht öffentlich gemacht.

Eine Anzahl von Betrieben sollte weder zur Abstimmung gestellt, noch den Inhabern zurückgegeben werden, sondern unter Zwangsverwaltung und Kontrolle der SMA verbleiben (Liste C).

Handzettel für den Volksentscheid am 30. Juni 1946
Stadtmuseum Dresden

In der Anordnung zur Vorbereitung des Volksentscheides, unterzeichnet Mitte Juni vom Vizepräsidenten der Landesverwaltung Fritz Selbmann (1899–1975), hieß es, daß wegen einer »Reihe wichtiger Gründe, die mit Fragen von großer politischer Wichtigkeit zusammenhängen« diese Firmen nicht zur Enteignung vorgeschlagen werden könnten. Sie sollten auch nach dem Volksentscheid beschlagnahmt bleiben; die Inhaber dürften »wahrscheinlich in keinem Falle« mit Rückgabe rechnen.[125] Für diese Betriebe mußten ebenfalls Treuhänder bestellt werden. Im IG handelte es sich hier um 7 Fabriken: Infesto-Werk, BKC, Radio-Mende, Hochdruck-Prüffeld-Anlage von BKC, Josef Schmalzeder Erben, Vasanta AG, Apparatebau GmbH.

Als der Inhalt der Listen A und C bekannt wurden, setzten die Inhaber, Werkleiter oder Gesellschafter der betroffenen Firmen alle Hebel in Bewegung, um der drohenden Enteignung oder andauernden Beschlagnahme zu entgehen. Dies gelang im seltensten Fall. Es drängt sich sogar der Eindruck auf, daß bedeutsame Unternehmen entgegen dem Wortlaut des SMA-Befehls 124 enteignet werden sollten. Gegen die Beschlagnahmung der Vasanta AG erhoben die Inhaber Einspruch, da sich 78 % der Aktien im Besitz eines Landwirts befanden, der mehrfach von der Gestapo verhaftet worden war. Daraufhin sollte die Firma zurückgegeben werden. Am 20. 5. 1946 wurde der Bezirksverwaltung I jedoch aus der Gewerbewesen-Zentrale übermittelt, daß soeben die Kreisleitung [der SED] angerufen und mitgeteilt habe, daß Vasanta noch mit zur Enteignung vorgeschlagen werden muß – »Belastungsmaterial liefert Gen. Vogel…«.[126] Vier Tage später fiel die Entscheidung – Vasanata galt als „Kriegsinteressenbetrieb«.[127] Die Firma verblieb jedoch auf Liste C, wohl weil die SMAS die bedeutsame Spezialmaschinenfabrik in eigener Regie behalten wollte. Bezüglich Hopf & Feilgenhauer erreichten die verantwortlichen Stellen im Wechsel be- und entlastende Schriftstücke. Die Firma Arthur Lipfert & Co. wurde zwar von Liste A heruntergenommen, jedoch nicht den Eigentümern zurückgegeben, da »es sich hauptsächlich um ausländisches Kapital handelt.«[128] Der nach Hamburg übergesiedelte Mitinhaber des Infesto-Werkes P. Goedecke ergänzte seinen an den Präsidenten der Landesverwaltung gerichteten Widerspruch gegen die Einordnung des Infesto-Werkes in die

Losung zum Volksentscheid
Photographie, 27. Juni 1946
Stadtmuseum Dresden
Im Vorfeld des Volksentscheides vom 30. Juni 1946 wurden an allen erdenklichen Orten Losungen oder Plakate angebracht, welche durchgängig die Aufforderung enthielten, den vorgesehenen Enteignungen zuzustimmen. Nach den im Vorfeld von Bodenreform und SED-Gründung geführten Kampagnen war dies die dritte große »Propagandaschlacht« der neuen Machthaber. Die Entwürfe wurden von Kommissionen begutachtet, welche zwischen »guter« und »schlechter« Agitation unterschieden. Der abgebildete Text, der sich leider nicht genau lokalisieren ließ, ist eine wenig typische, recht privat gehaltene Losung. Aus ihm spricht die Erleichterung des Inhabers, gerade noch einmal von Bestrafung und Enteignung verschont geblieben zu sein. Sie belegt zugleich den weit verbreiteten Wunsch der kleinen Geschäftsleute und Fabrikinhaber, sich durch einen schnellen Wechsel der Fronten und der Abgrenzung vom Großkapital in dem neuen System einzurichten.

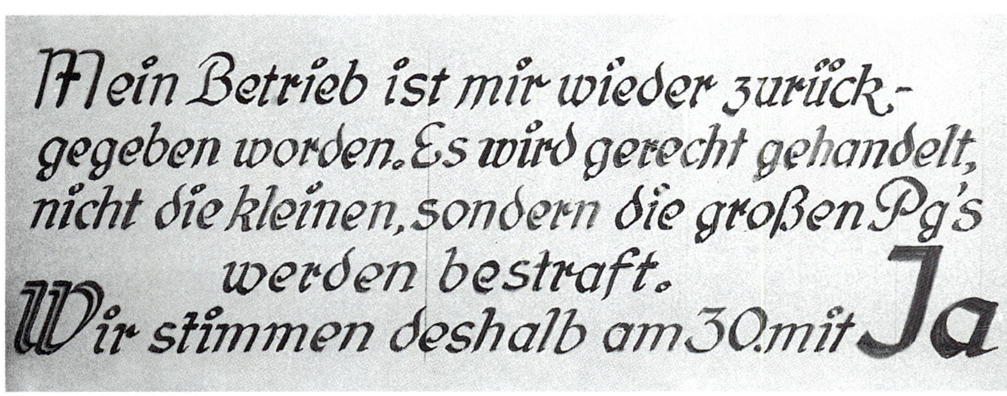

C-Liste vom 27. 9. 1946 mit Leumundszeugnissen. Der Antrag wurde abgewiesen, weil es Berichte über Gestapo-Anzeigen bei Infesto gab. Einer der Leumundszeugen Goedeckes soll selbst an Denunziationen beteiligt gewesen sein.[129] Die Beschlüsse zu Enteignung oder Fortdauer der Beschlagnahmung wurden in der zweiten Hälfte des Monats Mai innerhalb weniger Tage gefaßt. Als häufige Begründungen wurden »Rüstungsfertigung« und schlechte Behandlung ausländischer Arbeitskräfte angeführt. Wenn dies nicht nachzuweisen war, konnte die Landeskommission für so gut wie jede Firma einen Enteignungsbeschluß herbeiführen, die während der NS-Zeit eine Umsatzsteigerung verzeichnet hatten oder »Kriegsinteressenbetrieb« gewesen waren.

Beim Volksentscheid am 30. 6. 1946 waren im Stadtkreis Dresden 347572 Personen stimmberechtigt, von denen sich 92 % an der Abstimmung beteiligten. 258910 gültige Ja-Stimmen entsprachen 80,9 % aller abgegebenen Stimmzettel – mehr als im Landesdurchschnitt. Im Juli 1946 legte die Zentrale von Daimler-Benz beim Amt für Betriebsneuordnung erfolglos Einspruch gegen die erfolgte Enteignung ein, die ACI hatte bereits im Dezember 1945 ohne Ergebnis der Beschlagnahmung von 75% der Firmenaktiva widersprochen. 1947 wurde dann die Mehrzahl der vom Volksentscheid ausgenommenen Firmen (Liste C) von der sowjetischen Militärverwaltung den Landesregierungen übergeben. Nach Befehl Nr. 86 vom 31. 3. 1947 sollten in Sachsen weitere 136 Unternehmen, darunter Vasanta AG und die Metallwarenfabrik Josef Schmalzeder Erben, in Staatsbesitz kommen. Bei 178 Firmen hatte die Landesverwaltung eine Rückübertragung durchzuführen, wenn die früheren Inhaber nicht an Kriegsverbrechen beteiligt gewesen waren.[130] Im Herbst 1947 wurden dem Land weitere Unternehmen (Radio-Mende, Apparatebau, Infesto-Werk Raßmann & Goedecke) übergeben.[131] Aus dem IG blieb einzig die Hochdruckprüffeldanlage von BKC weiter unter Militärverwaltung.

Abschluß der Wirtschaftszentralisierung und Auflösung der Verwaltungsgesellschaft

1948 erfolgte schließlich eine Neuordnung der gesamten Wirtschaft in der SBZ, mit der sich die Veränderungen der Eigentumsverhältnisse in der Wirtschaft verfestigten. Fast alle enteigneten Firmen wurden im Laufe des Jahres aus dem Handelsregister gelöscht. Die ACI (Ende 1947: 657 Beschäftigte) und die Apparatebau GmbH (74) wurden zonalen Industrievereinigungen angegliedert; in Landesbesitz verblieben z. B. die Maschinenfabriken Vasanta (24), Elsner (36) und die Kfz-Werkstatt von Daimler-Benz (181).[132] Allmählich verbesserten sich die Lebens- und Arbeitsverhältnisse. Noch immer wurden vorwiegend einfache Artikel für die Bevölkerung oder die Besatzungsmacht produziert. Gawadi-Wetterschutz lieferte u. a. Regenbekleidung und Schachtanzüge für den im sowjetischen Besitz befindlichen Bergbaubetrieb Wismut. Das Infesto-Werk, Josef Schmalzeder Erben und Radio-Mende waren noch längere Zeit mit Reparationslieferungen beschäftigt. Die Lenkungsmethoden der sozialistischen Wirtschaft (Plan, Aktivistenbewegung, Wettbewerb etc.) waren bereits früher in allen VEB eingeführt worden. Eine bevorzugte Versorgung mit Rohstoffen erhielten die für Reparationen arbeitenden Firmen, Schwerarbeitern wurde eine bessere Versorgung mit Lebensmitteln zuteil. Auf einer Verpflegungsliste von 1948/49 sind schon wieder 6 Unternehmen (Schürzen- und Kleiderfabrik, Infesto, Mende, ACI, Daimler-Benz, Kraftverkehrsgesellschaft) mit mehr als 200 Beschäftigten aufgeführt.[133]

Reparaturwerkstatt der Sächsischen Kraftverkehrsgesellschaft im Industriegelände
Photographien von Kurt Schaarschuch (1905–1955), 25. Januar 1949
Stadtmuseum Dresden
Die Aufnahmen zeigen den Eingangsbereich der Reparaturwerkstatt der KVG und einen Arbeiter in der Werkhalle bei der Instandsetzung einer Buskarosserie. Schaarschuch fertigte in der KVG im Industriegelände an jenem Tag eine ganze Serie von Aufnahmen.

Dem im Februar 1949 vom »Ausschuß zum Schutze des Volkseigentums« bei der (Ost-) Deutschen Wirtschaftskommission vorgebrachte Verlangen zur Übertragung der Gebäude und Grundstücke im IG an die VEB wurde nicht entsprochen, weil in manchen Gebäuden noch Privatfirmen untergebracht waren. Die VEB hatten »vorbehaltlich einer späteren anderweitigen Regelung« weiterhin Miete an die IA zu zahlen.[134] Das Kraftwerk ging nach DWK-Beschluß zur Neuordnung der Energiewirtschaft zum 1. 7. 1949 in zonale Verwaltung (Energiebezirk Ost) über,[135] nachdem sich das KWU der Stadt Dresden dieses zuvor mit Hinweis auf die Versorgungssicherheit der Kasernen, Verwaltungen und Wohngebiete der Roten Armee angegliedert hatte.

Das Ende des IG als relativ selbständiges Stadtgebiet wurde im April 1951 eingeläutet, als das gesamte Gelände mit einer Fläche von 101,199 ha der Grundstücksverwaltung beim Rat der Stadt Dresden übertragen wurde.[136] Die Beseitigung des Sonderstatus folgte im Zusammenhang mit der weitreichenden Verwaltungsneugliederung in der gesamten DDR. Auf der Ratssitzung vom 23. 12. 1952 wurde beschlossen, die Industrieanlagen Nord mit Wirkung vom 1. 1. 1953 aufzulösen.[137] Die Vermögenswerte seien wie folgt aufzuteilen:

a. Gebäude, Flurstücke und sonstige Anlagen, welche sich z. Zt. in Nutzung von volkeigenen Betrieben befinden, werden diesen zur Nutzung und Verwaltung übergeben. Nach Übergang in deren Rechtsträgerschaft sind sie von diesen zu bilanzieren.
b. Alle nicht unter a. genannten Gebäude einschließlich des gesamten Grund und Bodens mit Ausnahme der Wohngrundstücke werden dem Rat des Stadtbezirkes IX übertragen.
c. Die Verwaltung aller übrigen Wohngrundstücke wird vom Rat der Stadt Dresden dem Dienstleistungsbetrieb Wohnungswirtschaft übertragen.
d. Die gesamten Straßenanlagen, einschließlich der Be- und Entwässerung, sowie Straßenbeleuchtung werden den dafür zuständigen Stellen zugeleitet.
e. Die Industriebahn übernimmt der VEB Verkehrsbetriebe der Stadt Dresden.
f. Die gesamte Kabelanlage für das örtliche Fernsprechnetz ist der Deutschen Post zu übertragen.

Fast acht Jahrzehnte nach dem Beginn der Bauarbeiten in der Albertstadt waren damit die letzten Reste der Eigenständigkeit des IG beseitigt. Dessen weiteren Geschicke gehören nicht mehr in den Rahmen dieses Beitrages. Der bis heute erhaltene Name »Industriegelände« erinnert an die wechselvolle Geschichte eines Gebietes, welches die jüngere Geschichte der Stadt nachhaltig geprägt hat. Es ist zu hoffen, daß die hoffnungsvollen Konzepte[138] und Ansätze zur Revitalisierung des Gebiets in naher Zukunft umgesetzt werden können.

Blick in die Werner-Hartmann-Straße
Photographie von Franz Zadniček (geb. 1954), Juli 1999
Stadtmuseum Dresden
Die meisten Dresdner verbinden mit dem Namen »Industriegelände« eigentlich nur jenen gut sichtbaren Teil an der Königsbrücker Straße um das Heizkraftwerk Nord, dessen Eingangsbereich hier abgebildet ist. In seiner Anballung von unverputzten Ziegelbauten ist dieses Gebiet recht unüblich für Dresden und ruft beim Betrachter sofort die Assoziation eines Fabrikbezirkes hervor. Die Anfänge dieses Areals liegen an der Wende zum 20. Jahrhundert; vollständig ausgebaut wurde es im ersten Weltkrieg. Den Beginn der ehemaligen Straße E (heutige Werner-Hartmann-Straße) säumen die alte Zünderwerkstatt mit Gießerei (links) und das ehemalige Speisesaalgebäude (rechts). Im Hintergrund ist das Kraftwerk erkennbar.

Anmerkungen

1 Herbstkolloquium des Dresdner Geschichtsvereins e.V. 1997, Abdruck in: DH 16 (1998), H. 53.

2 Text und Anmerkungsapparat mußten auf Wunsch des Hg. drastisch gekürzt werden.

3 Vgl. Weber, Karl, Geschichte des Gutsbezirkes Dresden-Albertstadt, Ms., [Dresden 1938]./Gräfe, Roland, Die Entstehung und Entwicklung der Albertstadt (1873–1918) – ein geschichtlicher Abriß. In: DH 16 (1998), H. 53, S. 20–27. / Die Dresdner Albertstadt (= Militärhistorische Schriften des Arbeitskreises Sächsische Militärgeschichte e.V., H. 2), Dresden 1994, sowie die dort verzeichneten Anmerkungen.

4 Freilich waren auch die Landeszahlungen de facto Reichsausgaben, da Sachsen eine eigene Militärverwaltung hatte.

5 Vgl. Fricker, Carl Victor, Grundriß des Staatsrechts des Königreichs Sachsen, Leipzig 1891, S. 84–87.

6 RGBl. 1873, Nr. 13, S. 113–116.

7 Sammlung der Ortsgesetze der Stadt Dresden, Bd. 3, S. 573–575.

8 StADD, GVAlb, Nr. 57, Grdb.-Ausz. Bl. 1318 für Neu- und Antonstadt Dresden, Bd. 27, S. 171.

9 Das Kriegsministerium vertrat hierbei die Reichsinteressen, die beiden anderen Ministerien die des Landes.

10 Vgl. SHStA, Fin.-Min, Film 92, Bd. 2 (Vorlage des Finanzministers an den Ministerpräsidenten, die Auseinandersetzung zwischen Sachsen und dem Reiche über die Eigentumsverhältnisse an den ehemaligen sächsischen Heeresgrundstücken betr., Ms., November 1929) / RGBl., a.a.O., S. 7.

11 Opitz, Die Gebäude für militärische Zwecke. In: Die Bauten, technischen und industriellen Anlagen von Dresden, hg. vom Sächs. Ingenieur- und Architekten-Verein und dem Dresdner Architekten-Verein, Dresden 1878, S. 261.

12 S. hierzu und zu weiteren Verträgen (z.B. von 1877, 1908, 1914) die Sammlung der Dresdner Ortsgesetze.

13 Das Stat. Jb. 1919/21, S. 1, gibt 1921 eine Fläche von 392,6 ha, Weber (a.a.O.) 1938 ein Areal von 397,3 ha an.

14 Die Bauten, technischen ..., a.a.O., S. 265.

15 Vgl. Müller, Michael, Die Albertstadt in Dresden. In: Denkmalpflege in Sachsen 1894–1994, T. II, hg. vom Landesamt für Denkmalpflege, red. v. Heinrich Magirius und Angelica Dülberg, Halle/S. 1998, S. 77–90.

16 Heimatkunde von Dresden, bearb. von Oscar Thüme und Heinrich Gebauer, Dresden 1876, S. 121.

17 1908 bzw. 1916 wurden ein weiterer Hochbehälter bzw. Brunnen errichtet. Vgl. SHStA, Militär- und Heeresbauämter Dresden, Nr. 44, Blitzableiterprüfungsbuch Wasserwerk, HStV II, 4. Verw.-Bereich, Nov. 1915 ff.

18 Geschichte des deutschen Feuerwerkswesens der Armee und Marine mit Einschluß des Zeugwesens, bearb. v. E. Schoen, Berlin 1936, S. 1107.

19 SHStA, MdI, Brandversicherungskammer, Aufnahmebücher 1739–1770. Gezählt wurden alle Baumaßnahmen einschl. Schuppen, Schornsteine etc., jedoch nur zweifelsfrei bestimmbare Baujahre.

20 StADD, GVAlb, Nr. 102, Bauakten Elektrische Zentrale/ SHStA, Feldzeugmeisterei, Militär- und Heeresbauämter Dresden, Nr. 34 (Bestimmungen für den Anschluß elektrischer Anlagen an die Zentrale der Albertstadt-Dresden).

21 Wissenschaftlicher Führer durch Dresden, hg. von Friedrich Schäfer, Dresden 1907, S. 318.

22 SHStA, Oberforstmeisterei Dresden, Nr. 448, Bll. 36 (m. Skizze Schießstandanlage), 92.

23 Wiss. Führer, a.a.O., S. 19.

24 StADD, DezFin, Schriftwechsel IA, Nr. 239 (Grundbuchauszüge).

25 Von Kutschern und Kondukteuren. Die 125jährige Geschichte der Straßenbahn zu Dresden, Dresden 1997, S. 74.

26 Wichtige Archivbestände (Militärbauämter II-IV, FzM, Ad., Mf., Geschoßfabrik) waren leider nicht einsehbar. Unter Nutzung der eben genannten Aktenbestände erarbeitet Heinz Schulz z.Zt. detaillierte Dokumentationen der Rüstungsbetriebe in der Albertstadt, welche als Ms. beim Arbeitskreis Sächsische Militärgeschichte e.V. eingesehen werden können.

27 G. Petermann, Die Waffen- und Munitionsindustrie in Deutschland, Diss. Univ. Leipzig 1919, S. 103. Zit. nach: Rahne, Hermann, Zur Geschichte der Garnison und Garnisonstadt Dresden von 1871 bis 1918. In: SHB 36 (1990), H. 6, S. 281.

28 SHStA, Oberforstmeisterei Dresden, Nr. 1170, Bl. 89 f.

29 SHStA, Ministerium f. Finanzen, Straßenbauamt Dresden, Nr. 32 (Schreiben der Direktion der Aw. an das Kgl. Straßen- und Wasserbauamt Dresden vom 25. 8. 1913).

30 Das Königreich Sachsen. Historisch-biographische Blätter. Kultur, Industrie, Handel und Gewerbe, Oberleitg. Willi Doenges, Berlin o. J. [um 1911].

31 Geschichte des deutschen Feuerwerkswesens..., a.a.O. S. 1066.

32 Weber, a.a.O., S. 12.

33 Vgl. Gebhardt, Peter von, Aus der Tätigkeit des Königlich Sächsischen Kriegsministeriums während des Weltkrieges. In: Sachsen in großer Zeit. Geschichte der Sachsen im Weltkrieg, Bd. II / T. II, hg. von Johann Edmund Hottenroth, Leipzig 1919, S. 337.

34 1914 wurde die Übergabestelle der FzM-Bahn zwischen den Stationen 983/985 der Linie Görlitz-Dresden (Miete des Areals) erweitert; 1916 folgte eine weitere Übergabe an den Reichsmilitärfiskus.

35 SHStA, RbD Dresden, Nr. 19850 (Bericht der FzM über den Wagenumlauf des Anschlußgleises vom 24. 5. 1916).

36 Vgl. Die sächsischen Intendanturen im Heimatgebiet. In: Sachsen in großer Zeit, a.a.O., S. 343–356.

37 Ebenda, S. 352.

38 Geschichte des deutschen Feuerwerkswesens, a.a.O., S. 1065.

39 Ebenda, S. 1110 f.

40 SHStA, Sächs. Kriegsministerium, Nr. 25069, Bl. 7 (Meldung des Ad., 29. 12. 1916), Bl. 124 (Bericht des Kriegsministeriums, 29. 1. 1917), Bl. 431 (Bericht der FzM, 4. 1. 1918). Vgl. a. die Artikel in den Tageszeitungen.

41 Ebenda, Bl. 371.

42 Geschichte des deutschen Feuerwerkswesens, a.a.O., S. 1115.

43 SHStA, Sächs. Staatseisenbahnen, Nr. 11894, Bl. 3/RbD Dresden, Nr. 19850, Bl. 72.

44 SHStA, Sächsisches Kriegsarchiv, Nr. 15030 (Schreiben der Lebensmittelstelle der FzM an Kriegsamtsstelle XII vom 18. 10. 1917).

45 Gebhardt, a.a.O., S. 339.

46 SHStA, Amtsgericht Dresden, HRBücher, Nr. 1356. Nach den dortigen Eintragungen wurde diese Gesellschaft am 31. 12. 1921 in Ida umbenannt und auf Beschluß der Gesellschafter vom 27. 12. 1922 nach Dresden verlegt.

47 SHStA, Kriegsamtsstelle, Nr. 15163, Arbeitsunlust und Streiks betreffend, Bl. 153–174.

48 Vgl. Manfred Pohl (Mitarb. Andrea H. Schneider), VIAG 1923–1988. Vom Staatsunternehmen zum internationalen Konzern, München/Zürich 1988, S. 22 ff. Die sächsische Vertretung der DW erstellte am 31. 10. 1921 eine Liquidationsbilanz unter Einschluß der Dresdner Artilleriewerkstätten (StADD, DezFin, Geschäftsberichte, Nr. 289).

49 SHStA, Ministerium für Militärwesen, Nr. 7023, Bll. 151, 197. Vgl. a. Heeresabwicklungsamt Sachsen, Nr. 6724.

50 Die Verlegung vom TÜP Zeithain erfolgte aufgrund des Kapp-Putsches im März 1920. Vgl. Die Geschichte der Dresdner Staatspolizei, [Dresden 1928], S. 48 ff.

51 StADD, DezFin, Mietverträge, Nr. 258 (Bericht der Ida-GF an den Ida-Aufsichtsrat vom 26. 2. 1930).

52 Ebenda (Schreiben der IMKK, Bewaffnung Bezirk Dresden, vom 1. 10. 1921 an die Deutsche Verbindungsstelle).

53 Ebenda (Schreiben der Interalliierten Distriktskommission Dresden, Abt. Kriegsmaterial, an die Deutsche Verbindungsstelle bei der IMKK Dresden vom 10. 5. 1922).

54 Ebenda (Schreiben der Sächsischen Landespolizeiverwaltung vom 26. 04. 1922 an die Heeresfriedenskommission, Deutsche Verbindungsstelle Dresden-Albertstadt).

55 Ebenda, Nr. 285 (Protokoll über die 1. Aufsichtsratssitzung der Ida in Berlin, Victoriastr. 34 [Abschrift]).

56 StADD, DezFin, Mietverträge, Nr. 270 (mit Plänen). Die MAD wurden später neugefaßt (MAD 1) und ergänzt (MAD 2). Der zur Bildung der Mietergesellschaft ist in der Fassung vom 9. 6. 1922 überliefert, als eine Mietzinsanpassung erfolgte.

57 Ebenda, Nr. 258.

58 Ebenda, Nr 264.

59 Ebenda (Schreiben GF Ida an Direktion VIAG vom 14. 10. 1925).

60 SHStA, OFD Dresden, Finanzamt Dresden II, Albertstadt, 1–2 (Nachtrag vom 19. 5. 1922).

61 DNN, 9. 12. 1921.

62 Vgl. Sächsische Landesgesetze. Textausgabe nach dem Stande vom 1. November 1925, hg. von Ernst Jaeger und Willibald Apelt, Leipzig 1925, S. 56–86.

63 Weber, a.a.O., S. 16.

64 SHStA, FinM, Film 92, Bd. 2 (Vereinbarung zwischen Sachsen und dem Reich über die Verwendung von der Reichswehr nicht genutzter Liegenschaften, November 1929).

65 Ebenda (Schlußprotokoll zur Vereinbarung zwischen Sachsen und dem Reich über die Verwendung von der Reichswehr nicht genutzter Liegenschaften, § 1).

66 StADD, DezFin, Mietverträge, Nr. 258.

67 DNN, 22. 8. 1919.

68 SHStA, Ministerium für Militärwesen, Nr. 7023, B1. 151 (Bericht vom 6. 8. 1919).

69 SHStA, Wirtschaftsministerium, Film 795 (Bericht der Kreiswerkstätten vom 21. 2. 1921).

70 Ebenda, Filme 1299, 1300 (Konservenfabrik Naumann im IG).

71 [Geschichte des VEB Reparaturwerk für Großraumfahrzeuge], Ms. im Stadtmuseum Dresden, [1957], S. 1.

72 StADD, GVAlb, Nr. 57 (Verzeichnis größerer Firmen im IG, 18. 5. 1923).

73 SHStA, OFD Dresden, FinA Dresden II, Albertstadt, 1–1 (Nachweis verpachtetes Gartenland, 4. 10. 1922)/FinM, Film 92, Bd. 2 (Schreiben Abt. II des FinM an Dresdner Schulrat vom 5. 7. 1920).

74 StADD, DezFin, Geschäftsberichte, Nr. 285.

75 Ausführlich zur Gründung der VIAG s. Pohl, a.a.O., S. 21 ff.

76 Vgl. StADD, DezFin, Mietverträge, Nr. 225.

77 DNN, 30. 9. 1923.

78 StADD, DezFin, Geschäftsberichte, Nr. 281 (Geschäftsbericht der Ida über 1924).

79 Arbeiterstimme, 23. 4. 1925, 30. 4. 1925, 22. 6. 1925.

80 [Gansauge, Peter], Der Weg ... von der Metallrahmen-Fabrik Klauber und Simon zur GOETZE Dresden GmbH ... Dresden 1993, S. 16 f.

81 StADD, DezFin, Geschäftsberichte, Nr. 284 (Geschäftsbericht der Ida für 1927).

82 Ebenda, Nr. 283 (Bericht der Dt. Revisions- und Treuhand AG vom 30. 4. 1927 über Buchhaltung der Ida).

83 Ebenda, Nr. 277.

84 SHStA, Fa. Radio H. Mende & Co. Dresden, Nr. 107.
85 Der Kämpfer (Chemnitz), 24. 3. 1932.
86 Rahne, Hermann, Zur Geschichte der Dresdner Garnison von 1866–1945. In: Sächsische Zeitung, 8. 2. 1991, Beil. Die Dresdner Landespolizeiabteilung wurde 1935 in das Infanterieregiment 10 eingegliedert. Vgl. a. die anderen Folgen (unregelmäßig in der SZ 4. 1. 1991 bis 3. 4. 1992 erschienen) und die andernorts (Militärgeschichte 6/90, DH, H. 35, Verbrannt bis zur Unkenntlichkeit, Dresden 1995) erschienenen Beiträge Rahnes.
87 StADD, DezFin, Mietverträge, Nr. 258, 264.
88 StADD, GVAlb, Nr. 56.
89 StADD, DezFin, Schriftwechsel IA, Nr. 237.
90 SHStA, OFD Dresden, Nr. 120, Bl. 49f. Vgl. a. StADD, Dez. Aufbau, Nr. 101.
91 StADD, DezFin, Bauangelegenheiten, Nr. 216. Der Vertrag wurde am 22. 8. 1941 vom OKH genehmigt. Vgl. StADD, DezFin, Geschäftsberichte, Nr. 271 (Prüfungsbericht der HBSt für Geschäftsjahr 1941/42, erstellt von der Wehrkreisverwaltung IV am 13. 6. 1942, II. Rechtsverhältnisse der HBSt).
92 So setzte sich die BKC-Belegschaft 1945 geschlossen für die Weiterbeschäftigung des ehemaligen »Wehrwirtschaftsführer« Paul Kanis als Treuhänder ein (SHStA, LRS, MfW, Nr. 2955, Bl. 73).
93 Zu Änderungen vgl. SHStA, Radio H. Mende & Co., Nr. 41 (HR-Auszüge), 46/StADD, GVAlb, Nr. 77.
94 Alle Angaben zu Fa. Mende (außer extra nachgewiesene) entstammen den Firmenakten im SHStA. Ein detaillierter Nachweis ist an dieser Stelle nicht möglich.
95 StADD, DezFin, Mietverträge, Nr. 267.
96 StADD, DezFin, Schriftwechsel IA, Nr. 237 / SHStA, FzM, Militär- und Heeresbauämter Dresden, Nr. 70.
97 Das nationalsozialistische Lagersystem, hg. von Martin Weinmann, Frankfurt/M. 1998, S. 234./Brenner, Hans, Zu den KZ-Verbrechen in den Jahren 1942–1945 im Raum der heutigen Bezirke Dresden und Karl-Marx-Stadt. In: SHB 31 (1985), H. 2, S. 68.
98 Liste der Fertigungskennzeichen für Waffen, Munition und Gerät, Ms. aus dem OKH (Chef der Heeresrüstung und Befehlshaber des Ersatzheeres), Heereswaffenamt Wa Z 2, Berlin 1944, faks. Nachdr. im Publizistischen Archiv Militär- und Waffenwesen, hg. von Karl R. Pawlas, Nürnberg 1977.
99 StADD, DezFin, Mietverträge, Nr. 271.
100 SHStA, LRS, MfW, Nr. 2430, 2977.
101 StADD, DezFin, Mietverträge, Nr. 257 (Schreiben vom 23. 12. 1943).
102 SHStA, LRS, MdI, Nr. 4302, Bl. 65.
103 StADD, DezFin, Mietverträge, Nr. 256/SHStA, Amtsgericht Dresden, HR-Akten A 2625.
104 SHStA, MfW, Film 126.
105 SHStA, Fa. Radio H. Mende & Co. Dresden, Nr. 42/StADD, DezFin, Schriftwechsel IA, Nr. 237.
106 StADD, DezFin, Geschäftsberichte, Nr. 274 (HBSt. 1942/43), Nr. 275 (Bilanzprüfung HBSt 1943/44).
107 StADD, DezFin, Schriftwechsel IA, Nr. 237 (Luftschutzmaßnahmen, 7. 2. 1944).
108 StADD, DezFin, Geschäftsberichte, Nr. 275 (Geschäftsbericht der HBSt 1944/45).
109 Folgende Fakten aus: StADD, Dez. Aufbau, Nr. 101 (Geschäftsbericht der HBSt 1945/46 mit Erläuterungen).
110 StADD, DezFin, Eingemeindungen, Nr. 423 (Maßnahmen zur Durchführung der Eingemeindung …)
111 StADD, DezFin, Bauangelegenheiten, Nr. 216 (Schreiben des OB an die IA).
112 SHStA, LRS, MfF, Nr. 1623, 915.
113 SHStA, LRS, MfF, Nr. 1742, Bl. 84–86. Vgl. StADD, Dez. Aufbau, Nr. 164.
114 SHStA, LRS, MfF, Nr. 915, Bl. 153f.
115 SHStA, LRS, MfF, Nr. 2955, Bl. 82f., 88f.
116 SHStA, LRS, MdI, Nr. 230.
117 SHStA, LRS, MfW, Nr. 3106.
118 SHStA, LRS, MfW, Nr. 1289 (Demontageliste, Stand 1. 12. 1946).
119 Natürlich auch Frauen. Die Namen wurden den BV oder dem Antifakomitee (Bautzner Str. 4) gemeldet.
120 Widera, Thomas, Dresden 1945. Verwaltung und Wirtschaft einer Großstadt in der SBZ nach dem Ende des Krieges, Magisterarbeit, TU Dresden, Phil. Fak., 1998, S. 81. Dort auch ausführlich zu Lage und Veränderungen in der Dresdner Wirtschaft 1945/46.
121 SHStA, LRS, MW, Nr. 3046, Bl. 3 (hs. Notiz).
122 SHStA, LRS, MfW, Nr. 691, Bl. 16ff.
123 Vgl. Jahn, Manfred, »Fremde« Deutsche nach Kriegsende 1945/46 in Dresden. In: DH, Nr. 41, 1995, S. 83–92.
124 Vgl. Halder, Winfried, Der Volksentscheid in Sachsen 1946. In: Wirtschaftsordnung und Wirtschaftspolitik in Deutschland (1933–1993), hg. v. Jürgen Harbrecht und Wolfgang Schneider, Stuttgart 1996, S. 105–129.
125 SHStA, LRS, MdI, Nr. 1758, Bl. 9.
126 SHStA, LRS, MfW, Nr. 3103, Bl. 26, 34.
127 Ebenda, Nr. 2238, Bl. 30ff., lfd. Nr. 141.
128 Ebenda, Nr. 194, Bl. 325.
129 Ebenda, Nr. 2977, Bl. 133ff.
130 Ebenda, Nr. 451, Bl. 36ff.
131 Ebenda, Nr. 2234, 2238.
132 SHStA, LRS, MfF, Sondervermögen Volksentscheid, Nr. 1060.
133 StADD, Dez. Wirtschaft und Arbeit, Nr. 84, Bl. 68.
134 SHStA, LRS, MfF, Nr. 1623, Bl. 174.
135 SHStA, LRS, MfF, Nr. 1732, Bl. 79.
136 SHStA, LRS, MfF, Nr. 1719, Bl. 12–19 (Vermögensverwaltung IA, s. hs. Bemerkung).
137 StADD, DezFin, Versicherungen, Nr. 236 (Auszug aus Niederschrift der Ratssitzung vom 23. 12. 1952).
138 Vgl. Krüger, Hermann, Denkmalpflegeplan »Dresden-Albertstadt«. In: DH 16 (1998), H. 53.

Abkürzungen

ACI	Actiengesellschaft für Cartonnagen-Industrie
AK	Armeekorps
Aw.	Artilleriewerkstatt
BKC	Brückner, Kanis & Co.
BV	Bezirksverwaltung
Dez.	Dezernat
DezFin	Dezernat Finanzen
DH	Dresdner Hefte
DNN	Dresdner Neueste Nachrichten
DREWAG	Dresdner Gas-, Wasser- und Elektrizitätswerke AG
DW	Deutsche Werke AG
FinA	Finanzamt
FinM	Finanzministerium
FlSt.	Flurstück

FzM	Feldzeugmeisterei
GD	Generaldirektion
GF	Geschäftsführung, Geschäftsführer
GrdB	Grundbuch
GVAlb	Geineindeverwaltung Albertstadt
HBSt	Heeresbetriebsstelle Industriegelände Albertstadt
HR	Handelsregister
HstV	Heeresstandortverwaltung
IA	Industrieanlagen Dresden-Albertstadt
Ida	Industriegelände-Gesellschaft Dresden-Albertstadt mbH
IG	Industriegelände
IMKK	Interalliierte Militär-Kontroll-Kommission
Inag	Industrieanlagen GmbH Berlin
KWU	Kommunalwirtschaftsunternehmen
KZ	Konzentrationslager
LRS	Landesregierung Sachsen
MdI	Ministerium des Innern
MfF	Ministerium für Finanzen
MfW	Ministerium für Wirtschaft
OB	Oberbürgermeister
OFD	Oberfinanzdirektion
OFP	Oberfinanzpräsidium
OKH	Oberkommando des Heeres
OKL	Oberkommando der Luftwaffe
OL	Ortslisten-Nummer
RbD	Reichsbahndirektion
RGBl.	Reichsgesetzblatt
RLF	Reichsluftfahrtministerium
SBZ	Sowjetische Besatzungszone
SHB	Sächsische Heimatblätter
SHStA	Sächsisches Hauptstaatsarchiv Dresden
SMAD	Sowjetische Militär-Administration in Deutschland
SMAS	Sowjetische Militär-Administration in Sachsen
StADD	Stadtarchiv Dresden
Stat. Jb.	Statistisches Jahrbuch für die Stadt Dresden
TÜP	Truppenübungsplatz
UK	unabkömmlich
VIAG	Vereinigte Industrie-Unternehmungen Aktiengesellschaft
WDRI	Wirtschaftsstelle der deutschen Rundfunkindustrie e.V.

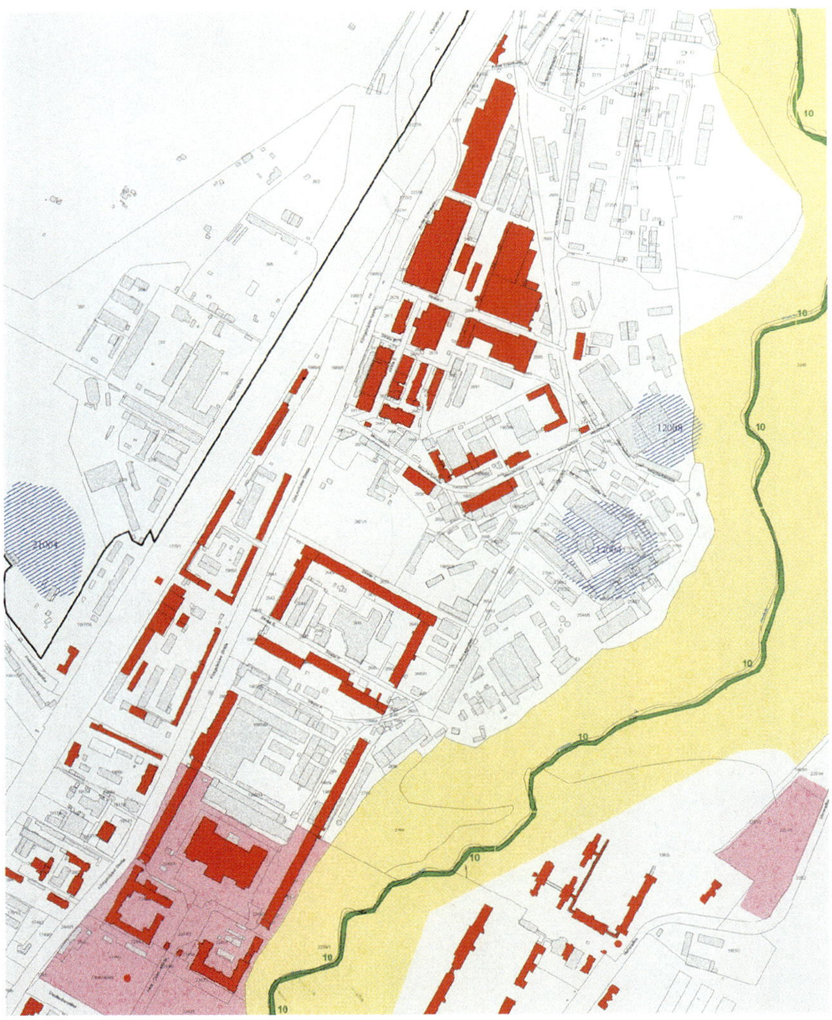

Das Industriegelände in Dresden 1:5000
Ausschnitt aus der Karte »Denkmal- und Naturschutz. Schutzgüter der Kulturlandschaft« mit Stand vom März 1998, hg. mit Genehmigung der Stadtverwaltung Dresden, Städtisches Vermessungsamt, Gen.-Nr. 06 62.0899
Die Karte mit Stand vom März 1998 erlaubt einen Überblick über die heutige Bebauung und verzeichnet die Flurstücke, archäologischen und Baudenkmale. Zu beachten ist, daß das Industriegelände heute keine eigene Verwaltungseinheit mehr darstellt, sondern nur noch eine örtliche Bezeichnung ist. Der frühere Bereich der Feldzeugmeisterei (späteres Industriegelände) mit Artilleriedepot, Artilleriewerkstatt, Traindepot und Munitionsfabrik erstreckte sich zwischen der Königsbrücker Straße im Westen, der Prießnitz im Osten, dem Ende der Bebauung im Norden und umfaßte im Süden das gesamte Arsenalgelände ohne die südlichen Kopfbauten (Montierungsdepot und Administrationsgebäude). Später wurden weitere Teile des Arsenals aus dem Bereich des Industriegeländes herausgenommen. Die Karte enthält noch die alten Eingangs- bzw. Straßenbezeichnungen A–G. Im März 1997 erhielten sechs dieser Werkstraßen neue Namen nach Persönlichkeiten aus Dresdner Wirtschaft und Wissenschaft: Charlotte-Bühler-Straße (B), Else-Sander-Straße (C), Clemens-Müller-Straße (D), Werner-Hartmann-Straße (E), Melitta-Bentz-Straße (F), Hermann-Mende-Straße (G).

»Der Wehrmacht so nahe verwandt« – Eisenbahn in Dresden 1939 bis 1945

Matthias Neutzner

Am Mittag des 17. April 1945, drei Wochen vor dem Ende des Zweiten Weltkrieges, griffen 580 amerikanische Bomber die Dresdner Eisenbahnanlagen an. »Wer am Abend von irgendeinem Gebäude aus das Dresdner Gebiet übersah«, berichtete der Eisenbahner Alfred Renner, »der konnte die Bahnstrecken genau feststellen. Überall dort brannte es und qualmte es. Überall nur wie Draht zusammengedrehte Schienen, Gleisstücke, ja ganze Weichen lagen dort, wo noch nie welche gelegen hatten. Wo man hinschaute, sah man zerrissene Gleisanlagen, rauchende, brennende, umgestürzte und übereinander geschleuderte Wagen, Schienen und Schwellen.«[1] Der Eisenbahnknotenpunkt Dresden war nicht mehr funktionsfähig.

Der Zerstörung vorausgegangen waren sechs Jahre »Fahren für den Sieg«, in denen die Dresdner Eisenbahn ihre Tätigkeit vor allem an den Bedürfnissen von Militär, Rüstung und nationalsozialistischer Verwaltung auszurichten hatte. Über die Schienen im Stadtgebiet rollten, wie in Friedenszeiten auch, die planmäßigen Personenzüge, die Güterzüge mit Rohstoffen, vor allem Kohle und Öl, mit Lebensmitteln und Erntegütern, mit den vielfältigen Lieferungen der Industrie und denen für die Versorgung der Bevölkerung. Alltäglich wurden nun aber auch die Züge mit Wehrmachtseinheiten, mit Fronturlaubern oder verletzten Soldaten, die Sonderzüge mit Evakuierten oder Flüchtlingen, die Transporte von deportierten jüdischen Menschen, von Kriegsgefangenen, Fremdarbeitern oder Häftlingen. Die Jahre 1939 bis 1945 waren für die Reichsbahndirektion Dresden gleichermaßen von erheblichen Leistungssteigerungen wie nachhaltigem Substanzverlust geprägt, von organisatorischen

Das neue »Wahrzeichen des wehrhaften deutschen Eisenbahners, geschaffen von Oberreichsbahnrat Dr. Fackler, Posen«.
(Die Reichsbahn, Berlin, Jg. 1943, Ausg. 51/52)

und betrieblichen Erfolgen genauso wie von Ohnmacht, angesichts der militärischen und gesellschaftlichen Katastrophe.

Der Betrieb der Eisenbahn sei, bemerkte Dr. Walter Schmidt, Präsident der Dresdner Reichsbahndirektion, Ende 1940, »nach seiner Wesensart der Wehrmacht so nahe verwandt.«[2] Als am 7. Mai 1945 die Rote Armee Dresden besetzte, waren die Wehrmacht besiegt und die Dresdner Eisenbahnanlagen zerstört.

Eisenbahnknoten Dresden

Bislang liegt keine umfassende Darstellung der Geschichte der Dresdner Eisenbahn während des Zweiten Weltkrieges vor, wie ja auch eine ernsthafte Stadtgeschichtsschreibung für jenen Zeitraum noch fehlt.[3] Die Dresdner Eisenbahn stellte ein sehr komplexes Gebilde dar; immerhin war die Reichsbahndirektion im Sommer 1939 für mehr als 88 000 Beschäftigte zuständig[4], was sie zu einer der größten Wirtschaftseinheiten der Region machte. Zudem erklären sich die Ereignisse in Dresden selbstverständlich nur im überregionalen Kontext. Beides macht die gedrängte Darstellung im beschränkten Rahmen dieses Beitrages schwierig. Es sei daher zum einen auf vorhandene Gesamtdarstellungen verwiesen[5] und zum anderen auf die Möglichkeit zu ausführlicherer Beschäftigung mit dem Thema gehofft.

Die Eisenbahnkarte des Deutschen Reiches zeigt die Bedeutung der Dresdner Eisenbahnanlagen: Durch das Elbtal verlief die wichtigste Verbindung zwischen dem nord- und mitteldeutschen Raum einerseits und Prag, Wien, sowie den Ländern Südosteuropas andererseits. Außerdem kreuzte in Dresden eine West–Ost-Verbindung, die Schlesien und die ostsächsischen Gebiete mit dem Süden Sachsens verband, beides Regionen mit damals erheblicher wirtschaftlicher Leistungskraft.

Die beiden Fernverbindungen gaben den ausgedehnten Eisenbahnanlagen der Stadt ihre Struktur: Die alliierten Zielinformationen zu Dresden beschreiben sie korrekt als »südlich des Flusses in Gestalt des Buchstaben X, wobei die Hauptverbindung von Nordwest nach Südost und eine zweite parallele Linie auf der Nordseite des Flusses zur Neustadt verläuft.« Für die alliierten Militärs war neben den durchgehenden Strecken vor allem die ausgedehnteste Dresdner Bahnanlage interessant, der Rangierbahnhof Dresden-Friedrichstadt.[6]

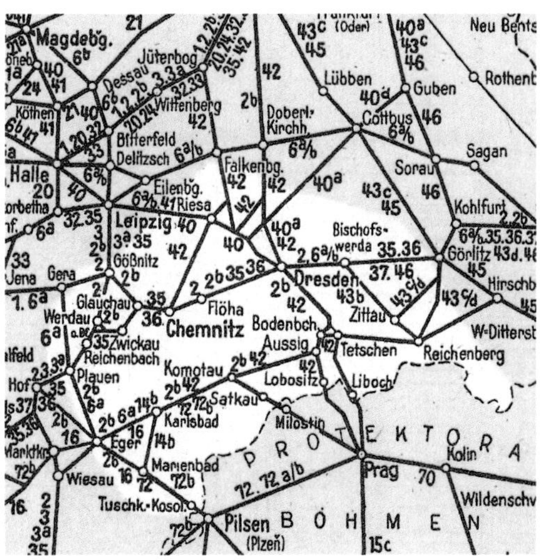

Bereich der Reichsbahndirektion Dresden, Oktober 1938 bis Mai 1945. Am 1. Juli 1944 konnte die Reichsbahndirektion Dresden ihr 75jähriges Bestehen feiern. In der Zeitschrift »Die Reichsbahn« erschien ein kurzer geschichtlicher Abriß, der den Weg von der Generaldirektion der Sächsischen Staatseisenbahn zur Reichsbahndirektion nachzeichnete. Er schloß mit dem Hinweis auf das 1895 in Betrieb genommene Geschäftsgebäude, welches acht Monate nach dem Jubiläum vollständig zerstört werden sollte.

Die Eisenbahnbauten Dresdens, so die großen innerstädtischen Personenbahnhöfe (Hauptbahnhof, Neustädter Bahnhof, Bahnhof Wettiner Straße), die Güterbahnhöfe Dresden-Altstadt und -Neustadt, die Bahnanlagen im Alberthafen, das Reichsbahn-Ausbesserungswerk, der Rangierbahnhof Dresden-Friedrichstadt und die Verbindungsbahnen zwischen diesen Anlagen nahmen einen erheblichen Teil der Stadtfläche ein und hatten unmittelbaren Einfluß auf die städtebauliche Struktur Dresdens. Die Eisenbahn war geläufiger Teil des Stadtbildes.

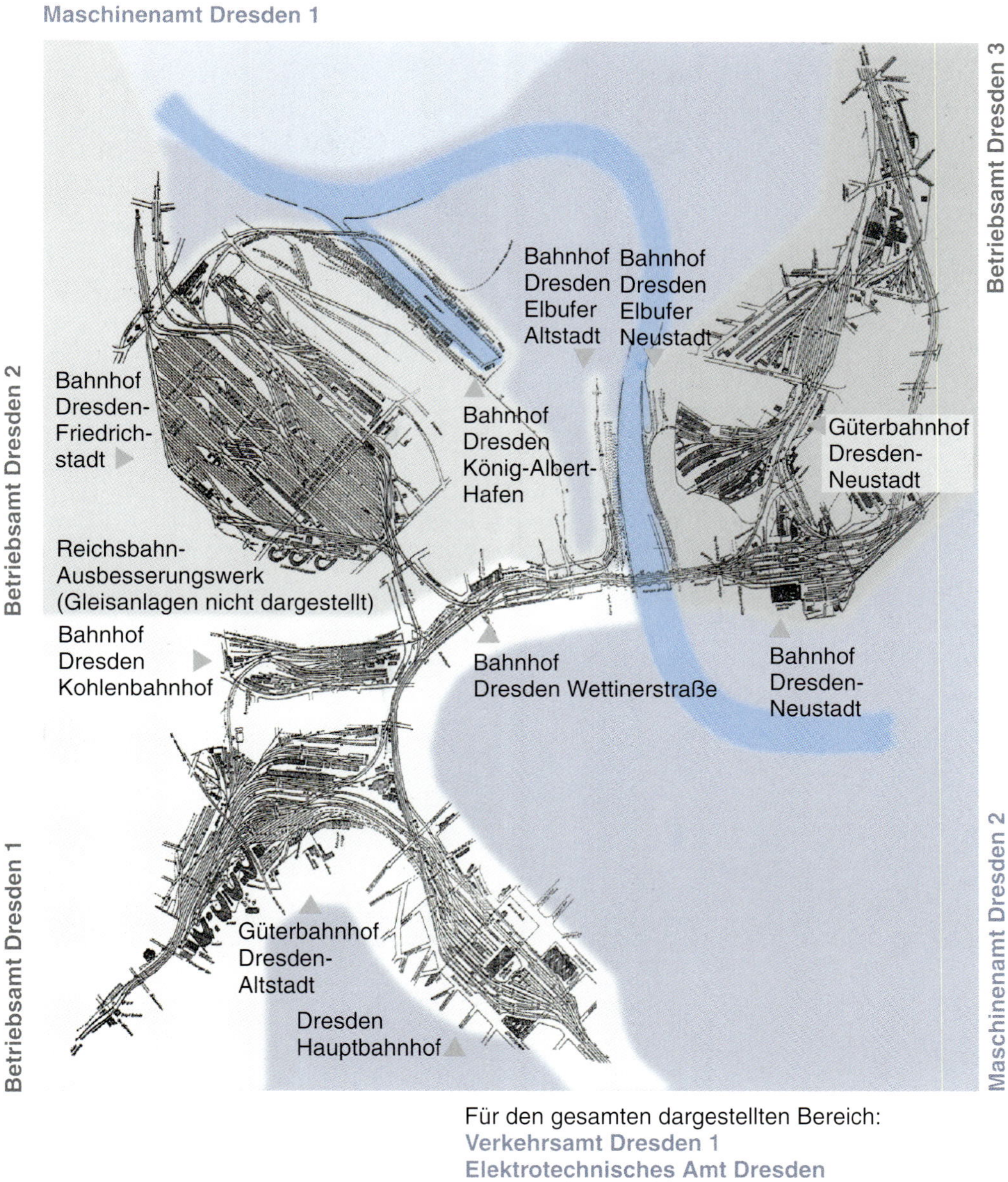

Die Dresdner Eisenbahnanlagen am Beginn des Zweiten Weltkrieges. (Grafik: Neutzner; Grundlage: Sächsisches Hauptstaatsarchiv Dresden, Rbd Dresden, S. 488; Übersichtskarte des Reichsbahndirektionsbezirks Dresden, 1. 10. 1934; Verzeichnis der Ämter und Dienststellen der Reichsbahndirektion Dresden, Dresden 1935).

Als Sitz einer Reichsbahndirektion, mehrerer Reichsbahnämter und anderer Bahndienststellen wurde zudem von Dresden aus der Eisenbahnbetrieb im größten Teil Sachsens geleitet. Im Oktober 1938 vergrößerte sich zudem das Direktionsgebiet noch einmal erheblich: Nach der deutschen Besetzung des Sudetenlandes wurden am 19. 10. 1938 dessen Eisenbahnen den angrenzenden Direktionen zugeschlagen. Mit 1632 km neuer Strecken erhielt die Reichsbahndirektion Dresden den größten Anteil davon.[7]

Aus ihrem prächtigen Verwaltungsbau an der Wiener Straße, unmittelbar neben dem Hauptbahnhof gelegen, waren die Dresdner Reichsbahnbeamten nun für mehr als 4800 km Streckennetz verantwortlich.[8]

Wiener Platz und Hauptbahnhof, 1936.
Foto: Stadtplanungsamt Dresden
Im Hintergrund ist die Hohe Brücke zu erkennen, eine von drei Straßenbrücken, die die Bahnanlagen der westlichen Bahnhofsausfahrt überspannen.

Mobilmachung

Ab dem 21. August 1939 hatten die Dresdner Eisenbahner eine kriegsmäßige Verdunklungsübung auszuführen. Gleichzeitig begannen die Vorbereitungen für den Truppenaufmarsch im Osten. Vier Tage später waren alle jene Maßnahmen angeordnet, die der detaillierte Mobilmachungskalender des Dresdner Bahnbevollmächtigten vorsah. Die verdunkelten Signale blieben abgeblendet. Für die Eisenbahner der Stadt hatte der Krieg begonnen – Stunden vor der offiziellen Mobilmachung der Wehrmacht.[9]

Um die deutschen Militäroperationen gegen Polen zu sichern, fuhr die Reichsbahn im August und September 1939 fast 15000 zusätzliche Züge, zumeist zuverlässig und pünktlich. Ohne drastische Reduzierung des zivilen Verkehrs war das nicht möglich. Als am 6. Dezember 1939 angeordnet wurde, den Güterfernverkehr mit Kraftfahrzeugen während des Krieges deutlich einzuschränken, um Treibstoff zu sparen[10], lastete nun der gewaltige Transportbedarf des Krieges zusätzlich zu den zivilen Aufgaben hauptsächlich auf der Eisenbahn. In den folgenden Monaten hatte sich so die Reichsbahndirektion Dresden auf ihre beiden nunmehr wichtigsten Kunden einzustellen: Wehrmacht und Rüstung.

Der Hauptbahnhof Ende der zwanziger Jahre.
Foto: Stadtplanungsamt Dresden
In den Jahren 1933/34 veränderten Umbauarbeiten diese Ansicht: Die Betriebsabläufe im Ostbau des Bahnhofes (im Vordergrund des Bildes) wurden verbessert und dabei einige der Gleis- und Bahnsteiganlagen neu gefaßt. Zudem riß man die kleine südliche Nebenhalle an der Bismarckstraße (links im Bild) ab, legte dort einen überdachten Bahnsteig und ein neues Güterzuggleis auf einer Betonkonstruktion über dem Gehweg an. (Zur Baugeschichte des Bahnhofes vgl. Kaiß/ Hengst, a. a. O.)

»Grauer Strom auf Rädern« – Der Militärverkehr

»Der deutsche Soldat ist ein weitgereister Mann geworden«, schrieb im Winter 1943 ein SS-Kriegsberichterstatter in der Reichsbahn-Zeitschrift und betitelte seinen Bericht mit »Der graue Strom auf Rädern«.[11] Dieser nahm seit 1939 seinen Weg auch durch den Eisenbahnknoten Dresden, endete oder begann hier.

Die Forderungen des militärischen Transportwesens an die Dresdner Eisenbahn verwaltete eine Doppelorganisation: Zum einen existierte bereits vor 1939 das Büro des Bahnbevollmächtigten, eines Beauftragten des Präsidenten der Reichsbahndirektion, der für alle Fragen der »Landesverteidigung« zuständig war. Zum anderen richtete die Wehrmacht ihrerseits in Dresden eine Transportkommandantur ein, untergebracht ebenfalls im Gebäude der Reichsbahndirektion. Auch auf den Bahnhöfen waren Eisenbahner und Militär gemeinsam vertreten: Eine Bahnhofskommandantur der Wehrmacht sorgte für die »militärische und militärpolizeiliche Ordnung im Einsatzbereich«, auf den größeren Dresdner Bahnhöfen waren Bahnhofsoffiziere eingesetzt.

Unter dem Titel »Landser auf Urlaub« hielt im Mai 1940 der Dresdner Fotograf Kurt Schaarschuch alltägliche Szenen fest: Militärpersonal war allerorten auf den Bahnhöfen zu erleben. Im Oktober 1944 passierten täglich im Durchschnitt 28 Militärzüge den Neustädter Bahnhof, in

»Landser auf Urlaub«
Foto: Kurt Schaarschuch, Stadtmuseum Dresden
Bildfolge, aufgenommen im Mai 1940. Schauplatz der (inszenierten) Fotografien ist zunächst die Kuppelhalle des Hauptbahnhofes, dann der Wiener Platz mit der Außenansicht des Bahnhofes.

denen ca. 19 600 Soldaten und Offiziere befördert wurden – Transportraum für knapp eine halbe Infanteriedivision pro Tag. Für etwa die Hälfte der Züge wurde im Bahnhof die Zuglok gewechselt, ähnlich häufig erhielten die Transporte Verpflegung und medizinische Betreuung.[12] Auf beiden großen Dresdner Bahnhöfen waren dazu Wehrmachtsbetreuungsstellen eingerichtet, die von der Nationalsozialistischen Volkswohlfahrt organisiert wurden. Neben den Truppentransporten tauchten bald Kürzel wie SF, Laz und andere in den Betriebsunterlagen der Dresdner Eisenbahn auf – das eine bezeichnete Schnellzüge für Fronturlauber, das andere Lazarettzüge.[13] Nicht nur Wehrmachtspersonal passierte den Dresdner Eisenbahnknoten: militärische Nachschubtransporte, besonders mit Munition, Treibstoff und Verpflegung, waren alltäglich, Kriegsgefangene wurden transportiert, Kurierzüge abgefertigt.
Neben diesem militärischen Durchgangsverkehr hatte die Dresdner Eisenbahn die Bedürfnisse der zahlreichen Militäreinrichtungen in der Stadt selbst, einer der größten Garnisonen Deutschlands[14], zu befriedigen. Dazu waren umfangreiche Eisenbahneinrichtungen vorhanden: Der Güterbahnhof Neustadt, unweit des Neustädter Personenbahnhofes gelegen, wird in den Akten als »Verladebahnhof für Militärtransporte« geführt. Im Güterbahnhof Altstadt unterhielt die Heeresstandortverwaltung »Privatgleisanschlüsse«, dem Heeresverpflegungsamt gehörten mehr als 4 km Gleisanlagen entlang der Strecke Dresden–Görlitz in der Nähe des Industriegeländes Albertstadt, wo die Heeresbetriebsstelle eigenen Bahnverkehr durchführte. Auch der Fliegerhorst Klotzsche war von der Strecke Dresden–Görlitz aus mit Luftwaffen-eigenen Bahnanlagen erreichbar.[15]
Die enormen Transportleistungen für die Wehrmacht zahlten sich aus: Für das Jahr 1941 rechnete der Finanzdezernent der Reichsbahndirektion Dresden 158 Millionen RM »Einnahmen aus Militärverkehr« ab, ein Viertel der Gesamteinnahmen im Direktionsbereich.[16]

»Die Bedürfnisse unserer Armee« – Transporte für die Dresdner Rüstungsindustrie

Im Dezember 1940 konnte der Leiter des Dezernats Abfertigungs- und Beförderungsdienst der Reichsbahndirektion Dresden berichten: »Der Ausgang des Frühjahres und die Sommermonate brachten eine restlose Umstellung der Betriebe auf die Kriegswirtschaft. Vermehrte Einstellungen von Dienstverpflichteten und weiblichen Arbeitskräften füllten in den Betrieben die von erneuten Einberufungen geschwächten Belegschaften auf.«[17] Drei Jahre später war die Rüstungsproduktion der deutschen Industrie fast verdreifacht worden.[18]

Es sind heute mehr als 100 Dresdner Betriebe bekannt, die das Heereswaffenamt in die Produktion von Waffen und Munition einbezogen hatte.[19] Darunter befanden sich renommierte Großbetriebe genauso wie kleinere Firmen des Handwerks. Die Industrie- und Handelskammer der Stadt konnte daher Ende 1941 mit Recht feststellen, daß »heute der Arbeitsrhythmus Dresdens von den Bedürfnissen unserer Armee bestimmt« werde.[20] Ausnahmslos alle diese Fertigungen waren von der Zulieferung der Eisenbahn abhängig, auch die erzeugten Güter waren per Bahn zu transportieren. Zahlreiche Dresdner Industriebetriebe, deren größere Produktionsstätten zumeist entlang der Eisenbahnlinien angesiedelt waren, unterhielten eigene Gleisanschlüsse. Um die Transportanforderungen der Rüstung durchzusetzen, war der Leiter der Verkehrsabteilung der Industrie- und Handelskammer Dresden als Transportbeauftragter, ab 1940 als Verkehrsbeauftragter für die Wirtschaft bezeichnet, bei der Reichsbahndirektion eingesetzt. Eine Bezirksverkehrsleitung, ebenfalls bei der Reichsbahndirektion angesiedelt, bemühte sich um die Koordinierung der einzelnen Verkehrsträger.

All diese Verwaltungsinstanzen konnten nicht verhindern, daß die Transportanforderungen der Dresdner Industrie selbst in den ersten Kriegsjahren, in denen sich Deutschland militärisch noch in der Offensive befand, nie kontinuierlich erfüllt werden konnten. Dabei multiplizierten sich die bahneigenen Probleme mit denen der Industrie: Dort fehlten oft Arbeitskräfte, Lastkraftwagen, Pferdegespanne oder Treibstoff, um die Eisenbahnwagen zu be- oder entladen.

»Den Kriegsverhältnissen angepaßt« – Die Jahre 1939 bis 1942

»Bis Kriegsausbruch haben wir neben dem Militärverkehr den öffentlichen Verkehr normal abgewickelt«, berichtete die Verkehrsabteilung der Reichsbahndirektion Dresden Ende 1939. Die militärischen Transportanforderungen in den ersten Kriegswochen führten jedoch rasch zu ernsten Problemen, es mußte »eine starke Drosselung des Verkehrs eintreten«.[21] Nach der schnellen Eroberung Polens vergrößerte sich das Streckennetz der Bahn erheblich, die zerstörten Eisenbahnen dort waren wieder aufzubauen, im Westen gingen die Arbeiten am Westwall weiter. Die gespannte Verkehrslage verschärfte sich zum Jahresende mit dem Eintritt des Winterwetters, das die Binnenschiffahrt ausfallen ließ. Im Bereich der Reichsbahndirektion Dresden wurden nur noch 60 Prozent der Stückgüter und im Wagenladungsverkehr maximal 50 Prozent selbst der »kriegs- und lebenswichtigen Güter« befördert: »Die Klagen und Beschwerden der Wirtschaft sind ganz außerordentlich.«[22]

Die dramatischen Schwierigkeiten hielten bis zum Frühjahr 1940 an. Mitte Januar stauten sich im gesamten Reichsbahnbereich 1500 nicht abgefertigte Züge. Die Bahn reagierte mit Einschränkungen im Reiseverkehr (»den Kriegsverhältnissen angepaßter« Fahrplan[23]) und einer befristeten totalen Annahmesperre für Güter. Die Dresdner Direktion organisierte zahlreiche Kohlensonderzüge, konnte aber eine »Drosselung der Erzeugung in der Wirtschaft« nicht vermeiden.[24] Im März 1940 verbesserte sich die Situation, einen Monat später begann der militärische Aufmarsch gegen Dänemark und Norwegen, im Mai 1940 der im Westen. Wieder mußten lokale Annahmesperren ausgesprochen werden, die nur kurzzeitig entlasteten, ehe im Herbst erneut »verschärfter Wagenraummangel« eintrat und im Dresdner Bereich zeitweise nur die Hälfte der Transportanforderungen an kriegswichtigen Gütern gedeckt werden konnte.[25] Ein erneuter strenger Winter tat sein übriges.

Im Frühjahr 1941 hatte sich die Verkehrslage erst langsam verbessert, als ab Mai der gewaltige Truppenaufmarsch gegen die Sowjetunion einsetzte, den die Bahn nicht ohne neuerliche starke Einschränkungen im Personen- und Güterverkehr im Reich bewältigen konnte. Die Situation verschärfte sich im Herbst kontinuierlich: »Infolge der riesigen Entfernungen zur Front und der zum Teil unzulänglichen Anlagen im besetzten Osten waren die ... erforderlichen Güterwagen länger unterwegs und somit der Wiederbeladung länger entzogen.«[26] Am Jahresende stellte die Reichsbahndirektion Dresden im täglichen Durchschnitt so wenig Güterwagen bereit wie noch nie seit Kriegsbeginn, die Anforderungen der Wehrmacht aber blieben hoch.

Das Jahr 1942 begann dennoch mit siegesgewissen Aufrufen, die das stolze Bewußtsein der deutschen Eisenbahner verkündeten, »an ihrem Platze wieder einmal zu den herrlichen Erfolgen unserer Wehrmacht beitragen zu dürfen.«[27] Deren steckengebliebene Winteroffensive jedoch verursachte zunächst katastrophale Verkehrsverhältnisse auch im Reich: Im Januar mußte eine erneute totale Annahmesperre ausgesprochen werden, und Anfang März transportierte die Reichsbahn gerade die Hälfte des angeforderten Transportvolumens. Im Frühjahr besserte sich die Lage. Die Bahn unternahm erhebliche Anstrengungen zur Verkürzung des Wagenumlaufes, mehr als 200 000 französische und belgische Güterwagen kamen nach Deutschland, Wehrmachtsreserven wurden verringert und alle diese Maßnahmen von einer großangelegten Propagandaaktion begleitet: »Räder müssen rollen für den Sieg.« »Diese Maßnahmen ... halfen überraschend schnell«, stellte der Geschäftsbericht der Bahn fest.[28] Nicht lange jedoch: Im Herbst führte die »Ballung der Verkehrsaufgaben«[29] zu erneuten Engpässen, die Dresdner Beamten berichteten von »fühlbaren Güterzugeinschränkungen«.[30]

Dennoch: Nach mehr als zwei Jahren Eisenbahnverkehr im Krieg hatte die Reichsbahndirektion Dresden ihre Verkehrsleistungen in der Summe deutlich erweitern können. Dies führte zu einem »geradezu erstaunlichen Ansteigen der Einnahmen«, wie der Finanzdezernent schon Ende 1940 berichtete. In den Jahren bis 1943 steigerten sich diese jährlich um 20 bis 30 Prozent. Da gleichzeitig durch die Einschränkungen der Kriegswirtschaft wesentlich weniger für bauliche und technische Erhaltungsarbeiten oder Investitionen ausgegeben werden konnte, wies die Reichsbahndirektion Dresden »besonders befriedigende« Gewinne aus – ganz anders als in den Jahren zuvor.[31]

»Demnächst eintretende Personalverminderung« – Die Eisenbahner

Am 31. August 1939 arbeiteten ca. 88 000 Personen im Bereich der Reichsbahndirektion Dresden, am Tag darauf begann der Krieg. Die Dresdner Eisenbahner waren bereits »mobilgemacht« worden: Ab 25. August galten Urlaubssperre und »durchgehende Betriebsbereitschaft«; diejenigen Eisenbahner, die für Bahnschutzabteilungen, Baukolonnen oder Luftschutzwarnstellen vorgesehen waren, wechselten dorthin. Drei Tage nach Kriegsbeginn ordnete der Generaldirektor der Deutschen Reichsbahn Verwaltungsvereinfachungen an, »namentlich auch im Hinblick auf die demnächst eintretende Personalverminderung«.[32]

Tatsächlich verminderte sich das Stammpersonal rasch: Ein reichliches Jahr später waren ca. 3500 Eisenbahner aus dem Bereich der Dresdner Direktion zur Wehrmacht einberufen und mehr als 5000 zu den Eisenbahnverwaltungen der besetzten Gebiete im Osten und Westen abgegeben worden.[33] Das Wehrkreiskommando berief die jüngeren Männer ein, das Personaldezernat der Direktion wählte »nur beste und erfahrene Kräfte, durchdrungen von tiefem Pflichtgefühl und steter Opferbereitschaft«.[34] Der Personalbestand wäre so binnen eines Jahres um gut zehn Prozent geschrumpft, während gleichzeitig der Bedarf mit den stetig steigenden Verkehrsanforderungen wuchs. So hatte die Direktion energisch gegenzusteuern: Beamte im Ruhestand wurden reaktiviert, »reichsdeutsche Arbeitskräfte« und Kriegsgefangene angefordert und »weibliche Ersatzkräfte« eingestellt. Die Beschäftigtenzahl wuchs bald über die der Vorkriegszeit. Im Oktober 1942 arbeiteten mehr als 116000 Menschen im Bereich der Reichsbahndirektion Dresden, ein Jahr später bereits 128000.

Die höhere Zahl der Ersatzkräfte glich die Leistungseinbußen durch den Abzug ausgebildeten Personals nur schwer aus. Als sich im Sommer 1943 in einem Lager bei Königsbrück mehr als 4000 Eisenbahner auf ihren Einsatz in Oberitalien vorbereiteten[35], war im Bereich der Dresdner Direktion bereits ein Viertel des Vorkriegs-Stammpersonals abgegeben worden.[36] Trotz verstärkter Ausbildungsbemühungen konnte der »Mangel an technischen Fachkräften«, vor allem im Betriebs- und im Instandsetzungsdienst, nicht behoben werden.

In den Lagern der Deutschen Arbeitsfront waren Ende 1943 etwa 12500 im Bereich der Reichsbahndirektion Dresden beschäftigte Fremdarbeiter untergebracht. Die Vorgesetzten der Bahn waren gehalten, besonders aus den »Ostarbeitern« »soviel als möglich herauszuholen«, sie

»Kriegseinsatz der deutschen Reichsbahn«, Ausstellungseröffnung am 28. April 1944 im Gebäude des Sächsischen Kunstvereins an der Brühlschen Terrasse in Dresden.
Foto: Bayerische Staatsbibliothek München
Die Ausstellung der »in der Reichsbahn-Propagandastaffel zusammengeschlossenen Reichsbahn-Kriegsmaler und -Bildberichter« zeigte 450 Gemälde, Zeichnungen und Fotografien von Einsätzen »in den besetzten Gebieten und den Luftkriegsgebieten der Heimat«. Mit einer längeren Rede eröffnete Julius Dorpmüller, Reichsverkehrsminister und Generaldirektor der Deutschen Reichsbahn (Bildmitte, mit Uniformmütze) die Schau: »Mögen die Beschauer beim Anblick dieser Kunstwerke etwas von der fanatischen Hingabe des Eisenbahners an seinen Beruf und von seiner Treue zu Führer und Reich verspüren.« Seinen anschließenden Rundgang begleiteten u. a. Robert Ley, Reichsorganisationsleiter der NSDAP und Chef der Deutschen Arbeitsfront (im Bild links neben Dorpmüller) und Reichsernährungsminister Backe (rechts).
Die Ausstellung wurde mit mehr als 40000 Besuchern als großer Erfolg gewertet.

jedoch »menschlich korrekt« zu behandeln. Für die 8500 Kriegsgefangenen, die im Direktionsbereich arbeiteten, wurde letzteres so nicht betont.[37] Erst recht nicht für die Häftlinge, die im September 1944 im Friedrichstädter Reichsbahn-Ausbesserungswerk eintrafen. Bis April 1945 arbeiteten dort durchschnittlich 500 Männer aus dem Konzentrationslager Flossenbürg, bewacht von einem SS-Kommando.[38]

Beginnend mit dem Jahr 1941 war den Geschäftsberichten der Deutschen Reichsbahn eine Seite vorangestellt, auf der der Mitarbeiter gedacht wurde, »die für ihr Vaterland das Leben ließen«. Die zentral in Berlin herausgegebene Zeitschrift »Die Reichsbahn« veröffentlichte die Namen, aller zwei Wochen einige hundert. »Die Entwicklung der Kriegslage läßt jetzt begreiflicherweise Meckerei und unzuverlässige Elemente wieder stärker in den Vordergrund treten«, berichtete der Leiter der Dresdner Personalabteilung im Dezember 1943.[39] Noch waren das Einzelfälle, hatte doch die NSDAP seit Kriegsbeginn ihren ohnehin schon großen Einfluß auf das Personalwesen der Bahn noch ausgebaut. Einstellungen und Beförderungen waren von der Zustimmung der Partei abhängig, der auch die »Erziehung der Bediensteten in nationalsozialistischem Geist« oblag.[40] Bereits 1940 war ein »Reichsbahn-Überwachungsdienst« eingerichtet worden, um »Verfehlungen politischer Art« aufzudecken. Er bewirkte schon im ersten Jahr »mehrere empfindliche Gefängnisstrafen« im Bereich der Reichsbahndirektion Dresden. Der Ton der Direktionsbesprechungen läßt allerdings darauf schließen, daß die leitenden Dresdner Bahnbeamten bemüht waren, bei politischen Verfehlungen zunächst einen eigenen Maßregelkatalog anzuwenden, das Einschreiten der Geheimen Staatspolizei, drastische Strafen und damit Auswirkungen auf den eigenen Personalbestand zu vermeiden.[41]

Am Ende des Krieges wankte dann auch die Disziplin einiger Eisenbahner. Die betriebliche und gesellschaftliche Situation war hoffnungslos, seit 1942 hatten sie in 60-Stunden-Wochen gearbeitet, seit 1939 bei gleichem Lohn. Nun mußten die Dresdner Beamten vermehrt eine »Lockerung der Pflichtauffassung« feststellen. »Wenn infolge der Stauungen von Menschen aus den Ostgebieten oder durch Auflösung der bestehenden Verhältnisse durch Luftangriffe die Reichsbahn- und zivilen Ordnungs- und Polizeiorgane aufhören müssen, nach normalen Grundsätzen planmäßig zu arbeiten«, dann sind schärfere Maßnahmen nötig, so Anfang März 1945 der Führer eines Weichenbauzuges aus Pirna. Zwei Wochen später führte der Präsident der Reichsbahndirektion Dresden in seinem Bereich eine „besondere Dienststrafordnung« ein, die nunmehr betrieblichen Vorgesetzten auch das Verhängen von Arreststrafen ermöglichte.[42]

In den erhaltenen Überlieferungen findet sich jedoch kein Hinweis darauf, daß solche Strafen in Dresden nötig gewesen wären. Die Mehrzahl der Dresdner Eisenbahner wird ihren immer verzweifelter werdenden Dienst so lange versehen haben, bis die Bomben es unmöglich gemacht hatten. Dafür sorgte das tradierte Pflichtgefühl der Eisenbahn, ihre stabile, durch die Technologie bestimmte Organisation und letztlich auch der allgemeine Fatalismus am Ende eines verlorenen Krieges.

Seite 209:
Monatliche Güterwagenstellung in den Jahren 1939 bis zum Frühjahr 1945.
Grafik: Neutzner
Dargestellt ist das prozentuale Verhältnis zur durchschnittlichen Wagenstellung des Jahres 1939 für den Bereich der Reichsbahndirektion Dresden und das Netz der Deutschen Reichsbahn insgesamt. (Angaben aus der Dresdner Direktion sind bislang nur bis einschließlich 1943 bekannt.)
Die Kennziffer Wagenstellung ist eine der wichtigsten für die Beurteilung

»Kriegsmäßige Behelfsbauweise« – Die Betriebsmittel der Bahn

»Wir haben zwar Eisenbahn geheißen, sind aber jetzt gezwungen, mit recht wenig Eisen auszukommen«, scherzte Ende 1939 der Baudezernent der Reichsbahndirektion Dresden.[43] Seine Bemerkung zielte auf eines der wichtigsten Probleme für Dresdens Eisenbahner: Mit zuneh-

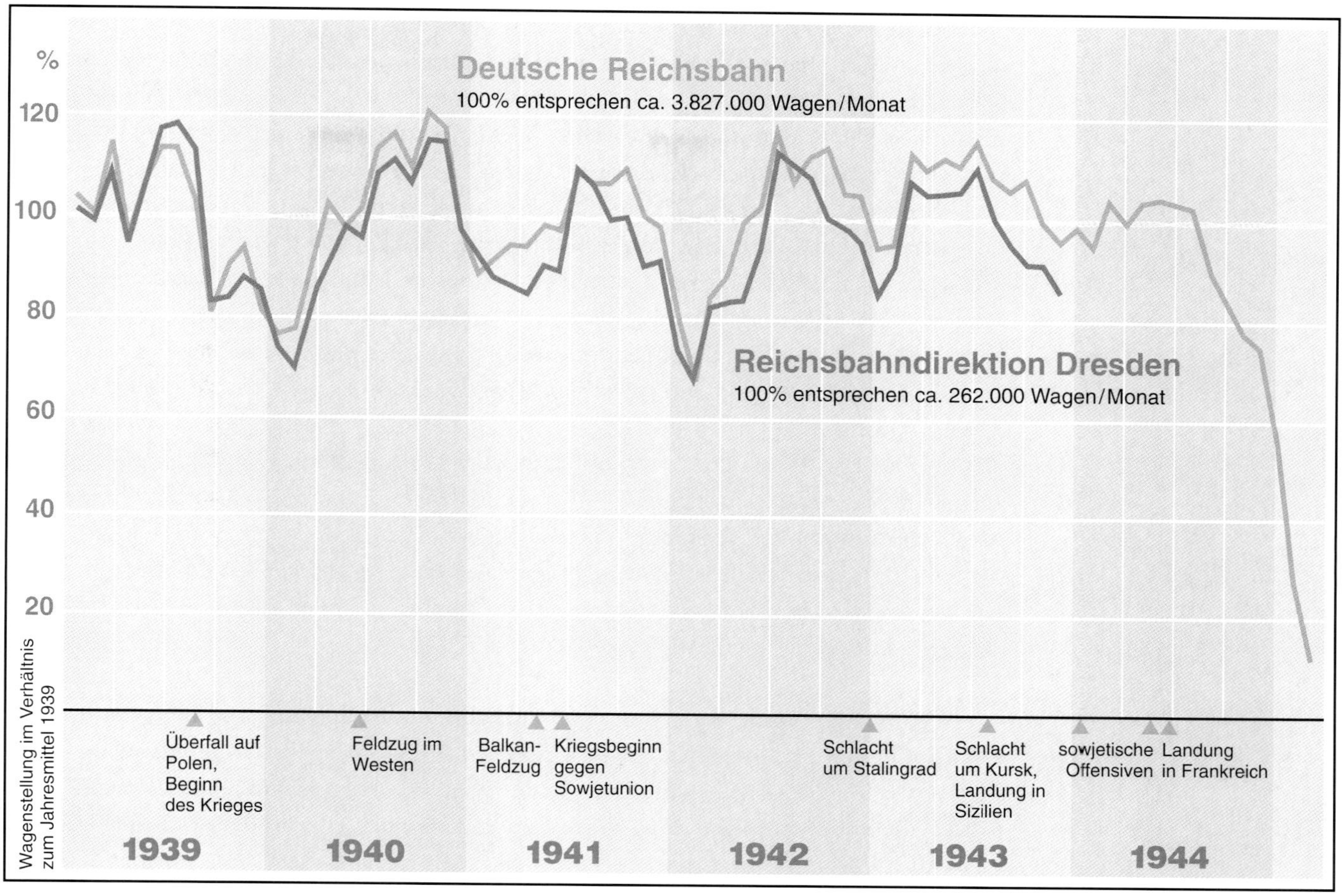

der Verkehrsleistung der Eisenbahn. Die Leistungsschwankungen der Reichsbahndirektion Dresden folgen, wie beide Zahlenreihen zeigen, eng denen des Gesamtbereiches der Reichsbahn. Deutlich auszumachen sind die dramatischen Einbrüche in den Wintermonaten der Jahre 1939/40 und 1941/42 sowie der unmittelbare Einfluß der Militäraktionen. Erst am Ende des Jahres 1944 brach der Eisenbahnverkehr endgültig zusammen: Zahlen für 1945 liegen nur bruchstückhaft vor, sie sind für unsere Darstellung aus den durchschnittlichen Tagesleistungen (Kreidler, a. a. O., S. 287 ff.) überschläglich ermittelt. (Quellen: Statistische Angaben über die Deutsche Reichsbahn (Blaubücher), 1939 bis 1943; Kreidler, a. a. O., S. 230 ff.; Wehde-Textor, a. a. O., S. 27 ff.; Sächsisches Hauptstaatsarchiv Dresden, Rbd Dresden, 36090.)

mender Dauer des Krieges war so gut wie keines der Materialien für bauliche Vorhaben oder die Instandsetzung der Betriebsmittel mehr ausreichend zu beschaffen. Teilweise lagen die Kontingente und tatsächlichen Lieferungen bei Bruchteilen des beantragten Bedarfs. Als sich im April 1941 Bahnbeamte zu einer »Fachwissenschaftlichen Tagung« in Dresden trafen, waren so die Themen fast ausschließlich davon bestimmt, wie dieser Mangel zu mildern sei.[44] »Die Kriegslage erfordert gebieterisch eine tiefgreifende Einsparung von Energie jeder Art«, referierte der Leiter des Dezernats Energiewirtschaft der Direktion im Dezember 1943. Um die Forderungen nach »strengster Sparsamkeit« zu unterstützen, kontrollierten als »Energiejäger« eingesetzte Beamte mehrmals täglich die Betriebsstätten.[45]

Alle Baumaßnahmen zielten nur noch auf das Halten eines »betriebssicheren Zustands«, waren in »kriegsmäßiger Behelfsbauweise«, »arbeit- und stoffsparend« auszuführen. Die bautechnischen Entwürfe redigierte der Sparkommissar der Reichsbahndirektion. Der Genehmigungsweg bis zur Bauausführung führte durch ein kaum zu durchschauendes Wirrwarr von »Generalbevollmächtigten«, Ämtern, »Hauptausschüssen«, »Baudisponenten«. Nach monatelangen Antragswegen scheiterte die Ausführung oft an fehlenden Materialien oder Kapazitäten. In der Folge konnten die Betriebsanlagen der Bahn nur unzureichend instand gehalten werden, was Leistung und Sicherheit minderte.

Ein anderes Problem war auch für die Dresdner Eisenbahner noch schwerwiegender: Das erheblich vergrößerte Operationsgebiet der deutschen Eisenbahn und der durch die militärischen Erfordernisse gestiegene Transportbedarf führten immer wieder zu einem dramatischen Mangel an Eisenbahnwagen und Lokomotiven. Vielfältige Betriebsstörungen im riesigen Reichsbahnnetz verlängerten die Wagenumlaufzeiten von 3,9 Tagen am Kriegsbeginn auf 9,6 Tage am Ende des Jahres 1944.[46] Zahlreiche Maßnahmen sollten gegenwirken: Güterwagen durften ab 1940 um eine Tonne, ab 1942 im Inlandverkehr um zwei Tonnen über ihre Zulassung hinaus beladen werden. Rigide Vorschriften sollten die Be- und Entladung beschleunigen, Wagenstandsgelder wurden sogar für die Wehrmacht erhoben, Güterwagen in »Kriegsausführung« in großer Serie hergestellt, die Reparaturleistung der Ausbesserungswerke deutlich erhöht. Die Statistik der »Güterwagenstellung« der Reichsbahndirektion Dresden zeigt das stete Auf-und-Ab der Ergebnisse.

Um die mangelnde Zahl der Lokomotiven auszugleichen, erprobte man erhebliche Veränderungen im Lokumlauf, beschleunigte Wartung und Reparatur und legte ein »Führerprogramm« zur Produktion von Kriegslokomotiven auf. Aber erst gegen Ende des Krieges verringerten sich die Schwierigkeiten mit dem »rollenden Material«: Als die vorrückenden Fronten das Operationsgebiet der Reichsbahn mehr und mehr einschränkten, standen auch im Dresdner Bereich genügend Lokomotiven und Wagen zur Verfügung.

»Sonderzüge nach Bedarfsfahrplan«: Kinderlandverschickung und Deportation

Die Planung von Personensonderzügen im eigenen Bereich oblag dem Dezernat 33 (Personenzugfahrplan) in der Abteilung IV (Betriebsabteilung) der Reichsbahndirektion Dresden. Dort wurden die Kundenanforderungen, die in Fahrplananweisungen der übergeordneten Generalbetriebsleitung mündeten, in die Bedarfsfahrpläne des eigenen Bereichs eingearbeitet. Während der Jahre 1939 bis 1945 war ein enormer Bedarf an zivilen Personentransporten unterschiedlichster Art entstanden, der zumeist außerhalb der normalen Fahrpläne mit Sonderzügen befriedigt wurde. Es ist an dieser Stelle kein Raum, die vielen Transportaufgaben, mit denen die Dresdner Eisenbahner neben dem fahrplanmäßigen Personen- und Güterverkehr und den militärischen Anforderungen befaßt waren, im Detail zu schildern. Als Beispiel sollen zwei sehr gegensätzliche Arten von Sonderzügen angeführt sein:

Im Oktober 1940 erreichten die ersten Züge der »Kinderlandverschickung« aus Hamburg, später aus Düsseldorf und Köln kommend, die Stadt Dresden. Kinder aus den »Luftkriegsgebieten« sollten in sichere Teile Deutschlands evakuiert werden. Da jedoch in Dresden kaum Raum für die Unterbringung vorhanden war, blieben weniger als 2000 Kinder in der Stadt.

Drei Jahre später, im Dezember 1943, war den Verantwortlichen nach dem schweren Luftangriff auf Leipzig klar, daß auch Dresden nunmehr zum Ziel von Bombenangriffen werden würde. So wurden wieder Sonderzüge der Reichsbahn bereitgestellt – diesmal für die Kinder Dresdner Schulen. Am 12. und 13. Januar 1944 standen am Hauptbahnhof und am Neustädter Bahnhof sechs Züge bereit, deren Zielbahnhöfe Zittau, Tharandt, Schmiedeberg, Straßgräbchen-Bernsdorf und Neustadt/Sa. lauteten. Weitere Transporte erfolgten in fahrplanmäßigen Personenzügen. Allerdings war die übergroße Mehrzahl der Dresdner Eltern nicht bereit, sich von ihren Kindern zu trennen. Nicht mehr als 4000 Dresdner Kinder wurden so per Bahn evakuiert und kehrten in vielen Fällen bereits nach wenigen Monaten in die Stadt zurück.[47]

Die Bahnhöfe der Stadt Dresden erlebten noch andere Sonderzüge: Am zeitigen Morgen des 21. Januar 1942 wurden 224 jüdische Menschen aus dem Regierungsbezirk Dresden–Bautzen im Güterbahnhof Neustadt in ungeheizte Güterwagen verladen und in viertägiger Fahrt in das Getto Riga transportiert. Am 3. März 1943 verließ ein weiterer Transport mit 293 jüdischen Einwohnern Dresdens, die zuvor in einem Barackenlager am Heller leben und Zwangsarbeit bei der Zeiss-Ikon AG leisten mußten, die Stadt. Sein Ziel war Auschwitz.[48]
Die Deportierten wurden zwar in Güterwagen transportiert, aber gegenüber dem Auftraggeber der Fahrt, dem Reichssicherheitshauptamt, als normale Fahrgäste abgerechnet. Basis war der Tarif der 3. Klasse, mit Gruppenermäßigung, sofern mehr als 400 Personen zu transportieren waren. Nur für die mitreisende Bewachungsmannschaft waren Rückfahrkarten abzurechnen.[49]
Als am 26. Juli 1942 der Da 71 Aachen–Theresienstadt 16 Minuten Aufenthalt am Hauptbahnhof hatte, kannten die abfertigenden Dresdner Eisenbahner die Art der Passagiere und ihr Ziel. Die Fahrplananweisungen, Fahrpläne und Wagenzettel der Deportationszüge sind ohne Geheimhaltung zugänglich gewesen.[50] Ab 1941 fuhren eine Vielzahl solcher Transporte aus West- und Mitteldeutschland und aus Westeuropa durch Dresden, zur Weiterfahrt in die Vernichtungslager Belzec, Auschwitz, in das Getto Theresienstadt.[51] Die Bahnverbindungen zu letzterem befanden sich unmittelbar im Bereich der Reichsbahndirektion. Das Dresdner Dezernat 33 war also nicht nur für die Transporte nach Theresienstadt, sondern auch für die Fahrten von dort in die Vernichtungslager zuständig. So erhielt man am 16. Januar 1943 in Dresden den »Umlaufplan für die mehrfach zu verwendenden Wagenzüge, Umlaufnummer 125«, ausgearbeitet in der Generalbetriebsleitung Ost. Zwischen dem 20. 1. und 2. 2. 1943 pendelte ein Wagenzug fünfmal zwischen Theresienstadt und Auschwitz. »Zahl der Reisenden: jeweils 2000«.[52]

»Schärfste Einschränkungen« – Die Jahre 1943 und 1944

»Das neue Jahr sieht uns gerüstet!«, behauptete Staatssekretär Ganzenmüller in seinem Aufruf zum Jahreswechsel und rief die Eisenbahner auf: »Holt die seelischen Reserven heraus für den Sieg!«[53] Das Jahr 1943 aber brachte die endgültige Wende im Kriegsverlauf.
Im Januar wurden einschneidende Transportsperren und Einschränkungen des Personenverkehrs nötig, um die Betriebsverhältnisse wieder zu normalisieren. Zum Ausgang des Frühlings 1943 war das im wesentlichen gelungen, ehe die militärischen Ereignisse im Spätsommer neue Transportbedürfnisse entstehen ließen: Zusätzlich zum hohen Nachschubbedarf hatten die Niederlagen der Wehrmacht im Osten nun auch Räumungstransporte in großem Umfang zur Folge; die verstärkten Luftangriffe der Alliierten erzwangen Evakuierungen im Reichsgebiet. Die Dresdner Reichsbahndirektion empfand den Juni 1943 als »letzten normalen Monat«, danach ging es kontinuierlich bergab. Am Ende des Jahres berichtete das Dresdner Dezernat Abfertigungs- und Beförderungsdienst: »Nur durch schärfste Drosselung bei allen anderen Gütern ist es bisher möglich gewesen, den Bedarf für unmittelbare Wehrmachtszwecke, für Rüstungszwecke und zur Sicherstellung der Ernährung des Volkes einigermaßen zu decken.« Die Auswirkungen auf die Rüstungsproduktion waren dennoch dramatisch: »Vor Betriebseinschränkungen jedoch, auch solchen größeren Umfanges, die neben der fehlenden Anlieferung der Rohstoffe vor allem notwendig wurden als Folge der völligen Überfüllung der Lager wegen mangelnder Räumungsmöglichkeit, haben wir die Wirtschaft nicht bewahren können.«[54]

Hauptbahnhof Dresden, 1944.
Foto: Helga Schaarschuch, Stadtmuseum Dresden
Im fünften Jahr des Zweiten Weltkrieges zeigt diese Szene scheinbare Normalität: Reisende warten am Wiener Platz auf die Weiterfahrt mit der Straßenbahn.
Noch sind private Fahrten mit der Eisenbahn möglich und noch haben die Dresdner Eisenbahnen keine Luftkriegszerstörungen erlitten.

Der Winter verschärfte die Lage weiter, im frostigen März 1944 stauten sich im Reichsbahnnetz etwa 1100 Züge. Nach einer kurzzeitigen Entspannung waren es besonders die an Intensität stetig zunehmenden Luftangriffe, die das Netz der Bahn Stück für Stück zermürbten. Im Juni 1944 führte die alliierte Invasion im Westen zu neuem militärischem Transportbedarf, und ab August waren Sonderzüge mit Schanzarbeitern an die Ostfront zu fahren. Mit den militärischen Niederlagen mußten nun in großem Umfang Rüstungsbetriebe von den Fronten zurück verlagert werden. Im Herbst und Winter 1944 richteten sich die alliierten Luftangriffe systematisch gegen die Verkehrsanlagen: »Ein detaillierter Plan für die Lahmlegung des Eisenbahnsystems in Westdeutschland wurde ausgearbeitet und seine Verwirklichung in Angriff genommen.«[55]

Zum Jahresende 1944 war der Leistungseinbruch der Bahn unumkehrbar geworden, die Gegenmaßnahmen wurden zunehmend hilfloser: »Fortgesetzte Besprechungen, Einsatz neuer Bevollmächtigter, Planungen, neue Stichworte und organisatorische Anordnungen«, beobachtete der Verkehrsreferent des Wirtschaftsministeriums und beschrieb deren Wirkungslosigkeit: »Die Befehle und Anordnungen können von den Außenstellen kaum noch gelesen, auf keinen Fall verstanden und befolgt werden.«[56]

»Ein gutes Angriffsobjekt« – Vorbereitungen auf den Luftkrieg

»Wir hoffen, daß uns Fliegerangriffe erspart bleiben«, referierte Mitte Dezember 1939 der Präsident der Dresdner Reichsbahndirektion. Noch schien Dresden nicht gefährdet, und entsprechend gelassen wurden die Vorbereitungen auf etwaige Luftangriffe getroffen. Wohl mußte sich auch die Bahn den strikten Anordnungen zur nächtlichen Verdunklung beugen, was bei den ausgedehnten und auch nachts betriebenen Anlagen keine leichte Aufgabe war und zudem eine hohe Unfallziffer und Leistungseinbußen zur Folge hatte.[57] Auch sind für die Reichsbahn, wie insgesamt in Dresden, umfangreiche organisatorische Vorbereitungen auf Luftangriffe nachweisbar. Man war sich bewußt, daß die Bahnanlagen »Lage und Größe nach ein gutes Angriffsobjekt darstellen.«[58] Die bauliche Sicherung der Anlagen aber schien zunächst unnötig, war ohnehin technisch schwierig und später unter den Bedingungen der Kriegswirtschaft nicht mehr zu erreichen.

Auch Maßnahmen zum Schutz der Eisenbahner und Reisenden wurden ernsthaft erst dann unternommen, als die Gefährdung Dresdens immer offensichtlicher wurde. »Der Krieg ist nun auch uns recht nahe gerückt«, bemerkte der Dresdner Direktionspräsident im Dezember 1943. Zwar behauptete er, »Die Vorkehrungen der RBD sind getroffen«, aber noch ein Jahr später ergab die Besichtigung der Luftschutzräume der Dresdner Bahnhöfe durch das Luftgaukommando III zahlreiche Mängel: Die Kapazität war zu klein, die bauliche Ausführung unzureichend.[59]

Im Neustädter Bahnhof war der Gepäcktunnel als Luftschutzraum für 1425 Zivilisten und 735 Wehrmachtsangehörige eingerichtet worden, provisorisch durch Splitterschutzwände unter-

Alliierte Zielkarte für den Rangierbahnhof Dresden-Friedrichstadt. Die Zielunterlagen wurden im Herbst 1944 vorbereitet. Basis der Karte ist eine alliierte Luftaufnahme vom 17. April 1942.
Folgende Einrichtungen sind (allesamt korrekt) bezeichnet: 1. Einfahrgleise; 2. Sortiergleise; 2a. Gleisverteiler am Zugang zu den Sortiergleisen; 2b. Gleiszusammenführung am Ausgang der Sortiergleise; 3., 4. Lokomotivhallen; 5. Wagenwerkstatt und Gleise; 6. Umladehalle und Gleise; 7. Güterschuppen; 8. Personenbahnhof; 9.–15. Eisenbahnüberführungen; 16. Straßenbrücken; 17., 18. Straßenüberführungen; 19. Ausfahrgleise; 20. Gleiskreuzung an der Ostausfahrt; 21., 22. Waggonwerkstätten (bezeichnet ist das Reichsbahn-Ausbesserungswerk). (National Archives, College Park, RecGr 243, USSBS)

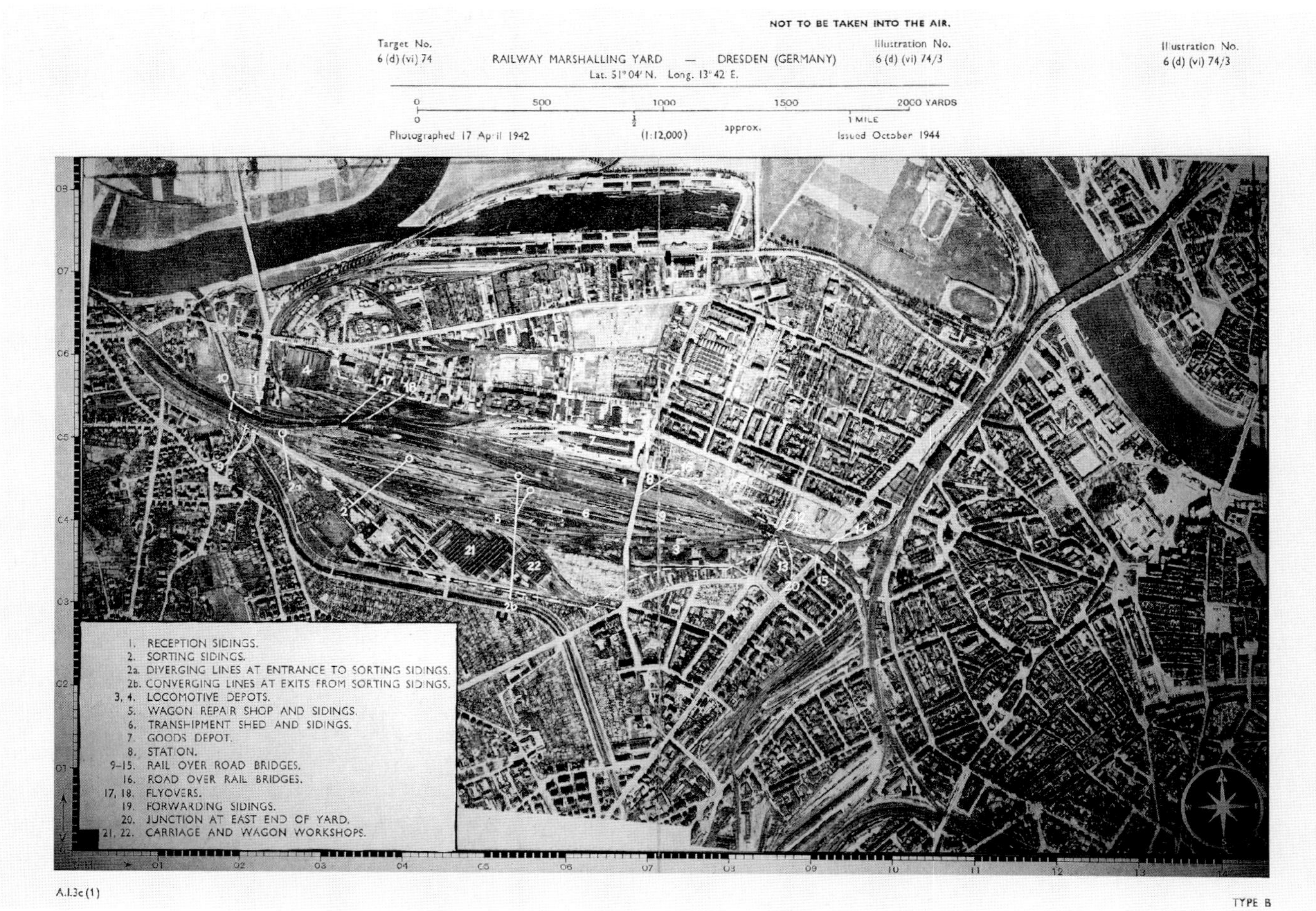

Rangierbahnhof Dresden-Friedrichstadt, 7. Oktober 1944.
Am 7. Oktober 1944, 12.35 Uhr, schlagen die ersten Bomben in Dresden ein. Sie treffen den Rangierbahnhof Dresden-Friedrichstadt. Der Bombenteppich quert den Ostbereich des Bahnhofes und zieht sich über die Hamburger bis zur Bremer Straße. Die Schäden in Friedrichstadt sind moderat und in den folgenden Monaten im wesentlichen behoben.
(National Archives, College Park, RecGr 243, USSBS)

teilt. Holzverschläge dienten als Sanitätsbereiche. Da der Ladebetrieb nicht behindert werden durfte, war ein weitergehender Ausbau nicht möglich.[60] Die Luftschutzräume des Hauptbahnhofes faßten ca. 2000 Personen. In den Schutzräumen beider Bahnhöfe fehlten Gasschleusen und Belüftungsanlagen, was Hunderter Menschen das Leben kosten sollte.[61] Auch im Umfeld existierten nur äußerst unzureichende Luftschutzeinrichtungen: Die Splitterschutzgräben vor beiden Bahnhöfen waren im Februar 1945 nur zum Teil fertiggestellt, baulich ausreichende öffentliche Luftschutzräume in der Nähe fehlten.[62]

Die Vorkehrungen für den Schutz der eigenen »Gefolgschaft« erwiesen sich als ebenso mangelhaft, was spätestens nach den ersten Luftangriffen auf Dresden im Oktober 1944 und Januar 1945 auch den Beschäftigten bewußt wurde: »Die Gefolgschaft des Bw will jedoch die vorhandenen LS-Räume mindestens nicht vor deren Aussteifung und die LS-Gräben nicht aufsuchen«, berichtete das Betriebsamt 2 Anfang Januar 1945 vom Bahnhof Dresden-Friedrichstadt. Zu diesem Zeitpunkt fanden ca. 200 Beschäftigte des Bahnbetriebswerks in den ohnehin unzureichenden Luftschutzräumen des Verwaltungsgebäudes keinen Platz mehr und mußten zwei Gräben im Bahnhofsgelände aufsuchen. Für das nahegelegene Ausbesserungswerk sah die Situation noch schlimmer aus: Nur für 670 der 2100 Beschäftigten war Platz in Luftschutzräumen, die übrigen »verteilen sich bei Fliegeralarm in dem angrenzenden Gelände«. Um nun, da der

Luftkrieg Dresden tatsächlich bedrohte, die baulichen Luftschutzmaßnahmen zu verbessern, war es zu spät. Es brauchte allein drei Monate, um die Freigabe des Baumaterials für einen Luftschutzstollen im Ablaufberg des Rangierbahnhofes Friedrichstadt zu erhalten. 315 Meter Tunnel sollten gebaut werden, vier Wochen vor dem Ende des Krieges waren die Vorarbeiten abgeschlossen, und eine Cossebauder Baufirma stellte 5 Arbeiter bereit.[63]

»Als dann aber Bomben fielen« – Hauptbahnhof, 13. Februar 1945

In den Wintermonaten 1944/45 hatte sich das Bild des Reisebetriebs auf den Dresdner Bahnhöfen verändert. Den Einwohnern der Stadt war nunmehr das Reisen mit der Eisenbahn extrem erschwert: Fahrkarten konnten nur nach Genehmigung von Polizei und Ernährungsamt gelöst werden. Nur eine Fahrt pro Monat wurde genehmigt und auch nur dann, wenn behördlich umquartierte Ehegatten, Kinder oder Eltern besucht werden sollten.[64] So bestimmten neben dem Militär Flüchtlinge das Bild auf den Dresdner Bahnhöfen. Im Januar 1945 mußten mehrere Millionen Einwohner Ostpreußens, des Warthegaus und Schlesiens ihre Heimat verlassen, als die Evakuierung der von der sowjetischen Armee bedrohten deutschen Gebiete angeordnet wurde. Die Dresdner Behörden haben alles Menschenmögliche versucht, die Flüchtlinge von der Stadt fern zu halten. Reisten sie per Bahn an, so erfolgte ihre Verpflegung und Betreuung in den Bahnhofsdienststellen des Deutschen Roten Kreuzes und der Nationalsozialistischen Volkswohlfahrt. Maximal eine Übernachtung in einem der wenigen Auffanglager der Stadt wurde gewährt, bevor die Flüchtlinge »weiterzuleiten« waren.[65]

Auch Frau I. hatte mit ihren Eltern die schlesische Stadt Öls verlassen müssen und war zunächst bei Verwandten in Görlitz untergekommen. Die dort ausgestellte Reisegenehmigung zur Weiterfahrt nach Leipzig über Dresden trägt das Datum des 12. Februar 1945. Als ihr Zug am Nach-

Unterführung am Hauptbahnhof, 13. Februar 1945, nach 23 Uhr.
Foto: Hans-Joachim Dietze, privat

mittag des folgenden Tages den Dresdner Hauptbahnhof erreichte, bereiteten sich in Mittelengland die Verbände der 5. Bomberflotte auf einen Luftangriff gegen die Stadt vor. Der ihnen angewiesene Zielsektor umfaßte das dicht bebaute historische Zentrum Dresdens.

Gegen 19 Uhr abends trat Frau D. ihre Schicht in der Luftschutzleitung des Hauptbahnhofes an. Eine Viertelstunde vor Schichtbeginn fand sie sich im Dienstraum ein, in der Mittelhalle gelegen, mit Blick auf den Bahnsteig 14. Noch während der Schichtübergabe wurden Verbände feindlicher Flugzeuge im Anflug auf Deutschland gemeldet. Zur selben Zeit machte sich Herr T. auf den Weg zum Hauptbahnhof. Er sollte, obwohl erst 16jährig, zur Wehrmacht eingezogen werden und hatte sich nach Süddeutschland zu begeben. »Auf dem Bahnsteig drängten sich viele Menschen«, berichtete er später, »meist Flüchtlinge: Frauen, Kinder und ältere Leute, die aus dem Osten kommend irgendwie weiter nach dem Westen wollten. Noch beim Hereinrollen des bereitgestellten D-Zuges stürmten die Menschen Türen und Fenster, um nicht zurückbleiben zu müssen.« Im Zug befand sich Herr S., Offizier der Wehrmacht: »Wir stiegen ein, doch die Abfahrt verzögerte sich. Plötzlich heulten Luftschutzsirenen auf: Fliegeralarm!« Es war kurz nach 22 Uhr, der britische Bomberverband hatte Dresden erreicht.

Herr S. hastete aus dem Bahnhof. »Gleich darauf prasselten Stabbrandbomben herunter.« Herr T. hatte es nicht besonders eilig, sich in Sicherheit zu bringen – bislang war ja in der Stadt noch kaum etwas passiert. »Als dann aber Bomben fielen, konnte ich mich nur noch in einem zur ebenen Erde unter dem Durchgangsbahnsteig befindlichen Gang zu den Reichsbahndiensträumen retten. Der Luftdruck der Explosionen schüttelte uns hin und her. Wir hatten Glück, das Bahnhofsgebäude selbst wurde nicht getroffen.« Ringsum allerdings loderten Brände, der Bahnhof war beschädigt, »im Glasdach viele Löcher, Schutthaufen in der Halle.« Frau D. und einige ihrer Kollegen wurden zur nahegelegenen Reichsbahndirektion gesandt. Während sie versuchten, aus dem brennenden Gebäude wenigstens Akten zu retten, verließ Herr S. den Schutzgraben am Bismarckplatz. Etwa zur selben Zeit traf Frau B. am Bahnhof ein, DRK-Helferin, deren Wohnhaus in der Struvestraße in Flammen stand. In der Bahnhofsdienststelle des Roten Kreuzes, dem Saal »Weesenstein«, wurde sie zum Dienst eingeteilt.

Nach ein Uhr nachts fielen erneut Bomben, ein zweiter, größerer Verband englischer Flugzeuge setzte den Angriff fort. Frau B. hastete mit vielen anderen in die Luftschutzkeller des Bahnhofes. Auch Herr T. rannte die Treppe am Querbahnsteig hinunter: »Ich stellte mich in die Nähe eines Notausganges. Wir standen dichtgedrängt. Es dauerte nicht lange, bis die ersten Einschläge in unmittelbarer Nähe erfolgten. Fußböden und Wände bebten ununterbrochen. Das Licht ging aus. Es fällt mir schwer, all die Verzweiflungsäußerungen zu schildern.« Der Rauch der gewaltigen Brände drang in die ungeschützten Keller ein: »Jeder hat gedacht: Jetzt ist Schluß«, berichtete Frau B. »Der Rauch hat uns das Atmen so schwer gemacht, daß jeder den anderen nur noch röcheln hörte und meinte, es sei schon mit ihm vorbei.« Während sich außerhalb des Bahnhofes die Brände zu einem Feuersturm verbanden, gegen den es keine Gegenwehr mehr gab, suchte Herr T. einen Ausgang aus dem Labyrinth der Keller: »Ich klammerte mich an einen Menschen vor mir und gelangte nach qualvollem Hin und Her in eine Heizanlage, wo wir verschnaufen konnten.«

Stunden später führte ihn ein Reichsbahnangestellter heraus. Auch Frau D. fand den Weg nach außen. Herr S., der die Nacht im Keller eines der umliegenden Häuser verbracht hatte, kehrte am Morgen zum Bahnhof zurück. Als Offizier um Hilfeleistung gebeten, stieg er in die Keller-

Hauptbahnhof Dresden, Ostbau, nach dem 13. Februar 1945.
Foto: Archiv RBD Dresden, Bildstelle
Gleis 14 des Ostbaus ist durch Wagentrümmer blockiert. Im Hintergrund die ausgebrannte Kuppel des Bahnhofsgebäudes.

gänge hinab, wo er Hunderte hilflose Menschen fand, »zum Teil noch röchelnd und bei Bewußtsein, aber unfähig, sich zu erheben.« Es gelang, eine Militäreinheit zur Hilfe zu holen. Unter den aus dem Keller geretteten befanden sich auch Frau I. und Frau B. »Wie wir rausgekommen sind, weiß ich nicht.«[66]

Alle Augenzeugen, die hier zitiert sind, überlebten die Nacht vom 13. zum 14. Februar 1945 am Hauptbahnhof. Einige Hundert andere Menschen dagegen starben in den Luftschutzkellern.

»Sämtliche Strecken unterbrochen« – Dresdens Eisenbahn nach dem 13. Februar 1945

Am Morgen des 14. Februar 1945 war der Eisenbahnbetrieb in Dresden unmöglich geworden. Die Schlußmeldung des Höheren SS- und Polizeiführers zu den Auswirkungen der Februar-Luftangriffe listete einen Monat später die Zerstörungen akribisch auf, die Zusammenfassung war knapp: »Sämtliche Strecken unterbrochen.«

Die Gebäude der Reichsbahndirektion lagen zerstört, die Fernsprechknoten der Direktion und am Bahnhof Neustadt waren vollständig ausgefallen, ein großer Teil der Leitungen unterbrochen, der »Verwaltungsbetrieb vollkommen lahmgelegt«.

Für den Hauptbahnhof mußte »zunächst 100% Ausfall« festgestellt werden. Die Empfangshalle, die Wartesäle, die Fahrkartenausgabe und die Gepäckabfertigung waren ausgebrannt. Alle Stellwerke, Gleis- und Bahnsteiganlagen hatten schwere Schäden erhalten. Entlang der Bahnstrecke nach Pirna reichten die Zerstörungen bis zum Bahnhof Strehlen. Der Betrieb war unmöglich: Sprengbomben hatten alle vier Gleise unterbrochen.

Auch für die Verbindung zwischen Hauptbahnhof und Neustädter Bahnhof wurde »Verkehrsausfall zunächst 100%« berichtet. Der Bahnhof Wettiner Straße hatte schwere Schäden erlitten, die Gleisanlagen des Altstädter Güterbahnhofs waren »durch viele Sprengbomben zerstört«.

Güterbahnhof Dresden-Altstadt, nach dem 13. Februar 1945.
Foto: Archiv RBD Dresden, Bildstelle
Sprengbomben haben die zweigleisige Verbindung zwischen dem Hauptbahnhof und dem Güterbahnhof Altstadt vollständig unterbrochen. Über die Brücke neben dem Stellwerk 1/2 verläuft die Verbindungsbahn zwischen Dresden-Neustadt und dem Güterbahnhof. In den alliierten Zielkarten zum »Railway Center Dresden (Hauptbahnhof)« ist das Kreuzungsbauwerk eigens markiert.
Am linken Bildrand sind die Ruinen der Bahnpostanlage zu sehen. Der Gebäudekomplex ist ausgebrannt, die Überdachung der Ladegleise und Laderampen nur noch zu ahnen.

Fast 800 abgestellte Wagen brannten dort aus, ebenso Gebäude, Stellwerke und Anlagen, darunter die der Bahnpost.
Auf der Neustädter Seite trafen die Zerstörungen vor allem den Güterbahnhof, dessen Hauptgleise und Verladerampen zusammen mit einem Stellwerk und weiteren Anlagen ausfielen. Am Neustädter Personenbahnhof blieben die Schäden geringer, entlang der nach Norden führenden Strecke reichten sie bis Pieschen.
Als am Mittag des 14. Februar erneut, diesmal amerikanische Bomber Dresden angriffen, war ihnen der Rangierbahnhof Friedrichstadt als Zielpunkt angegeben worden. Der Angriff gelang nur teilweise, dennoch waren die Zerstörungen schwer: Die Bomben unterbrachen 45 Gleise im Rangierbahnhof, zerstörten den Personenbahnhof Friedrichstadt und weitere Betriebsanlagen. Mehr als 200 Wagen brannten aus.[67]
Einen Tag später, am Mittag des 15. Februar, fielen wieder amerikanische Bomben auf Dresden – die Eisenbahnanlagen trafen sie nicht. Die Zerstörungen reichten auch so aus, die durch Dresden führenden Eisenbahnstrecken für wenigstens einige Tage vollständig zu unterbrechen und den Betrieb später schwer zu behindern.[68]

»Ein besonderer Fall« – Notverkehr und erneute Schäden

Die Instandsetzungsarbeiten an den Bahnanlagen begannen unmittelbar nach dem 13. Februar 1945. Aus Berlin traf dazu General Erich Hampe, Befehlshaber der Technischen Wehrmachtshilfe und »Bevollmächtigter für die Wiederherstellung aller Eisenbahnverbindungen«, mit seinem Stab ein. Selbst für ihn war die Dresdner Situation »ein besonderer Fall«. Da die örtliche Bahnverwaltung vollkommen arbeitsunfähig war, wurde zur Unterstützung ein Beauftragter der Berliner Reichsbahn-Hauptverwaltung angefordert.[69] Bereits am 15. Februar arbeiteten

Rangierbahnhof Dresden-Friedrichstadt, 19. April 1944.
Selbst aus 7000 m Höhe sind die schweren Zerstörungen im Bahnhofsgelände (am oberen Bildrand) deutlich zu erkennen.
(National Archives, College Park, RecGr 243, USSBS)

Reparaturtrupps, die vor allem aus Kriegsgefangenen bestanden, an den Gleisanlagen am Hauptbahnhof. Kurz darauf gelang es, für die durchgehenden Verbindungen einen Behelfsbetrieb einzurichten, »so daß Fahrten in Richtung Dresden-Neu, Dresden-Alt und Dresden-Hbf., wenn auch nicht in schneller Folge, wieder durchführbar wurden«, so einer der beteiligten Eisenbahner.[70] Zwei Wochen später waren alle durchgehenden Eisenbahnstrecken wieder befahrbar, wenn auch zum Teil nur provisorisch. So konnten zwischen dem Hauptbahnhof und dem Bahnhof Neustadt zunächst nur zwei der vier Gleise nutzbar gemacht werden, vom Hauptbahnhof in Richtung Pirna gar nur ein einziges Vorortgleis.[71]

Der Eisenbahnknoten Dresden funktionierte Anfang März 1945 wieder, wenngleich im Notbetrieb, mit reduzierter Kapazität und improvisierten Technologien. Die Reichsbahndirektion versuchte von Ausweichdienststellen in den umliegenden Bahnhöfen aus, wieder Einfluß auf den Verkehr zu nehmen. Ihr Hauptproblem war das zerstörte Fernsprechnetz, welches »nicht oder nur unter größten Schwierigkeiten betriebliche, verkehrliche oder wagendienstliche Anordnungen« erlaubte.[72] Zudem war das Personal zerstreut: »Viele Beamte sind vollständig

Bahnüberführung Werderstraße, nach dem 17. April 1945.
Foto: Archiv RBD Dresden, Bildstelle
Das Brückenbauwerk ist direkt getroffen worden, was zumindest die Gleise auf der Nordseite unbenutzbar macht. Die Trümmer der eingestürzten Wohnhäuser lassen auf der Werderstraße nur einen Fußweg frei. Die Englische Kirche an der Kreuzung Wiener/Werderstraße ist ausgebrannt. Daneben befand sich das Verwaltungsgebäude der Reichsbahndirektion Dresden. Am linken Bildrand ist ein Detail der Ruine zu erkennen.

ausgebombt, die anderen mehr oder weniger geschädigt«, berichtete der Leiter des Prüfungsamtes. Einige blieben vermißt.[73]

Am 2. März 1945 fielen erneut Bomben auf Dresden. Die Stadt war den amerikanischen Besatzungen als Ausweichziel befohlen worden, und erneut wurden die Eisenbahnanlagen getroffen. Der Tagesbefehl des Höheren SS- und Polizeiführers meldete »schwere Gleisschäden« vor allem am Bahnhof Dresden-Neustadt und »mittelschwere« an fast allen anderen Bahnstrecken der Stadt. Die Eisenbahnbrücke über die Elbe war getroffen worden. Zunächst fielen alle Verbindungen aus. Bereits einige Tage nach dem Angriff konnten jedoch drei Gleise der Brücke wieder in

Bahnbetriebswerk Dresden-Altstadt, Lok 18002, nach dem 17. April 1945.
Foto: Archiv RBD Dresden, Bildstelle
Die Lokomotive der Reichsbahn-Baureihe 18 war in Dresden-Altstadt beheimatet und im Reisezugdienst eingesetzt. Im Dampflokbestand vom April 1946 ist sie nicht mehr enthalten. (Vgl. Kaiß/Hengst, a.a.O., S. 182, 191.)

Betrieb gehen.[74] Ende März meldete die Reichsbahn der Stadtverwaltung, wenn auch sehr schönfärbend: »Da auf allen Linien die Züge wieder zum Hauptbahnhof hingeführt werden, kann der Verkehr dort ohne Reibungen abgewickelt werden.«[75]

Die Instandsetzungsarbeiten liefen weiter. Der in Berlin aufgestellte Verkehrsstab forderte die rasche Wiederherstellung des Bahnknotens Dresden, plante 9 000 Männer einzusetzen, eine illusorische Zahl. Immerhin 500 Arbeitskräfte arbeiteten Ende März unter Leitung der Organisation Todt.[76] Kurz darauf wurde die Eisenbahnbaubrigade 12 nach Dresden verlegt, ein Kommando des Konzentrationslagers Sachsenhausen.[77]

Bahnbetriebswerk Dresden-Altstadt, Lok 38 207, nach dem 17. April 1945.
Foto: Archiv RBD Dresden, Bildstelle

»Note: Gut« – Der 17. April 1945

Die alliierten Fronten waren Anfang April 1945 bereits in bedrohliche Nähe Dresdens gerückt. Nunmehr war den englischen und amerikanischen Bomberverbänden die unmittelbare Unterstützung der alliierten Armeen zur wichtigsten Aufgabe gemacht worden. Am 15. April hatten die amerikanischen Truppen Chemnitz erreicht, einen Tag später begann an der Oder die sowjetische Offensive gegen Berlin. Dresden befand sich in einem 110 km breiten Schlauch zwischen den Fronten; durch die Stadt führte die einzige noch bestehende Nord-Süd-Verbindung der Reichsbahn von Berlin nach Prag.

Über diese wurden in den ersten Aprilwochen noch Transporte für Wehrmacht und Rüstung abgewickelt. Aber auch Häftlinge der Konzentrationslager passierten die Stadt per Bahn: Als die Lager in Nordhausen, Sachsenhausen, Aschersleben und Schönebeck vor den alliierten Truppen geräumt werden mußten, fuhr die Reichsbahn noch bis Mitte April die Häftlinge zwischen den Fronten hindurch nach Leitmeritz und Theresienstadt.[78]

Am frühen Morgen des 17. April erhielten drei Divisionen der amerikanischen 8. Luftflotte den Befehl, einen 1000-Bomber-Angriff auf Dresden und Ziele in Nordböhmen zu fliegen, dieses Mal ausdrücklich gegen Verkehrsanlagen gerichtet. Den für Dresden bestimmten Verbänden waren der Güterbahnhof Altstadt, der Hauptbahnhof, der Wettiner Bahnhof, der Rangierbahnhof Friedrichstadt und die Neustädter Eisenbahnanlagen als Zielpunkte angegeben worden. 13.48 Uhr fielen die ersten Bomben auf die Stadt, und während der folgenden 24 Minuten warfen die 580 Bomber, die über Dresden zum Einsatz kamen, 1555 t Sprengbomben auf die Stadt, – soviel wie bei keinem der Luftangriffe zuvor.[79]

Güterbahnhof Altstadt, nach dem 17. April 1945.
Foto: Archiv RBD Dresden, Bildstelle
Zerstörte Wagen auf dem Abstellbahnhof Dresden-Altstadt. Vor den Türmen des Stadtzentrums markiert die Ruinenlandschaft der Industriebauten im Quartier zwischen Zwikkauer und Kunadstraße den Horizont. Links sind die ausgebrannten Bahnpostanlagen neben der Verbindungsbahn zum Hauptbahnhof zu erkennen. Die Giebel rechts daneben gehören zum zerstörten Eilgutschuppen und den ausgebrannten Werkstätten des Bahnbetriebswagenwerkes.

Rangierbahnhof Dresden-Friedrichstadt, nach dem 17. April 1945.
Foto: Archiv RBD Dresden, Bildstelle
Die Ausfahrgleise Ost sind von zahlreichen Sprengbombentreffern unterbrochen.

Als am Morgen des 18. April 1945 die Befragung der heimkehrenden Besatzungen und eine erste Analyse ihrer Luftaufnahmen zusammengefaßt wurde, hatten die Auswertungsoffiziere im Hauptquartier der 1. Division der 8. US-Luftflotte bereits einen ziemlich exakten Überblick über die an Dresdens Eisenbahnanlagen verursachten Schäden. Sie stuften die Leistungen der Division mit der Note »Gut« ein.

Zum Rangierbahnhof Friedrichstadt stellte ihr Report fest: »Neun Konzentrationen Spreng- und Brandbomben konnten im Zielgebiet gesehen werden. Vollständige Auswertung aller Einschläge wurde durch Dunst und intensiven Rauch verhindert. Die Wagenreparaturwerkstatt erhielt mindestens 9 Volltreffer, und sie stand gegen Ende des Angriffs in Flammen. Wenigstens

5 Volltreffer im Lokomotivdepot. Ein Volltreffer in einem Lokomotivschuppen. Der östliche und der westliche Endpunkt dieses Verschiebebahnhofes werden schwer beschädigt sein. Eisenbahnbrücken über Straßen an beiden Endpunkten wurden direkt getroffen, und die Gleise sind unterbrochen. Der Mittelteil des Verschiebebahnhofes erhielt mindestens 220 Treffer.«

Zu den Anlagen vom Güterbahnhof Altstadt bis zum Hauptbahnhof bemerkte der Bericht: »Der Hauptbahnhof erhielt mindestens 4 Volltreffer durch Sprengbomben. Volltreffer konnten in 4 großen Lokomotivschuppen gesehen werden. Diese Lokomotivschuppen waren bereits früher getroffen worden. Zusammen mit den Zerstörungen dieses Angriffes können jetzt alle diese Einrichtungen als vernichtet oder schwer beschädigt angesehen werden. ... Im Gebiet der Nebengleisanlagen sind wenigstens 250 Volltreffer auf den Gleisen und Waggons zu sehen. Der Schaden in diesem Teil des Bahnhofs sollte schwer sein. Der am weitesten östlich gelegene Endpunkt der Bahnhofsanlagen bekam mindestens 50 Volltreffer. Alle Gleise sind unterbrochen, und man sieht schwere Schäden in einem Gebiet mit zwei Eisenbahnbrücken über Straßen.«

Neben dem im Februar ausgebrannten Gebäude der Reichsbahndirektion Dresden an der Wiener Straße hatten die Bomben die Stützmauer der Bahnanlagen zum Einsturz gebracht, ebenso die gegenüber der Ostbahnstraße.

Auf der Neustädter Seite waren im Bereich des Bahnhofes Pieschen und in der Nordausfahrt des Neustädter Bahnhofes schwere Schäden entstanden.[80]

Am 18. und 19. April 1945 fotografierten alliierte Aufklärer erneut das Stadtgebiet Dresdens. Sie lieferten die endgültige Bestätigung dafür, daß der Eisenbahnknotenpunkt Dresden nunmehr ausgeschaltet worden war. Drei Wochen später war der Krieg zu Ende. Der Befehlszug der Reichsbahndirektion mit dem Präsidenten und dem »unumgänglich nötigen Personal« hatte Dresden am letzten Kriegstag Richtung Erzgebirge verlassen.[81]

Aufräumarbeiten im Bahnbetriebswerk Dresden-Altstadt, 1946.
Foto: Archiv RBD Dresden, Bildstelle
Vor den Resten des Heizhauses 1, unmittelbar neben der Auffahrt zur Nossener Brücke (im Hintergrund) gelegen, beginnt die Trümmerberäumung.

»Kaum in einem Menschenalter« – Die Bilanz

Im Frühjahr 1946 erstellte ein Mitarbeiter des Dezernats 31 der Reichsbahndirektion Dresden eine Analyse des Bau- und Betriebszustandes für den Dresdner Hauptbahnhof. Seine Zusammenfassung endete knapp: »Der Betrieb wird durch den Krieg und seine Folgen außerordentlich erschwert. Die Anlagen befinden sich in einem trostlosen Zustand.«

Die Leistung des notdürftig instand gesetzten Bahnhofs war von 525 Personenzügen an einem durchschnittlichen Werktag der Vorkriegszeit auf nunmehr 80 Züge, von vorher 327 Rangierfahrten zwischen Hauptbahnhof und Dresden-Altstadt auf nun nur 70 Fahrten gefallen.

Nach der Beschreibung der notwendigen Baumaßnahmen, die auszuführen wären, um den Bahnhof wieder auf seine Vorkriegskapazität zu bringen, vermerkte der Bearbeiter resigniert: »Dieser Verkehr wird voraussichtlich kaum in einem Menschenalter erreicht.«[82]

Anmerkungen

1 Bericht Alfred Renner, Archiv IG »13. Februar 1945« e.V.
2 Sächsisches Hauptstaatsarchiv Dresden (SHStA), Rbd Dresden, 36794, unpag.
3 Was Marcus Gryglewski für die Beschäftigung mit der nationalsozialistischen Judenverfolgung in Sachsen feststellt (vgl. Haase/Jersch-Wenzel/Simon: Die Erinnerung hat ein Gesicht – Fotografien und Dokumente zur nationalsozialistischen Judenverfolgung in Dresden 1933–1945, Leipzig 1998, S. 93ff.), läßt sich auf das Forschungsgebiet Dresdner Stadtgeschichte 1933 bis 1945 erweitern: »Durch die institutionalisierte Forschung bislang kaum abgedeckt«, sind lediglich einzelne Aspekte bearbeitet und Detaildarstellungen veröffentlicht worden.
4 SHStA, Rbd Dresden, 36794, unpag.
5 Zur verkehrstechnischen Entwicklung der Dresdner Eisenbahneinrichtungen vgl.: Kurt Kaiß/Matthias Hengst: Dresdens Eisenbahn 1894–1994, Düsseldorf 1994. Für eine Gesamtdarstellung der Geschichte der deutschen Eisenbahn im Zweiten Weltkrieg vgl. u.a.: Eugen Kreidler: Die Eisenbahnen im Machtbereich der Achsenmächte während des Zweiten Weltkrieges, Göttingen/Frankfurt/Zürich 1975.
6 Dresden. Zone Map Information Sheet, National Archives, College Park, RecGr 243, USSBS.
7 Werner Pischel: Sudetenland und Deutsche Reichsbahn, in: Archiv für Eisenbahnwesen, Jg. 1965, S. 232ff.
8 Statistische Angaben stammen im folgenden, wenn nicht anders vermerkt, aus: Statistische Angaben über die Deutsche Reichsbahn (Blaubücher), 1939 bis 1943.
9 Kreidler, a.a.O., S. 39ff.
10 Alfred Gottwald: Julius Dorpmüller, die Reichsbahn und die Autobahn, Berlin 1995, S. 92.
11 Die Reichsbahn, Jg. 1943, Ausg. 1/2, S. 23.
12 SHStA, Rbd Dresden, 32426, unpag.
13 Vgl. dazu: Kreidler, a.a.O., S. 305ff.; Gisela Wagenbach: Die Organisation des Wehrmachtssanitätswesens im Zweiten Weltkrieg, in: Wehrwissenschaftliche Rundschau, Jg. 1965, S. 285ff.
14 Vgl. dazu: Hermann Rahne: Zur Geschichte der Dresdner Garnison im Zweiten Weltkrieg 1939 bis 1945, in: Verbrannt bis zur Unkenntlichkeit, Altenburg 1994.
15 SHStA, Rbd Dresden, 259/1–4, unpag.
16 SHStA, Rbd Dresden, 36794, unpag.
17 ebenda.
18 Vgl. u.a. Rolf Wagenführ: Die deutsche Industrie im Kriege 1939–1945, Berlin 1955, S. 178.
19 Hinweise auf Rüstungsproduktion in Dresdner Industrie- und Handwerksbetrieben sind zahlreich. Einen ersten Überblick bietet: Oberkommando des Heeres (Chef der Heeresrüstung und Befehlshaber des Ersatzheeres, Heereswaffenamt): Liste der Fertigungskennzeichen für Waffen, Munition und Gerät, Berlin 1944, Nachdruck Nürnberg 1977
20 Dresdner Jahrbuch 1942, Dresden 1941.
21 SHStA, Rbd Dresden, 36794, unpag.
22 ebenda.
23 Geschäftsbericht der Deutschen Reichsbahn für das Geschäftsjahr 1940, Berlin 1941.
24 SHStA, Rbd Dresden, 36794, unpag.
25 ebenda.
26 Geschäftsbericht ... 1942.
27 Elsners Taschenbuch für den nichttechnischen Eisenbahndienst 1942, Berlin 1941.
28 Geschäftsbericht ... 1942.
29 ebenda.
30 SHStA, Rbd Dresden, 36794, unpag.
31 ebenda
32 SHStA, Rbd Dresden, 36790, unpag.
33 SHStA, Rbd Dresden, 36794, unpag.
34 SHStA, Rbd Dresden, 36790, unpag.
35 Kreidler, a.a.O., S. 98.
36 SHStA, Rbd Dresden, 36790, unpag.
37 Die Zahlenangabe bezieht sich auf den 31.10.1942; ebenda.
38 International Tracing Service HQ: Catalogue of Camps and Prisons in Germany and German-occupied Territories, Arolsen 1949, S. 238 und 1950, S. 560; Nachdruck in: Martin Weimann (Hrsg.): Das nationalsozialistische Lagersystem, Frankfurt/Main 1998.
39 SHStA, Rbd Dresden, 36794, unpag.
40 Adolf Sarter/Theodor Knittel: Was jeder von der Deutschen Reichsbahn wissen muß, Leipzig 1943, S. 13.
41 SHStA, Rbd Dresden, 36794, unpag.
42 SHStA, Rbd Dresden, Abgabe 1.6.1992, 138, unpag.
43 SHStA, Rbd Dresden, 36794, unpag.
44 Bericht über die 39. Fachwissenschaftliche Tagung der Betriebsleiter-Vereinigung Deutscher Privateisenbahnen

und Kleinbahnen am 25. April 1941 in Dresden, Dresden 1941; Vorträge u.a. zu: Ölersparnis, Holzschwellen im Kriege, Stoffersparnis beim Schweißen, Stahl statt Kupfer bei Feuerbüchsen etc.
45 SHStA, Rbd Dresden, 36794, unpag.
46 Kreidler, a.a.O., S. 284.
47 Vgl.: Matthias Neutzner (Hrsg.): Martha Heinrich Acht – Dresden 1944/45, Dresden 1998, S. 19 ff.
48 Vgl.: Hasse/Wenzel/Simon, a.a.O., S. 136 ff.; auch: Wolfgang Marschner: Vom Schicksal der Juden in Dresden 1933 bis 1945, in: Sächsische Hefte 1, Dresden 1995.
49 Raul Hilberg: Sonderzüge nach Auschwitz, Mainz, 1981, S. 43 ff.
50 Hilberg, a.a.O., Anlage 25.
51 Vgl.: Martin Gilbert: Endlösung. Die Vertreibung und Vernichtung der Juden, Reinbek bei Hamburg 1995, Karten 110 und 164.
52 Hilberg, a.a.O., Anlage 45.
53 Die Reichsbahn, Jg. 1943, Ausg. 1/2, S. 5.
54 SHStA, Rbd Dresden, 36794, unpag.
55 The United States Strategic Bombing Survey. The effects of Strategic Bombing on German War Economy, o.O. 1945, S. 6.
56 Otto Wehde-Textor: Die Leistungen der Deutschen Reichsbahn im Zweiten Weltkrieg, in: Archiv für Eisenbahnwesen, Jg. 1961, S. 45 ff.
57 SHStA, Rbd Dresden, 36794, unpag.
58 SHStA, Rbd Dresden, 32389, unpag.
59 SHStA, Rbd Dresden, 324260, unpag.
60 ebenda.
61 Max Seydewitz: Die unbesiegbare Stadt, Leipzig 1955, S. 78 ff.
62 SHStA, Rbd Dresden, 324260, unpag.
63 SHStA, Rbd Dresden, 32389, unpag.
64 Stadtarchiv Dresden, Ernährungsamt, Nachtrag 8 – DA 594
65 Vgl.: Martha Heinrich Acht, a.a.O., S. 57 ff.
66 Archiv IG »13. Februar 1945« e.V., Tonbandinterview Frau I. 1988, Frau B. 1988, Herr T. 1988, Schriftlicher Bericht Herr S. 1989, Gesprächsprotokoll Frau D. 1998.
67 Schlußmeldung des Höheren SS- und Polizeiführers Elbe über die vier Luftangriffe auf den LS-Ort Dresden am 13., 14. und 15. Februar 1945, 15.3.1945, in: Walter Weidauer: Inferno Dresden, Berlin 1966, S. 220 ff.
68 Zur Darstellung der Luftkriegsereignisse vgl. Götz Bergander: Dresden im Luftkrieg, Weimar, Köln, Wien 1994.
69 Erich Hampel: Technische Wehrmachthilfe – Ihre geschichtliche und ihre aktuelle Bedeutung, in: Wehrwissenschaftliche Rundschau, Jg. 1963, S. 280 ff.; siehe auch: Erich Hampel: Die Technischen Truppen im Zweiten Weltkrieg, in: Wehrwissenschaftliche Rundschau, Jg. 1953, S. 509 ff.
70 Bericht Alfred Renner, Archiv IG »13. Februar 1945« e.V.
71 Schlußmeldung ..., a.a.O.
72 Pischel, a.a.O., S. 255.
73 Bericht vom 18. 2. 1945, SHStA, Rbd Dresden, Abgabe 1. 6. 1992, 101, unpag.
74 Protokoll Einsatzstabbesprechung, 5. 3. 1945, Stadtarchiv Dresden, Stadtbauamt A, Nachtrag 3.
75 Beratungsprotokoll, 28. 3. 1945, Stadtarchiv Dresden, Stadtbauamt A, Nachtrag 3.
76 Aktennotiz, 30. 3. 1945, Stadtarchiv Dresden, Stadtbauamt A, Nachtrag 3.
77 Tracing Service, a.a.O., S. 367.
78 Gilbert, a.a.O., Karten 290, 291 und 293.
79 Bergander, a.a.O., S. 249 ff.
80 Bergander, a.a.O., S. 261 ff.
81 Pischel, a.a.O., S. 256.
82 SHStA, Rbd Dresden, Abgabe 1992, 32210, unpag.

Ich danke Herrn Götz Bergander, Berlin, und Herrn Helmut Schnatz, Koblenz, für freundschaftliche Unterstützung. An den Archivarbeiten in Dresden war Manuela Zdzieblik beteiligt.

VMI und Intershop

DDR-Lebensverhältnisse der achtziger Jahre in Dresden

FRIEDRICH REICHERT

Es fällt schwer, die Frage zu beantworten, welche markanten Merkmale das Leben der gewöhnlichen DDR-Bürger in den achtziger Jahren kennzeichneten, denn viele Dinge des täglichen Lebens glichen denen der siebziger Jahre. So ziemlich alles verlief nach einem geregelten »sozialistischen Gang«. DDR-Partei- und Staatsführung wiederholten seit Beginn der Ära Honecker die Floskel, daß man alles zum Wohle des Volkes tun wolle. »Alles für das Volk, alles durch das Volk, alles mit dem Volk!« hieß eine gängige Losung.

Oberflächlich und von außen betrachtet konnten die achtziger Jahre in der DDR als eine heile Welt erscheinen. In keinem Jahrzehnt der DDR-Zeit war das Lebensniveau so hoch wie in den achtziger Jahren.

So verfügten im Jahre 1989 von den Wohnungen 82 Prozent über ein Bad bzw. eine Dusche, gegenüber 39 Prozent im Jahre 1971. In der Hälfte der Haushalte war zum Ende der DDR ein PKW vorhanden.[1]

Doch im Vergleich zur Bundesrepublik Deutschland klafften riesige Lücken, wie beispielsweise in der Qualität der Wohnungen, der PKW und besonders der Infrastruktur (marode Straßen, desolate Schienenwege und verschmutzte Umwelt).

Das Titelpaar »VMI und Intershop« steht u. a. für diese tiefe Widersprüchlichkeit des letzten Jahrzehnts der DDR. Seit 1967 existierte die Abkürzung VMI für eine organisierte volkswirtschaftliche Masseninitiative im DDR-Sprachgebrauch und löste das Nationale Aufbauwerk (NAW) ab. Gemeint waren zusätzliche Arbeitseinsätze, zumeist kollektiv und unentgeltlich. Proportional zu den Mißständen stieg die Zahl der notwendig gewordenen VMI-Einsätze. So gab es 1988 in Dresden die Wettbewerbe »Schöner unsere Heimatstadt Dresden – Macht alle mit!«, »Unser Haus – Mein Zuhause« und um die »Goldene Hausnummer«, die Gemeinschaftsaktion »Dresdner Wohnhöfe mit neuem Gesicht – Wir machen den Höfen den Hof« sowie die Aktion »Jugendweiheteilnehmer pflanzen Bäume«.[2] In Wirklichkeit existierte ein katastrophaler Verfall der Altbausubstanz, der im Volksmund hämisch zu den ständigen Friedensbeteuerungen mit dem Slogan »Ruinen schaffen ohne Waffen« gekontert wurde. Tatsächlich verfielen ganze Areale wie das einmalige Gründerzeitensemble der Äußeren Neustadt. Aufgrund von Umweltverschmutzung und defekter Gasleitungen gingen stadtweit mehr Bäume ein, als durch

Goldene Hausnummer
Sammlung Stadtmuseum Dresden
In der zweiten Hälfte der achtziger Jahre gab es die Auszeichnung »Goldene Hausnummer«. Z. B. erhielten im Stadtbezirk Dresden-Nord 144 Hausgemeinschaften bis Ende 1988 diese Ehrung für besondere Leistungen im »Mach mit-Wettbewerb«, wie Instandhaltungsarbeiten durch die Mieter am Haus, Pflege der Haus- und Vorgärten, aber ebenso Nachbarschaftshilfe für ältere Bürger, Solidaritätsspenden und Sammlung von Altrohstoffen.

Jugendweiheteilnehmer gepflanzt werden konnten. Gravierende Mängel im VEB Stadtreinigung sollten z. B. März/April 1987 durch die Aktion »Frühjahrsputz« kompensiert werden. Der Sekretär des Rates des Stadtbezirkes Dresden-Mitte berichtete abschließend über diese VMI-Einsätze: »Für die Beseitigung des Streugutes (winterliche Nachreinigung) der Straßen und Gehwege wurden 1620 Einsätze mit 7480 Arbeitskräften durchgeführt.«[3]

Dort, wo die Bürger zur Eigeninitiative und kollektiven Einsätzen aufgerufen wurden, herrschten in der Regel wirtschaftliche Mängel, die zu beheben man anderweitig nicht in der Lage war.

Mit ebensolchen wirtschaftlichen Unzulänglichkeiten im Zusammenhang stand auch die Duldung von sogenannten Intershops, deren

VMI-Medaille
»Wer seine Stadt liebt – mach mit!«
Sammlung Stadtmuseum Dresden
Das VMI-Büro beim Rat der Stadt Dresden gab verschiedene Medaillen für die Auszeichnung der besten Teilnehmer am »Mach mit-Wettbewerb« heraus. So sollte mit Massenaktionen, wie dem Frühjahrsputz, der zunehmenden Verschmutzung der Stadt entgegengewirkt werden.

Frühjahrssubbotnik an der Paluccaschule, 1982
Foto Erich Höhne, Stadtmuseum Dresden
Palucca-Schülerinnen streichen beim Frühjahrsputz Parkbänke im Schulgelände am Großen Garten. Die Bezeichnung »Subbotnik« für Arbeitseinsätze wurde aus dem Russischen übernommen.

Pflanzaktion zum VII. Pioniertreffen 1982
Foto Uwe Görler, Stadtmuseum Dresden
In einer Massenaktion bepflanzen Pioniere aus den Bezirken Gera, Leipzig und Dresden ein Beet am Pirnaischen Platz vor dem Landhaus mit 660 Rosenstöcken. Die Dreiecksform und die Rosenfarbe Rot sollten das Halstuch der Thälmann-Pioniere symbolisieren. Üblich war auch die Aktion »Jugendweiheteilnehmer pflanzen Bäume«.

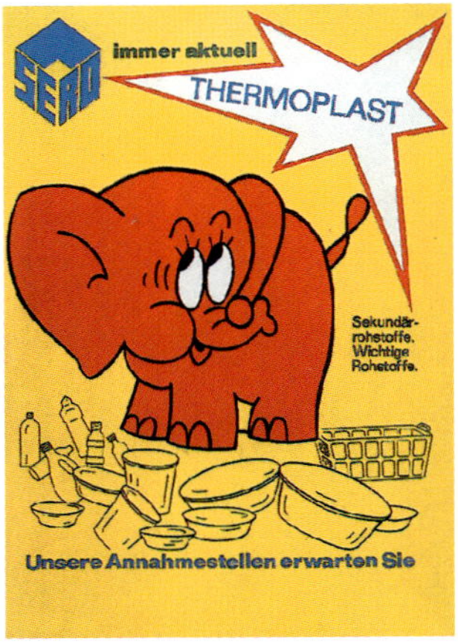

Aufruf zum Sammeln von Thermoplast, 1986
Plakat, Stadtmuseum Dresden
Im Jahre 1983 bestanden in Dresden 121 Annahmestellen für Sekundärrohstoffe. Der Plan zur Erfassung von Thermoplast wurde 1983 nur mit 33 Prozent erfüllt. Plakataktionen in den Folgejahren sollten zur Verbesserung der Ergebnisse beitragen.

Förderung eine systemstabilisierende Komponente hatte. Beim Namen Intershop nimmt man eigentlich an, daß hier DDR-Bürger Waren aus aller Welt erwerben konnten. Doch weit gefehlt: Für DDR-Mark erhielt man in diesen Geschäften nichts. Seit 1974 war DDR-Bürgern der Besitz von ausländischen Währungen gestattet. Der Umsatz der Intershops stieg daraufhin gewaltig[4]:

Jahr	Umsatz in Millionen Valuta-Mark
1974	285,6
1980	820,3
1985	1043,50
1989	1162,30

DDR-Partei- und Staatsführung wollte auf diese Diviseneinnahmen nicht verzichten, obwohl dies steigende Kontakte der DDR-Bürger mit ihren Verwandten in der Bundesrepublik voraussetzte. Es existieren nur wenige offizielle Quellen über die Intershops, so daß Zeitzeugenberichte hinzugezogen werden müssen.

Eine Dresdnerin (Jahrgang 1949) erinnert sich an ihre Begegnungen mit dem Intershop in den achtziger Jahren:

Da mein Schwiegervater in der Bundesrepublik lebte, erhielten wir bei seinen Besuchen in Dresden jeweils etwa 100 West-Mark. Somit gehörten wir zu den DDR-Bürgern, die sich Einkaufswünsche im Intershop erfüllen konnten. Für mich brachte die Westverwandtschaft aber auch Nachteile. Weil ich diese Beziehung nicht abbrach, mußte ich Anfang der achtziger Jahre die Arbeitsstelle unter

Intershop-Prospekt, 1975
Sammlung Stadtmuseum Dresden
Geworben wurde für den Einkauf in den Dresdner Intershop der Hotels Newa, Königstein, Lilienstein, Astoria, Gewandhaus und Motel sowie in der Verkaufsstelle Hauptbahnhof.

Androhung von Repressalien verlassen. Unser Sohn war damals im Kindergartenalter und hatte Wünsche, die nur im Intershop erfüllbar waren. Dank der D-Mark konnte er stolzer Besitzer von Matchbox-Autos werden (auch »Mätschies« genannt).

Mit dem Westgeld gingen wir sehr sparsam um. Wir hielten es besonders für Festtagseinkäufe zu Weihnachten und Ostern zurück. Zumeist gingen wir in das Intershop-Kaufhaus Alt-Gruna, aber auch einige Mal ins Waldparkhotel. Daß man das Westgeld in Forumschecks umtauschen mußte, daran kann ich mich nicht mehr erinnern, aber als sehr merkwürdig empfand ich, daß man beim Einkauf das Restgeld in Forumschecks erhielt.

Einmal nutzten wir 50 West-Mark nicht für den Einkauf im Intershop, sondern gaben diese einer Verwandten, die dafür vom Klempner eine neue Badewanne erhielt. Aus heutiger Sicht staunt man darüber, was uns damals 100 West-Mark bedeuteten.

Eine ehemalige Verkäuferin aus dem Intershop Dr.-Külz-Ring 9 berichtet:

Von der Zuordnung her gehörten wir zum Interhotel »Newa«, das mit mir auch den Arbeitsvertrag abgeschlossen hatte. Tatsächlich aber betrieb die Forum Handelsgesellschaft mbH in Berlin die Intershops. Für uns als Intershop-Verkäuferinnen herrschten sehr strenge Maßregeln. So war ein Redeverbot über die Betriebsvorgänge einzuhalten. Jeden Tag mußten sich die Verkäuferinnen einer Taschenkontrolle unterziehen. Alle Trinkgelder wurden registriert und abgeführt.

Während der letzten Jahre der DDR existierten in Dresden Intershops in den Hotels »Newa«, »Gewandhaus«, »Waldpark« und »Bellevue«. Dem Handelsträger MITROPA zugeordnet waren die Intershops im Hauptbahnhof und Neustädter Bahnhof. In Alt-Gruna bestand die größte Einrichtung, das Intershop-Kaufhaus. Bekleidung führten Bellevue, Waldparkhotel und Neustädter Bahnhof.

Ein Großlager in Ronneburg belieferte die Intershops im Süden der DDR. Wir verzeichneten sehr hohe Umsätze, so daß der Intershop Dr.-Külz-Ring 9 mindestens zwei Mal in der Woche durch einen Sattelschlepper beliefert werden mußte.

Besonders häufig gekauft wurden Rama-Margarine, Überraschungseier, Knorr- und Maggi-Suppen, Zigaretten (Marlboro und Peter Styvesant), Kosmetika und Matchbox-Autos. Von den hiesigen Produkten ging einfacher Wilthener Weinbrand (0,7 Liter Flasche für nur 3 DM) sehr gut. Die DDR-Bürger verhielten sich im Intershop außergewöhnlich ruhig. Offenbar machte sie diese »Wunderwelt« sprachlos. Die Westkunden dagegen gebärdeten sich umso lauter.

Die Intershop-Verkäuferinnen hatten ein Privileg, indem sie monatlich 30 DDR-Mark in 30 DM umtauschen durften, wenn keine Kassendifferenzen vorlagen.

Die Intershops bestanden bis zur Währungsunion am 1. Juli 1990.

Trotz der Devisenträchtigkeit für den Staat gehörte das Intershop-System zu den Elementen, die zum Scheitern der DDR beitrugen. Vielen SED-Genossen kam ein Gutteil des Bewußtseins abhanden, da sie mangels Westbeziehungen oder abverlangt stillgelegter familiären Beziehungen nach drüben an der wunderwirkenden Zweitwährung nicht teilhaben konnten.

Kartoffelklitscher und Reservierungen

Anfang der achtziger Jahre führten Imbißstände auf dem Striezelmarkt, der Vogelwiese und zum Pressefest neu im Angebot Kartoffelpuffer (im Volksmund auch Klitscher genannt).

SED-Politbüromitglied Paul Verner empfahl den Teilnehmern des VII. Pioniertreffens, das im August 1982 in Dresden stattfand, diese Klitscher als ein besonders duftendes Gebäck. Die SED-

VII. Pioniertreffen in Dresden, August 1982
Plakat, Stadtmuseum Dresden
Das VII. Pioniertreffen 1982 verlief in der Tradition der fünfziger Jahre. Das I. und II. Treffen fanden 1952 und 1955 in Dresden statt. Im Mittelpunkt standen der Friedensmarsch, Appelle mit Meldung durch den kommandierenden Pionier und die Abschlußdemonstration vorbei an der Tribüne mit dem Generalsekretär des ZK der SED und Vorsitzenden des Staatsrates.

Warenpräsentation einer HO-Verkaufsstelle, 1985
Fotoalbum, Stadtmuseum Dresden
Mit einem Fotoalbum zu Ehren des XI. Parteitages der SED, der im April 1986 stattfand, wollte der volkseigene Handel in der Stadt Dresden vorbildliche Beispiele präsentieren. Mangelerscheinungen konnten damit jedoch nicht kaschiert werden, wie hier fehlende Südfrüchte im Obst- und Gemüseangebot.

Coschützer Pilsner, 1981–1990
Sammlung Stadtmuseum Dresden
Am 1. September 1981 nahm die neue Brauerei des VE Getränkekombinates Dresden im Stadtteil Coschütz ihre Produktion auf. Zu den Neuheiten gehörte das Coschützer Pilsner zu 0,92 M in 0,5 Liter-Euroflaschen. Aufgrund einer »Wärmebehandlung« besaßen die Biere nun eine Haltbarkeit von zwei bis drei Wochen.

eigene Sächsische Zeitung vom 20. August 1982 widmete dieser Neuheit in der Rubrik Mosaik sogar eine spezielle Notiz. Auch der Knüppelkuchen wäre im Pionierzentrum an der Lingnerallee vorzüglich.[5] Was hier den Anschein geschmacklicher Abwechslung erweckte, hatte einen tieferen wirtschaftspolitischen Hintergrund, das Anpreisen fleischloser Speisen. Die DDR befand sich 1982/83 in einer tiefen internationalen Schuldenkrise. Um die Zahlungsfähigkeit aufrechtzuerhalten, exportierte die DDR alles, was Devisen einbrachte. Dazu gehörte auch Qualitätsfleisch. So waren in den Dresdner Läden zwar Schweinsköpfe und Sülze im Überfluß vorhanden, aber Steaks und Lendchen Mangelware. Raffiniert versuchte die DDR jenen Umstand zu kaschieren, indem in Presseartikeln das enorme Ansteigen des Fleischverzehrs des Durchschnitts-DDR-Bürgers betont wurde. Andererseits reduzierte man die Bereitstellung von Grillkohle auf ein Mindestmaß, um damit den Fleischverbrauch zu senken. Pfiffig griffen die Bürger zur D-Mark-Reserve und holten sich die Grillkohle im Intershop, wo sie selbstverständlich stets vorrätig war.

Die monatlichen Berichte der Abteilung Handel und Versorgung des Rates der Stadt Dresden begannen auch in den achtziger Jahren in der Regel mit der Formulierung: »Die Versorgung der Bevölkerung mit Grundnahrungsmitteln, Waren des täglichen Bedarfes und den Erzeugnissen der Mundproduktion wird insgesamt mengenmäßig stabil gesichert.«[6] Bis 1989 folgen dann in diesen Berichten auch zunehmend Informationen über wechselnde Versorgungslücken. So fehlten z. B. 1980 Gewürze, Advent- und Pyramidenkerzen.[7] 1987 war ein breites Sortiment an Zierkerzen im Angebot, aber mit Räucherkerzen konnte nicht bedarfsgerecht versorgt werden.[8] Einrichtungen der gesellschaftlichen Speisung und Gaststätten erhielten Abnahmeauflagen je nach Überschüssen, z. B. bei Möhren, Pflaumen, Äpfeln (»gelber Köstlicher«) und Kuba-Orangen. Qualitätsvolle Orangen gab es auch noch 1987 nur vorrangig im Weihnachtsangebot. Die Abteilung Handel und Versorgung berichtete darüber: »Orangen sind per 07. 12. zu 37% ausgeliefert. Wenn auch im Prinzip der Verkauf diszipliniert verlief, bildeten sich vor der

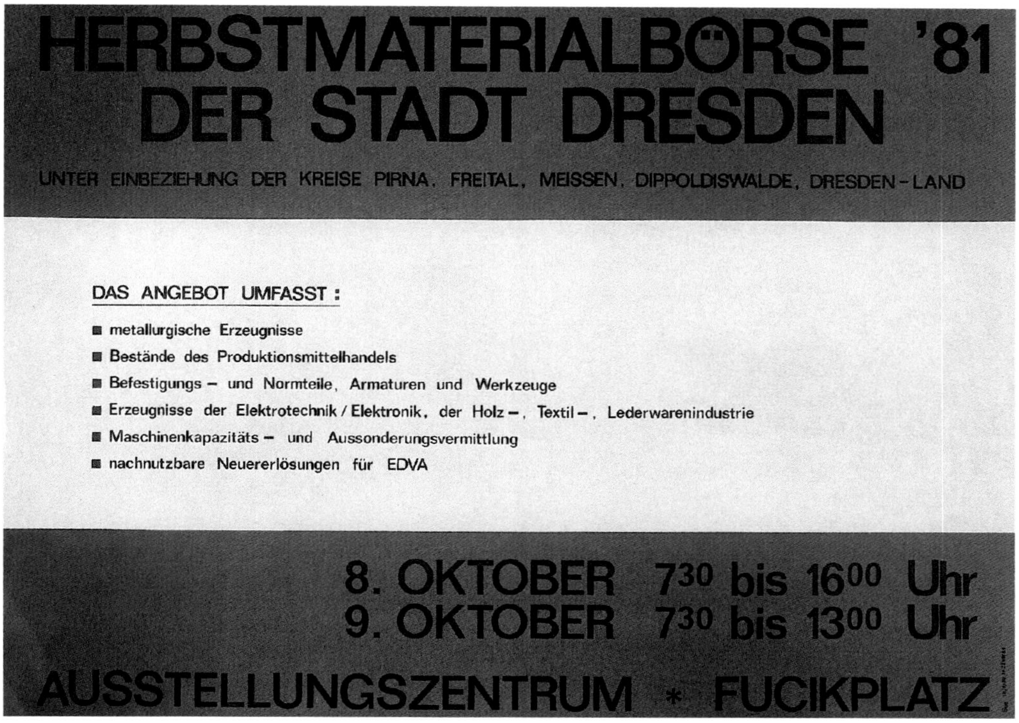

Herbstmaterialbörse '81
Plakat, Stadtmuseum Dresden
Um Mangelerscheinungen zu mildern, wurden mittels der Materialbörsen Austauschmöglichkeiten erschlossen.

überwiegenden Anzahl der Geschäfte Kundenschlangen.«[9] Grapefruit, die sogenannten Pampelmusen, wurden oft nur gegen Diabetikerausweis abgegeben.

Im Gaststättenwesen der DDR in den achtziger Jahren fand sich häufig der Hinweis »Sie werden plaziert.« Das rief sehr viel Unmut hervor. Der Rat der Stadt Dresden wollte dies mit einer »Ordnung zur Anwendung einheitlicher Grundsätze zur Erhöhung der Gaststättenkultur in allen öffentlichen gastronomischen Einrichtungen« vom 19. März 1984 in Griff bekommen. Das sollte nach folgenden Grundsätzen gehandhabt werden:

Das Reservieren von Plätzen ist eine niveaufördernde Dienstleistung in gastronomischen Einrichtungen, die ständig vom Gaststättenleiter/Inhaber zu organisieren und zu kontrollieren ist. Er trägt für deren ordnungsgemäße Handhabung die persönliche Verantwortung. …

In der Regel dürfen nur 30% der ständig genutzten Plätze für Reservierungen verwendet werden. Bei besonderen Anlässen wie Jugendweihe, Hochzeiten, Frauentagsveranstaltungen, Brigadefeiern u. ä. kann dieser Anteil erhöht werden. …

Das Begrüßen des Gastes und seine Plazierung muß eine Maßnahme sein, die vom Gast als wohltuend und gewünscht empfunden wird, sie muß das Gaststättenniveau heben. Alle administrativen Formen, wie Schilder und Absperrleinen, sind nicht statthaft. Die Formen des Wartens sind gaststättenindividuell zu lösen. …

Im Prinzip besteht in den Gaststätten freie Platzwahl. Es ist dem Einfühlungsvermögen und Geschick des Beauftragten zugeordnet, einen hohen, sinnvollen Auslastungsgrad zu erzielen.

Es ist auch anzustreben, daß die Warteschlangen unmittelbar vor der Eingangstür abgebaut werden, damit der Einlaß und Ausgang der Gäste sich reibungslos vollzieht. Es sind Möglichkeiten des angenehmen Voraufenthaltes zu entwickeln (Etagen-Bars, Mini-Drinks).«[10]

Die wirklichen Ursachen für den Platzmangel in Gaststätten wurden damit nicht behoben. So

Werbung von Fahrpersonal für den VEB Verkehrsbetriebe der Stadt Dresden, 1981
Plakat, Stadtmuseum Dresden
Beim VEB Verkehrsbetriebe der Stadt Dresden fehlte in den achtziger Jahren permanent Fahrpersonal. Durch Ausreisen in die Bundesrepublik verschärfte sich die Situation noch.

Kesselsdorfer Straße, 1980
Foto Uwe Görler, Stadtmuseum Dresden
Nach der Zerstörung des Dresdner Stadtzentrums im Zweiten Weltkrieg erhielt die Kesselsdorfer Straße als Einkaufszentrum eine besondere Bedeutung. Die Sanierung der hier erhaltenen Altbausubstanz blieb jedoch aus.

Einfluß von Industrieabwässern in die Elbe bei Heidenau, 1988
Foto Franz Zadnicek
Durch den Einfluß von ungeklärten Industrieabwässern war die Elbe hochgradig verschmutzt. Leben im Fluß verschwand fast völlig.

ging die Zahl der Plätze 1980 gegenüber 1975 zurück, weil große Gaststätten wegen baulicher Mängel geschlossen wurden. Dazu gehörten die HOG Elbehotel, Kümmelschänke, Hansa-Hotel, Goldener Löwe Pillnitz, Goldener Löwe Niedersedlitz und das Kurhaus Bühlau.[11]

60 km reparaturbedürftige Straßenbahngleise und zunehmende Verschmutzung der Stadt

Baulicher Verfall belastete auch den städtischen Nahverkehr. In einem Bericht vom 5. März 1984 mußte der Rat der Stadt einen katastrophalen Zustand feststellen: »Mit den zur Verfügung stehenden Kapazitäten ist eine schnelle Instandsetzung von ca. 60 km reparaturbedürftigen Gleisen nicht möglich. Zur schrittweisen Verbesserung der Lage hat der Rat die Rang- und Reihenfolge in entsprechenden Jahresscheiben festgelegt. Den Schwerpunkt bildet die komplexe Rekonstruktion Straße-Schiene auf der Bautzner Straße/Bautzner Landstraße.«[12] Eine technische Fehlentwicklung, die Großverbundplatte im Gleiskörper, hatte zu diesen verheerenden Folgen geführt.

Aber auch Arbeitskräftemangel und fehlende Ersatzteile führten zu Ausfällen. So konnten 1983 Busse nicht eingesetzt werden, da Reifen fehlten. Für 1987 wurde berichtet, daß die Ersatzteileprobleme weiter akut waren.[13]

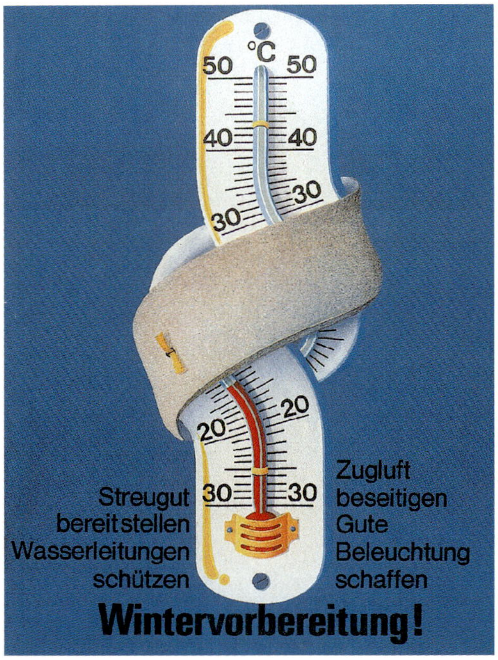

»Wintervorbereitung!«, 1981
Aufgrund vernachlässigter Vorbereitungen kam es im harten Winter 1978/79 zu Zusammenbrüchen in der Energieversorgung und im Verkehrswesen. Plakataktionen in den Folgejahren mahnten rechtzeitige Vorkehrungen an.

Umfangreiche Werbemaßnahmen Anfang der achtziger Jahre sollten die Arbeitskräftesituation verbessern. Die Entlohnungsverhältnisse wirkten jedoch keineswegs stimulierend.[14] Anfang 1984 verschärfte sich die Arbeitskräftesituation wieder, zumal bis zum 2. April allein 9 Bus- und 7 Straßenbahnfahrer die DDR verlassen hatten.[15] Mit Hobby-Straßenbahnern im zweiten Arbeitsverhältnis und Studenten der Verkehrshochschule versuchte man, Verbesserungen herbeizuführen.

Immer wieder gab es Anlaß zu Kritiken über die Verschmutzung der Stadt, sowohl der Straßen als auch der Luft. 1981 beklagte der Rat der Stadt sehr hohe Ausfallquoten bei den Kehrmaschinen des VEB Stadtreinigung.[16] Zwei Jahre später sollte die Situation durch den Einsatz von 15 Handkehrern für ausgewählte Gehwegbereiche verbessert werden.[17] Diese Zahl manueller Straßenkehrer reichte jedoch nicht aus, so daß man den Ausweg in VMI-Großeinsätzen der Aktion Frühjahrsputz sah, z. B. im Jahr 1984 für die Brühlsche Terrasse, den Bereich Semperoper und den Schloßpark Pillnitz.

Mit zur Verschmutzung der Stadt trug der hohe Einsatz von minderwertiger Rohbraunkohle zu Heizzwecken bei. Betriebe und Schulen erhielten Auflagen, vorrangig Rohbraunkohle einzusetzen. So wurden Teile der Schulhöfe zu unansehlichen Kohlelagerplätzen umfunktioniert.[18] Die Bevorratungskonzeption der Bezirksenergiekommission sah 1983 die Lagerung von 68500 Tonnen Brennstoffen im Dresdner Stadtgebiet vor, u. a. auch in innerstädtischen Bereichen wie an der Marienbrücke und an der Pieschener Allee:[19]

Im Juli 1982 wandten sich viele Bewohner des Dresdner Stadtzentrums an die Sächsische Zeitung und klagten über starke Geruchsbelästigungen. Ein Monat später sah man sich genötigt, eine Stellungnahme des Kreishygienearztes zu veröffentlichen, in der mitgeteilt wurde:

»Bedingt durch die geographische Lage des Talkessels kommt es je nach Windrichtung unter Umständen zu Beeinflussungen aus dem Raum Radebeul-Coswig (Arzneimittelwerk – Stickstoffwerk) oder Heidenau – Pirna-Copitz (Kunstseidenwerk, Chemische Fabrik Pirna-Copitz). Alle als Umweltverschmutzer bekannt gewordenen und festgestellten Betriebe haben Auflagen zur Reinhaltung der Luft erhalten und arbeiten an deren Realisierung (Einordnung der Maßnahmen in den laufenden Fünfjahrplan).«[20]

Besonders übel roch es beim VEB Sekundärrohstoffe, der an der Friedrichstraße riesige Mengen tierischer Knochen lagerte.

Ziel: Lösung der Wohnungsfrage als soziales Problem bis 1990

Das Anfang der siebziger von der SED gestellte Ziel, die Wohnungsfrage als soziales Problem bis 1990 zu lösen, wurde nicht erreicht. Einer zwar hohen Zahl von Neubauten stand der

Grundsteinlegung Komplexstandort Dresden-Grobitz am 21. August 1981
Foto Volker Santrucek, Stadtmuseum Dresden
Der Aufbau des Komplexstandortes Gorbitz war das größte Projekt des Wohnungsbauprogrammes der DDR in Dresden. Hier entstanden 1981 bis 1990 über 14000 Wohnungen für etwa 38000 Einwohner.

massenhafte Verfall von Altbausubstanz gegenüber. Angaben dazu findet man selbst in den Dresdner Ratssitzungsprotokollen sehr selten. Eine solche Ausnahme bildet die Feststellung der Sitzung am 16. Juni 1981, daß seit 1971 ein Zugang von 34155 Wohnungen zu verzeichnen sei. Das schlüge sich aber nicht im gleichen Maße im extensiven Anwachsen des Wohnungsbestandes nieder. Denn im gleichen Zeitraum wurden 5900 Wohnungen der Altbausubstanz ausgesondert.[21] Und letzterer Prozeß – auswohnen, leerstehen lassen, Einsturz und Abriß – potenzierte sich zunehmend.

Eine der Methoden, die Planzahlen im Wohnungsbauprogramm zu erfüllen, machte eine Dringlichkeitsvorlage zur Ratssitzung am 26. Mai 1983 deutlich.

In den Wohnkomplexen 2 und 3 von Dresden-Gorbitz sollte der Anteil kleiner Wohnungen erhöht werden:

»Diese Erhöhung gegenüber dem in den 70er Jahren vom Ministerium für Bauwesen vorgege-

Neubaugebiet Gorbitz, 1983
Foto Volker Santrucek, Stadtmuseum Dresden
Feste Straßen entstanden in den Neubaugebieten oft erst im Nachgang. Gummistiefel waren bei Regenwetter angesagt.

»Genosse Modrow in Gorbitz«, 5. August 1982
Foto Hans-Dieter Opitz, Stadtmuseum Dresden
Funktionäre der SED-Parteiführung überzeugten sich im Zuge großangelegter Baustellenbesuche von der Erfüllung der Ziele im Wohnungsbauprogramm. Baubrigadiere erstatteten Bericht über die Planerfüllung.

Innere Neustadt: Ecke Rähnitzgasse/Obergraben, Herbst 1984
Foto Jürgen Kossatz, Stadtmuseum Dresden
In der Inneren Neustadt bot sich während der achtziger Jahre hinter der Schauseite der Straße der Befreiung (heute Hauptstraße) ein Bild zunehmenden Verfalls und der Verwahrlosung.

benen Orientierungswert von 35% kleiner Wohnungen wird begründet in dem in der Volks-, Berufs-, Wohnraum- und Gebäudezählung 1982 ermittelten hohen Bestand an kleinen Haushalten, deren Wohnungsbedarf noch nicht abgedeckt werden konnte. Daraus ist abzuleiten, daß ein Wohnraumverteilerschlüssel mit 46,7% kleiner Wohnungen in Gorbitz berechtigt und notwendig ist. Mit dem erhöhten Anteil kleiner Wohnungen ist der Anteil unterbelegter großer Altbauwohnungen zu senken.

Die Erhöhung des Anteiles kleiner WE ist weiterhin in der Notwendigkeit begründet, den Materialverbrauch Stahl und Zement pro Wohnung der WBS 70/10,8 m zu senken.«[22]

Aufbau Dresdner Schloß: Montage der Ecktürme an der Westseite, 12. Oktober 1988
Foto Gunter Hübner, Stadtmuseum Dresden
Nach dem Abschluß des Wiederaufbaus der Semperoper im Jahre 1985 wechselten die erfahrenen Fachleute zur Wiederherstellung des Dresdner Residenzschlosses. Aufgrund des Mißfallens dieses Vorhabens bei zentralen Partei- und Staatsbehörden in Berlin gingen die Arbeiten nur mühselig und allmählich voran.

Aufbau des Hotels »Dresdner Hof«, 1988
Foto Frank Höhler, Stadtmuseum Dresden
Der Aufbau des Hotels »Dresdner Hof« (1987–1990) zwischen Töpferstraße und Münzgasse durch japanische und schwedische Firmen war ein Prestigeobjekt der DDR. Westliche Touristen sollten für Devisen in diesem Hotel in der Nähe der Ruine der Frauenkirche absteigen. Heute trägt das Haus den Namen »Hilton Dresden«.

Daraufhin wurde die Planung für das Neubaugebiet Gorbitz, das größte Projekt des Wohnungsbauprogrammes in Dresden, geändert von 13695 Wohnungen (40636 Einwohner) auf 14422 Wohnungen (38037 Einwohner).[23]
Im Juli 1983 folgte eine weitere Planänderung unter der Bezeichnung »Präzisierung der Bebauungskonzeption Dresden-Kohlenstraße, Teilabschnitt 1«. Um eine »Materialsubstitution« (u. a. Vermeidung von Aufzügen) zu erreichen, wurden die vorgesehenen 17geschossigen Wohnhochhäuser gestrichen. Ersatz sollte mit dem neuen Wohnungstyp WBS 14,40 m geschaffen werden.[24]
Zugunsten billiger Lösungen dominierte im Wohnungsbauprogramm die Monotonie des industriellen Plattenbaues. Die Erfüllung von Planzahlen ging vor Qualität und städtebauliche

Vielfalt. Am Ende der DDR 1989/90 verzeichnete die Bilanz des Wohnungsbauprogramms für Dresden in den achtziger Jahren[25]:

Bauzeit	Standort	Zahl der Wohnungen
1981–1990	Gorbitz	14400
1984–1989	Reicker Straße	3350
1981–1985	Kohlenstraße	2000
1980–1981	Räcknitzhöhe	1300
1980–1981	Marienberger Str.	1100
1985–1988	Dohnaer Straße	1055
1986–1990	Platz der Einheit	893
1985–1990	Schäferstraße	730
1986–1987	Grenzstraße	700
1982–1983	Fritz-Foerster-Platz	650
1989–1990	Selliner Straße	600

Schultaschenrechner, Wehrunterricht, polytechnische Zentren und Jugendtanz

Kindheit und Jugend in den achtziger Jahren verliefen in der Regel nach einheitlichen Lehrplänen, die sich seit Beginn der siebziger Jahre kaum verändert hatten und in deren Mittelpunkt die 10-klassige allgemeinbildende polytechnische Oberschule stand.

Zu den wenigen Neuheiten zählte die Einführung von Taschenrechnern in den Schulen. Mit Beginn des Schuljahres 1984/85 erhielten alle Schüler ab der 7. Klasse den Schulrechner »SR 1«, der im VEB Mikroelektronik »Wilhelm Pieck« Mühlhausen produziert wurde. Anfang 1988 verzeichnete man die Herstellung des Einmillionsten Schulrechners.[26]

Seit 1986 kam es auch zur Einrichtung von Computerkabinetten für Schüler, besonders für solche der erweiterten Oberschulen. Ende 1988 existierten jedoch erst 12 solcher Kabinette in den Betrieben Robotron, Mikromat und Meßelektronik sowie an der EOS »Romain Rolland«.[27] Der

Montage von Block 1 des Neubaugebietes Prager Straße/Nord 1. Juni 1988
Foto Gunter Hübner, Stadtmuseum Dresden
Im Fünfjahrplan 1986–1990 war vorgesehen, einige innerstädtische Baulücken in Dresden durch dafür speziell entwickelte Plattenbauten zu schließen. Im Bereich Prager Straße/Nord entstand bis 1990 lediglich der Block 1.

Rückstand der DDR zum westlichen Niveau war trotz dieser Neuerungen nicht einholbar. Die RGW-Staaten, zu denen die DDR gehörte, verfügten nicht über eine entsprechende weltmarktfähige Technik.

Dennoch werden Schultaschenrechner und Computerkabinette zu den positiven Erinnerungen der Schülergeneration der achtziger Jahre zählen. Ganz anders verhielt es sich mit dem Wehrunterricht, der ab 1. September 1978 für die Schüler der 9. und 10. Klassen der polytechnischen Oberschulen eingeführt wurde. Der Widerstand gegen den Wehrunterricht war nicht offensichtlich, wie z. B. aus einer Information des Dresdner Stadtschulrates vom 11. September 1980 hervorgeht: »19 Schüler der 9. und 10. Klassen haben aus religiösen bzw. pazifistischen Gründen nicht an den Stunden zu den Fragen der sozialistischen Landesverteidigung teilgenommen.«[28]

Der Wehrunterricht brachte jedoch nicht den gewünschten Erfolg bei der Gewinnung von Bewerbern für die Laufbahn als Berufsunteroffizier oder Berufsoffizier. So beklagte 1984 die Abteilung Inneres des Rates der Stadt Dresden, daß die Werbeziele bei Berufsunteroffizieren nur mit 55,9 Prozent und bei Berufsoffizieren mit 69,1 Prozent erfüllt wurden.[29] Weiterhin würden sich zu wenige Schüler mit sehr guten Noten für einen militärischen Beruf entscheiden.[30]

Seit Ende der fünfziger Jahre gehörte der Unterrichtstag in der Produktion zu den Erfahrungen eines Schülers in der DDR. Durch die Einrichtung von polytechnischen Zentren in Großbetrieben verlor die polytechnische Bildung an ihrer ursprünglichen Vielfältigkeit. So wurde 1982 berichtet, daß etwa 1500 Schüler im polytechnischen Zentrum des Wohnungsbaukombinates 6000 Sichttoaster ST 2, 2000 Arbeitsleuchten und 1500 Mikrophonständer montierten und so mit 2,5 Millionen Mark an der Warenproduktion beteiligt waren.[31]

Schülertaschenrechner SR 1, 1984–1989
Sammlung Stadtmuseum Dresden
Mit Beginn des Schuljahres 1984/85 erhielten alle Schüler ab der 7. Klasse den Schulrechner »SR 1«, der im VEB Mikroelektronik »Wilhelm Pieck« Mühlhausen produziert wurde.

Umzug durch die Stadt nach den Abschlußprüfungen der 10. Klasse, um 1980
Foto Erich Andres, Stadtmuseum Dresden
In der DDR verblieben in der Regel alle Schüler über 10 Jahre gemeinsam in einer Schulklasse. Erst nach dem Abschluß der 10. Klasse trennten sich die Wege. Nach Beendigung der Prüfungen veranstalteten die Schüler ausgelassene Umzüge durch die Stadt.

Schulcomputer KC 85
Gymnasium Dresden-Plauen
Ende 1988 existierten in Dresden 12 Computer-Kabinette für Schüler. Dazu gehörte auch das Kabinett der EOS »Friedrich Engels« (heute: Gymnasium Dresden-Plauen) mit einem Schulcomputer KC 85, produziert im VEB Mikroelektronik »Wilhelm Pieck« Mühlhausen.

Konsumgüterproduktion in polytechnischen Zentren, 1983[32]

Polytechnisches Zentrum	produzierte Konsumgüter	
Pentacon	35 000 18 000	Diabetrachter Aspektar 150 A
Sachsenwerk	20 000	Küchengeräte Multiboy
Elektroschalt-gerätewerk	20 000	Ladefix
Reglerwerk	20 000	Wasch-Wisch-Schalter
Mikromat	30 000 20 000	Lochkreissägen Raspelkörper
Verpackungs-maschinenwerk	12 000 16 000	Bohrständer Handhebelscheren
RAW	1 000	Rollfix

Nicht nur im polytechnischen Unterricht erbrachten Schüler produktive Leistungen, sondern auch während der Ferien. So arbeiteten in den Sommerferien 1983 in Dresdner Betrieben 7 500 Schüler der 8. bis 10. Klassen. Im VEG Obstproduktion Borthen fanden drei Lager für Arbeit und Erholung mit 1 400 Schülern statt, die bei der Erdbeer- und Kirschenernte halfen.[33] Handel und Gastronomie waren ebenfalls Einrichtungen für entlohnten Ferieneinsatz.

Die städtischen Gremien von SED, FDJ und Staat versuchten auch in den achtziger Jahren, über Jugendveranstaltungen politischen Einfluß zu gewinnen. Zu dieser Zeit gab es 13 Jugendklubs in Dresden. Jedoch blieben einige große Klubs längere Zeit wegen baulicher Probleme geschlossen (u. a. der Zentrale Klub der Jugend und der Sportler Alaunstraße und der Klub »Rudi Arndt«).[34] Die Kulturfunktionäre mußten in den Jugendklubs feststellen, daß belehrende Vorträge, gar mit politischem Inhalt, kaum Interesse fanden.

Die Jugendklubs in den Betrieben und Wohngebieten seien zu einseitig auf Tanzveranstaltungen ausgerichtet. Dagegen verzeichnete man in den Klubs der Hoch- und Fachschulen ein inhaltlich breitgefächertes auf hohem Niveau stehendes Angebot.[35]

Letztlich mußte man zur Gesamtsituation der politischen Einflußnahme auf den Jugendtanz eingestehen:

Nicht unterschätzt werden darf die Tendenz, daß über die imperialistischen Massenmedien modernistische, dem Sozialismus teilweise direkt wesensfremde Elemente einer Vergnügungsindustrie in Tanzmusik und Diskotheken einwirken. Das zeigt sich an den nach wie vor vorhandenen Problemen der Popularisierung der Musik der DDR und des sozialistischen Lagers, am Auftreten einiger Gruppen und an der weiteren Kommerzialisierung der Tanzmusik- und Diskothekenbereiche. Das Angebot und die Repräsentanz an Titeln aus dem sozialistischen Lager reicht bei weitem nicht aus, um die derzeitige »Vorbildwirkung« dieser imperialistischen Vergnügungsindustrie völlig zurückzudrängen.[36]

Als Positivbilanz schätzte man das hohe künstlerische Niveau der Dresdner Jazz- und Dixielandformationen ein, welche die DDR-Spitze mitbestimmten. Ein besonderes Zuhause schufen sich die Dresdner Jazz-Freunde im März 1981 mit der Eröffnung ihres Klubs »Tonne« in den Kellergewölben der Ruine des Kurländer Palais.

In wacher Erinnerung ist noch bei den vielen Enthusiasten der Dresdner Dixielandfestivals »die Anstelle« nach den Eintrittskarten für diesen Höhepunkt des Kulturlebens.

Eine Dresdner Tageszeitung berichtete darüber im Jahre 1986:

Donnerstag 3 Uhr morgens war es, als sich die ersten Dixielandanhänger aus vier Generationen auf dem Parkplatz neben dem Steyerstadion »häuslich« niederließen. Bis zum Freitagabend waren es 400 Fans an der Zahl, die mit Schlafsäcken, Kraxen, Campingmöbeln, sogar mit Wohnwagen und 40 Zelten anrückten. Wer sich hier die Nächte um die Ohren schlägt, macht das nicht allein wegen

Aufruf zur Mithilfe bei der Apfelernte im VEG Obstproduktion Borthen, 1980
Plakat, Stadtmuseum Dresden
Besonders Schüler kamen diesen Aufrufen nach, um ihr Taschengeld aufzubessern. Während der Sommerferien organisierte das VEG Obstproduktion Borthen spezielle Lager für Arbeit und Erholung.

Signet vom Jazzblub TONNE, 1981
Sammlung Stadtmuseum Dresden
Am 13. März 1981 eröffneten Dresdner Jazzfreunde in Kellergewölben der Ruine des Kurländer Palais ihren Club TONNE. Der Jazzclub war ein besonders gefragtes kulturelles Kleinod mit einem außergewöhnlich reichen Programm und starker Besucherfrequenz.

der heißbegehrten Karten. Die Hauptsache ist, die »Anstelle« gehört für den echten Fan einfach schon zum Festival dazu. Man lernt sich kennen, redet stundenlang, macht selbst Musik. Die Stimmung ist wirklich »irre«, sagen alle, die einmal dabeigewesen sind.[37]

»Kurs 2000 XI. Parteitag der SED«, 1986
Plakat, Stadtmuseum Dresden
Der XI. Parteitag der SED war die letzte reguläre Veranstaltung dieser Art. Der Kurs 2000 sollte in den alten festgelegten Bahnen angesteuert werden.

Übersiedlungsersuchende (ÜE)

Zu Jahresbeginn 1990 schloß ein Mitarbeiter der Abteilung Inneres des Rates der Stadt Dresden mehrere A4-Hefte ab, in denen seit 1985 die namentliche Auflistung der Dresdner geführt wurde, die seitdem die DDR verließen. Mit Rotstift trug er für 1989 die Endzahl 18182 ein. Selbst in den fünfziger Jahren gab es bei noch offener Grenze nie eine so große Zahl an Flüchtlingen.[38]
Die DDR-Partei- und Staatsführung glaubte, daß mit dem Mauerbau am 13. August 1961 dieses Problem nun endgültig gelöst sei. Ein dennoch gestellter Ausreiseantrag wurde als »rechtswidriges Ersuchen auf Übersiedlung nach der BRD und Westberlin« bezeichnet und bis auf wenige Ausnahmen abschlägig behandelt.
Doch für 1979 stellte die Abteilung Inneres des Rates der Stadt Dresden beunruhigt fest: »1979 gab es in der Stadt Dresden bei den erstmaligen rechtswidrigen Ersuchen auf Übersiedlung nach der BRD bzw. Westberlin mit 279 Fällen und 668 Personen, davon 207 Personen unter 14 Jahren den bisher höchsten Zugang innerhalb eines Jahres.«[39] Zusammen mit den Anträgen aus den Vorjahren wurden am 31. Dezember 1979 in Dresden 608 Fälle mit 1504 Personen registriert. Da der anliegende Personenkreis nur 0,27 Prozent der Bevölkerung betreffe, stufte man dies als Randerscheinung ein.
Im Laufe der achtziger Jahre nahm die Ausreisebewegung jedoch Ausmaße an, die nun viele Bürger erfaßte. Während man in der Umgangssprache die Begriffe Ausreisewillige oder Antragsteller benutzte, hieß es im amtlichen Gebrauch Übersiedlungsersuchende (Abkürzung ÜE).[40]

Entwicklung der Übersiedlungsersuchenden
in der Stadt Dresden 1980 bis 1984

Jahr	1980	1981	1982	1983	1984
Gesamtzahl 31. 12.	1874	1766	1408	1638	5600
erstmalige Ersuchen	810	930	896	578	6025
Rücknahmen	257	280	787	228	1155
staatlich genehmigte Übersiedlungen	284	823	378	433	3115
Übersiedler im Rentenalter	313	256	201	154	233

Aufnäher „»Schwerter zu Pflugscharen«
Privatbesitz
Seit 1980 organisierten Kirchen in der DDR jeweils im November eine Friedensdekade unter der Losung »Frieden schaffen ohne Waffen«. Die in diesem Zusammenhang im kirchlichen Rahmen (in Herrnhut) hergestellten Aufnäher aus Vliesstoff erregten bei staatlichen Stellen Anstoß. Stilisiert dargestellt wurde eine Bronzeplastik, die 1959 als offizielles Geschenk der UdSSR an die UNO überreicht worden war, sowie das Bibelzitat »Schwerter zur Pflugscharen«.

Nach der großen Zahl von Ausreisen im Jahre 1984 konstatierten die Behörden weitreichende Folgen. Nun fehlende Verkäuferinnen, Kellner und Köche hinterließen spürbare Lücken. Weiter mußte man vermerken: »Im Verlaufe des II. Halbjahres wurde deutlich sichtbar, daß der größte Teil der ausgereisten Personen intensive Rückverbindungen zu noch in der DDR lebenden Bürgern unterhält. Das kommt zum Ausdruck bei der erstmaligen Antragstellung der Bürger, die sich sofort auf ausgereiste Personen beziehen. In einigen Betrieben, z. B. KG-Fleischverarbeitung, mußten Maßnahmen eingeleitet werden, wie Telefonumstellung, Einrichtung einer Telefonzentrale, um telefonische Verbindungen zu verhindern.«[41]
Sehr groß war die Zahl der Übersiedlungsersuchenden unter den Arbeitern der Dresdner Großbetriebe. Die gewünschte Einflußnahme der sozialistischen Kollektive versagte. Von den Abstandsnahmen der Ausreise erzielten Angehörige der Betriebe und Arbeitskollektive die

35. Jahrestag der Grenztruppen der DDR, 1981
Plakat, Stadtmuseum Dresden
Ein verlogenes Plakat angesichts des Schießbefehls für die Grenztruppen.

wenigsten. Die Betriebsleiter wurden verpflichtet, Übersiedlungsabsichten von Betriebsangehörigen sofort zu melden. Bei über 6000 Übersiedlungsersuchen im Jahre 1984 kamen nur 55 solcher Hinweise aus den Betrieben.

Die Nervosität der Partei- und Staatsorgane nahm nun enorm zu. Eine Vielzahl von Anweisungen ergingen. Zum Beispiel bezog man sich 1987 auf folgende Direktiven und Maßnahmepläne: Verfügung 143/83 des Vorsitzenden des Ministerrates, Ordnung 0118/77 des Ministers des Innern, Beschluß der SED-Bezirksleitung Dresden vom 13. März 1987, Maßnahmen der FDGB-Stadtleitung und der FDJ-Stadtleitung zur Formierung aller gesellschaftlichen Erziehungsträger und Konzeption der Abt. Inneres

Programm »Im Kreislauf voran!«, Kabarett Die Herkuleskeule Dresden, 1981/82
Plakat, Stadtmuseum Dresden
Das Kabarett der Stadt Dresden sprach Wahrheiten an, alle lachten darüber, aber nichts änderte sich. Eintrittskarten für »Die Herkuleskeule« waren besonders begehrt und galten als eine Art Zweitwährung.

zur Organisierung der fall- und personenbezogenen Arbeit mit Übersiedlungsersuchenden. Aufgrund des großen Anstiegs der Anträge konnte die Forderung der SED-Bezirksleitung, daß ein Mitarbeiter der Abteilung Inneres in der fall- und personenbezogenen Arbeit für 50 Fälle zuständig sein sollte, nicht eingehalten werden. Zwischen 80 und 120 Fälle entsprachen nun dem tatsächlichen Stand.

Zum Jahresende 1988 wurden in Dresden 5636 Übersiedlungsanträge mit 13451 Personen registriert. Großbetriebe und Neubaugebiete, die Bastionen der DDR sein sollten, verzeichneten besonders viele Antragsteller. Es gab Schwerpunktbetriebe mit 4–10% der Gesamtbelegschaft als Übersiedlungsersuchende.[42] Das Gefüge der DDR bröckelte.

Dokumentenschreibmaschine Erika E 70, 1970–1990
Sammlung Stadtmuseum Dresden
Für den Bedarf der aufgeblähten Bürokratie der DDR entwickelte der VEB Schreibmaschinenwerk Dresden eine spezielle Dokumentenschreibmaschine.

Bücher aus der Bundesrepublik Deutschland im Ausstellungszentrum am Fucikplatz, Dezember 1988
Plakat, Stadtmuseum Dresden
Im Rahmen des gegenseitigen Kulturaustausches mußten die DDR-Behörden diese Buchausstellung aus der Bundesrepublik widerwillig dulden. Bis zum Mauerfall war die Einfuhr von Büchern aus der Bundesrepublik untersagt, wie generell »Druckerzeugnisse« aus dem »nichtsozialistischen Ausland« auf dem Index standen.

Kirchentag 1983 in Dresden
Plakat, Stadtmuseum Dresden
Kirchen boten auch Menschen, die dem DDR-System kritisch gegenüberstanden, ein Dach unter dem sie sich bei Beachtung bestimmter Spielregeln gegenseitig austauschen konnten. Kirchentage wurden deshalb von den Partei- und Staatsorganen mit besonderer Beunruhigung beobachtet.

Aufnäher »Baustopp für Reinstsiliziumwerk Gittersee«, 1989
Archiv der evangelisch-lutherischen Superintendentur Dresden-Mitte
Das im Jahre 1989 geplante Reinstsiliziumwerk in Dresden-Gittersee stellte eine große Bedrohung für die Umwelt in der Stadt dar. Dies löste starke Proteste aus. Die Behörden versuchten, mit drastischen Maßnahmen die Gegenreaktionen zu unterbinden.

Hausbuch
Sammlung Stadtmuseum Dresden
Personen, die in die DDR einreisten, mußten innerhalb von 24 Stunden im Hausbuch eingetragen werden, das beim Hausvertrauensmann lag und von diesem in Abständen der Meldestelle der Deutschen Volkspolizei vorzulegen war.

Anmerkungen

1 Vgl. Stefan Wolle: Die heile Welt der Diktatur. Alltag und Herrschaft in der DDR 1971–1989, Ch. Links Verlag, Berlin 1998, S. 183.
2 Stadtarchiv Dresden (Zwischenarchiv), Stadtbezirk Dresden-Nord, Bilanzen im VMI-Wettbewerb 1982–1988, Sign. 150/14.
3 Stadtarchiv Dresden (Zwischenarchiv), VMI Stadtbezirk Dresden-Mitte 1986–1989, Sign. 133/2.
4 Vgl. Wolle, a. a. O., S. 76.
5 Sächsische Zeitung vom 21./22. August 1982, S. 8
6 Stadtarchiv Dresden, Ratssitzungsprotokolle 1980, 4.2.2, Sign. 336.
7 Ebenda.
8 Stadtarchiv Dresden, Lageberichte des Rates der Stadt an die SED-Bezirksleitung 1987/88, Sign. 1841/2.
9 Ebenda.
10 Stadtarchiv Dresden, Ratssitzungsprotokolle 1984, 4.2.2, Sign. 379.
11 Stadtarchiv Dresden, Ratssitzungsprotokolle 1981, 4.2.2, Sign. 341.
12 Stadtarchiv Dresden, Ratssitzungsprotokolle 1984, 4.2.2, Sign. 380.
13 Vgl. Sächsische Neueste Nachrichten vom 13. Februar 1988, S. 7.
14 Stadtarchiv Dresden, Ratssitzungsprotokolle 1980, 4.2.2, Sign. 336.
15 Stadtarchiv Dresden, Ratssitzungsprotokolle 1984, 4.2.2, Sign. 379.
16 Vgl. Stadtarchiv Dresden, Ratssitzungsprotokolle 1981, 4.2.2, Sign. 341.
17 Vgl. Stadtarchiv Dresden, Ratssitzungsprotokolle 1984, 4.2.2, Sign. 380.
18 Vgl. Stadtarchiv Dresden, Ratssitzungsprotokolle 1980, 4.2.2, Sign. 336.
19 Vgl. Stadtarchiv Dresden, Ratssitzungsprotokolle 1983, 4.2.2, Sign. 367.
20 Sächsische Zeitung vom 13. August 1982, S. 8.
21 Vgl. Stadtarchiv Dresden, Ratssitzungsprotokolle 1981, 4.2.2, Sign. 344.
22 Stadtarchiv Dresden, Ratssitzungsprotokolle 1983, 4.2.2, Sign. 367.
23 Vgl. ebenda.
24 Vgl. Stadtarchiv Dresden, Ratssitzungsprotokolle 1983, 4.2.2, Sign. 368.
25 Angaben vom Rat der Stadt Dresden, Büro des Stadtarchitekten, 1989.
26 Vgl. Sächsische Neueste Nachrichten vom 12. Januar 1988, S. 1.
27 Vgl. Sächsische Neueste Nachrichten vom 11. Mai und 10. Dezember 1988.
28 Vgl. Stadtarchiv Dresden, Ratssitzungsprotokolle 1980, 4.2.2, Sign. 336.
29 Vgl. Stadtarchiv Dresden, Ratssitzungsprotokolle 1984, 4.2.2, Sign. 378.
30 Vgl. Stadtarchiv Dresden, Ratssitzungsprotokolle 1980, 4.2.2, Sign. 380.
31 Vgl. Die Union vom 30. Oktober 1982, S. 3.
32 Vgl. Stadtarchiv Dresden, Ratssitzungsprotokolle 1983, 4.2.2, Sign. 376.
33 Vgl. Die Union vom 4. Juli 1983, S. 6.
34 Vgl. Sächsische Neueste Nachrichten vom 6. Mai 1981, S. 6.
35 Vgl. Stadtarchiv Dresden, Ratssitzungsprotokolle 1983, 4.2.2, Sign. 376.
36 Stadtarchiv Dresden, Ratssitzungsprotokolle 1981, 4.2.2, Sign. 345.
37 Die Union vom 30. April 1986, S. 6.
38 Vgl. Stadtarchiv Dresden (Zwischenarchiv) Abt. Inneres, Sign. 1857/1.
39 Stadtarchiv Dresden (Zwischenarchiv) Abt. Inneres, Sign. 1862/1/2.
40 Ebenda.
41 Ebenda.
42 Ebenda.

Das Federzimmer August des Starken

CORNELIA HOFMANN / BIRGIT TRADLER

»... Umsonst verreist man so viel Geld/Vergebens wird mit großen Kosten/Nach Süd und West, nach Nord und Osten/Die Reise hitzig fortgestellt/Damit man fremde Wunder sehe/Allein man findet in der That/Weit grössre Wunder in der Nähe/Als man nicht in der Ferne hat/Denn das, was man in Dresden schauet/Und was AUGUST vollführt und bauet/Sieht man sonst nirgends auf der Welt.«
» J. G. Keyßlers Reisen durch Theutschland, Böhmen...« Hannover 1776

JOHANN Georg Keyßler, Mitglied der Königlich Großbrittannischen Societät der Wissenschaft, wurde 1693 in Thurnau geboren. Seine Reiseberichte über Deutschland, Böhmen, Ungarn, die Schweiz, Italien und Lothringen erschienen in mehreren Auflagen und Übersetzungen. Ein Kapitel in seinen Büchern widmete er Dresden, welches er 1730 besuchte. Sein Weg führte ihn u. a. in das Japanische Palais, das auf Grund seiner umfangreichen Porzellansammlung weltweit bekannt war. Dort sah Keyßler in einem der Zimmer »... *ein Paradebette mit etlichen Stühlen aus lauter bunten Federn...*«[1].

August der Starke (1670–1733, als Friedrich August I. Kurfürst von Sachsen und als August II. König in Polen) erwarb dieses Paradebett im Jahre 1723, um es im Japanischen Palais[2], gemeinsam mit seiner Porzellansammlung, zu präsentieren. Allerdings ließ er das Paradebett, laut einer Eintragung im ersten Inventar des Japanischen Palais, verändern. Auf Befehl des Königs wurden die großen Vorhänge, die zum Baldachin gehörten, abgenommen und als Teppiche an die Wände gebracht. So entstand aus »... *von allerhand bunten natürlichen und gemahlten Federn kostbar gewürcktes Bette...* «[3] eine Zimmereinrichtung mit Paradebett, Baldachin und Wandteppichen, das »Federzimmer August des Starken«.

Dieses Federzimmer befand sich viele Jahre im Japanischen Palais. Keyßler berichtete in seinen Aufzeichnungen vom Oktober 1730 weiter: »*Dieser schöne Palast wird ... niedergerissen und ins Viereck mit vier Eingängen wieder aufgeführet...*«. Er hatte vermutlich Einsicht in die Pläne des Oberlandbauamtes, denn er beschrieb den zukünftigen Ausstellungsraum nach Umgestaltung des Elbflügels (ehemaliges Palais): »...*In dem zehnten oder dem Federzimmer, wird das Bett nebst den Tapeten von indianischen Vogelfedern und das Porzellan von Pfirsichblüthe Farben und Golde seyn. Die Zierrathen der Wände gleichen den vorhergehenden.*« Auch andere

Japanisches Palais von der Elbseite (Aufnahme von 1999).
Foto: Franz Zadnicek, Stadtmuseum Dresden
Graf Jakob Heinrich von Flemming erteilte 1715 den Auftrag zur Errichtung des Palais. Kurfürst Friedrich August I. erwarb 1717 das »Altendresdener Haus« mit zwei eingeschossigen Wirtschaftsgebäuden. Bei den Hochzeitsfeierlichkeiten des Kurprinzens (10. 09. 1719) spielte es eine wesentliche Rolle. Der Umbau zu einem Vierflügelbau in spätbarock-klassischem Stil erfolgte 1727/33. Nach Plänen des Oberlandbauamtes soll das Federzimmer nach dem Umbau des Palais im 2. Stock des Elbflügels aufgestellt worden sein.

Zeugen wußten von dem Federzimmer im Japanischen Palais zu berichten. In einer Tagebuchaufzeichnung von August und Ottilie Goethe[4] vom 15. Juni 1819 steht ein Vermerk über die Besichtigung von Federtapeten zu dem Schlafzimmer August des Starken, welche herrlich gearbeitet und in einem sehr guten Zustand waren.

Das Parade- oder Imperialbett mit seinem Baldachin und den Wandteppichen gelangte 1830 in das Schloß Moritzburg und wurde dort aufgestellt. Es stand frei im Raum und berührte nur mit der Kopfseite die Wand. Der freischwebende Baldachin besteht aus 3 großen Lambrequins (Quervorhänge), die durch geschweifte hölzerne Simsteile gehalten werden. Diese Simsteile sind mit geschnitzten, geschwungenen Akanthusblättern und Voluten verziert. Die Innenseite des Baldachins gestaltet sich aus 4 kleineren Lambrequins und dem Himmel. Bekrönt wird der Baldachin mit 4 symmetrisch angeordneten Vasen. Auch die Bettstatt besitzt geschweifte Teile mit kleineren Hängern. Ein Teppich (Rückwand) verbindet optisch Baldachin und Bettstatt. Das gesamte Paradebett ist reich mit Quasten verziert. Die 4 Wandteppiche nehmen das Grundmuster und die Bordüren des Bettes wieder auf.

Lambrequins, Bettdecke, Himmel, Teppiche und Quasten sind aus ungewöhnlichem Material gefertigt. Über eine Million farbenprächtiger Federn aus aller Welt schmücken diese Zimmereinrichtung. Nicht mit gezählt sind die Federn, welche die hölzernen Sims-, Vasen- und Zargenteile verzieren.

Dieses Material und seine großzügige und eigenartige Verwendung erregten schon zur Zeit August des Starken große Bewunderung und viel Aufsehen.

Arbeiten aus Federn waren im 18. Jahrhundert auch in Sachsen bekannt und begehrt. Unterschiedlichste Dinge wurden daraus hergestellt. Großer Beliebtheit erfreuten sich vor allem Sonnenschirme, Federbüsche für Hüte, Fliegen- und Staubwedel aus Pfauen-, Reiher-, Schwanen- und Papageienfedern sowie Schmuck für Pferde. Auch waren »Feder-Muffen« (Handwärmer für Damen und Herren) in Mode gekommen, die aus Fasanen-, Enten-, Hühner- und Rebhuhnfedern gefertigt wurden. Ein großer Teil des Materials wurde aus Italien oder Nordafrika bezogen, vor allem die begehrten und teuren Straußenfedern. So bezahlten die Käufer in Venedig für ein Pfund »rohe Strauß-Federn vom Flügel« 16 Thaler und für hundert Stück »zugerichtete Federn von allerhand Farben«[5] 12 Thaler.

Man wußte um die Kunst des Färbens der Federn mittels Beizen und Farbauszügen aus verschiedenartigen Hölzern. Aus zeitgenössischen Reisebeschreibungen waren die Federarbeiten der Einwohner Mexikos bekannt. In den Büchern wurde über erstaunliche Federmengen auf indianischen Märkten, kostbare Decken, Tapeten und Kleidung aus Federn berichtet.

Eine Zimmereinrichtung dieser Art aber war bisher unbekannt, daher eine Sensation und große Kostbarkeit. Es zählte zu den vorzüglichsten Merkwürdigkeiten der Kurfürstlichen Residenzstadt Dresden[6]. Die im 18. Jahrhundert weitläufig übliche Bezeichnung »indianisch« für vielerlei Fremdes führte in die Irre und so entwickelten sich im Lauf der Zeit zahlreiche Legenden um das Federzimmer; zum Beispiel die Geschichte von August dem Starken, der bei einem Stierkampf in Madrid einem Stier mit einem Hieb den Schädel gespaltet habe, wodurch er sich als Preis vom König von Spanien dieses Federzimmer erworben haben soll[7]. Man beschrieb es aber auch als mexikanischen Königsthron, indianische Federarbeit oder Teil eines (wohlhabenden) indischen Hausrates.

Die Besonderheit dieser farbenprächtigen Zimmerausstattung, dem Bett mit Baldachin und den großen Wandteppichen, liegt nicht nur in dem verwendeten Material. Die Technik, mit der solch große Flächen wie die Lambrequins und die Teppiche hergestellt sind, ist ebenso ungewöhnlich. Es gab viele Möglichkeiten um Federflächen anzufertigen. Im Sachsen des 18. Jahrhundert wurden die modischen Federmuffs, laut dem Hof- und Kommerzienrat Paul Jacob Marperger

Das Federzimmer im Schloß Moritzburg (Aufnahme von 1932).
Foto: Sächsische Landesbibliothek Abt. Fotothek Dresden
Das Federzimmer wurde 1830 in der oberen Etage, dem »Lackmöbelzimmer«, des Schlosses Moritzburg aufgestellt. Im Zuge einer räumlichen Umgestaltung erfolgte 1918 der Umbau des Federzimmers in die untere Etage des Schlosses. Seit 1968 bemühte man sich, diese einmalige Zimmereinrichtung zu retten.

(1656–1730), ähnlich wie Perücken hergestellt. Das heißt, die Federn wurden »*wie bey denen* peruquen-machern *die Haare treffiert, und hernach auf Leinwand aufgeheftet*«[8]. Die peruanischen Federponchos oder Wandbehänge des 14.–16. Jahrhundert entstanden auf ähnliche Weise; zum Beispiel der sogenannte Mantel des aztekischen Herrschers Moctezuma (Montezuma). Eine weitere typische und sehr gebräuchliche Technik stellte das Aufleimen von Federn auf einen Untergrund (Federmosaik) dar. Es waren viele mexikanische Federarbeiten der Kolonialzeit bekannt, zum Beispiel Mitras, Altargerätschaften oder Heiligenbilder, die in dieser Technik meisterhaft geschaffen wurden.

Grundelement einer Vase (Baldachin) vor der Restaurierung.
Foto: Cornelia Hofmann
Zu den zerstörtesten Teilen am Federzimmer zählten die Holzelemente der Vasen am Baldachin. Durch unsachgemäße Behandlung und ungünstige Lagerungsbedingungen waren diese Elemente mehrfach gebrochen.
An allen Holzteilen war ein Befall durch den Gewöhnlichen Nagekäfer (Anobium punctatum DE GEER) zu verzeichnen. Eine dicke Staubschicht bedeckte alle federbeklebten Teile. Die holzrestauratorischen Arbeiten führte Dipl. Restaurator Holger Meyer-Doberenz aus.

Auf Grund des desolaten Zustandes mußte das Federzimmer 1972 in Moritzburg abgebaut und ausgelagert werden. Seit 1985 befanden sich die Teile des Baldachins in den Restaurierungswerkstätten des Stadtmuseums Dresden. Mit der Übernahme des Restaurierungsauftrages begann eine langjährige und spannende Arbeit. Als die ersten Teile, die Eckschals des Baldachins, Mitte der 80iger Jahre in die Restaurierungswerkstätten kamen, sollten nur einzelne Teile restauriert werden, um eines Tages vielleicht eine kleine Ausstellung im Schloß Moritzburg zu gestalten.

Der Schaden am Objekt erwies sich als groß. Die ursprüngliche farbenfrohe Pracht der Federn läßt sich nur erahnen. Die glänzenden, weichen und leuchtenden Federgewebe, mit Federn beklebten Holzteile und die Federquasten zeigen sich stumpf, blaß und zerfranst. Die einst kräftigen Farben Rot, Orange, Grün und Blau sind vergraut und teilweise in schmutzige Grüntöne umgeschlagen. Die strahlend weißen Fonds der Lambrequins, die im 18. Jahrhundert von zeitgenössischen Betrachtern mit Damast verglichen wurden, sind grau und unansehnlich geworden. Die Holzteile sind durch Wurmbefall (Anobien) angegriffen und einige zerbrochen. Das Schnitzwerk hat Fehlstellen an den Akanthusblättern und Voluten. Die Art und Weise der ursprünglichen Konstruktion für den Zusammenbau von Baldachin und Bettgestell sind nur noch schwer nachvollziehbar, da einige Teile fehlen.

Die in den Werkstätten durchgeführten Voruntersuchungen an den noch vorhandenen Teilen des Paradebettes und der Teppiche eröffneten jedoch die Möglichkeit einer Wiederaufstellung des Federzimmers im Schloß Moritzburg nach der Restaurierung. Im Oktober 1998 konnte der fertiggestellte Baldachin während einer Probehängung der Öffentlichkeit im Stadtmuseum Dresden präsentiert werden.

Seit mehr als 200 Jahren beschäftigt man sich mit der Frage nach der Herkunft dieses einmaligen Paradebettes aus Federn, welches einige Bewunderer sogar mit dem »Bernsteinzimmer« vergleichen. Der kunstwissenschaftlichen Geschichte über die Herkunft nimmt sich u. a. die amerikanische Kunstwissenschaftlerin Maureen Cassidy-Geiger (New York) an. Ihre Recherchen werden in der englischen Fachzeitschrift The Furniture History Society publiziert.

Die Restauratorinnen des Stadtmuseums Dresden forschten über die Herstellungsart der Federgewebe. Um diese Technologie zu ergründen, die auch eine wichtige Voraussetzung für die Restaurierungskonzeption war, wurden verschiedene Webproben angefertigt.

Das Grundgewebe der Federteile ist in Dreherbindung hergestellt. Das verwendete Material ist Baumwolle und Flachs. Das feste Einklemmen der Fäden durch die Drehung der Kettfäden und die dadurch erzielte Erhöhung der Schiebefestigkeit der Schußfäden ist ein wesentlicher Vorteil der Bindung. In der Regel sind die Gazegewebe locker und durchsichtig. Ihre Verwendung finden sie als Vorhänge, Unterkleider oder Zierstoffe. Dreher- oder Gazegewebe waren im 18. Jahrhundert auch in Dresden bekannt.

Federwebproben zur Ergründung der Technologie
Foto: Birgit Tradler
Um die Herstellung des Federgewebes zu ergründen, benutzten wir einen einfachen Kinderwebrahmen. Büroklammern ersetzen die sonst üblichen Dreherlitzen, die bei einem Flachwebstuhl als Vorgeschirr vor den Webschäften liegen. Zuerst werden die Federschüsse hergestellt. Sie bestehen jeweils aus drei Fäden. Zwei dienen als Grundschnur, auf der die Federn mit umgebogener Spule (Kiel) »angehängt« werden. Der dritte Faden verknotet (verknüpft) Federn und Grundschnur. Auf diese Weise werden mehrere Federn (Abstand ca. 1 cm) an den Schnüren befestigt. Der so vorgefertigte Federschuß wird in das offene Webfach des Webstuhles (hier Webrahmen) eingelegt.

Die Federn knüpfte man an separate Fäden, die in ihrer Länge der Webbreite der Grundbindung entsprachen (ca. 60 cm). Um die farbige Reihenfolge der Federn (z. B. Orange, Blau, Grün) und damit das Entstehen eines Motivs (z. B. Rebe oder Blüte) zu gewährleisten, bedurfte es einer exakten Musterzeichnung. Dabei mußte auch die Länge der Federfahnen (2,5–3,0 cm) und die sich daraus ergebende Musterverschiebung beachtet werden. Diese Technologie zur Herstellung von Federfäden war ebenfalls durch indianische und europäische Arbeiten bekannt.

Die Besonderheit beim Federzimmer liegt in der Verbindung dieser beiden Techniken zu einem Gewebe. Während der Herstellung des Drehergewebes auf dem Webstuhl wird der fertige Federfaden als Schuß in das offene Webfach eingetragen. Der Weber schließt durch die Tritte am Webstuhl das Webfach und trägt 3–5 Schüsse ohne Federn ein. Dann erfolgt wieder das Einweben eines Federschusses und so entsteht nach und nach eine dichtes Federgewebe. Dieses ist so haltbar, daß sich nicht eine der Federn aus dieser Webverbindung lösen läßt.

Das teilweise Fehlen von Federfahnen ist auf Schädlingsbefall und Lichteinwirkung zurückzuführen.

Mit dem Wissen um die Entstehungsweise des Federzimmers begann die Suche nach dem eigentlichen Herstellungsland. Da Mexiko für seine hervorragenden Federarbeiten bekannt war, deutete einiges auf dieses Land als Entstehungsort hin.

Webzeichnungen, Technische Daten und Fotos vom Federzimmer ergingen per Post an ca. 80 Völkerkundemuseen, Restaurierungswerkstätten und Privatpersonen in aller Welt. Die internationalen Recherchen ergaben das erstaunliche Resultat, daß die beim Federzimmer angewandte Technik in Fachkreisen bisher unbekannt war. Das Einweben von Federn entsprach nicht den Objekten, die die Museen in ihren völkerkundlichen Sammlungsbeständen hatten. Restauratoren und Kunstwissenschaftler aus Amerika, England, Schottland, Irland, Spanien, Portugal, Schweden, der Schweiz, Österreich, Belgien, Holland, Polen und Deutschland beteiligten sich

Baldachin während der Sonderausstellung im Stadtmuseum Dresden
Foto: Franz Zadnicek
Nach Beendigung sämtlicher Restaurierungsmaßnahmen am Baldachin wurde dieser für kurze Zeit montiert. Da einige wichtige Teile der Konstruktion, wie zum Beispiel die Vorrichtung zur Befestigung der Simsteile oder der Bekrönungsvasen, fehlten, mußten diese neu konstruiert werden. Der komplette Aufbau des Baldachins und seine Aufhängung stellte im Oktober 1998 eine Premiere nach ca. 26 Jahren dar. Die dreitägige Sonderausstellung fand nicht nur beim Dresdner Publikum ein großes Interesse .

an der Forschungsarbeit mit wertvollen Hinweisen. Zum Beispiel besitzt das Schweizerische Landesmuseum in Zürich zwei Federmuffs aus dem 19. Jahrhundert, deren Federgewebe ähnlich hergestellt wurden. Leider ist auch dort die Herkunft unbekannt.

Das Material Feder hat, wie bereits im 18. Jahrhundert, so auch diesmal in die Irre geführt. Nicht im völkerkundlichen Bereich muß gesucht werden. Das Federzimmer steht in keiner Verbindung mit den bekannten Federgeweben aus Mexiko, Peru oder Brasilien. Die verwendeten Federn mögen aus diesen Ländern gekommen sein, das Paradebett hat eine andere Herkunft.

Der entscheidende Hinweis kam aus New York. Die Kunstwissenschaftlerin Maureen Cassidy-Geiger war bei ihren Nachforschungen auf Berichte französischer Journale des 18. Jahrhunderts aufmerksam geworden.

In dem Journal »LE NOUVEAU MERCURE« vom März 1720 wird von einem schönen Paradebett berichtet, das »... *gemacht (ist) aus farbigen Federn, welche weder genäht noch geleimt sind, sondern hinein gearbeitet in den Stoff...* «. Dies trifft auch auf die beim Federzimmer August des Starken angewandte Technik zu.

Das Journal teilte dem interessierten Leser des 18. Jahrhundert weiter mit, daß es sich bei der Technik des Einwebens von Federn um eine Erfindung ohne Beispiel handelte. Die Zeitschrift versicherte, daß das Paradebett nicht doppelt gefertigt werden solle. Die Nachforschung betreffs der Webtechnik am Federzimmer ergab, daß es sich nicht um ein »völkerkundliches« sondern um ein Gewebe handelte, bei dem altes Wissen mit neuer Technologie verknüpft wurde. Es konnten keine Vergleichsbeispiele aus dem 18. Jahrhundert gefunden werden.

Detailansicht des Baldachins mit Vase nach der Restaurierung
Foto: Cornelia Hofmann
Im demontierten Zustand des Baldachins konnten die Federgewebe der Eckschals, Innen- und Außenhänger und des Himmels in einer Reinigungsflotte mit handwarmem, entsalztem Wasser und einem speziellen Tensid naß gereinigt werden. Das zeitintensive Trocknen der Federn erfolgte mit Hilfe einer kalten Luftdusche. Dabei mußte jede einzelne Feder des Gewebes angehoben und »frisiert« (getrocknet und gerichtet) werden. Da alle eingewebten Federspulen vorhanden und nur einige Federfahnen abgebrochen waren, mußte keine einzige Feder ergänzt werden.

Das Paradebett, welches im Journal ausführlich beschrieben wurde, stand 1720 zum Verkauf. Drei Jahre später erwarb August der Starke ein Paradebett von Federarbeit »*... wofür dreyßig tausend Thaler gezahlt worden ...*«. So wußte Johann Georg Keyßler in seinen Reiseunterlagen zu berichten.

In dem Artikel von 1720 wurde von einem »Monsieur le Normand-Cany« berichtet, den man als Erfinder der Technik des Einwebens von Federn bezeichnete. Im ersten Inventar des Japanischen Palais Dresden, in dem der Ankauf des Paradebettes eingetragen wurde, war als Verkäufer ein »Sieur Normann« angegeben.

Der bedeutendste Satz aber stand am Anfang des Artikels. »*D'un trés-beau Lit de Parade, nouvellement fait á Londres ...*«. Das im französischen Text beschriebene Paradebett wurde in London hergestellt.

Nachdem der Baldachin erfolgreich restauriert werden konnte, muß nun alles daran gesetzt werden, daß das auf der Welt einmalige Federzimmer weitestgehend wiederhergestellt und als wertvolles Kulturgut überliefert werden kann.

Anmerkungen

1 »Reisen durch Theutschland, Böhmen, Ungarn, der Schweiz, Italien und Lothringen in welcher der Zustand und das Merkwürdigste dieser Länder beschrieben, und ...« Johann Georg Keyßler, Neuauflage von Gottfried Schütze, Hannover 1776, Bd. II, S. 1298 ff.

2 Die Bezeichnung »Japanisches Palais« wurde bereits 1719 verwendet, ist aber erst ab 1732 allgemein üblich.

3 Eintragung aus dem ersten Inventar des Japanischen Palais. Dieses Inventar wurde im Auftrag des sächsischen Kurfürsten und polnischen Königs zur Aufnahme des Bestandes des Palais von 1721 bis 1727 geführt.

4 »Schriften der Goethegesellschaft« W. von Oettingen, Weimar 1912/13.

5 »Ausführliche Beschreibung des Haar- und Federhandels, und denen aus diesen beyden Materialien verfertigten Manufacturen ...« Paul Jacob Marperger, Leipzig 1717, Kap. X, S. 271 ff.

6 »Beschreibung der vorzüglichsten Merkwürdigkeiten der Churfürstlichen Residenzstadt Dresden und ...« Karl Wilhelm Daßdorf, Dresden 1782.

7 »Der Kunstkalender: Ein Besuch im Moritzburger Schloß« Paul Sorgenfrei, 1921, S. 499–500.

8 s. Anm. 5.

Die Dresdner Adressbücher – eine orts- und sozialgeschichtliche Quelle für die Stadtgeschichte

GISELA HOPPE

Wo wohnten meine Großeltern 1926 in Dresden? Was kostete 1910 eine Straßenbahnfahrt vom Schloßplatz über Terrassenufer zum Schillerplatz? Wo hatte der Deutsche Verein 1849 sein Vereinslokal und was war sein Programm? Wie sah der Hofstaat eines Mitgliedes der königlichen Familie 1849 aus? Wie waren 1893 die Besuchszeiten im Stadtkrankenhaus Friedrichstadt? Wer war im gleichen Jahr Direktor der Gemäldegalerie? Welchen Service bot das Güntzbad 1914 den Badegästen und wie teuer war das Hundebad für einen kleinen Hund? Wie waren die Öffnungszeiten der Dresdner Postämter 1925? Was kostete 1935 ein Logenplatz in der Oper? Wie sah die Werbung für den Zirkus Sarrasani 1943 im Adressbuch aus? Seit wann gibt es Adressbücher der Dresdner Vororte und seit wann sind die Adressbücher der Vororte Bestandteil des Dresdner Adressbuches? Fragen über Fragen, deren Antworten der Leser in den Dresdner Adressbüchern finden kann.[1]

Die Dresdner Adressbücher sind weit mehr als nur ein Nachschlagewerk für die Adressen von Mietern und Firmen. Sie enthalten viele Informationen über das Alltagsleben der Dresdner und die Entwicklung ihrer Stadt. Gleichzeitig ist das Adressbuch ein Spiegel der Behörden- und Verwaltungsgeschichte.

Das deutsche Adressbuchwesen, das neben dem englischen als das am besten organisierte galt, hat eine recht lange Geschichte. Es geht in seinen Anfängen auf den Adress-Staatskalender und das Staatshandbuch zurück, deren Ursprung in Frankreich liegt. Das Frankreich Ludwig XIV. brachte den ersten Staatskalender (»Almanac«) hervor, der seit 1684 jährlich erschien. 1699 unter dem Titel »Almanach Royal« herausgegeben, überdauerte dieser Staatskalender mit jeweils anderem Titel alle staatlichen Umwälzungen. Im Jahr 1691 erschien in Paris das erste »Allgemeine Adreßbuch«. Nach dem Dreißigjährigen Krieg entstanden auch in den großen deutschen Städten Intelligenzbüros und entsprechende Publikationsorgane, die bereits private Anzeigen gegen Entgelt in ihre Spalten aufnahmen. Im Jahr 1707 wurde in Wien ein offizielles »Fragamt« eröffnet. Städtische Auskunftsbüros entstanden in Hamburg, Berlin, Breslau und

Die Titelblätter des ältesten Dresdner Adressbuches von 1702.
Stadtarchiv Dresden
Das Adressbuch passte in jede Jacken- oder Manteltasche und der Reisende wusste wer im Jahr 1702 in Dresden Rang und Namen hatte. Schon der lange Titel: *»Das jetzt lebende Dreß-den 1702. Königliches Dreßden in Meissen, vorstellend den voritzo darin befindlichen Resp. Königl. und Chur.-Sächs, Regierungs-, Hof-, Militz-, Cammer-, Steuer- und Kirchen-Staat benebenst den Stadt-Magistrat und einig andern Conditionirten Personen. Anno 1702«* sagte, dass das einfache Volk nicht gefragt war.

Titelseiten des Bändchens: »Das Jetzt lebende Meissen. Dresden 1703.«
Stadtarchiv Dresden
1703 wurde in Dresden auch das erste Adressbuch für Meißen bei Johann Jacob Winckler gedruckt.

Dresden.[2] Als das erste deutsche städtische Adressbuch gilt »Das jetzlebende Leipzig« aus dem Jahr 1701. Das Leipziger Verzeichnis fand schnell zahlreiche Nachfolger, so im gleichen Jahr in Halle, in Dresden 1702, in Meißen 1703, in Königsberg 1705.[3] »Das Jetzt lebende Meissen« wurde in Dresden bei Johann Jocob Winckler gedruckt.

Das 1702 von Christian Robring herausgegebene Buch »Das jetzt lebende Dreßden 1702« kann als Vorläufer aller weiteren Dresdner Adressbücher angesehen werden.

Schon sein langer Titel sagte, dass in der Hauptsache nur Standespersonen und Staatsdiener in das Verzeichnis aufgenommen worden waren, für das einfache Volk war kein Platz.[4]

Fremde wussten gleich wer in Dresden Rang und Namen hatte. Durch seine Größe konnte der Reisende das Büchlein bequem in der Rocktasche mit sich führen.

Von Robrings Buch sind 1729, 1738 und 1740 verbesserte Auflagen erschienen. Danach erschien lange Zeit kein städtisches Adressbuch. Es gab aber wie in den anderen deutschen Territorialstaaten seit 1728 den »Hof- und Staats-Calender«.

Als die Richter'sche Buchhandlung in Dresden, gegründet von Carl Christian Richter aus Leipzig, wo er 1803 verarmt verstarb, einen »Dresdner Adress-Calender auf das Jahr 1794« ankündigte, wandten sich die Innungen an den Rat zu Dresden und an den Kurfürsten mit der Bitte, das Erscheinen zu verhindern.[5]

So stammt das erste wirkliche Adressbuch von 1797; es wurde ebenso wie sein Nachfolger 1799 von Gottlob Wolfgang Ferber herausgegeben. Das Adressbuch ist nach Altstadt, Vorstädten, Neustadt und dann nach den einzelnen Stadtvierteln und den im Viertel liegenden Straßen geordnet. Der Band enthält ein umfangreiches alphabetisch geordnetes Personenregister am Schluss. Die zweite Ausgabe von 1799 ist laut Verfasser, auf Wunsch vieler Leser in alphabetischer Ordnung gedruckt worden Er erläutert in seinem Vorwort die weiteren Veränderungen zur

Königl. Polnischer und Churfürstl. Sächsischer
Hoff- und Staats-
Calender
Auf das Jahr 1728.
Worinnen der Königliche und Printzliche Hoff-Staat,
Collegia und Militar-Wesen aufs accurateste
beschrieben werden.
Darbey zugleich alle Galla-Tage, Kirchen-Feste und alles was
in letzten Jahren notables in Chur-Fürstl. Landen und
bey Hoffe vorgegangen zufinden.
Mit allergnädigsten SPECIAL-PRIVILEGIO
LEIPZIG,
Zu finden in Weidmannischen Buchladen.

Königl. Polnischer und Churfürstl. Sächsischer Hoff- und Staats-Calender. Auf das Jahr 1728.
Stadtarchiv Dresden
Nach dem Exempel anderer grosser Höfe, an welchen jeden ein Hoff- und Address-Calender zu finden, stellet sich der gegenwärtige Königl. Pohln. und Churfürstl. Sächsis, Hoff- und Staats-Calender ein.
Mit diesen Worten wurde der Kalender 1728 eingeleitet.
Seine Herausgeber und Vertreiber waren 1793 nicht an einem Dresdner Adressbuch interessiert. Sie fürchteten um ihren Absatz, deshalb bekämpften sie den von der Richter'schen Buchhandlung in Dresden für 1794 angekündigten »Dresdner Adress-Calender«.

Volkstabelle vom Jahre 1798.

Namen der Ortschaften.	Kinder bis mit dem Ende des 14. Jahres.		Personen vom Anfange des 15. bis mit Ende des 60. J.		Personen, so über 60. Jahr alt.		Sume aller männl. Konsument.	Sume aller weibl. Konsument.	Sume aller Konsument.
	männl.	weibl.	männl.	weibl.	männl.	weibl.			
Stadt Dresden.	1,883	1,915	5,658	6,929	560	700	8,101	9,544	17,645
Zehn Vorstädtische Gemeind.	1,940	1,990	3,999	5,338	546	744	6,485	8,072	14,557
Neustadt.	627	683	1,540	1,983	209	293	2,376	2,959	5,335
Neuer Anbau.	74	84	130	175	11	12	215	271	486
Hauptsumme.	4,524	4,672	11,327	14,425	1,326	1,749	17,177	20,846	38,023
Kurfürstl. Gebäude u. Amtshäuser i. d. Stadt Dresden.	141	231	615	837	66	45	822	1,113	1,935
Neustadt.	68	90	193	280	43	46	304	416	720
Friedrichstadt.	669	654	1,093	1,433	191	238	1,953	2,325	4,278
Pirn. u. Seethor-Amtsgem.	165	132	309	420	29	49	503	601	1,104
Willsdruffer Thor-Amtsgem.	181	156	413	451	44	45	638	652	1,290
Neuer Anbau.	165	174	247	332	53	52	465	558	1,023
Hauptsumme.	1,389	1,437	2,870	3,753	426	475	4,685	5,665	10,350
Gouvernement, Militär, u. was dazu gehörig.	585	553	4,215	1,172	74	19	4,874	1,744	6,618
Wiederholung.									
Rathsgerichtsbarkeit.	4,524	4,672	11,327	14,425	1,326	1,749	17,177	20,846	38,023
Amtsgerichtsbarkeit.	1,389	1,437	2,870	3,753	426	475	4,685	5,665	10,350
Militär.	585	553	4,215	1,172	74	19	4,874	1,744	6,618
Totalsumme.	6,498	6,662	18,412	19,350	1,826	2,243	26,736	28,255	54,991

Dresden, im Monat December 1798.

Im Jahre 1755. war die Volksmenge mit Einschluß des Militärs 63,209.
" " 1772. " " " " " " 45,034.
" " 1774. " " " " " " 47,516.
" " 1781. " " " " " " 47,600.
" " 1798. " " " " " " 54,991.

Erklä

Volkstabelle vom Jahre 1798
Stadtarchiv Dresden
Schon in der Adressbuchausgabe von 1799 gab es statistische Erhebungen zur Einwohnerzahl.

Ausgabe von 1797. So sind dem Band ein Verzeichnis des Ratskollegiums, des Kirchen- und Schulwesens, des Bürgerstandes mit den Gerichtspersonen der Amtsgemeinden und ein alphabetisches Verzeichnis der Innungen sowie eine statistische Zusammenstellung der Dresdner Bevölkerung vorangestellt.

Wolfgang Ferber wollte eigentlich jedes Jahr ein Adressbuch herausbringen. Aber es dauerte bis 1809, erst in einer Anzeige vom 30. Dezember 1808 kündigte die Arnoldische Buchhandlung das endliche Erscheinen eines »Dresdner Adress-Calenders« an.[6] Der Band von 1809 erschien mit einem neuen Grundriss von Dresden. Nach dem Grundriss der Stadt werden die Hausnummern in den Straßen und Gassen von Dresden, Neustadt, Friedrichstadt und den Vorstädten ziemlich am Ende des Bandes nachgewiesen. Gedruckt wurde er bei Carl Gottlob Gärtner in der großen Brüdergasse 263. Die inhaltliche Gliederung des Buches wurde in den folgenden Jahren nur geringfügig geändert. Enthalten waren im Allgemeinen: *»Die gegenwärtige Hofordnung, der Königl. Sächs. Hofstaat, der Königl. Sächs. Zivilstaat, der Königl. Sächs. Militärstaat, der Stadtmagistrat, die Bürgerschaft (Innungen), geschlossene Zirkel und Gesellschaften, öffentliche Bäder, Gasthöfe, Speise- und Kaffeehäuser und Gärten sowie Angaben zu Jahrmärkten, abgehende und ankommenden Posten.«* Der Band enthielt ein Sachregister, aber kein Personenregister. Der Leser fand gesuchte Personen nur über ihren Stand oder ihr Amt, was das Benutzen erschwerte. Den Abschluss des Adresskalenders bildete ein vollständiges Verlagsverzeichnis der Arnoldischen Buch- und Kunsthandlung in Dresden am Altmarkt an der Webergasse. Der Buchhändler und Verleger Christoph Arnold (1763–1847) gab den Band 1809 und 1810 heraus. Der Adresskalender

Commun-Repräsentanten.
Hr. Chr. G. Eisenstuck, Obersteuer-Procurat., als Vorsteher.
= Detlev Carl Wilh. Baumgarten-Crusius, Conrector, Vice-Vorsteher.
= Friedrich Egg, Banquier, desgleichen.
= Ernst Wilhelm Seyffert, Advocat, Protocollant.
= Friedrich Wilhelm Schäfer, desgl., Assistent.

Hr. Johann Jonath. Albrecht, Buchbinder, Communrepräs.
= Christoph Arnold, Buchhändler, desgleichen.
= Christoph Friedrich Barteldes, Kaufmann, desgleichen.
= Johann Friedrich Dan. Bartsch, Bürstenmacher, desgl.
= Friedrich Benjamin Beck, Nadler, desgl.
= Friedrich Gustav Bieler, Tischler, desgl.
= Johann Traugott Borisch, Hutmacher, desgl.
= Christoph Wilhelm Buhle, Kürschner, desgl.
= Johann Samuel Burkhardt, desgleichen, desgl.
= H. Wilhelm Calberla, Fabrikant, desgl.
= Johann Friedrich Eichberg, Schneider, desgl.
= Eduard Fleck, Steuer-Procurator, desgl.

Commun-Repräsentanten im Adressbuch von 1832.
Stadtarchiv Dresden
Seit dem 31. 10. 1830 gab es die Communrepräsentanten als gewählte kommunale Volksvertretung. Sie repräsentieren den Beginn der kommunalen Selbstverwaltung. Im Adressbuch von 1832 stehen erstmals ihre Namen.

von 1810 enthielt ein Inhaltsverzeichnis und ein Namenregister um das Aufsuchen zu erleichtern. Weitere Hinweise an den Leser fehlen.

Der Inhalt ist übersichtlicher gegliedert worden. Die Straßen und Gassen wurden leider nicht mehr aufgeführt.

Die Aufmachung der »Dresdner Adreß-Kalender« der folgenden Jahre richtete sich nach dem Vorbild von 1810. Nur die Herausgeber und Druckereien wechseln.

So wurde der Band 1826 in der Gerlach'schen Buchdruckerei auf der Johannis-Gasse neben der Kirche und der Band 1829 in der Schultze'schen Buchdruckerei auf der großen Brüdergasse gedruckt.

In den Jahren nach 1830 wurde der Umfang der Adresskalender größer. Jetzt wurden die selbstständigen Einwohner Dresdens im ersten Teil des Adressbuches verzeichnet. Der

Inhalt.

Erste Abtheilung.

enthält das alphabetische Verzeichniß der Einwohner Dresdens von . . . . . . Seite 1—280

Zweite Abtheilung.

Königl. Sächs. Hofstaat.

	Seite
Ministerium des Königl Hauses	1
Ober-Chargen	1
Oberhofmarschall-Amt	1
Die Ober-Cämmerei	3
Das Ober-Stallamt	4
Das Oberhof-Jägermeister-Amt	5
Die Königl. Hofwirthschaft	6
Kämmerer-Departement	7
Das Hausmarschall-Amt	8
Das Königl. Hoftheater	9
Die Königl. Capelle	12
Das Königl. Hofzahlamt	13
Sr. Königl. Hoheit des Prinzen Maximilian Hofstaat u. s. w.	14

**

Inhaltsverzeichnis des Adressbuches von 1834.
Stadtarchiv Dresden
Seit 1832 sind die Adressbücher in zwei Hauptabteilungen untergliedert. Das Inhaltsverzeichnis des Adressbuches von 1834 zeigte auch noch diese zwei Abteilungen.
Im Inhaltsverzeichnis eines Adressbuches bekam der Leser sofort einen Überblick der inhaltlichen Veränderungen und Erweiterungen.

Verzeichniß
sämmtlicher Häuser und deren Besitzer nach alphabetischer Ordnung der Straßen oder Plätze.

A. Stadt.

Am Altenmarkt.
No.
7 verw. Heymann und Consf.
8 Schneider.
9 Weithas.
10 Lindner u. Consf.
31 Schrödel.
32 verehel. Müller und Consf.
33 verw. Conradi.
149 D. Erlichs Erben.
150 verehel. Büchel.
191 Rathhaus.
192 Geschw Künzel.
193 verw. Pappritz und Consf.
342 Kohlmann.
343 Kloß.
344 verw. Ronthaler u. Consf.
368 Meisel.
369 D. Rumpelt.
370 Schwenke.
513 verehel. v. Ammon.

No.
514 Gebr. Kunath.
515 verw. Sahr u. Consf.
516 v. Sahr.
517 Lasius.
518 Gleisberg.
519 Schmidt.
520 D. Sartorius.
521 Geschw. Baumann.

Augustusstraße.
572 Meurer.
573 Spranger.
574 Dlle Unger.
575 Schwender.
603 k. Pal.
604 D. Günz.
605 Finanzhaus.
606 k. Pal.

Badergasse.
419 Hauffe.
420 verw Börner.
421 Krause.
434 verw. Leonhardt.

No.
435 verw. Reichelt.
436 verehel. Eckart.
437 Hofmann.
445 Schmidt.
446 Engelmann u. Consf.
447 Gäbert.
448 Geschw Thieme
449 Zeppernick und Consf.
450 Franke.
451 Müller.
452 verw. Modes.
453 verw. Schlüter.
481 u. 482 Hahn.
483 verehel. Berger
484 die Scheibensch. Gesellschaft.
485 verw. Weineck.
486 Jenzsch.
487 Scherz.
488 Krille.
489 Muschkau.
499 verw. Leonhardt
500 der Commun.
501 Baderei.

Das Verzeichnis sämtlicher Häuser und deren Besitzer nach alphabetischer Ordnung der Straßen oder Plätze im Adressbuch von 1837.
Stadtarchiv Dresden
Eine neuerliche Erweiterung des Inhaltes der Dresdner Adressbücher erfolgte 1837. In der ersten Abteilung wurden jetzt drei Verzeichnisse gedruckt, so das Verzeichnis der Landtagsabgeordneten, das alphabetisch geordnete Verzeichnis der Einwohner von Dresden und das Verzeichnis sämtlicher Häuser und deren Besitzer …

Leser bekommt Hinweise, wie die Ordnung des Verzeichnisses angelegt ist. Die in allen Bänden enthaltenen Abkürzungsverzeichnisse wurden umfangreicher. Der Teil mit den Angaben zum Hofstaat, der staatlichen und städtischen Behörden, den Innungen, Schulen usw. ist im hinteren Abschnitt des Adressbuches zu finden. Seit 1832 sind die Adressbücher in zwei Abteilungen eingeteilt.

Die Verwaltungsreform nach 1830 spiegelt sich auch in den Dresdner Adressbüchern wider. So erscheinen 1832 erstmals die Namen der Communrepräsentaten und 1838 die der Stadtverordneten im Dresdener Adress-Kalender.

Eine neuerliche Erweiterung des Inhaltes der Dresdner Adressbücher erfolgte 1837. In der ersten Abteilung wurden drei Verzeichnisse gedruckt, so das Verzeichnis der Landtagsabgeordneten, das alphabetisch geordnete Verzeichnis der Einwohner von Dresden und das Verzeichnis sämtlicher Häuser und deren Besitzer nach der alphabetischen Ordnung der Straßen oder Plätze. Später fehlen die Landtagsabgeordneten wieder.

Der Adress-Kalender erschien Ende der dreißiger Jahre des 19. Jahrhunderts im Verlag Scheppach, 1839 im Verlag Ranft in der Großen Plauschen Gasse und gedruckt wurde er bei Carl Ramming in der Johannisgasse. Für 1839 gibt es zwei Adressbücher: Den »Königlich Sächsischen concessionirten Dresdner Adress-Kalender auf das Jahr 1839.« und ein »Adreß-Verzeichnis. Dresden 1839.« Das von Christian Samuel Herklotz vertriebene Adressverzeichnis enthält nur Angaben zum Ratskollegium, den Stadtverordneten und den städtischen Einrichtungen sowie ein Verzeichnis sämtlicher in der Stadt Dresden befindlicher Häuser und deren Besitzer.

Mit dem Jahr 1840 änderte sich der Titel des Adressbuches: »Dresdner Adress-Handbuch auf das Jahr 1840.« Es erschienen im Häuserverzeichnis, die 1839 eingeführten neuen Gassen- und Brandkatasternummern. Auch für 1843 gab es wieder zwei Adressbücher. Neben dem regulären aus der Reihe des Verlages Ranft, gab es wieder ein Adress- und Häuserverzeichnis von Dresden. Im Jahr 1848 trat ein Wechsel sowohl beim Verleger wie auch bei der Druckerei ein. Das »Königlich Sächsische Adreß-Comptoir« verlegte die Adressbücher und die Firma Blochmann und Sohn druckte sie. Sie änderten auch das Format und der inhaltliche Aufbau wurde weiter untergliedert. 1848 erschienen so erstmals neben den Hausbesitzern die selbstständigen Bewohner (Wohnungsmieter) jedes Hauses. Ab 1855 wurde auch angegeben, in welcher Etage die Mietpartei wohnte. Nur der Mieter, meist der Ehemann, wurde eingetragen. Bis zum Ende des II. Weltkrieges wurden Ehefrauen, erwachsene Kinder, Dienstboten und Untermieter nicht im Adressbuch geführt. Frauen erschienen nur wenn sie selbstständige Mieterin, Hausbesitzerin oder Geschäftsinhaberin waren.

Wolfersdorf, Emilie Ferdinande Chstne. v., Leutnants h. T., gr. Meißnerg. 9. IV.

Wolfsohn, C. W., D. phil., Lindeng. 10. I., Sprechst. Nachm v. 3—4 Uhr.
— Helene verw., Antiquitätenhändlerin, (Magasin d'antiquités). Schösserg. 5. I.

Wollmar, Ed. Gst., Schuhm., (Chefr. Am. Agste. Ilne., Band- und Zwirnhändlerin). Prießnitzstraße 31. pt.

Wünsche, C. A., Privatlehrer, a. d. Kreuzk. 3. V.
— II., C. F., Stadtgensdarm, gt. Plauenscheg. 12b. IV.
— Ernest. Htte., Kaufmanns gesch. Chefr., Galeriestraße 5a. III.

Frauen im Adressbuch. Beispiele aus dem Einwohnerverzeichnis von 1863, Seite 268.
Stadtarchiv Dresden
Verheiratete Frauen im Adressbuch zu finden war kaum möglich. Sie erschienen nur nach den Angaben zu ihrem Ehemann, wenn sie ein eigenes Geschäft betrieben oder Hausbesitzerin waren. Selten kommen getrennt lebende oder geschiedene Frauen vor. Frauen, die als selbstständige Wohnungsinhaberinnen im Adressbuch standen, waren meist Witwen oder erwachsene »hinterlassene Töchter«.

351

Deutscher Verein.

Stiftungstag: 11. April 1848.

Versammlungsort: Odeum in der Borngasse.

Versammlungszeit: Allwöchentlich jeden Dienstag Abends 7 Uhr.

Ausschuß: Ackermann, Raths-Actuar. Albert, Hutmacher. Albrecht, Seifensiedermstr. Devrient, Ed., Hofschausp. Fleck, Steuerproc. u. Adv. Häpe, Schriftsteller. Helbig, Oberlehrer. Hübner, Professor. D. Kade. D. Leonhardi, Ferd. Constanz. Methe, Kaufm., Vorstand. Peschel, Advocat, Schriftführer. Schönrock, Weinhdlr., Schatzmeister. Schmalz, Advocat, stellvertretender Vorstand. Schreuel, Advoc. Spitzner, Commissionsrath, stellvertretender Vorstand. D. Schulz, Hofrath. v. Stieglitz, Hauptmann. Schumann, Zimmermstr. D. Tittmann, Schriftführer. Wagner, Professor. Weiße, Theophile, Maschinenbauer. Wießner, Rechtscand., Schriftführer. Zeller, Schneidermeister.

Mitgliederzahl: 2000.

Zweck: Politische Vereinigung, für die, ihr zum Grunde liegende Ueberzeugung wirkend, daß, nach der Lage und Art der Verhältnisse unserer Zeit, für die Gestaltung und Erhaltung eines einigen, freien und starken Deutschlands die sicherste Gewähr geboten werde: durch einen Bundesstaat mit volksthümlichem Parlament, der die Gesammtheit des deutschen Vaterlandes umfaßt; und in den einzelnen Staaten durch constitutionelle Monarchie, ruhend auf breitester demokratischer Grundlage.

Geschäftslocal des Vereins: Mittle Frauengasse Nr. 1, 2. Etage.

Vereine im Adressbuch von 1849.
Stadtarchiv Dresden
Das Adressbuch war immer ein Spiegel der aktuellen Entwicklung der Gesellschaft, schneller als in anderen Büchern wurden Veränderungen sichtbar. So führten die Ereignisse der Jahre 1848/49 (Aufhebung der Pressezensur, Vereins- und Versammlungsfreiheit) zur Gründung von vielen neuen Vereinen.
Der Deutsche Verein gehörte zu den vielen politischen Vereinen, die 1848 gegründet wurden. Über seine aktiven und bekannten Mitglieder sowie sein Programm konnte sich der interessierte Leser im Adressbuch von 1849 informieren.

Das Adressbuch war immer ein Spiegel der aktuellen Entwicklung der Gesellschaft, schneller als in anderen Publikationen wurden Veränderungen sichtbar. So führten die Ereignisse der Jahre 1848/49 (Aufhebung der Pressezensur, Vereins- und Versammlungsfreiheit) zur Gründung von vielen neuen Vereinen. Im Vorwort für das Adressbuch 1849 wurde extra darauf hingewiesen, das sämtliche neu entstandene Vereine mit Angabe ihrer Stiftungstage, Zwecke usw. im Adressbuch aufgenommen wurden. Für den Leser von heute wirken manche Angaben recht verstaubt und etwas komisch, wie die Aufstellung des weiblichen und männlichen Hofstaates für jedes Mitglied der königlichen Familie.

Viele Geschäfte und andere Einrichtungen entdeckten schon sehr früh, dass das Adressbuch auch als Werbeträger seine Vorteile hat. Es gab im Anhang, später am Anfang oder in den Inneneinbänden einen andersfarbig gestalteten Teil mit Geschäftsempfehlungen. 1850 brachten wieder zwei Fimen ein Adressbuch heraus. Die Firma H. H. Grimm und Comp. gab den ersten Jahrgang ihres »Handbuch für Dresden auf das Jahr 1850. Neues Adreßbuch…« heraus. Der Inhalt war anders gegliedert als im Adressbuch des »Königlich Sächsischen Adreß-Comptoirs«.

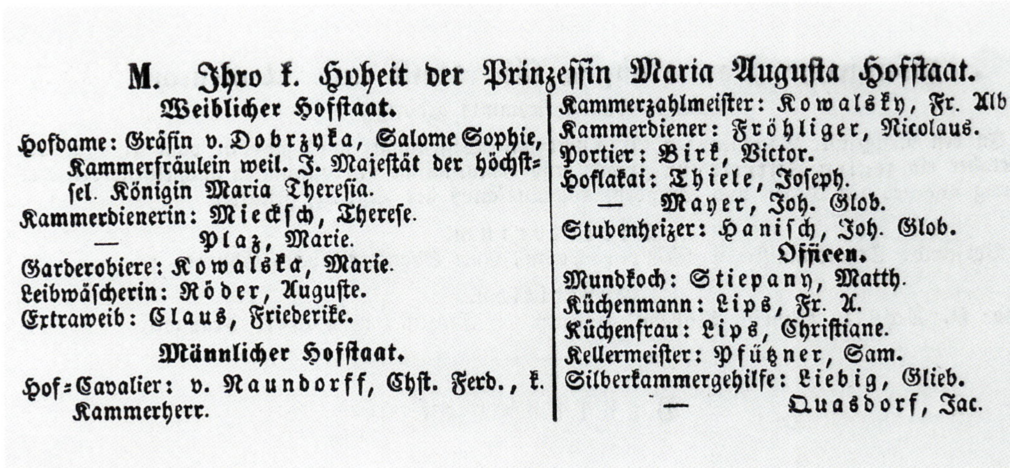

M. Ihro k. Hoheit der Prinzessin Maria Augusta Hofstaat.

Weiblicher Hofstaat.

Hofdame: Gräfin v. Dobrzyka, Salome Sophie, Kammerfräulein weil. J. Majestät der höchstsel. Königin Maria Theresia.
Kammerdienerin: Mieckſch, Therese.
— Plaz, Marie.
Garderobiere: Kowalska, Marie.
Leibwäscherin: Röder, Auguste.
Extraweib: Claus, Friederike.

Männlicher Hofstaat.

Hof-Cavalier: v. Naundorff, Chst. Ferd., k. Kammerherr.

Kammerzahlmeister: Kowalsky, Fr. Alb.
Kammerdiener: Fröhliger, Nicolaus.
Portier: Birk, Victor.
Hoflakai: Thiele, Joseph.
— Mayer, Joh. Glob.
Stubenheizer: Hanisch, Joh. Glob.

Officen.

Mundkoch: Stiepany, Matth.
Küchenmann: Lips, Fr. A.
Küchenfrau: Lips, Christiane.
Kellermeister: Pfützner, Sam.
Silberkammergehilfe: Liebig, Glieb.
— Quasdorf, Jac.

Die königliche Familie und ihr Hofstaat im Adressbuch von 1849.
Stadtarchiv Dresden
Jedes Mitglied der königlichen Familie hatte einen weiblichen und männlichen Hofstaat. Starb ein Mitglied gehörte der Hofstaat zur Hinterlassenschaft. Auch darüber informierte das Adressbuch. Was wird 1849 die Arbeit von Friederike Claus, deren Stellung als »Extraweib« angegeben wurde, im Hofstaat der Prinzessin Maria Ausgusta gewesen sein. War sie das Mädchen für alles?

Werbung im Adressbuch von 1853.
Stadtarchiv Dresden
Der Fotograf Hermann Krone (1827–1916) nutzte gezielt die Werbung für seinen beruflichen Start in Dresden. Er wurde einer der bekanntesten Fotografen und gilt heute als ein Altmeister der deutschen Fotografie.

Eine zweite Auflage des Handbuches ist nicht überliefert. 1851 wurde am Ende des Bandes ein Übersichtsplan der Zuschauerräume im Königlichen Hoftheater mit Angabe der Preise für die Eintrittskarten und der Kassenstunden veröffentlicht. Dieser Übersichtsplan und auch die Stadtpläne konnten einzeln erworben werden. Die Übersicht über die Zuschauerräume verschiedener Theater und ein aktueller Stadtplan gehörten bis 1943/44 fast immer zum Adressbuch.

Die Dresdner und ihre Gäste konnten aus den Adressbüchern immer Angaben zur Bevölkerungsentwicklung, zu Taxen und Preisen oder zu polizeilichen Verordnungen und vieles mehr entnehmen. Es gab direkte Hinweise in den Adressbüchern.

Von 1855 an übernahm das Einwohneramt der Polizeidirektion die Herausgabe des Dresdner Adressbuches, der Vertrieb in Dresden blieb vorerst noch beim »Adreß-Comptoir«. 1859 ging der gesamte Vertrieb des Buches an die Ernst am Ende'sche Buchhandlung in der Seestraße 13 später an die Kaufmann'sche Buchhandlung, Breitestraße 20 über, die bis dahin nur für den Verkauf auswärts zuständig war. Mit der Übernahme durch eine Behörde konnte der Umfang des Adressbuches stark erweitert werden. Die Stadt Dresden hatte damit auf die gewachsenen Ansprüche an ein Adress- und Geschäftshandbuch reagiert. So wurde die II. Abteilung völlig neu bearbeitet und in zehn Abschnitte unterteilt. Die jetzt üblichen Vorworte machten den Leser auf die inhaltlichen Veränderungen im jeweiligen Adressbuch aufmerksam. Ab

Central-Theater, Waisenhausstraße 6 · Fernruf 12312, 21549

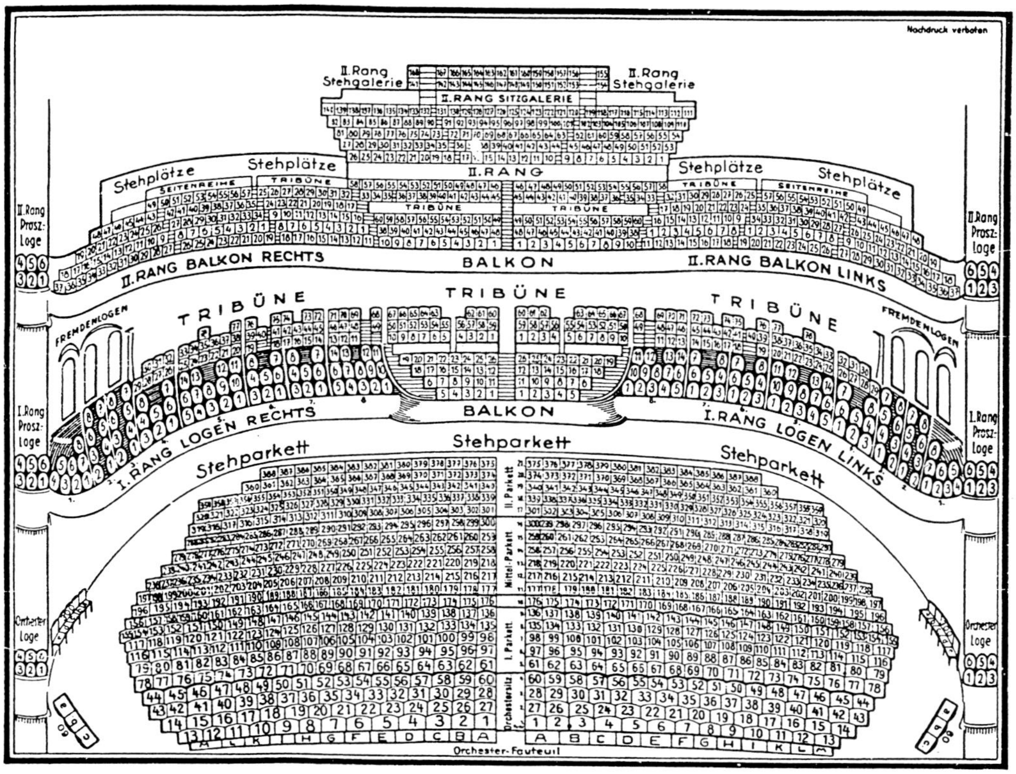

Plan des Zuschauerraumes des Central-Theaters im Adressbuch von 1935.
Stadtarchiv Dresden
Wollte ein Dresdner ins Theater, Varieté oder später ins Kino, seit 1851 reichte ein Blick ins Adressbuch und er kannte den Plan der Zuschauerräume der bekanntesten Häuser und die Preise für die Eintrittskarten.

1855 erfolgte die Zählung der Ausgaben erst im Vorwort und seit 1859 auf dem Titelblatt. Die Adressbücher zwischen 1860 und 1871 enthalten keine Vorworte, ansonsten folgen sie in Aufmachung und Inhalt den Adressbüchern seit 1855. 1859, am 1. Juli, war das neue Brandkataster in Kraft getreten, die Herausgeber des Adressbuches druckten deshalb 1860 das Verzeichnis sämtlicher Gebäude nach der Einteilung des neuen Brandkatasters mit den neuen und alten Katasternummern. Für Handel und Wandel in Dresden wurde die II. Abteilung der Adressbücher das sogenannte »Geschäftshandbuch« immer wichtiger. Schon das Inhaltsverzeichnis und das alphabetische Register für die Abschnitte der II. Abteilung helfen dem Leser sich zurecht zu finden und genau das zu finden, was er suchte. 1871 erschien zum ersten Mal ein Verzeichnis der beim Königlichen Handelsgericht angemeldeten Geschäfte. Von nun an erschien das Handelsregister, seit 1880 unter dieser Bezeichnung, in jedem Adressbuch. Anfangs gab es noch keine Handelsregisternummern, diese stehen erst ab 1897 im Adressbuch. Das Adressbuch von 1872 machte darauf aufmerksam, dass seit dem 1. 1. 1872 das Reichstrafgesetzbuch gültig ist und wenn Strafen und das Strafmaß darin festgelegt sind, finden diese Anwendung und nicht die noch im Adressbuch angegebenen sächsischen Bestimmungen. Auch für die Maßeinheiten wurde die Umwandlung in das neue Maßsystem vom 1. 1. 1872 angekündigt. So wurde jeder Wirt im Buch von 1873 verpflichtet Exemplare vorschriftsmäßig geeichter und gestempelter Flüssigkeitsmaße in seinem Lokal bereit zu halten. 1875 wurden die Preise erstmals in Mark und Pfennig angegeben, bis 1874 waren sie noch in Talern und Neugroschen angegeben worden.

	Seite
Ziegeleien u. Ziegelniederlagen	206
Zimmer- u. Decorat.-Maler	177
Zimmerer	206
Zimmerfrotteure	206
Zinkgießer	206
Zinngießer	206
Zirkel (Gesellschaft)	131
Zirkelschmiede	206
Zoll- u. Steuer-Direction	26
Zollvereins-Bevollmächtigter	27
Zoologischer Garten	210
Zoologischen Garten, Actienverein für den	106
Zuckerbäcker	144
Zündrequisiten-Fabriken	145
Zweites Theater	108
Zwinger	218
Zwirnhändler	137
Zwischenact-Zeitung	109
Zwitterstocksgewerkschaft zu „Vereinigt Feld" bei Altenberg	106

Inhalts-Verzeichnis der II. Abteilung im Adressbuch von 1863.
Stadtarchiv Dresden
Das Dresdner Adressbuch hatte auch die Aufgaben eines modernen Branchenbuches. Über das Inhalsverzeichnis der II. Abteilung konnte man ein Geschäft, eine Behörde oder ein spezielles Handwerk suchen, z. B. die Zwirnhändler 1863 auf der Seite 137.

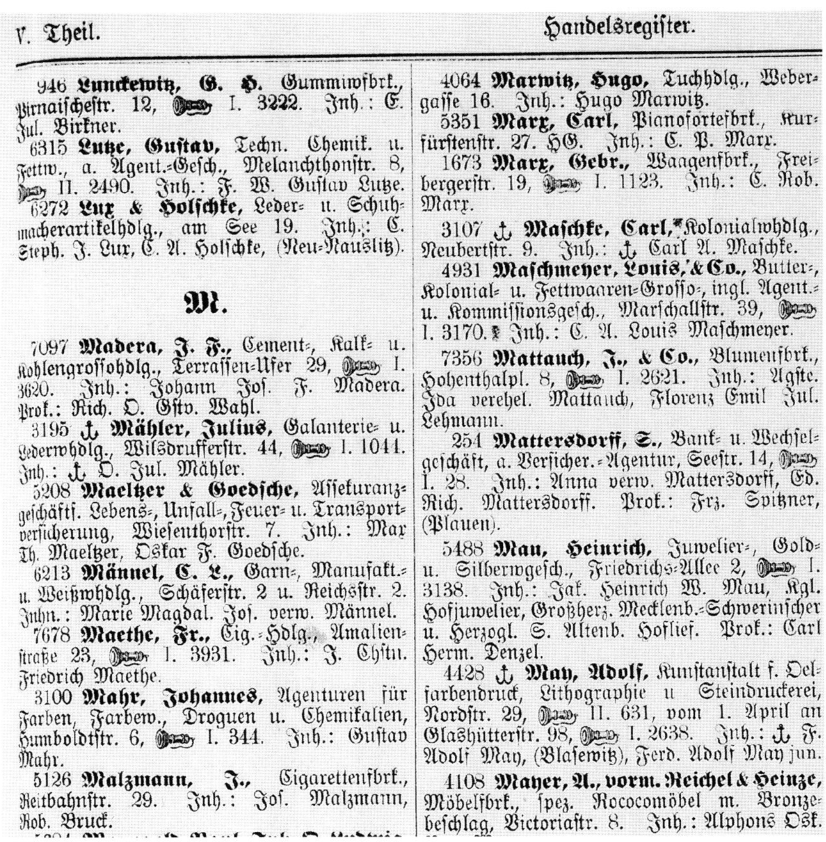

V. Theil. Handelsregister.

946 **Lunckewitz, G. H.** Gummiwfbrk., Pirnaischestr. 12, ☎ I. 3222. Inh.: E. Jul. Birkner.
6315 **Lutze, Gustav,** Techn. Chemik. u. Fettw., a. Agent.-Gesch., Melanchthonstr. 8, ☎ II. 2490. Inh.: F. W. Gustav Lutze.
6272 **Lux & Holschke,** Leder- u. Schuhmacherartikelhdlg., am See 19. Inh.: C. Steph. J. Lux, C. A. Holschke, (Neu-Nauslitz).

M.

7097 **Madera, J. F.,** Cement-, Kalk- u. Kohlengrossohdlg., Terrassen-Ufer 29, ☎ I. 3620. Inh.: Johann Jos. F. Madera. Prok.: Rich. O. Gstv. Wahl.
3195 ⚓ **Mähler, Julius,** Galanterie- u. Lederwhdlg., Wilsdrufferstr. 44, ☎ I. 1044. Inh.: ⚓ O. Jul. Mähler.
5208 **Maeltzer & Goedsche,** Assekuranzgeschäft. Lebens-, Unfall-, Feuer- u. Transportversicherung, Wiesenthorstr. 7. Inh.: Max Th. Maeltzer, Oskar F. Goedsche.
6213 **Männel, C. L.,** Garn-, Manufakt.- u. Weißwhdlg., Schäferstr. 2 u. Reichsstr. 2. Inhn.: Marie Magdal. Jos. verw. Männel.
7678 **Maethe, Fr.,** Cig.-Hdlg., Amalienstraße 23, ☎ I. 3931. Inh.: J. Chstn. Friedrich Maethe.
3100 **Mahr, Johannes,** Agenturen für Farben, Farbew., Droguen u. Chemikalien, Humboldtstr. 6, ☎ I. 344. Inh.: Gustav Mahr.
5126 **Malzmann, J.,** Cigarettenfbrk., Reitbahnstr. 29. Inh.: Jos. Malzmann, Rob. Bruck.
4064 **Marwitz, Hugo,** Tuchhdlg., Webergasse 16. Inh.: Hugo Marwitz.
5351 **Marx, Carl,** Pianofortefbrk., Kurfürstenstr. 27. HG. Inh.: C. P. Marx.
1673 **Marx, Gebr.,** Waagenfbrk., Freibergerstr. 19, ☎ I. 1123. Inh.: C. Rob. Marx.
3107 ⚓ **Maschke, Carl,*** Kolonialwhdlg., Neubertstr. 9. Inh.: ⚓ Carl A. Maschke.
4931 **Maschmeyer, Louis, & Co.,** Butter-, Kolonial- u. Fettwaaren-Grosso-, ingl. Agent.- u. Kommissionsgesch., Marschallstr. 39, ☎ I. 3170.* Inh.: C. A. Louis Maschmeyer.
7356 **Mattauch, J., & Co.,** Blumenfbrk., Hohenthalpl. 8, ☎ I. 2621. Inh.: Agste. Ida verehel. Mattauch, Florenz Emil Jul. Lehmann.
254 **Mattersdorff, S.,** Bank- u. Wechselgeschäft, a. Versicher.-Agentur, Seestr. 14, ☎ I. 28. Inh.: Anna verw. Mattersdorff, Ed. Rich. Mattersdorff. Prok.: Frz. Spitzner, (Plauen).
5488 **Mau, Heinrich,** Juwelier-, Gold- u. Silberwgesch., Friedrichs-Allee 2, ☎ I. 3138. Inh.: Jak. Heinrich W. Mau, Kgl. Hofjuwelier, Großherz. Mecklenb.-Schwerinscher u. Herzogl. S. Altenb. Hoflief. Prok.: Carl Herm. Denzel.
4428 ⚓ **May, Adolf,** Kunstanstalt f. Oelfarbendruck, Lithographie u Steindruckerei, Nordstr. 29, ☎ II. 631, vom 1. April an Glashütterstr. 98, ☎ I. 2638. Inh.: ⚓ F. Adolf May, (Blasewitz), Ferd. Adolf May jun.
4108 **Mayer, A., vorm. Reichel & Heinze,** Möbelfbrk., spez. Rococomöbel m. Bronzebeschlag, Victoriastr. 8. Inh.: Alphons Osk.

Auszug aus Teil V des Adressbuches von 1897.
Stadtarchiv Dresden
Vor jeder Firma, die im Handelsregister eingetragen ist, steht jetzt die Folien-Nummer. Die Nummern bezeichnen das Folium des Handels- bzw. Genossenschaftsregisters. Mit Hilfe der Handelsregisternummer können noch heute, soweit sie überliefert sind, die Unterlagen der eingetragenen Firmen im Sächsischen Hauptstaatsarchiv Dresden ermittelt werden. Sie geben Auskunft über die Entwicklung der Firma und ihre Besitzer. Sie sind auch eine Quelle der Wirtschaftsgeschichte von Dresden und Sachsen.

Seit 1881 werden die Bewohner der Gebäude des selbstständigen Gutsbezirks Albertstadt in alphabetischer Reihenfolge der Straßen und Plätze als dritter Abschnitt des I. Teils in den Adressbüchern aufgeführt. Bis 1945 war die Albertstadt kein Teil von Dresden.

Viele Gemeinden im Umfeld von Dresden entwickelten sich im Lauf der Zeit zu Vorstädten. Diese begannen im letzten Drittel des 19. Jahrhunderts, wie die Stadt Dresden schon seit vielen Jahren, Adressbücher herauszugeben. Die beiden ältesten sind das 1876 vom Redakteur und Eigentümer der »Kötzschenbrodaer Zeitung« August Ziegner im Selbstverlag herausgegebene »Adreß- und Geschäftshandbuch der Ortschaften Kötzschenbroda – Fürstenhain, Nieder- und Oberlößnitz auf das Jahr 1876.« und das 1880 erschienene »Adreß- und Geschäftshandbuch für Blasewitz, Neugruna und Neuseidnitz (Oberblasewitz).« Das Adressbuch von Blasewitz beginnt mit einer 13-seitigen Ortsbeschreibung. Sonst ist es im Kleinen so gegliedert, wie das von Dresden im Großen: Statistisches, Einwohnerverzeichnis, Verzeichnis der Bewohner in alphabetischer Reihenfolge der Straßen und Plätze, eine Besonderheit ist das Verzeichnis der mit Namen benannten Villen, Geschäfts- und Gewerbetreibende, kommunale und andere Einrichtungen usw. Der Leser spürte sofort, Blasewitz war eine sehr wohlhabende Gemeinde. Über die Einwohner schrieb man, dass sie im positiven Sinne des Wortes ziemlich gemischt waren. Nur einen Stand suchte man im Dorf vergebens, den Bauernstand. Blasewitz war ein Ort der Villenbesitzer, der wohlhabenden Gewerbetreibenden und der Sommerfrischler. Es rühmte seine ausgezeichneten Verkehrsverbindungen nach Dresden.

Die immer enger werdenden Beziehungen zur Residenz und die gegenseitigen Geschäftsinteressen der sich rasant entwickelnden Vororte führten zu einer ähnlichen Entwicklung

Adreß- und Geschäfts-Handbuch
für
Blasewitz,
Neugruna und Neuseidnitz (Oberblasewitz)
nebst
neurevidirtem Situationsplan
[Jg. 1:] 1880.
Bearbeitet
nach amtlichen Quellen.

Mit
Verzeichniß der Einwohner, Straßen, Behörden, öffentlichen Anstalten und Einrichtungen.
Anhang:
Geschäfts-Empfehlungen.
Preis 1 Mark.

Dresden,
Druck und Verlag von C. C. Meinhold & Söhne,
Königl. Hofbuchdruckerei.
203/1887

Man bittet um gef. Beachtung der Rückseite.

Titelblatt des ersten Vorortadressbuches von Blasewitz, Neugruna und Neuseidnitz (Oberblasewitz) von 1880.
Stadtarchiv Dresden
Die wohlhabenden Gemeinden, die immer mehr den Charakter von Vorstädten erhielten, gaben selbst Adressbücher heraus. Das Adressbuch von Blasewitz beginnt mit einer 13-seitigen Ortsbeschreibung. Sonst ist es im Kleinen so gegliedert, wie das von Dresden im Großen. Der Leser spürte sofort, Blasewitz war eine sehr wohlhabende Gemeinde. Über die Einwohner schrieb man, dass sie im positiven Sinne des Wortes ziemlich gemischt waren. Nur einen Stand suchte man im Dorf vergebens, den Bauernstand.

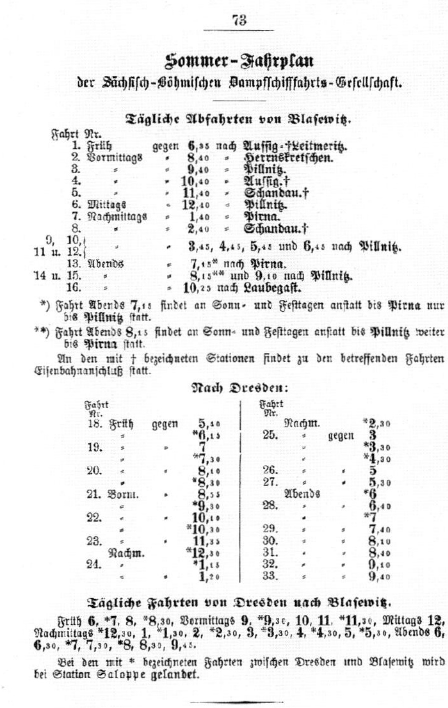

73

Sommer-Fahrplan
der Sächsisch-Böhmischen Dampfschifffahrts-Gesellschaft.

Tägliche Abfahrten von Blasewitz.

Fahrt Nr.				
1.	Früh	gegen	6,35	nach Aussig-†Leitmeritz.
2.	Vormittags	"	8,40	" Herrnskretschen.
3.	"	"	9,40	" Pillnitz.
4.	"	"	10,40	" Aussig.†
5.	"	"	11,40	" Schandau.†
6.	Mittags	"	12,40	" Pillnitz.
7.	Nachmittags	"	1,40	" Pirna.
8.	"	"	2,40	" Schandau.†
9, 10, 11 u. 12.	"	"	3,45, 4,45, 5,45 und 6,45 nach Pillnitz.	
13.	Abends	"	7,15* nach Pirna.	
14 u. 15.	"	"	8,15** und 9,10 nach Pillnitz.	
16.	"	"	10,25 nach Laubegast.	

*) Fahrt Abends 7,15 findet an Sonn- und Festtagen anstatt bis Pirna nur bis Pillnitz statt.

**) Fahrt Abends 8,15 findet an Sonn- und Festtagen anstatt bis Pillnitz weiter bis Pirna statt.

An den mit † bezeichneten Stationen findet zu den betreffenden Fahrten Eisenbahnanschluß statt.

Nach Dresden:

Fahrt Nr.				Fahrt Nr.			
18.	Früh	gegen	5,10		Nachm.		*2,30
	"		*6,15	25.	"	gegen	3
19.	"	"	7		"		*3,30
	"		*7,30		"		*4,30
20.	"	"	8,10	26.	"	"	5
	"		*8,30	27.	"	"	5,30
21.	Vorm.	"	8,55		Abends		*6
	"		*9,30	28.	"	"	6,40
22.	"	"	10,10		"		*7
	"		*10,30	29.	"	"	7,40
23.	"	"	11,35	30.	"	"	8,10
	Nachm.		*12,30	31.	"	"	8,40
24.	"		*1,15	32.	"	"	9,10
	"	"	1,20	33.	"	"	9,40

Tägliche Fahrten von Dresden nach Blasewitz.

Früh 6, *7, 8, *8,30, Vormittags 9, *9,30, 10, 11, *11,30, Mittags 12, Nachmittags *12,30, 1, *1,30, 2, *2,30, 3, *3,30, 4, *4,30, 5, *5,30, Abends 6, 6,30, *7, 7,30, *8, 8,30, 9,45.

Bei den mit * bezeichneten Fahrten zwischen Dresden und Blasewitz wird bei Station Saloppe gelandet.

Sommer-Fahrplan der Sächsisch-Böhmischen Dampfschifffahrts-Gesellschaft im Vorortadressbuch von Blasewitz 1880.
Stadtarchiv Dresden.
Die Blasewitzer waren auf ihre günstigen Verkehrsverbindungen zur Residenz sehr stolz. Die Dampferfahrten waren besonders bei den zahlreichen Sommerfrischlern, die die Dresdner Umgebung genießen wollten, sehr beliebt.

sowohl in den reichen wie auch den ärmeren Vororten. 1889/90 gab dann der Verlag der Albanus'schen Buchdruckerei Christian Teich das erste Wohnungs- und Geschäftshandbuch der Vororte von Dresden heraus. Nach den Angaben zum Königshaus, den Landes- und Reichsbehörden und den Sehenswürdigkeiten Dresdens mit Adresse und Öffnungszeiten folgten in alphabetischer Ordnung die Gemeinden darunter die Stadt Tharandt.

1892 wurden die Gemeinden Strehlen und Striesen nach Dresden eingemeindet. Dadurch wurden zahlreiche Straßen und Plätze in den beiden ehemaligen Vororten umbenannt. Am Ende des Wohnungshandbuches 1893 erschienen die alten und neuen Namen. Für Striesen war die Straßenbenennung nach Zahlen und Buchstaben üblich gewesen. Die Straßen 1 bis 17 und die Straßen A bis J bekamen nun Namen. So wurde z. B. die Straße 1 die Huttenstraße, die Straße 8 die Bergmannstraße, die

Wohnungs-
und
Geschäfts-Handbuch
der
Vororte von Dresden
und zwar von
Blasewitz, Bühlau, Cotta, Deuben, Döhlen, Hainsberg, Klotzsche, Kötzschenbroda, Leubnitz, Löbtau, Loschwitz, Mickten, Neuostra, Niedersedlitz, Niederlößnitz, Oberlößnitz, Pieschen, Plauen, Potschappel, Radebeul, Räcknitz, Serkowitz, Strehlen, Striesen, Tharandt, Trachau, Trachenberge, Uebigau, Weißer Hirsch Zschertnitz.

1889/90.

Preis ungeb. 4 Mk., geb. 4 Mk. 50 Pf.

Mit Unterstützung der betreffenden Gemeindeämter bearbeitet durch die
Verlagshandlung.

56/1889.
Dresden.
Druck u. Verlag der Albanus'schen Buchdruckerei Chr. Teich.

Titelblatt des ersten »Wohnungs- und Geschäfts-Handbuches der Vororte von Dresden … 1889/90.«
Stadtarchiv Dresden
Die Geschäftsleute und die immer mehr in die »besseren« Orte kommenden Sommerfrischler profitierten von der Nähe der Landeshauptstadt und ihren guten Verbindungen zum Umland. 1889/90 gab der Verlag der Albanus'schen Buchdruckerei am See 4 das erste Wohnungs- und Geschäfts-Handbuch der Vororte von Dresden heraus. Die immer enger werdenden Beziehungen zur Residenz und die gegenseitigen Geschäftsinteressen machten dies notwendig und möglich.

Striesen
auf Seite 324 aus dem Wohnungs- und Geschäfts-Handbuch der Vororte von Dresden 1889/90.
Stadtarchiv Dresden
Bis zur Eingemeindung 1892 war für Striesen die Benennung der Straßen nach Zahlen und Buchstaben üblich.

Striesen.

Behörden etc.

Gemeinderath.

Clauß, Ernst Emil, Gemeindevorstand und Kgl. Standesbeamter, D=Str. 21.
Engelhardt, Gustav, Gemeindeältester, Grunaerweg 724.
Zeibig, Friedr. Aug. Ernst, Gemeindeältester und stellvertr. Gemeindevorstand für Polizeisachen, 7. Str. 5.
Richter, Karl August, Gemeindeältester, Altstriesen 54.
Sitzungslokal: Saal im Kinderbewahranstaltsgebäude, F=Straße 19, I.

Die Sitzungen sind in der Regel öffentlich und wird die Tagesordnung im Amtsblatt, dem Dresdner Anzeiger, bekannt gemacht.

Straße 17 die Altenberger Straße und die Straße B wurde zur Eisenacher Straße.
1897 wurde das Dresdner Adreßssbuch 100 Jahre alt. Es wurde noch umfangreicher und bekam ein größeres Format. Von nun an erschienen die Dresdner Vororte mit im Dresdner Adressbuch. 1897 waren es 29 Vororte. Auch der inhaltliche Aufbau und die Gliederung des »Adreßbuches für Dresden und seine Vororte« änderte sich. Neben einer Einleitung war der Band nun in 6 Teile untergliedert. Für den Teil 3 – Behörden, Anstalten, Vereine, öffentliche Einrichtungen usw. – gab es ein Sachregister. Im Vorwort machten die Herausgeber auf weitere Veränderungen zur Vervollständigung des Adressbuches aufmerksam. Die Telefonnummern und das dazugehörige Amt waren nicht nur im alphabetischen Namensverzeichnis, sondern auch im Verzeichnis der Berufsklassen und im Handelsregister aufgenommen worden. Im Nachweis der Bewohner der Häuser wurden außer den bisher angegebenen Steuereinheiten und Katasternummem auch die Grundbuchnummern der Häuser aufgenommen. Im Handelsregister sind die Folien-Nummern vor der Firma aufgeführt und erstmals wurde 1897 das Genossenschaftsregister aufgenommen. 1902 kam als drittes Register das Verzeichnis der beim Amtsgericht eingetragenen Vereine, das sogenannte Vereinsregister hinzu. Ab 1925/26 gab es kein Vereinsregister mehr, die Vereine wurden im 2. Teil ohne Anspruch auf Vollständigkeit in alphabetischer Reihenfolge und nach Gruppen geordnet z.B. Frauenvereine oder Gemeinnützige Vereine.

Inhaltsverzeichnis des »Adreßbuches für Dresden und seine Vororte. 1897.«
Stadtarchiv Dresden
1897 werden 29 Vororte als sechster Teil in das Dresdner Adressbuch aufgenommen.

VI. Theil. (Grüner Rand.) Vororte von Dresden.

Schönfelder Straße.
(Antonstadt.)
Kataster-Abtheilung G.
(B. d. Kamenzerstr. z. Prießnitzstr.)
Linke Seite.

7. Ant.B463. 1000. 646.
p. E Blücher, Htte. Agste. verehel. Blücher, Lackirer.
I. Vogel, Wachtmstr.
II. Liebscher, Prof.
Werner, Arbtr.
III. Hopfe, August, Klempnergeh.
Schneider, Eisenb.-Schaffner.
HG. p. Mäser, Schlossergeh.
Walther, Julius, Bierausgeber.
I. Grützner, Arbtr.
Schubert, Kutscher.

Fischer, Carl Rob., Kfm., Leipzigerstr. 48. pt
— Conrad, Kfm., Sachsenpl. 1. IV.
— Curt Salm., Kfm., gr. Meißnerstr. 5. II.
— Emil Rich. Alex., Kfm., Mathildenstr. 11. pt. u. III., I. 3455, Inh. d. F. **Richard Fischer,** s. V. Th.
— E. Ihnes., Kfm., Wittenbergerstr. 5. III., GL. Grunaerstr. 10, I. 3757, Inh. d. F. **Ernst Fischer,** s. V. Th.
— Ernst Ludw., Kfm., Elisenstr. 63. III.
— E. Rich., Kfm., (Ehefr. Anna Wlme., Bandhändlerin), kl. Plauenscheg. 32. pt.
— Erwin Bruno, Kfm., Königsbrückerstraße 41. pt., Inh. d. F. **Bruno Fischer,** s. V. Th.
— Frz. C. Alex., Kfm., Blumenstr. 19. III.
— Friedrich, Kfm., Inh. e. Agent.-Gesch., Striesenerstr. 22. II.
— F. Ed., Kfm., Inh. e. Agent.-, Putz- u. Modewaarengesch., Waisenhausstr. 40. pt. u. III.
— F. Hugo, Kfm., (Ehefr. Adelh. B., Inhn. e. Stroh- u. Filzhutfbrk.), a. d. Kreuzkirche 10. II.
— F. Rich., Kfm., gr. Klosterg. 2. II.,
— Glieb. Rud., Kfm., Prok. d. F. C. W. Leuthold, Rietschelstr. 6. III.
— Gstv. Emil, Kfm., (seit 1867), Grunaerstraße 10. II., I. 2983, Inh. d. F. **G. Emil Fischer,** (Hauptbranche: Beleihung von städtischen u. ländlichen Grundstücken mit feststehenden Bank- u. Sparkassengeldern), s. V. Th.
— Herm. A., Kfm., Grunaerstr. 22. III.
— Hermann Gstv., Kfm., Chemnitzerstr. 20. I., Inh. d. F. **Gustav Hermann Fischer,**

Das Häuserbuch des »Adreßbuches für Dresden und seine Vororte. 1897.«
Stadtarchiv Dresden
Seit 1897 wurde im Häuserbuch auch die Grundbuchnummer aufgenommen. Jetzt standen neben der Straßennummer die Grundbuchnummer, die Steuereinheit und die Katasternummer.

Aus dem alpabetischen Nachweis der selbstständigen Einwohner mit Angabe ihrer Wohnung aus dem »Adreßbuch für Dresden und seine Vororte. 1897.«
Stadtarchiv Dresden
1897 hatte Dresden bereits ein dichtes Telefonnetz. Hinter vielen Namen im alphabetischen Verzeichnis der selbstständigen Einwohner waren die Telefonnummer und das dazugehörige Amt angegeben. Telefonanschlüsse waren 1897 für die Dresdner Geschäfte und Firmen eine Selbstverständlichkeit.

Aus besonderem Anlass, 1898 – 70. Geburtstag von König Albert und dessen 25-jähriges Regierungsjubiläum – beginnt der Allgemeine Teil des Adressbuches 1899 mit dem Abdruck »Zur Geschichte der Stadt Dresden« aus der 14. Auflage des Brockhaus Konversationslexikons. Daran schließt ein 20 Seiten langer Artikel »Dresden im Jahre 1898« von Dr. Georg Beutel an.

In diesem und den späteren Bänden folgten nach der Hauptübersicht die »Allgemeinen Nachrichten von der Stadt und deren Einrichtungen« bearbeitet im städtischen Statistischen Amt. Diese Rubrik wurde, wenn auch nicht immer an gleicher Stelle bis 1943/44 beibehalten. Neu ist auch, dass 1899 nach den Seiten mit den Mitgliedern der königlichen Familie nun die Ehrenbürger der Stadt Dresden erscheinen. Die Ehrenbürger, die lebenden als auch die verstorbenen erschienen mit einer Unterbrechung zwischen 1919 und 1933 bis 1943/44 im Adressbuch.

Der Allgemeine Teil des Adressbuches war aktuelle Statistik und Infomiationsstelle sowie Fahrplan und Preisliste für den Nahverkehr. Man konnte die Fahrpreise der Königlich-Sächsischen Staatsbahn, der beiden Straßenbahngesellschaften, der Omnibuslinien, für Droschken- und Fiakerfahrten oder die Elbfährtarife nachschlagen. Auch die Kosten für Briefe, Telegramme und Telefongespräche fand der Leser im Allgemeinen Teil am Anfang eines Adressbuches. Um 1900 konnte jeder aus dem Verzeichnis der Straßen und Plätze die Angaben der Stadtteile, der Sicherheits- und Wohlfahrtspolizeibezirke, der Standesämter, Armenpflegervereine, Bezirksschule, Kirchengemeinde und Postämter, zu welchen dieselben gehörten nebst einer Orientierungstabelle für den Stadtplan ersehen. Es kamen die Angaben der Straßenbahnlinien, der

Adreßbuch für Dresden und seine Vororte. 1910.
Allgemeiner Teil – Städtische Straßenbahn.
Stadtarchiv Dresden
Wer keinen Fahrplan hat, der schaut ins Adressbuch.
Die Dresdner Adressbücher enthielten neben der Angabe der einzelnen Straßenbahnlinien die Angaben über Fahrtweg, Fahrplan, Fahrzeit und Fahrpreise. So kostete 1910 eine Fahrt mit der Linie 18 vom Schloßplatz zum Schillerplatz 10 Pfennig.

Linie 18: Schloßplatz–Loschwitz–Pillnitz.
(Rote Wagen.)
Fahrtweg:
Vom Schloßpl. über Terrassenufer, Sachsenpl., Lothringer Str., Eliaspl., Blumenstr., Bönischpl., Pfotenhauerstr., Emser Allee, Barteldespl., Naumannstr., Schillerpl., Blasewitz-Loschwitzer Elbbrücke, Loschwitz (Körnerpl.), weiter durch die Ortschaften Loschwitz, Wachwitz, Niederpoyritz, Hosterwitz bis Pillnitz.
Fahrplan:
Ab Straßenbahnhof Pfotenhauerstr. nach Loschwitz: vorm. 4^{50}, 5^{28}, 5^{46}, 5^{48}, 5^{51}, 5^{56}, 6^{1}, 6^{6}, 6^{8} u. 6^{11}; davon nach Pillnitz: vorm. 4^{50}, 5^{28}, 5^{48} u. 6^{8}.
Ab Schloßpl. nach Loschwitz: von vorm. 5^{58} bis nachm. 8^{38} alle 5 Min., von nachm. 8^{48} bis 11^{48} alle 10 Min., außerdem nachts 12^{1}.
Ab Schloßpl. nach Pillnitz: von vorm. 5^{58} bis nachm. 7^{58} alle 20 Min., von nachm. 8^{28} bis 11^{28} alle 30 Min.
Ab Schloßpl. nach Straßenbahnhof Pfotenhauerstr.: nachts 12^{3}, 12^{13} u. 12^{26}.
Ab Straßenbahnhof Pfotenhauerstr. nach Schloßplatz: vorm. 5^{38}, 5^{43}, 5^{48}, 5^{53} u. 6^{3}.
Ab Loschwitz nach Schloßpl.: vorm. 5^{51}, 5^{58}, von vorm. 6^{3} bis nachm. 8^{38} alle 5 Min., von nachm. 8^{48} bis 11^{48} alle 10 Min., außerdem nachts 12^{0}.
Ab Pillnitz nach Schloßpl.: vorm. 5^{27}, von vorm. 6^{4} bis nachm. 9^{4} alle 20 Min., u. nachm. 9^{34}, 10^{4}, 10^{34}, 11^{4}, 11^{36}.

A. 3. 1910

Ab Loschwitz nach Straßenbahnhof Pfotenhauerstr.: nachm. 8^{40}, 8^{50}, 9^{0}, 9^{5}, 12^{5}, 12^{14}, 12^{16}, 12^{26}, 12^{46}.
Ab Pillnitz nach Straßenbahnhof Pfotenhauerstraße: nachts 11^{50}, 12^{22}.
Fahrzeit:
Schloßpl.—Loschwitz (Körnerpl.) 24 Min., Schloßpl.—Pillnitz 48 Min.
Fahrpreis:
Schloßpl.—Loschwitz (Körnerpl.) 15 ₰, Schloßplatz—Pillnitz 35 ₰, Teilstrecken zu 30, 25, 20, 15 u. 10 ₰.

Finanz- und Steuerbezirke, die Schornsteinfegerbezirke, die Heimbürgerinnenbezirke und die Kreisstellen der Fürsorgeämter dazu. In den Bänden der 30er Jahre bildete das Verzeichnis der Straßen und Plätze den Anfang des Häuserbuches. 1904 erschien das Adressbuch in zwei Bänden. Der erste enthielt den Allgemeinen Teil, den 1.Teil und Übersichtspläne der Zuschauerräume einiger Theater mit Angaben der Eintrittspreise und der Kassenstunden. Durch Eingemeindungen begann der 2. Band mit dem Verzeichnis der am 1. 1. 1904 neubenannten Straßen und Plätze von Seidnitz, Zschertnitz, Räcknitz, Plauen, Löbtau, Naußlitz, Wölfnitz, Cotta, Kaditz, Übigau, Mickten und Trachau. Das Verzeichnis stellte die alten und neuen Namen nebeneinander. Daran schloss sich das Verzeichnis mit den alten und neuen Hausnummern an. Durch die Eingemeindungen wurde Dresden größer und neue Gemeinden wurden so zu Vororten der Stadt. 1904 waren 37 und 1915 waren es bereits 52 Vororte.

Das »Adreßbuch für Dresden und seine Vororte« wurde seit 1905 bearbeitet und herausgegeben von der unter Verwaltung des Rates zu Dresden stehenden Buchdruckerei der Dr. Güntzschen Stiftung. Viele Jahrgänge erschienen in einem oder in zwei Bänden. Seit 1906 erschienen die Vororte unter dem Haupttitel der Adressbücher.

Im gleichen Jahr wurde nach den Geschäftsanzeigen ein »Wegweiser für Bäder und Reisen« abgedruckt. Dieser sollte in jedem Band sowie in den verschiedenen Sonderausgaben der Vororte erscheinen, das wurde aber nicht realisiert.

Seit 1897 waren die Jahrgänge neu gezählt worden, aber nicht immer war der Jahrgang auf dem Titelblatt angegeben. Die Herausgeber informierten am Anfang jeder Ausgabe, dass man die Hauptübersicht zum besseren Verständnis beim Nachschlagen im Adressbuch zuerst lesen sollte. So gliederte sich z. B. das Hauptinhaltsverzeichnis des Bandes von 1914 wie folgt:

- *Erklärung der für die in- und ausländischen Orden und Ehrenzeichen gebrauchten Abkürzungen*
- *Erklärung der sonstigen Abkürzungen*
- *Güntz-Bad, städtische Badeanstalt*

Allgemeiner Teil

- *Allgemeine Nachrichten von der Stadt und deren Einrichtungen*
- *Verkehrswesen*
- *A. Post-, Telegraphen- und Fernsprecheinrichtungen*

1. Örtliche Einrichtungen und Bestimmungen über das Postwesen
2. Ortssendungen
3. Telegraphenwesen
4. Fernsprecheinrichtungen
B. Sächsisch-Böhmische Dampfschifffahrts-Gesellschaft
C. Städtische Straßenbahn und Loschwitzer Bergbahnen
D. Droschken und Fiaker:
a) Automobildroschken
Fahrpreise
Standplätze
b) Droschken erster Klasse
Fahrpreise
Standplätze
c) Zweite Klasse
Fahrpreise
Standplätze
d) Fiaker
Fahrpreise
Standplätze
Telephonische Bestellung von Droschken
E. Privat-Botenfuhrwerk, Frachtfuhrwerk und Fußboten
F. Gebührenverzeichnis für die Mitglieder der Dienstmannsgenossenschaften
G. Elbfähr-Gebührenverzeichnis
H. Vorschriften über die Sonntagsruhe im Handelsgewerbe
Verzeichnis der Straßen und Plätze mit Angabe der Stadtteile und …
Stadtpläne-Verzeichnis
Sicherheits- und Wohlfahrts-Polizeibezirke und -Meldestellen
Pfarrämter
Standesämter
Städtische Bürgerschulen, Bezirksschulen, Fach- und Fortbildungsschulen, Mädchen-Fortbildungsklassen, Katholische Schulen

Straßen- und Plätze-Verzeichnis.

Benennung der Straßen, Plätze etc. mit Angabe des Stadtteils und der Straßenbahnlinien	Sicherh.-Polizeibez. Wohlf.-Polizeibez.	Schornsteinfegerbez.	Standesamt	Heimbürginnenbez.	Armenpflegerverein	Bezirksschule	Kirchenparochie	Postamt	Im Stadtplan unter:
Carlstraße *(Ant.) (9, 11, 16)* .	3	31	3	23	33	15	MLP.	6	O11,12
Carola-Allee *(Alb.) 16* . . .	Alb	29	Alb	23	34	—	GKP.	15	PQ 9. 10
Carolabrücke *(Alb.)*	Alb	—	—	—	—	—	—	—	P 9
Carolahaus *(J)*	25	21	1	14	—	20	TP.	16	PQ 13
Carolasee, Großer Garten . .	12	—	—	—	—	—	—	—	OP 18
Carolastraße *(Seev.) 23, 26*	6	4	2	7	14	2	†P.	1	KL 15,16
Carolinenstraße *(Ant.)* . . .	3	27	3	20	41	22	DrKP.	6	M 11
Carusstraße *(P) (4, 12)*									
linke Seite 1	6	5	1	8	12	9	†P.	1	
do. 3-11 . . .	6	5	1	8	12	9	FP.	1	M 15
rechte Seite 2-30 . . .	6	5	1	8	12	9	FP.	1	
Chamissostraße *(Cot.)* . . .	20	10	7	33	71	12,34	HeilP.	29	D14,15
Charlottenstraße *(Ant.)* . . .	8	32	3	22	35	5	MLP.	8	RS 10
Chemnitzer Platz *(Pl.) (15)* .	23	13	11	28	63	39	AufP.	27	G 19
Chemnitzer Straße *(Südv.* und *Pl.) 15, (1)*									

Das Straßen- und Plätze-Verzeichnis aus dem Adressbuch von 1913.
Stadtarchiv Dresden
Das Straßen- und Plätze-Verzeichnis war für die Dresdner eine Orientierungshilfe bei der Suche nach den für eine Straße zuständigen Ämtern, Schulen usw. Jeder konnte aus dem Verzeichnis die Angaben der Stadtteile, der Sicherheits- und Wohlfahrtspolizeibezirke, der Standesämter, Armenpflegervereine, Bezirksschule, Kirchengemeinde und Postämter, zu welchen dieselben gehörten ersehen. Durch die Orientierungstabelle für den Stadtplan konnte man sich schneller auf diesem zu Recht finden.

f) Hundebad.

	Schwimmen 1 Karte ₰	Schwimmen 10 Karten ℳ	Reinigen 1 Karte ₰	Reinigen 10 Karten ℳ	Scheren 1 Karte ℳ
Kleine Hunde (unter 30 cm)	25	2.00.	50	4.50.	1.50.
Mittlere Hunde (30 bis 50 cm)	35	3.00.	70	6.00.	2.00.
Große Hunde (über 50 cm)	45	4.00.	90	7.50.	3.00.

Für Einstellen eines dem Badegaste gehörigen Hundes auf die Dauer von 3 Stunden 10 ₰.

Güntz-Bad, städtische Badeanstalt, Elbberg 3 aus dem Adressbuch von 1914.
Stadtarchiv Dresden
Wenn der Dresdner ins Güntz-Bad zum Schwimmen ging oder ein warmes Wannenbad genoss, konnte er seinen Hund für 3 Stunden aufbewahren lassen oder der Vierbeiner ging auch baden. Das Bad für einen kleinen Hund kostete 1914 25 Pfennig.

Wundärztliche Hilfstellen
Vermittlungsstellen für Geräte zur Krankenbeförderung und den Nachweis ärztlicher Hilfe bei Nacht
Stadtbezirksarzt, Distriktarmenärzte
Wachen der Gaszähler- und Laternenwärter, Wasserwachen
Feuermeldestellen.

Erster Teil.
Das Königshaus
Ehrenbürger der Stadt Dresden
Alphabetischer Nachweis der selbstständigen Einwohner
Nachtrag, der während des Drucks bekannt gewordenen Standes – und
Wohnungs-Veränderungen sowie sonst erforderliche Berichtigungen enthaltend
Zweiter Teil.
Königliche und städtische Behörden, Religionsgemeinden, Schulen, Theater,
Sehenswürdigkeiten, Büchereien und Lesehallen, Berufsgenossenschaften,
Versicherungsgesellschaften, Krankenkassen, Heilanstalten, Stiftungen, Vereine, Zeitungen
Dritter Teil.
Verzeichnis der Häuser mit ihren Bewohnern in alphabetischer Folge der Straßen und Plätze
Nachtrag, die während des Drucks bekannt gewordenen Besitzstandsveränderungen enthaltend
Albertstadt, Verzeichnis der Gebäude mit ihren Bewohnern
Vierter Teil.
Verzeichnis der Berufsklassen, Gewerbetreibenden usw.
Das Sachregister hierzu befindet sich zu Anfang des vierten Teiles
Fünfter Teil.
Handelsregister
Genossenschaftsregister
Vereinsregister
Sechster Teil.
Vororte (außerhalb des Stadtbezirks)
54 Vororte
Beilagen
1. Übersichtspläne der Plätze in ... (Verschiedene Theater)
2. Stadtplan

Diese Hauptübersicht gab den Lesern einen guten Überblick und zeigte die vielfältigen Angaben und Informationen, die ein Adressbuch beinhaltete. Viele statistische Angaben waren nach den Ergebnissen der Volkszählung vom 1. 12. 1910, der Wohnungszählung vom 1. 12. 1905 und nach der Arbeiterzählung von 1. 5. 1913 zusammengestellt worden. Während des I. Weltkrieges wurden keine neuen Daten veröffentlicht. Bis 1918 änderte sich im Wesentlichen nichts am Inhalt oder Aufbau der Adressbücher.
1919, in der Weimarer Republik, erschien ein den Umständen entsprechendes nicht so umfangreiches Adressbuch. Die neuen Verhältnisse zeigten sich anfangs im einfachen Weglassen von

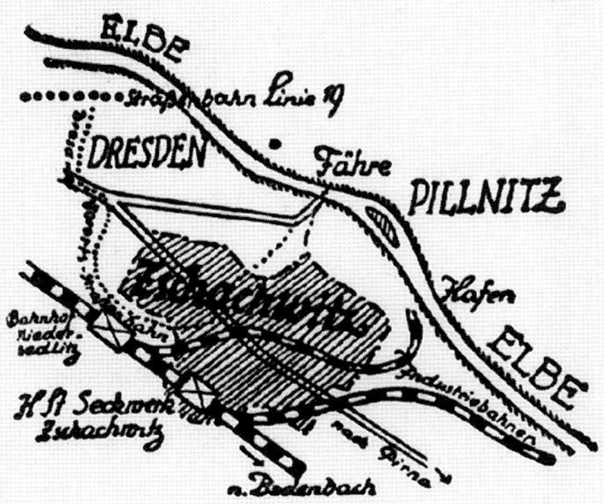

Zschachwitz

Kreishauptmannschaft: Dresden. — Amtshauptmannschaft: Pirna. — Amtsgericht: Pirna

Die Gemeinde Zschachwitz ist durch die Verschmelzung der Gemeinden Großzschachwitz und Sporbitz am 1. Januar 1921 neu gebildet worden. Am 1. Januar 1922 ist noch die Gemeinde Meußlitz hinzugekommen. Alle 3 Ortsteile sind Siedlungen ältesten slawischen Ursprungs. Zschachwitz zählt 6000 Einwohner und ist infolge seiner außerordentlich günstigen Lage zwischen Eisenbahn und Elbe, die durch eine Vollspur- und eine Schmalspur-Industriebahn miteinander verbunden sind, zur Ansiedlung von Industrie ganz vorzüglich geeignet. Zschachwitz wird auch für Wohnzwecke infolge seiner herrlichen Umgebung und eigner Reize, sowie durch die Nähe der Großstadt besonders bevorzugt Bauland wird zu mäßigen Preisen durch die Gemeindeverwaltung nachgewiesen. Straßenbahn, Wasserleitung, Beschleusung, Gas und Elektrizität ist vorhanden. Arzt am Platze. Schulwesen auf der Höhe (Lernmittelfreiheit, bedeutende Aufwendungen für Schülerwanderungen, Betonung der körperlichen Erziehung durch Jugendspielstunden, Schwimmunterricht, Vertrag mit Elbbad und Licht- und Luftbad Heidenau zwecks unentgeltlicher Benutzung, Schülerwerkstätten), besondere Erwähnung gebührt der Berufsschule „Elbaue", die vorbildlich organisiert und über außerordentlich reiche Lehrmittelsammlungen verfügt. Bahnstation und Fernsprechamt Niedersedlitz.

Zschachwitz
Aus Teil VI des Adressbuches von 1927/28.
Stadtarchiv Dresden
Die Gemeinde Zschachwitz bestehend aus den drei Ortsteilen Großzschachwitz, Sporbitz und Meußlitz, war einer der zahlreichen Dresdner Vororte. Er behielt seine Selbstständigkeit bis 1950.

Titeln und Bezeichnungen und in den Anfangssätzen des Allgemeinen Teils des Adressbuches in den Nachrichten von der Stadt und deren Einrichtungen: »Dresden ist die Hauptstadt von Sachsen. Sitz sämtlicher Ministerien …«. Im Band von 1922/23 steht zum ersten Mal »Dresden ist die Hauptstadt des Freistaates Sachsen, … «.

1921 wurden 23 Vorortgemeinden eingemeindet. Damit stieg die Einwohnerzahl (Stand 1. 12.1924) auf 612000 Einwohner. Im 6. Teil stehen 1922/23 noch 29 Vororte und als Teil 7 wurde das Adressbuch der Stadt Freital aufgenommen. Die Adressbuchteile, die die Landgemeinden und die Städte enthalten, waren genau so aufgebaut und untergliedert, wie der Teil der Stadt Dresden. Oft beginnt es mit einer kurzen Chronik der Gemeinde, wie Zschachwitz 1927/28.

Die Jahre der Inflation und deren Auswirkungen machten das jährliche Erscheinen des Adressbuches unmöglich. So wurden zwischen 1923 und 1928 die Bände in einem Abstand von eineinhalb Jahren herausgegeben.[7] Der Inhalt gliederte sich nun ständig in 7 Teile. Zur Stadt Freital kam noch die Stadt Rabenau, beide bildeten den 7. Teil der Adressbücher.

Seit dem Adressbuch 1924/25 waren nun auch die Straßennamen der Weimarer Republik angepasst worden. Aus der König-Albert-Straße wurde schlicht die Albertstraße, aus der König-Georg-Allee die Georgallee und aus der Königin-Carola-Brücke die Carolabrücke. Mit Straßenumbenennungen wurden die durch die Eingemeindungen nun mehrfach auftretenden Straßennamen beseitigt, so hatte es 1925/26 sechs Albertstraßen und 4 Carolastraßen in Dresden gegeben.

Mitte der 20er Jahre hatten sich die politischen und wirtschaftlichen Verhältnisse gebessert. Das Adressbuch hatte seine inhaltliche Gestaltung bekommen. Der Allgemeine Teil wurde straffer zusammengefasst und gekürzt. Nach den schon in den Jahren vor dem I. Weltkrieg üblichen Nachrichten von der Stadt und deren Einrichtungen werden Bildungswesen, Verkehrswesen, Sächsisch-Böhmische Dampfschifffahrt, der Nahverkehr, Droschken und Fiaker, Laternenwärterwachen usw. zusammengefasst. Oft wird für weitergehende Informationen auf den 2. Teil verwiesen. Der 2. Teil enthält die Reichs-, Staats- und Stadtbehörden, Religionsgemeinden und Schulen, Theater, Sehenswürdigkeiten, Berufsgenossenschaften, Krankenkassen, Heilstätten, Stiftungen, Vereine und Zeitungen. Wie in den Adressbüchern üblich, waren von der obersten bis zur unteren Ebene die Verantwortlichen namentlich benannt. So war der 1925/26 amtierende Innenminister genau wie der Reviervorsteher eines Dresdner Polizeireviers oder der Stadttechniker der Städtischen Straßenbahn konkret erwähnt. Auch die Namen und Berufe aller Abgeordneten des Landtages des Freistaates Sachsen oder die Stadtverordneten zu Dresden wurden abgedruckt. Was für die Behörden und die Abgeordneten galt, galt in unterschiedlicher Weise auch für alle anderen Einrichtungen, egal ob Theater, Schule oder Krankenhaus.

Mit der Ausgabe für 1929 begann erneut das jährliche Erscheinen des Adressbuches. Es gab wie bisher Ausgaben, die in einem Band oder in zwei Halbbänden gebunden waren. Der Allgemeine Teil begann wie schon die Bände 1926/27, 1927/28 mit dem Abdruck einer mehrseitigen »Chronik der Stadt Dresden« von Dr. Georg Hermann Müller (1878–1945). Sie umfasst die Zeit von der ersten Besiedlung bis in die 20er Jahre und ist mit Stichen, Karten und Fotos illustriert. Die statistischen Angaben zur Stadt und ihren Einrichtungen waren nach den Erhebungen von 1928, der Wohnungszählung vom 16. 5. 1927 und nach der Arbeitnehmerzählung vom 10. 8. 1926 aktualisiert worden. 1930 und in den folgenden Jahren beginnt der Band mit dem Abdruck einer Zusammenstellung von Jubiläumsfirmen, zusammengestellt auf Grund von Angaben der Firmen selbst, der Innungen und des Handelsregisters. Es begann mit Firmen, die 300 und mehr Jahre existierten, z.B. die Hofapotheke oder das über 250 Jahre alte Hotel »Trompeterschlößchen« in der Trompeterstraße 2. Am 17. 11. 1929 waren in Sachsen Kommunalwahlen. Es wurden auch die Dresdner Stadtverordneten gewählt. Zum Adressbuch für Dresden und Vororte 1930 wurde deshalb ein Ergänzungsblatt für die Seite 38 des 2. Teils gedruckt und eingebunden. Es enthielt die Namen der Stadtverordneten nach der Wahl.

1931 erscheint auch die Stadt Wilsdruff im Titel des Adressbuches. Sie wurde als dritte Stadt in den 7. Teil aufgenommen. Die Gemeinde Omsewitz wurde am 20. Oktober 1930 eingemeindet. Vor dem Erscheinen des Bandes 1931 konnte sie nicht mehr ganz eingearbeitet werden. So erschien das Einwohnerverzeichnis mit dem extra abgedruckten Stadtteil Omsewitz am Schluss.

Adressbuch von 1925/26
Allgemeiner Teil – Verkehrswesen.
Stadtmuseum Dresden
Ein Brief muss weg! Auch hier hilft das Adressbuch. Die Öffnungszeiten der Dresdner Postämter fanden sich im Allgemeinen Teil der Adressbücher.

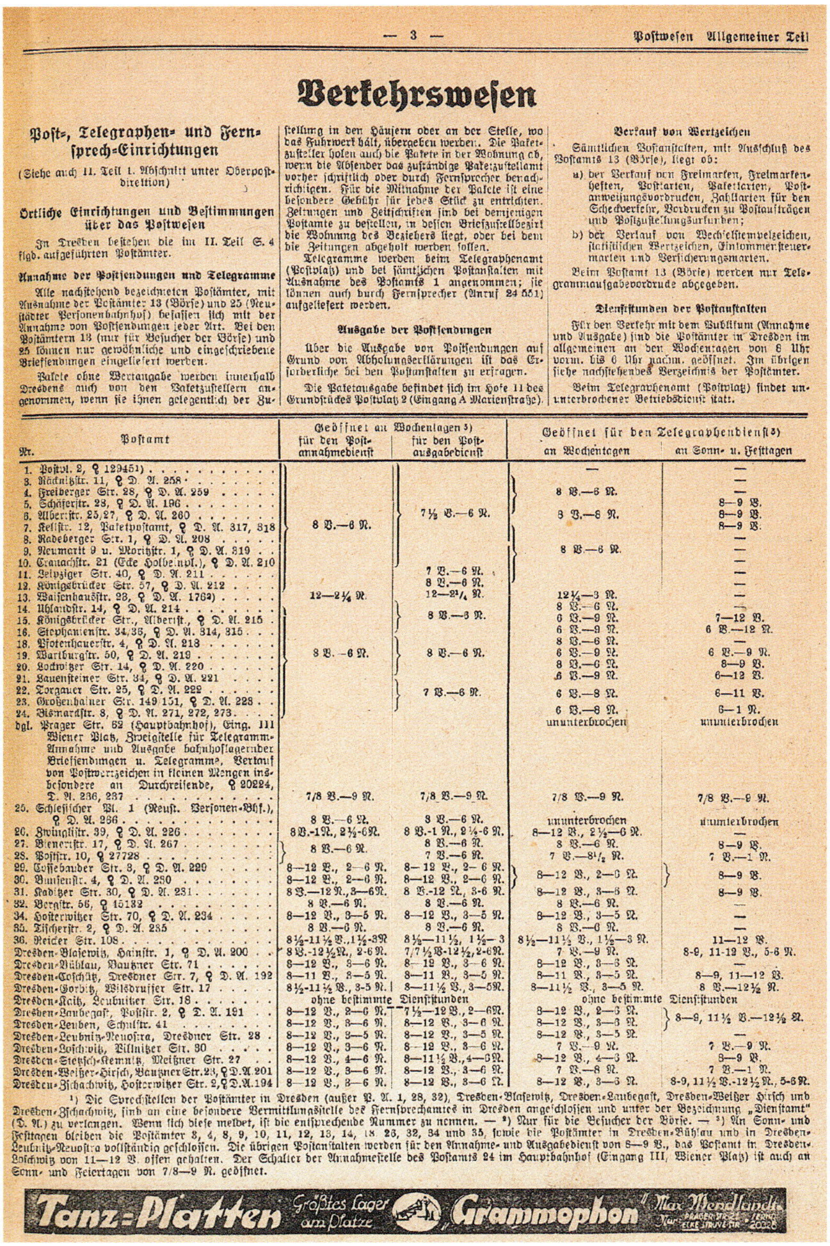

— 3 — Postwesen Allgemeiner Teil

Verkehrswesen

Post-, Telegraphen- und Fernsprech-Einrichtungen

(Siehe auch II. Teil 1. Abschnitt unter Oberpostdirektion)

Örtliche Einrichtungen und Bestimmungen über das Postwesen

In Dresden bestehen die im II. Teil S. 4 flgd. aufgeführten Postämter.

Annahme der Postsendungen und Telegramme

Alle nachstehend bezeichneten Postämter, mit Ausnahme der Postämter 13 (Börse) und 25 (Neustädter Personenbahnhof) befassen sich mit der Annahme von Postsendungen jeder Art. Bei den Postämtern 13 (nur für Besucher der Börse) und 25 können nur gewöhnliche und eingeschriebene Briefsendungen eingeliefert werden.

Pakete ohne Wertangabe werden innerhalb Dresdens auch von den Paketzustellern angenommen, wenn sie ihnen gelegentlich der Zustellung in den Häusern oder an der Stelle, wo das Fuhrwerk hält, übergeben werden. Die Paketzusteller holen auch die Pakete in der Wohnung ab, wenn die Absender das zuständige Paketzustellamt vorher schriftlich oder durch Fernsprecher benachrichtigen. Für die Mitnahme der Pakete ist eine besondere Gebühr für jedes Stück zu entrichten. Zeitungen und Zeitschriften sind bei demjenigen Postamte zu bestellen, in dessen Briefzustellbezirk die Wohnung des Beziehers liegt, oder bei dem die Zeitungen abgeholt werden sollen.

Telegramme werden beim Telegraphenamt (Postplatz) und bei sämtlichen Postanstalten mit Ausnahme des Postamts 1 angenommen; sie können auch durch Fernsprecher (Anruf 24 551) aufgeliefert werden.

Ausgabe der Postsendungen

Über die Ausgabe von Postsendungen auf Grund von Abholungserklärungen ist das Erforderliche bei den Postanstalten zu erfragen.

Die Paketausgabe befindet sich im Hofe 11 des Grundstückes Postplatz 2 (Eingang A Marienstraße).

Verkauf von Wertzeichen

Sämtlichen Postanstalten, mit Ausschluß des Postamts 13 (Börse), liegt ob:

a) der Verkauf von Freimarken, Freimarkenheften, Postkarten, Paketkarten, Postanweisungsvordrucken, Zahlkarten für den Scheckverkehr, Vordrucken zu Postaufträgen und Postzustellungsurkunden;

b) der Verkauf von Wechselstempelzeichen, statistischen Wertzeichen, Einkommensteuermarken und Versicherungsmarken.

Beim Postamt 13 (Börse) werden nur Telegrammaufgabevordrucke abgegeben.

Dienststunden der Postanstalten

Für den Verkehr mit dem Publikum (Annahme und Ausgabe) sind die Postämter in Dresden im allgemeinen an den Wochentagen von 8 Uhr vorm. bis 6 Uhr nachm. geöffnet. Im übrigen siehe nachstehendes Verzeichnis der Postämter.

Beim Telegraphenamt (Postplatz) findet ununterbrochener Betriebsdienst statt.

Nr.	Postamt	Geöffnet an Wochentagen ³) für den Postannahmedienst	Geöffnet an Wochentagen ³) für den Postausgabedienst	Geöffnet für den Telegraphendienst ³) an Wochentagen	Geöffnet für den Telegraphendienst ³) an Sonn- u. Festtagen
1.	Postpl. 2, ☏ 12945 ¹)			—	—
3.	Räcknitzstr. 11, ☏ D. A. 258				—
4.	Freiberger Str. 28, ☏ D. A. 259			8 V.—6 N.	—
5.	Schäferstr. 28, ☏ D. A. 196				8—9 V.
6.	Albertstr. 25/27, ☏ D. A. 260		7½ V.—6 N.	8 V.—6 N.	8—9 V.
7.	Kellstr. 12, Paketpostamt, ☏ D. A. 317, 318	8 V.—6 N.			8—9 V.
8.	Radeberger Str. 1, ☏ D. A. 208				—
9.	Neumarkt 9 u. Moritzstr. 1, ☏ D. A. 319			8 V.—6 N.	—
10.	Cranachstr. 21 (Ecke Holbeinpl.), ☏ D. A. 210				—
11.	Leipziger Str. 40, ☏ D. A. 211		7 V.—6 N.		—
12.	Königsbrücker Str. 57, ☏ D. A. 212		8 V.—6 N.		—
13.	Waisenhausstr. 28, ☏ D. A. 176 ²)	12—2¼ N.	12—2¼ N.	12¼—3 N.	—
14.	Uhlandstr. 14, ☏ D. A. 214			8 V.—6 N.	—
15.	Königsbrücker Str., Albertst., ☏ D. A. 215		8 V.—6 N.	6 V.—9 N.	7—12 V.
16.	Stephanienstr. 34/36, ☏ D. A. 314, 315			6 V.—9 N.	6 V.—12 N.
18.	Pfotenhauerstr. 4, ☏ D. A. 218			8 V.—6 N.	—
19.	Wartburgstr. 50, ☏ D. A. 219	8 V.—6 N.	8 V.—6 N.	6 V.—9 N.	6 V.—9 N.
20.	Lockwitzer Str. 14, ☏ D. A. 220			8 V.—6 N.	8—9 V.
21.	Lauensteiner Str. 34, ☏ D. A. 221			6 V.—9 N.	6—12 V.
22.	Torgauer Str. 25, ☏ D. A. 222		7 V.—6 N.	6 V.—8 N.	6—11 V.
23.	Großenhainer Str. 149/151, ☏ D. A. 228				
24.	Bismarckstr. 8, ☏ D. A. 271, 272, 273			6 V.—8 N.	6—1 N.
dgl.	Prager Str. 62 (Hauptbahnhof), Eing. III Wiener Platz, Zweigstelle für Telegramm-Annahme und Ausgabe bahnhoflagernder Briefsendungen u. Telegramme, Verkauf von Postwertzeichen in kleinen Mengen insbesondere an Durchreisende, ☏ 20224, D. A. 236, 237	7/8 V.—9 N.	7/8 V.—9 N.	ununterbrochen; 7/8 V.—9 N.	ununterbrochen; 7/8 V.—9 N.
25.	Schlesischer Pl. 1 (Neust. Personen-Bhf.), ☏ D. A. 266	8 V.—6 N.	8 V.—6 N.	ununterbrochen	ununterbrochen
20.	Zwinglistr. 39, ☏ D. A. 226	8 V.-1 N., 2½-6 N.	8 V.-1 N., 2½-6 N.	8—12 V., 2½—6 N.	—
27.	Wienerstr. 17, ☏ D. A. 267	8 V.—6 N.	8 V.—6 N.	8 V.—6 N.	8—9 V.
28.	Poststr. 10, ☏ 27728		7 V.—6 N.	7 V.—8½ N.	7 V.—1 N.
29.	Cossebauder Str. 3, ☏ D. A. 229	8—12 V., 2—6 N.	8—12 V., 2—6 N.	8—12 V., 2—6 N.	8—9 V.
30.	Bunsenstr. 4, ☏ D. A. 230	8—12 V., 2—6 N.	8—12 V., 2—6 N.		
31.	Kaditzer Str. 30, ☏ D. A. 231	8 V.—12 N., 3—6 N.	8 V.-12 N., 3-6 N.	8—12 V., 3—6 N.	8—9 V.
32.	Bergstr. 56, ☏ 15132	8 V.—6 N.	8 V.—6 N.	8 V.—6 N.	—
34.	Hosterwitzer Str. 70, ☏ D. A. 234	8—12 V., 3—5 N.	8—12 V., 3—5 N.	8—12 V., 3—5 N.	—
35.	Tischerstr. 2, ☏ D. A. 235	8 V.—6 N.	8 V.—6 N.	8 V.—6 N.	—
36.	Reicker Str. 108	8½-11½ V., 1½-3 N	8½—11½, 1½—3	8½—11½ V., 1½—3 N.	11—12 V.
	Dresden-Blasewitz, Hainstr. 1, ☏ D. A. 200	8 V.-12½ N., 2-6 N.	7/7½ V.-12½, 2-6 N.	7 V.—9 N.	8-9, 11-12 V., 5-6 N.
	Dresden-Bühlau, Bautzner Str. 71	8—12 V., 3—6 N.	8—12 V., 3—6 N.	8—12 V., 3—6 N.	—
	Dresden-Coschütz, Dresdner Str. 7, ☏ D. A. 192	8—11 V., 3—5 N.	8—11 V., 3—5 N.	8—11 V., 3—5 N.	8—9, 11—12 V.
	Dresden-Gorbitz, Wilsdruffer Str. 17	8½-11½ V., 3-5 N.	8—11½ V., 3—5 N.	8—11½ V., 3—5 N.	8 V.—12½ N.
	Dresden-Kaitz, Leubnitzer Str. 18	ohne bestimmte Dienststunden		ohne bestimmte Dienststunden	
	Dresden-Laubegast, Poststr. 2, ☏ D. A. 191	8—12 V., 2—6 N.	7½—12 V., 2—6 N.	8—12 V., 2—6 N.	8—9, 11½ V.—12½ N.
	Dresden-Leuben, Schulstr. 41	8—12 V., 3—6 N.	8—12 V., 3—6 N.	8—12 V., 3—6 N.	
	Dresden-Leubnitz-Neuostra, Dresdner Str. 28	8—12 V., 3—5 N.	8—12 V., 3—5 N.	8—12 V., 3—5 N.	—
	Dresden-Loschwitz, Pillnitzer Str. 30	8—12 V., 3—6 N.	8—12 V., 3—6 N.	7 V.—9 N.	7 V.—9 N.
	Dresden-Stetzsch-Kemnitz, Meißner Str. 27	8—12 V., 4—6 N.	8—11½ V., 4—6 N.	8—12 V., 4—6 N.	8—9 V.
	Dresden-Weißer-Hirsch, Bautzner Str. 23, ☏ D. A. 201	8—12 V., 3—6 N.	8—12 V., 3—6 N.	7 V.—8 N.	7 V.—1 N.
	Dresden-Zschachwitz, Hosterwitzer Str. 2, ☏ D. A. 194	8—12 V., 3—6 N.	8—12 V., 3—6 N.	8—12 V., 3—6 N.	8-9, 11½ V.-12½ N., 5-6 N.

¹) Die Sprechstellen der Postämter in Dresden (außer P. A. 1, 28, 32), Dresden-Blasewitz, Dresden-Laubegast, Dresden-Weißer Hirsch und Dresden-Zschachwitz, sind an eine besondere Vermittlungsstelle des Fernsprechamtes in Dresden angeschlossen und unter der Bezeichnung „Dienstamt" (D. A.) zu verlangen. Wenn sich diese meldet, ist die entsprechende Nummer zu nennen. — ²) Nur für die Besucher der Börse. — ³) An Sonn- und Festtagen bleiben die Postämter 3, 4, 8, 9, 10, 11, 12, 13, 14, 18, 26, 32, 34 und 35, sowie die Postämter in Dresden-Bühlau und in Dresden-Leubnitz-Neuostra vollständig geschlossen. Die übrigen Postanstalten werden für den Annahme- und Ausgabedienst von 8—9 V., das Postamt in Dresden-Loschwitz von 11—12 V. offen gehalten. Der Schalter der Annahmestelle des Postamts 24 im Hauptbahnhof (Eingang III, Wiener Platz) ist auch an Sonn- und Feiertagen von 7/8—9 N. geöffnet.

Tanz-Platten Größtes Lager am Platze „Grammophon" Max Wendlandt Prager Str. 21 Ecke Struvestr. Fernr. 20026

Mitten in einem Kranz von Kleinodien liegt Dresden gebettet. Wie kaum über eine andere Großstadt hat die Natur hier ihr Füllhorn ausgeschüttet; abertausend Möglichkeiten, die selbst der Einheimische nur zum Teil kennt, bieten sich dem erholungsuchenden Städter ebenso wie dem Fremden, der, nachdem er sich an vielen ihrer kulturellen Reichtümer erbaut hat, das Wochenende nach seiner Wahl verleben möchte.

Nie und nimmer läßt sich der Born dieser Wochenendfreuden nah und fern der Stadt erschöpfen. Stätten internationalen Lebens und einsame, verschwiegene Höfe und Bauden, prächtige Forste, die schier bis an das Weichbild der Stadt reichen, anmutige

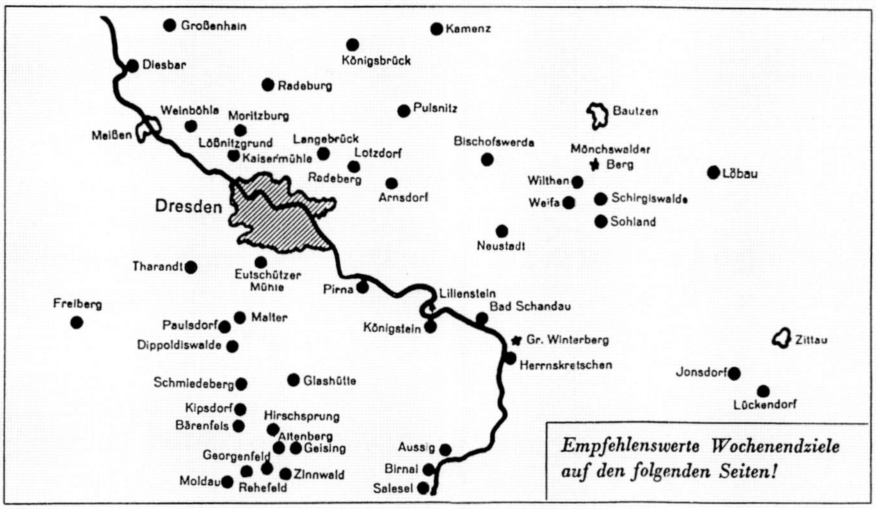

Hügel am Elbstrom und flaches Land von reizvoller Mannigfaltigkeit, und dann das romantische Paradies der Sächsischen Schweiz ebenso wie die Schönheiten des Lausitzer, Zittauer und Erzgebirges; locken sie nicht jeden aufs neue zu einer Wochenendfahrt?

Wohin am Wochenende? – Werbung 1932
Stadtarchiv Dresden
Wohin am Wochenende auf Schusters Rappen, mit dem Fahrrad, dem Bus oder der Eisenbahn, dem Ausflugsdampfer oder dem eigenen Auto. Bei dieser schwierigen Frage ein Griff zum Adressbuch 1932. Hier werden Wochenendziele in der Umgebung an Hand einer Übersichtskarte beschrieben verbunden mit der Werbung für Ausflugsgaststätten und Hotels.

»*Wohin am Wochenende?*« so fängt der Band für 1932 an. Auf 6 Seiten werben bekannte Wochenendziele, Ausflugsgaststätten und Hotels. Eine Übersichtskarte zeigt die Orte der Dresdner Umgebung. Anschließend wurden wieder die Jubiläumsfirmen zusammengestellt. Mit dem Band 1932 fällt die Einteilung in sieben Teile weg. Die Vororte bildeten wie bisher den Schluss des Adressbuches, sie wurden aber in 4 Bücher eingeteilt. Den Band II bildeten z. B. die Gemeinden Klotzsche-Königswald, Langebrück, Lausa und Rähnitz-Hellerau. Mit der Machtergreifung der Nationalsozialisten 1933 beginnt auch der Einsatz des Adressbuches für Geist und Propaganda des Faschismus. Der Grundaufbau und die Gliederung der Adressbücher blieb wie in all den Jahren davor. Seit dem Adressbuch 1934 waren es vor allem sprachliche Wandlungen, die neben der Umbenennung von Behörden, von Einrichtungen, Straßen und Plätzen z.B. Theaterplatz in Adolf-Hitler-Platz den Geist der Zeit verdeutlichten. In Dresden saß jetzt auch der Reichsstatthalter für Sachsen. 1935 zeigte sich der politische Umbau des Landes ganz offensichtlich. Auch wenn die NSDAP im 1. Teil des Adressbuches noch im 6. Abschnitt mit ihren Gliederungen und Vereinen aufgeführt wurde. Ab 1936 steht die NSDAP an erster Stelle vor den Reichsbehörden im 1. Teil des Bandes. Bis Mitte der 30er Jahre schien das äußere Bild der Adressbücher sich kaum zu verändern, noch beinhaltet es Anzeigen jüdischer Geschäfte, standen jüdische Vereine im Dresdner Adressbuch. 1936 zeigte die Dresdner Bank auf dem Deckblatt des 3.Teils an, dass sie das sächsich-thüringische Geschäft der Niederlassung des Bankhauses *Gebr. Arnhold* seit dem 2. 12. 1935 übernommen habe. Die Niederlassung würde in den bisherigen Räumen und mit dem bisherigen Mitarbeiterkreis fortgeführt. An gleicher Stelle warb sonst das Bankhaus Gebr. Arnhold für seine Bankberatung. Nach 1938 standen die jüdischen Bürger Dresdens nicht mehr im Adressbuch.

Das Adressbuch von 1937 brachte als Einleitung ein Resümee über die Entwicklung und den Aufbau der NSDAP in Dresden und Umgebung. Der Almanach für das Jahr 1937 machte den Leser auf die eingeführten »Eintopfsonntage« im Jahr aufmerksam. An 6 Sonntagen – am 10. 1., 14. 2., 14. 3., 10. 10., 14. 11. und am 12. 12. 1937 – gab es das oft öffentliche »gemeinsame Eintopfessen«. Alle Haushalte sollten sich anschließen. Langsam, für viele Dresdner unbemerkt, wurden die Menschen Schritt für Schritt auf schlechtere Zeiten, auf Punktkarten und Lebensmittelzuteilungen, ja auf den Krieg vorbereitet.

In den Adressbüchern erschienen wie bisher die Werbeanzeigen von Geschäften und Firmen, so warben viele Kaufhäuser und Läden damit, dass sie gern im Rahmen der gesetzlichen Bestimmungen Ehestandsdarlehn und Markenabschnitte der 25-Reichsmark-Bedarfsdeckungsscheine in Zahlung nehmen. Viele traditionsreiche Häuser bemühten sich so um die Gunst ihrer Kunden.

1938 begann Dr. Ernst Ritschel das Adressbuch mit einer »Lebens- und Arbeitsbilanz unserer Barockstadt«. Seine Bilanz zeigte die Beliebtheit der Stadt. Hatte sie 1936 »im Jahr der Olympiade« 330 000 Gäste, waren es 1937 noch 20 000 mehr. Dresden war eine Reise wert. Seine Sehenswürdigkeiten waren täglich geöffnet. Auf einen Blick konnte der Fremde im Adressbuch die Öffnungszeiten finden.

Auch im Folgejahr gab es einen »Almanach auf das Jahr 1938«. Er enthielt v.a. die Geburts- und Sterbetage von Persönlichkeiten der deutschen Geschichte. Der sich anschließende amtliche Teil des Bandes war wie in den vorherigen Jahren zusammengestellt worden. Der 2. Teil, das Einwohnerverzeichnis, beginnt mit einer kurzen Beschreibung, wie die Namen der selbstständigen Einwohner geordnet worden sind. Auch die Berufsklassen und Gewerbetreibenden im 3. Teil wurden nach einigen Benutzungshinweisen und einem Inhaltsverzeichnis geordnet, um ein leichtes und schnelles Auffinden z.B. eines gesuchten Geschäftes zu ermöglichen.

Nach 1938 verschwanden viele bekannte Firmen, die jüdischen Geschäftsleuten gehörten, aus dem Stadtbild. Sie wurden geschlossen oder »arisiert«. Das spiegelte sich auch im Adressbuch wider, viele Häuser wurden von Verwaltern betreut, hatten neue Eigentümer oder eine Firma stand nicht mehr im Handelsregister bzw. hatte neue Inhaber. All das merkt man aber erst auf

den zweiten Blick, wenn man nach den Angaben einer bestimmten Familie oder einer konkreten Firma über einen längeren Zeitraum z.B. zwischen 1926 und 1941 sucht.
Auch das Adressbuch von 1939 unterscheidet sich nicht von seinen Vorgängern. Die Dresdner und ihre Gäste erfuhren wie bisher aus dem Adressbuch, wann die Theaterkassen geöffnet hatten und was eine Eintrittskarte kostete.
Man ging bei einem Besuch in Dresden in die Oper, ins Kino oder bummelte durch die Geschäfte der Prager Straße oder die Brühlsche Terrasse entlang. Ohne es zu ahnen, genossen die Menschen die letzten Monate des Friedens. Am 1. September 1939 begann der II. Weltkrieg. Dresden, speziell aber die Albertstadt, als eine der größten Garnisonen Deutschlands, blieb neben den alle deutschen Städte betreffenden Veränderungen und Beschränkungen vorerst noch relativ unberührt von den Kriegsereignissen. Die Adressbücher 1940, 1941 und 1942 waren nicht anders als ihre Vorgänger aus den 30er Jahren. Das Adressbuch von 1943/44 brachte eine Veränderung im Titel – Dresden war jetzt die Gau- und Landeshauptstadt. Durch die Kriegsereignisse und den damit verbundenen Einschränkungen an Material wurde der Band, der im August 1943 erschien, für zwei Jahre gedruckt. Es sollte das letzte Adressbuch sein, das vor dem Ende des Krieges und der Zerstörung der Stadt Dresden erschien. Wie ein Ausblick auf bessere Zeiten wirkte die farbige Werbung für den Zirkus Sarrasani 1943, dessen berühmtes Gebäude in der Dresdner Neustadt in der Nacht vom 13./14. Februar 1945 für immer aus dem Stadtbild verschwand. Das völlig ausgebrannte Gebäude des Zirkus wurde in den 50er Jahren abgebrochen.
Das Adressbuch 1943/44 ist das letzte Einwohnverzeichnis, Straßenverzeichnis und Häuserbuch der Stadt vor ihrer Zerstörung. Zu den unersetzlichen Verlusten Dresdens gehören auch die Meldeunterlagen bis 1945. So sind das Adressbuch von 1943/44 und seine Vorgänger oft wichtige Quellen, um auf die Spur ehemaliger Dresdner zu kommen.
Entsprechend groß ist auch die Benutzung derselben durch die Dresdner und viele Gäste der Stadt in den Bibliotheken und Archiven Dresdens.
Mit dem letzten Adressbuch von 1943 endete aber auch die erfolgreiche Geschichte des Dresdner Adressbuchverlagswesens. Beginnend mit dem Vorläufer von 1702, über das erste eigentliche Adressbuch von 1797 hatte sich das Adressbuch vom kleinen Büchlein im Westentaschenformat zum viele hundert Seiten umfassenden Wälzer, auf den keine Behörde, keine Firma und viele Privatpersonen nicht mehr verzichten wollten, gemausert. Nach dem Krieg wurde die Tradition nicht fortgesetzt.
Erst Anfang der 90er Jahre begann der Sachsenverlag in Zusammenarbeit mit der Dresdner Stadtverwaltung einen Neuanfang im Adressbuchwesen. Nach dem aus Daten-

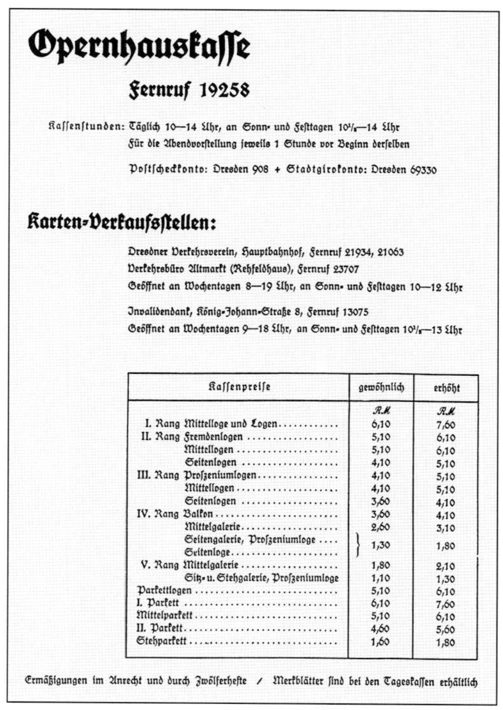

Opernhauskasse

Fernruf 19258

Kassenstunden: Täglich 10—14 Uhr, an Sonn- und Festtagen 10½—14 Uhr
Für die Abendvorstellung jeweils 1 Stunde vor Beginn derselben

Postscheckkonto: Dresden 908 + Stadtgirokonto: Dresden 69330

Karten-Verkaufsstellen:

Dresdner Verkehrsverein, Hauptbahnhof, Fernruf 21934, 21063
Verkehrsbüro Altmarkt (Rehfeldhaus), Fernruf 23707
Geöffnet an Wochentagen 8—19 Uhr, an Sonn- und Festtagen 10—12 Uhr

Invalidendank, König-Johann-Straße 8, Fernruf 13075
Geöffnet an Wochentagen 9—18 Uhr, an Sonn- und Festtagen 10½—13 Uhr

Kassenpreise	gewöhnlich	erhöht
	RM	RM
I. Rang Mittelloge und Logen	6,10	7,60
II. Rang Fremdenlogen	5,10	6,10
Mittellogen	5,10	6,10
Seitenlogen	4,10	5,10
III. Rang Proszeniumlogen	4,10	5,10
Mittellogen	4,10	5,10
Seitenlogen	3,60	4,10
IV. Rang Balkon	3,60	4,10
Mittelgalerie	2,60	3,10
Seitengalerie, Proszeniumloge Seitenloge	1,30	1,80
V. Rang Mittelgalerie	1,80	2,10
Sitz- u. Stehgalerie, Proszeniumloge	1,10	1,30
Parkettlogen	5,10	6,10
I. Parkett	6,10	7,60
Mittelparkett	5,10	6,10
II. Parkett	4,60	5,60
Stehparkett	1,60	1,80

Ermäßigungen im Anrecht und durch Zwölferhefte / Merkblätter sind bei den Tageskassen erhältlich

Die Opernhauskasse und die Karten-Verkaufsstellen in Dresden mit den Kartenpreisen im Adressbuch 1935.
Stadtarchiv Dresden
Alles was für die Planung eines gelungenen Theaterbesuchs nötig war, fanden die Dresdner und ihre Gäste im Adressbuch – die Übersichtspläne der Zuschauerräume, die Eintrittspreise, die Öffnungszeiten der Theaterkassen und wie man dorthin kam.

Ein Farbtupfer im letzten Dresdner Adressbuch 1943/44 das ganzseitige Werbeplakat des Zirkus Sarrasani.
Stadtarchiv Dresden

Werbung in eingener Sache aus dem Adressbuch 1939.
Stadtarchiv Dresden

schutzgründen keine Bedenken mehr bestanden, konnte 1992 das erste Adressbuch den Dresdnern vorgelegt werden. Seit 1992 erscheint nun wieder regelmäßig ein Dresdner Adressbuch. »DAS BLAUE« gibt es als kostenloses Exemplar mit Informationen für Bürger und Gäste, mit einem ausführlichen Bürgerservice sowie einem Branchen- und Firmenverzeichnis. Seit 1993 kann man das Adressbuch auch wieder als Komplettband mit dem gesamten Einwohneradressenteil käuflich erwerben. Der Einwohneradressenteil unterscheidet sich von den Adressbüchern bis 1943/44 in vielen Punkten. So sind die Bürger nur über ihren Familienamen, nicht aber über ihre Adresse zu finden. Bürger können ihre Nichtaufnahme beantragen. Sonst wird jeder in Dresden gemeldete Einwohner nach Vollendung seines 18. Lebensjahres aufgenommen. Damit stehen alle volljährigen Mitglieder einer Familie im Adressbuch. Gibt es in einer Familie verschiedene Namen, sind die Mitglieder derselben nur unter ihrem Familienamen zu finden.

Kopf des neuen Dresdner Adressbuches von 1992.
Stadtmuseum Dresden
Mit diesem Band wurde die Tradition der Dresdner Adressbücher wieder aufgenommen

Zusammenstellung der überlieferten Adressbücher von Dresden zwischen 1702 und 1943/44

(Titel in Originalschreibweise)

1702, Das jetzt lebende Dreßden 1702.
1738, Das jetztebende Königliche Dresden in Meißen, ... 1738.
1740, Das Jetztlebende Königliche Dreßden, ... 1740. 3. Auflage.
1797, Dresden zur zweckmäßigen Kenntniß seiner Häuser und deren Bewohner. Dresden 1797.
1799, Dresden zur zweckmäßigen Kenntniß seiner Häuser und deren Bewohner. Zweyte Ausgabe. Dresden 1799.
1804, Adreß-Verzeichnis, 1804. Bey der Witwe Harpeter gedruckt, (Nur als gebundene Fotokopie im Stadtarchiv überliefert.)
1809, **Dresdner Adreß-Kalender auf das Jahr 1809.**
1810, Dresdner Adreß-Kalender auf das Jahr 1810.
1811, Dresdner Adreß-Kalender auf das Jahr 1811.
1812, Dresdner Adreß-Kalender auf das Jahr 1812.
1816, Dresdner Adreß-Kalender auf das Jahr 1816.
1817, Dresdner Adreß-Kalender auf das Jahr 1817.
1820, Dresdner Adreß-Kalender auf das Jahr 1820.
1822, Dresdner Adreß-Kalender auf das Jahr 1822.
1823, Dresdner Adreß-Kalender auf das Jahr 1823.
1824, **Dresdner Adreß-Kalender auf das Jahr 1824.**
1826, Dresdner Adreß-Kalender auf das Jahr 1826.
1827, **Dresdner Adress-Kalender auf das Jahr 1827.**
1829, Dresdner Adress-Kalender auf das Jahr 1829.
1831, Dresdner Adress-Kalender auf das Jahr 1831.
1832, Dresdner Adress-Kalender auf das Jahr 1832.
1833, Dresdner Adress-Kalender auf das Jahr 1833.
1834, Dresdner Adress-Kalender auf das Jahr 1834.
1835, Dresdner Adress-Kalender auf das Jahr 1835.
1836, Dresdner Adress-Kalender auf das Jahr 1836.
1837, Dresdner Adress-Kalender auf das Jahr 1837.
1838, **Königl. Sächs. privilegirter Dresdner Adress-Kalender auf das Jahr 1838.**
1839, **Königl. Sächs. concessionirter Dresdner Adress-Kalender auf das Jahr 1839.**
1839, Adreß-Verzeichnis. Dresden 1839.
1840, **Dresdner Adress-Handbuch auf das Jahr 1840.**
1841, Dresdner Adress-Handbuch auf das Jahr 1841.
1842, Dresdner Adress-Handbuch auf das Jahr 1842.
1843, Dresdner Adress-Handbuch auf das Jahr 1843.
1843, Adreß- und Häuserverzeichnis v. Dresden 1843
1844, Dresdner Adress-Handbuch auf das Jahr 1844.
1845, Dresdner Adress-Handbuch auf das Jahr 1845.
1846, Dresdner Adress-Handbuch auf das jahr 1846.
1847, Dresdner Adress-Handbuch auf das Jahr 1847.
1848, Adreß-Handbuch für die Residenz-Stadt Dresden auf das Jahr 1848.
1849, **Adreß-Handbuch für die Stadt Dresden auf das Jahr 1849.**
1850, **Adreßbuch für die Stadt Dresden auf das Jahr 1850.**
1850, **Handbuch für Dresden auf das Jahr 1850. Neues Adreßbuch**, Altstadt, Neustadt, Friedrichstadt und Vorstädte umfassend. Erster Jahrgang.
1851, Adreßbuch für die Stadt Dresden auf das Jahr 1851.
1852, **Adreßbuch der Haupt- und Residenzstadt Dresden 1852.**
1853, Adreßbuch der Haupt- und Residenzstadt Dresden 1853.
1854, Adreßbuch der Haupt- und Residenzstadt Dresden 1854.
1855, **Adress- und Geschäfts-Handbuch der Königlichen Haupt- und Residenzstadt Dresden für das Jahr 1855.** (1. Ausgabe)
1856, Adress- und Geschäfts-Handbuch der Königlichen Haupt- und Residenzstadt Dresden für das Jahr 1856. (2.Ausgabe)
1857, Adress- und Geschäfts-Handbuch der Königlichen Haupt- und Residenzstadt Dresden für das Jahr 1857. (3. Ausgabe)
1858, Adress-und Geschäfts-Handbuch der Königlichen Haupt- und Residenzstadt Dresden für das Jahr 1858. (4. Ausgabe)
1859, Adress- und Geschäfts-Handbuch der Königlichen Haupt- und Residensstadt Dresden für das Jahr 1859. Fünfte Ausgabe.
1860, Adress- und Geschäfts-Handbuch der Königlichen Haupt- und Residenzstadt Dresden für das Jahr 1860. Sechste Ausgabe.
1861, Adress- und Geschäfts-Handbuch der Königlichen Haupt- und Residenzstadt Dresden für das Jahr 1862. Siebente Ausgabe.
1862, Adreß-und Geschäfts-Handbuch der Königlichen Haupt- und Residenzstadt Dresden für das Jahr 1862. Achte Ausgabe.

1863, Adreß- und Geschäfts-Handbuch für die Königliche Haupt- und Residenzstadt Dresden für das Jahr 1863. Neunte Ausgabe, Druck beendet: 24. 12. 1862,

1864, Adreß- und Geschäfts-Handbuch der Königlichen Haupt- und Residenzstadt Dresden für das Jahr 1864. Zehnte Ausgabe.

1865, Adreß- und Geschäfts-Handbuch der Königlichen Haupt- und Residenzstadt Dresden für das Jahr 1865. Elfte Ausgabe.

1866, Adreß- und Geschäfts-Handbuch der Königlichen Haupt- und Residenzstadt Dresden für das Jahr 1866. Zwölfte Ausgabe.

1867, Adreß- und Geschäfts-Handbuch der Königlichen Haupt- und Residenzstadt Dresden für das Jahr 1867. Dreizehnte Ausgabe.

1868, Adreß- und Geschäfts-Handbuch der Königlichen Haupt- und Residenzstadt Dresden für das Jahr 1868. Dreizehnte Ausgabe, Druck beendet: 31. 12. 1867.

1869, Adreß- und Geschäfts-Handbuch der Königlichen Haupt- und Residenzstadt Dresden für das Jahr 1869. Fünfzehnte Ausgabe.

1870, Adreß- und Geschäftshandbuch der Königlichen Haupt- und Residenzstadt Dresden für das Jahr 1870. Sechzehnte Ausgabe.

1871, Adreß- und Geschäfts-Handbuch der Königlichen Haupt- und Residenzstadt Dresden für das Jahr 1871. Siebzehnte Ausgabe, Druck beendet: 03. 01. 1871.

1872, **Adreß- und Geschäfts-Handbuch der Königlichen Residenz- und Hauptstadt Dresden für das Jahr 1872.** Achtzehnte Ausgabe, Druck beendet: 12. 01. 1872.

1873, Adreß- und Geschäfts-Handbuch der Königlichen Residenz- und Hauptstadt Dresden für das Jahr 1873. Neunzehnte Ausgabe, Druck beendet: 14. 01. 1873.

1874, Adreß- und Geschäfts-Handbuch der Königlichen Residenz- und Hauptstadt Dresden für das Jahr 1874. Zwanzigste Ausgabe, Druck beendet: 20. 01. 1874,

1875, Adreß- und Geschäfts-Handbuch der Königlichen Residenz- und Hauptstadt Dresden für das Jahr 1875. Einundzwanzigste Ausgabe, Druck beendet: 26. 01. 1875.

1876, Adreß- und Geschäfts-Handbuch der Königlichen Residenz- und Hauptstadt Dresden für das Jahr 1876. Zweiundzwanzigste Ausgabe, Druck beendet: 15. 01. 1876.

1877, Adreß- und Geschäfts-Handbuch der Königlichen Residenz- und Hauptstadt Dresden für das Jahr 1877. Dreiundzwanzigste Ausgabe, Druck beendet: 09. 01. 1877.

1878, Adreß- und Geschäfts-Handbuch der Königlichen Residenz- und Hauptstadt Dresden für das Jahr 1878. Vierundzwanzigste Ausgabe, Druck beendet: 05. 01. 1878,

1879, Adreß- und Geschäfts-Handbuch der Königlichen Residenz- und Hauptstadt Dresden für das Jahr 1879. Fünfundzwanzigste Ausgabe.

1880, Adreß- und Geschäfts-Handbuch der Königlichen Residenz- und Hauptstadt Dresden für das Jahr 1880. Sechsundzwanzigste Ausgabe, Druck beendet: 31. 12. 1879.

1881, Adreß- und Geschäfts-Handbuch der Königlichen Residenz- und Hauptstadt Dresden für das Jahr 1881. Siebenundzwanzigste Ausgabe, Druck beendet: 31. 12. 1880.

1882, Adreß- und Geschäfts-Handbuch der Königlichen Residenz- und Hauptstadt Dresden für das Jahr 1882. Achtundzwanzigste Ausgabe, Druck beendet: 23. 12. 1881

1883, Adreß- und Geschäfts-Handbuch der Königlichen Residenz- und Hauptstadt Dresden für das Jahr 1883. Neunundzwanzigste Ausgabe, Druck beende: 21. 12. 1882.

1884, Adreß- und Geschäfts-Handbuch der Königlichen Residenz- und Hauptstadt Dresden für das Jahr 1884. Dreißigste Ausgabe, Druck beendet: 20. 12. 1883.

1885, Adreß- und Geschäfts-Handbuch der Königlichen Residenz- und Hauptstadt Dresden für das Jahr 1885. Einunddreißigste Ausgabe, Druck beendet: 20. 12. 1884.

1886, Adreß- und Geschäfts-Handbuch der Königlichen Residenz- und Hauptstadt Dresden für das Jahr 1886. Zweiunddreißigste Ausgabe, Druck beendet: 21. 12. 1885.

1887, Adreß- und Geschäfts-Handbuch der Königlichen Residenz- und Hauptstadt Dresden für das Jahr 1887. Dreiunddreißigste Ausgabe, Druck beendet: 22. 12. 1886.

1888, Adreß- und Geschäfts-Handbuch der Königlichen Residenz- und Hauptstadt Dresden für das Jahr 1888. Vierunddreißigste Ausgabe, Druck beendet: 22. 12. 1887.

1889, **Wohnungs- und Geschäfts-Handbuch der Königlichen Residenz- und Hauptstadt Dresden für das Jahr 1889.** Fünfunddreißigste Ausgabe, Druck beendet: 22. 12. 1888.

1890, Wohnungs- und Geschäfts-Handbuch der Königlichen Residenz- und Hauptstadt Dresden für das Jahr 1890. Sechsunddreißigste Ausgabe, Druck beendet: 21. 12. 1889.

1891, Wohnungs- und Geschäfts-Handbuch der Königlichen Residenz- und Hauptstadt Dresden für das Jahr 1891. Siebenunddreißigste Ausgabe, Druck beendet: 29. 12. 1890.

1892, Wohnungs- und Geschäfts-Handbuch der Königlichen Residenz- und Hauptstadt Dresden für das Jahr 1892. Achtunddreißigste Ausgabe, Druck beendet: 23. 01. 1892.

1893, Wohnungs- und Geschäfts-Handbuch der Königlichen Residenz- und Hauptstadt Dresden für das Jahr 1893. Neununddreißigste Ausgabe, Druck beendet: 24. 12. 1892.

1894, Wohnungs- und Geschäfts-Handbuch der Königlichen Residenz- und Hauptstadt Dresden für das Jahr 1894, Vierzigste Ausgabe, Druck beendet: 23. 12. 1893.

1895, **Adreßbuch. Wohnungs- und Geschäfts-Handbuch der Königlichen Residenz- und Hauptstadt Dresden für das Jahr 1895.** Einundvierzigste Ausgabe, Druck beendet: 24. 12. 1894.

1896, Adreßbuch. Wohnungs- und Geschäfts-Handbuch der Königlichen Residenz- und Hauptstadt Dresden für das Jahr 1896. Zweiundvierzigste Ausgabe, Druck beendet: 28. 12. 1895.

Ab 1897 haben die Adressbücher ein größeres Format und die Vororte werden ins Dresdner Adressbuch aufgenommen und es begann eine neue Zählung nach Jahrgängen.

1897, **Adreßbuch für Dresden und seine Vororte. 1897.** Druck beendet: 09. 01. 1897.

1897, **Adreßbuch der Vororte von Dresden 1897.** Separat-Ausgabe aus dem Adreßbuch für Dresden und seine Vororte.

1897, **Adreßbuch der Königlichen Residenz- und Hauptstadt Dresden 1897.** Ohne Vororte. Druck beendet: 09. 01. 1897.

1898, Adreßbuch für Dresden und seine Vororte. 1898. Druck beendet: 10. 01. 1898.

1899, Adreßbuch für Dresden und seine Vororte. 1899. Druck beendet: 02. 01. 1899.

1900, Adreßbuch für Dresden und seine Vororte. 1900. Druck beendet: 03.01. 1900.

1900, **Adreßbuch der Königlichen Haupt- und Residenzstadt Dresden 1900.** Druck beendet: 03. 01. 1900.

1901, Adreßbuch für Dresden und seine Vororte 1901. Druck beendet: 08. 01. 1901.

1902, Adreßbuch für Dresden und seine Vororte 1902. Druck beendet: 08.01.1902.

1903, Adreßbuch für Dresden und seine Vororte 1903. Druck beendet: 12. 01. 1903.

1904, Adreßbuch für Dresden und seine Vororte 1904. Druck beendet: 16. 01. 1904.

1905, Adreßbuch für Dresden und seine Vororte 1905. Druck beendet: 13. 01. 1905.

1906, Adreßbuch für Dresden und seine Vororte 1906. Druck beendet: 02. 01. 1906.

1907, Adreßbuch für Dresden und seine Vororte 1907. Druck beendet: 22. 12. 1906.

1908, Adreßbuch für Dresden und seine Vororte 1908. Druck beendet: 21. 12. 1907.

1909, Adreßbuch für Dresden und seine Vororte 1909. Druck beendet: 19.12. 1908.

1910, Adreßbuch für Dresden und seine Vororte 1910. Druck beendet: 24. 11. 1909.

1911, Adreßbuch für Dresden und seine Vororte 1911. Druck beendet: 26. 11. 1910.

1912, Adreßbuch für Dresden und seine Vororte 1912. Druck beendet: 26. 11. 1911.

1913, Adreßbuch für Dresden und seine Vororte 1913. Druck beendet: 27. 11. 1912.

1914, Adreßbuch für Dresden und seine Vororte 1914.

1915, **Adreßbuch für Dresden und Vororte 1915.**

1916, Adreßbuch für Dresden und Vororte 1916.

1917, Adreßbuch für Dresden und Vororte 1917.

1918, Adreßbuch für Dresden und Vororte 1918.

1919, Adreßbuch für Dresden und Vororte 1919.

1920, Adreßbuch für Dresden und Vororte 1920.

1921, Adreßbuch für Dresden und Vororte 1921.

1922/23, **Adreßbuch für Dresden und Vororte ... sowie der Stadt Freital 1922/23.**

1924/25, Adreßbuch für Dresden und Vororte ... sowie der Stadt Freital 1924/25.

1925/26, Adreßbuch für Dresden und Vororte ... sowie der Stadt Freital 1925/26.

1926/27, **Adreßbuch für Dresden und Vororte ... sowie die Städte Freital und Rabenau 1926/27**. Druck beendet: 20. 05. 1926.

1927/28, **Adreßbuch für Dresden und Vororte ... sowie der Städte Freital, Heidenau, Rabenau u. Radebeul. 1927/28.**

1929, **Adreßbuch für Dresden und Vororte ... sowie der Städte Dohna, Freital, Heidenau, Rabenau u. Radebeul 1929.** Druck beendet: 17. 11. 1928.

1930, Adreßbuch für Dresden und Vororte ... sowie der Städte Dohna, Freital, Heidenau, Rabenau u. Radebeul 1930. Druck beendet: 19. 10. 1929.

1931, **Adreßbuch für Dresden und Vororte ... sowie der Städte Dohna, Freital, Heidenau, Rabenau, Radebeut und Wilsdruff 1931**. Druck beendet: 18. 11. 1930,

1932, **Adreßbuch für Dresden und Vororte ... sowie der Städte Dohna, Freital, Heidenau, Rabenau, Radebeul, Tharandt und Wilsdruff 1932**. Druck beendet: 20. 11. 1931.

1933, Adreßbuch für Dresden und Vororte ... sowie der Städte Dohna, Freital, Heidenau, Rabenau, Radebeul, Tharandt und Wilsdruff 1933. Druck beendet: 26. 01. 1933.

1934, Adreßbuch für Dresden und Vororte ... sowie der Städte Dohna, Freital, Heidenau, Rabenau, Radebeul, Tharandt und Wilsdruff 1934. Druck beendet: 20. 01. 1934,

1935, **Adreßbuch für Dresden und Vororte ... sowie der Städte Dohna, Freital, Heidenau, Rabenau, Radebeul mit Stadtteil Kötzschenbroda, Tharandt und Wilsdruff 1935**. Druck beendet: 19. 01. 1935.

1936, **Adreßbuch für Dresden und Vororte ... sowie der Städte Dohna, Freital, Heidenau, Klotzsche, Rabenau, Radebeul, Tharandt und Wilsdruff 1936**. Druck beendet: 18. 01. 1936.

1937, Adreßbuch für Dresden und Vororte ... sowie der Städte Dohna, Freital, Heidenau, Klotzsche, Rabenau, Radebeul, Tharandt und Wdsdruff 1937. Druck beendet: 20. 01. 1937. **Einwohnerzahl:** Stand 1. 12. 1936 – **637 180**

1938, Adreßbuch für Dresden und Vororte ... sowie der Städte Dohna, Freital, Heidenau, Klotzsche, Rabenau, Radebeul, Tharandt und Wilsdruff 1938. Druck beendet: 20. 01. 1938. **Einwohnerzahl:** Stand 1. 12. 1937 – **638 127**

1939, **Adreßbuch der Landeshauptstadt Dresden Freital – Radebeul, mit umliegenden 6 Städten und 24 Gemeinden … 1939**. Druck beendet: 25. 01. 1939. **Einwohnerzahl:** Stand 1. 12. 1938 – **634226**

1940, Adreßbuch der Landeshauptstadt Dresden Freital – Radebeul, mit umliegenden 6 Städten und 24 Gemeinden … 1940. Druck beendet: 17. 02. 1940. **Einwohnerzahl:** Stand 1. 12. 1939 – **634818**

1941, Adreßbuch der Landeshauptstadt Dresden Freital – Radebeul, mit umliegenden 6 Städten und 24 Gemeinden … 1941. Druck beendet: 15. 3. 1941. **Einwohnerzahl:** Stand 1. 12. 1940 – **626838**

1942, Adreßbuch der Landeshauptstadt Dresden Freital – Radebeul, mit umliegenden 6 Städten und 24 Gemeinden … 1942. Druck beendet: 25. 03. 1942. **Einwohnerzahl:** Stand 1. 1. 1942 – **622224**

1943/44, **Adreßbuch der Gau- und Landeshauptstadt Dresden Freital – Radebeul mit umliegenden 6 Städten und 24 Gemeinden … 19143/44**. Druck beendet: 15. 06. 1943. **Einwohnerzahl:** Stand 1. 1. 1943 – **625555**

Anmerkungen

1 Für die Dokumentation wurden die Dresdner Adressbücher von 1702 bis 1943/44 durchgesehen. Auf die im Text erwähnten Einleitungen, Abschnitte und andere Passagen aus denselben, wird in Anmerkungen nicht einzeln eingegangen.

2 Vgl. Zwahr, Hartmut: Das deutsche Stadtadressbuch als orts- und sozialgeschichtliche Quelle. In: Jahrbuch für Regionalgeschichte, 3. Band, Weimar 1968, S. 209–210.

3 Vgl. ebenda, S. 211.

4 Vgl. Zeißig, Herbert: Eine deutsche Zeitung. Zweihundert Jahre Dresdner Anzeiger. Verlag der Dr. Güntzschen Stiftung, Dresden 1930, S. 454.

5 Vgl. Acta. Den, in der Dr. Richterischen Buchhandlung angekündigten Dresdner Adress-Calender betreffend. Ergangen beym Rath zu Dreßden anno 1793. Ratsakte, Stadtarchiv Dresden.

6 Dresdner Anzeiger, Nr. 4, 11. 01. 1809, S. 60/61.

7 Vgl. Zeißig. S. 455.

Die Eingemeindungen nach Dresden 1997–1999 im Spiegel der Statistik

zusammengestellt von Holger Starke

Gemeinde, Ortsteil	zum Zeitpunkt der Eingemeindung aus folgenden Ortsteilen bestehend[1]	Eingemeindung
Altfranken		1. 1. 1997
Cossebaude	Cossebaude, Gohlis (Ober-, Niedergohlis) mit Neu-Leuteritz, Niederwartha mit Gruna, Oberwartha	1. 7. 1997
AMD-Gelände	= Ausbezirkung der Fläche aus der Gemeinde Boxdorf	1. 1. 1999
Gompitz	Gompitz, Ockerwitz, Pennrich, Roitzsch, Steinbach, Unkersdorf, Zöllmen	1. 1. 1999
Kauscha	= Ausbezirkung des Ortsteils aus der Gemeinde Bannewitz	1. 1. 1999
Langebrück	Langebrück, Schönborn	1. 1. 1999
Mobschatz	(Alt-)Leuteritz, Brabschütz, Merbitz, Mobschatz, Podemus, Rennersdorf	1. 1. 1999
Schönfeld-Weißig	Borsberg, Cunnersdorf, Eschdorf mit Rossendorf und Rosinendörfchen, Gönnsdorf, Malschendorf mit Krieschendorf, Pappritz, Rockau mit Helfenberg und Eichbusch, Schönfeld mit Reitzendorf und Zaschendorf, Schullwitz, Weißig	1. 1. 1999
Weixdorf	Friedersdorf, Gomlitz, Marsdorf, Weixdorf mit Lausa (1914 zu »Lausa« vereinigt, seit 1938 »Weixdorf«)	1. 1. 1999

Grunddaten: Dresden und 1997–1999 eingemeindete Orte[2]

Gemeinde bzw. Ortschaft	Fläche in km²	Bevölkerung	davon wbl. in %	Einwohner je km²	Pers. pro Haushalt	Wohnfl. je EW in m²
Stand vom	**30. 9. 1998**	**31. 12. 1997**		**30. 9. 1998**	**31. 12. 1998**	**31. 12. 1998**
Dresden (vor Eingem.)	225,76	448 803	51,9	1988	2,02	36,02
Altfranken	1,3	707	49,8	544	2,95	22,63
Cossebaude m. Oberwartha	10,16	5502	51,2	542	2,34	31,81
Gompitz	11,73	2605	48,9	222	2,57	24,95
Langebrück m. Schönborn	12,12	4044	51,9	334	2,49	30,91
Mobschatz	8,53	1403	51	164	2,36	38,49
Schönfeld-Weißig	41,18	11540	51,4	280	2,42	28,77
Weixdorf	15,52	5199	50,7	335	2,36	30,58
Gesamt	**326,3**	**479 803**	**50,84**	**1470**	**2,44**	**30,52**

Ausgewählte Daten: Dresden und 1997–1999 eingemeindete Orte[3]

Gemeinde bzw. Ortschaft	Arbeitslose je 1000 Einwohner	Sozialhilfeempfänger je 1000 Einwohner	Steuereinnahmen je EW in DM (1997)	Gemeindeschulden je Einwohner in DM
Stand vom	**31. 12. 1998**	**31. 12. 1997**	**31. 12. 1997**	**31. 12. 1997**
Dresden (vor Eingem.)	73,73	16,12	652	3273
Altfranken	…	…	…	…
Cossebaude m. Oberwartha	…	…	…	…
Gompitz	48,37	1,15	1549	443
Langebrück m. Schönborn	52,42	6,43	307	2249
Mobschatz	69,85	7,84	616	1855
Schönfeld-Weißig	54,59	8,23	353	2641
Weixdorf	54,63	8,46	388	2638
Gesamt (ohne 2, 3)	**58,93**	**8,04**	**644,17**	**2183,17**

1 Nach: Karlheinz Blaschke, Historisches Ortslexikon von Sachsen, Leipzig 1957 / Matthias Griebel, Neuere Eingemeindungen in die Landeshauptstadt Dresden, Ms. im Stadtmuseum Dresden, 1999.

2 Nach: Strukturdaten der Landeshauptstadt Dresden mit Ortschaften (= Statistische Mitteilungen, April 1999). Zu Besonderheiten in der Erhebung und der Zahlenbasis vgl. dort. Die Zusammenstellung der Daten übernahm Caroline Schütze.

3 Ebenda.

Inserenten

Dresdner
Stadtjubiläum
2006
Verein Dresdner Stadtjubiläum 2006
c/o Landeshauptstadt Dresden
Dr.-Külz-Ring 19, 01067 Dresden
Tel. 03 51/488-20 06, Fax 03 51/488-27 27
http://www.dresden-2006.de
Michel Sandstein
Landeshauptstadt
Dresden
Dresdner
Stadtjubiläum
2006
http://www.dresden-2006.de
Info-Tel.: Dresden-Werbung u. Tourismus GmbH: 03 51/491 92-206
Feldschlößchen
Pilsner
PREMIUM
Stadtsparkasse
Dresden
Radeberger
PILSNER

Das Konzertorchester der sächsischen Landeshauptstadt bietet Klassisches, zu Entdeckendes, Zeitgenössisches in vielen Programmvarianten. Musikalische Höhepunkte sind u.a. Aufführungen konzertanter Opern und großer Chorsinfonik mit exquisiter Sängerbesetzung.

DRESDNER PHILHARMONIE

Marek Janowski, Designierter Chefdirigent und Künstlerischer Leiter
Juri Temirkanow, Erster Gastdirigent
Kurt Masur, Ehrendirigent

Die Dresdner Philharmonie prägt mit ihren jährlich rund 80 Konzerten in Dresden wesentlich das Kulturleben der Stadt. Die Konzerte des aus 450jähriger Dresdner Ratsmusiktradition hervorgegangenen Orchesters, das sein Domizil seit 1969 im Kulturpalast am Altmarkt, also mitten im Herzen der Stadt, hat sind für Tausende Dresdner und für die Gäste der Elbmetropole Anziehungspunkt. Bedeutende Gastdirigenten und Solisten musizieren mit dem Orchester in seiner Heimatstadt. Ihrerseits sind die Philharmoniker auf den Konzertpodien des Auslands regelmäßig präsent. Durch ganz Europa, bis nach China, Japan, Israel, Südamerika, Mexiko und in die USA führten Gastspielreisen die Philharmoniker bisher.
Ihre Entstehung führt die Dresdner Philharmonie auf die Einweihung des ersten Konzertsaales am 29. November 1870 in Dresden zurück, mit dem die Entwicklung eines öffentlichen, vom höfischen Musikleben unabhängigen bürgerlichen Konzertwesens der Stadt in ein neues Stadium eintrat. Das damalige »Gewerbehausorchester« veranstaltete ab 1885 Philharmonische Konzerte in Dresden, die dem Klangkörper 1915 den Titel »Dresdner Philharmonisches Orchester« eintrugen.

Die Dresdner Philharmonie im Festsaal des Kulturpalastes

Kartenservice
Telefon 03 51/486 63 06
(rund um die Uhr)
Fax 03 51/486 63 53
E-Mail: contact@dresdnerphilharmonie.de
Internet: http://www.dresdnerphilharmonie.de

Dresdner Philharmonie
im Kulturpalast am Altmarkt
PF 12 04 24
01005 Dresden

Dresden

KARSTADT

Juni 1990 Kooperationsvertrag mit der KARSTADT AG • **Januar 1991** Übernahme des CENTRUM Warenhauses durch die KARSTADT AG von der Treuhandanstalt Berlin • **01.10.1991** Eröffnung der KARSTADT-Filiale Dresden, rekonstruiert und modernisiert, Verkaufsraumfläche auf 12.700 qm erweitert • **23.11.1992** Eröffnung Sport- und Spielhaus einschließlich Fahrradmarkt - 2000 qm Verkaufsfläche • **01.07.1993** Eröffnung Untergeschoß Erlebnismarkt Lebensmittel und Schnäppchenmarkt 3.150 qm Verkaufsfläche • **19.08.1993** Grundsteinlegung des Hertie-Hauses • **März 1994** Fusion der Firmen Karstadt und Hertie • **März-Mai 1994** Baustop • **Mai 1994** Übernahme des Rohbaus inkl. Baupläne • Änderung der Baupläne • **Juni-Juli 1994** Rückbau für Karstadt • **27.09.1995** Eröffnung der Karstadt-Filiale: 1000 Mitarbeiter • Kategorie der Weltstadtwarenhäuser • eines der modernsten und innovativsten Kaufhäuser Europas • unverwechselbares Profil • 30 000 qm Verkaufsfläche • 7 Verkaufsetagen mit erlebnisorientierten Kauflandschaften • Modenschauen, Autogrammstunden, Live-Auftritte, Gourmet-Parties, Kunst Kultur Karstadt mit hochkarätigem Programm aus Jazz, Chanson, Kabarett und Literatur • Erlebnisgastronomie im „Free Flow" und „Ambiente" mit Dachterrasse • 2 Parkebenen mit 340 Stellplätzen • Zahlreiche Markenshops • Multimedia-Wand • In der Cyber-Bar weltweit durchs Internet surfen • Kinder-Spielecken und Kinder-Kino • Umfangreiches Service- und Dienstleistungsangebot • Über 200 000 Artikel im Angebot.

DR. QUENDT

Dresdner Backspezialitäten seit 1876

Übergabe eines symbolischen Spendenschecks von Dr. Quendt – Backwarenbetrieb Dresden – an Dr. Hans-Christian Hoch – Vorstandsmitglied der Gesellschaft zur Förderung des Wiederaufbaus der Frauenkirche Dresden e.V.

Die Chronik der Spezialitätenbäckerei

1876 *entsteht aus dem Bauerngehöft an der Kaitzer Straße in Plauen bei Dresden eine Bäckerei. Richard Vollmann und Walter Hromadka gründen die Original Wiener Waffel,-Hohlhippen,-Bisquit-etc. Special-Fabrik.*

ca. 1890 *wird das Unternehmen königlicher Hoflieferant.*

ca. 1905 *übernimmt Richard Wiedner den Betrieb und baut ihn schrittweise aus.*

1937 *gründen Max und Gerhardt Berger zusammen mit einem stillen Teilhaber die Dauerbackwarenfabrik BERBÖ. Die Anlage erhält neue Waffelbackautomaten, einen Teigkneter und eine Schokoladenüberzuganlage.*

1945 *zerstören Bomben des zweiten Weltkrieges Teile der Produktionsanlagen. In der Folgezeit werden in der Fabrik fettarme Roggenkekse und glasierte Mundsemmeln gebacken.*

1957 *muß die Firma Berger & Böhme eine 94prozentige Staatsbeteiligung aufnehmen.*

1959 *beginnt die Produktion von Russisch Brot.*

1972 *entsteht durch völlige Verstaatlichung der VEB RuBro Dresden.*

1974 *erfolgt die Einstellung der juristischen Selbständigkeit des Betriebes auf der Kaitzer Straße und die Firma wird in den VEB Elite Dauerbackwaren Dresden eingegliedert. Dessen Direktor ist der Erfinder der Dominosteine, Herbert Wendler.*

1989 *geht erstmals die von Dr. Hartmut Quendt entwickelte Anlage zur kontinuierlichen Fertigung von Russisch Brot in den Probelauf. Mit der Vereinigung wird auch der VEB Dauerbackwaren aufgelöst.*

1991 *wird die Produktion auf der Kaitzer Straße unter dem Namen der neu gegründeten Dr. Quendt Backwaren GmbH wieder aufgenommen.*

1999 *übernimmt Dr. Quendt nach dem Tod von Herbert Wendler dessen Süßwarenfabrik. Die traditionelle Produktion der Dominosteine wird somit in Dresden fortgeführt.*

Die Firmengeschichte der Sächsischen Porzellan-Manufaktur Dresden GmbH
finden Sie im Band 3 des Dresdner Geschichtsbuches, Seite 120 - 130.

Das Taschenbergpalais erstrahlt in altem, neuen Glanz. Notdürftig gesichert, war die Ruine mehr als 45 Jahre vor dem Abriß behütet worden. Ende März 1995 öffnete das Haus als Kempinski Hotel seine Tore. Damit erfüllte sich der Wunsch jener Dresdner, die die alten Steine ihrer Stadt so inniglich lieben. Denkmalpfleger hatten dem Bauherrn aufgetragen, das Palais in seinen ursprünglichen Zustand zu versetzen.

Der Bau stand als erstes Stadtpalais in Dresden. Es leitete die glücklichste Bauzeit an der Elbe ein, das barocke Bauen. Kurfürst Friedrich August I., seit 1697 auch König von Polen, hatte sich in Anna Constantia von Brockdorf, die spätere Reichsgräfin von Cosel, verliebt. Aus lauter Liebe ließ er für sie das Haus auf dem Taschenberg in unmittelbarer Nähe des Schlosses errichten.

1705 wurde mit dem Bauen begonnen. Mehrere Architekten waren daran beteiligt, aber einer zeichnete sich besonders aus, der spätere Oberlandbaumeister Matthäus Daniel Pöppelmann, der Architekt des festlichen Zwingers. 1715 fiel die Gräfin Cosel in Ungnade.

Der Kurfürst holte sich das Taschenbergpalais wieder zurück. Er ließ es zur Thronfolgeresidenz einrichten. Ab 1756 wurde das Haus erweitert. Dem Mittelbau wurden zwei Flügel mit Ehrenhöfen angefügt. Einen großen Innenhof umgaben drei Gebäude. Sparsamer, aber kostbarer Rokokoschmuck verzierte Fassaden und Höfe. Damit erhielt das Haus im wesentlichen die heutige Baugestalt.

Reinhard Delau, Dresden 1996

Sächsische Staatsoper Dresden - Semperoper
Intendant Christoph Albrecht

Zentral in Dresden am Ufer der Elbe gelegen, als Nachbar von Zwinger, Hofkirche und dem in alter Pracht wiedererstehenden Schloss wird das Dresdner Opernhaus von Dresdnern und Besuchern gleichermaßen bewundert.
Das erste Opernhaus auf dem Theaterplatz wurde von dem berühmten deutschen Architekten Gottfried Semper 1841 als das Königliche Hoftheater errichtet. Nach seiner Zerstörung durch einen Brand 1869 erhielt Gottfried Semper den Auftrag, erneut ein Theatergebäude für Dresden zu konzipieren, das 1878 eröffnet wurde. Die Dresdner liebten dieses Haus über alle Maßen .
So war es nach der Zerstörung in der Bombennacht des 13. Februar 1945 keine Frage, dass das Opernhaus am Theaterplatz wieder aufgebaut werden müsste. Und irgendwann entstand der neue Name für das Gebäude, das seinen Schöpfer mit dem Werk fest verbindet: Das Haus wurde am 13. Februar 1985 unter dem Namen Semperoper wiedereröffnet. Unter dieser Bezeichnung ist das Opernhaus Dresdens, die Hauptspielstätte der Sächsischen Staatsoper Dresden, heute in der Welt bekannt.
Weit über 300 Jahre spannt sich der Bogen Dresdner Operngeschichte - von der Eröffnung des Churfüstlichen Hoftheaters am Taschenberg 1667 bis zur Gegenwart der Sächsischen Staatsoper Dresden. In vielen Epochen war Dresdner Operngeschichte zugleich sächsische, europäische und Welttheatergeschichte.

Heute ist die Semperoper eine der meistbesuchten deutschen Opernspielstätten. Die Künstler des Ensembles - neben Solisten, Staatsopernchor und Ballett Dresden die berühmte Sächsische Staatskapelle Dresden - arbeiten zusammen mit international renommierten Gästen. Sie alle tragen dazu bei, dass der künstlerische Ruf der Semperoper in der Welt wieder den alten Klang erhält. Denn mit der Oper in Dresden verbanden und verbinden sich immer auch glanzvolle Namen. Zahlreiche Werke der Opern- und Konzertliteratur wurden hier bis in die jüngste Zeit ur- und erstaufgeführt. Das Repertoire pflegt besonders klassische Opern von Mozart, Wagner und Strauss, fühlt sich aber ebenfalls dem modernen Werk in Oper, Ballett und Konzert verpflichtet.

Schriftliche Kartenwünsche auf der Grundlage der veröffentlichten Spielpläne richten Sie an

Sächsische Staatsoper Dresden
Besucherdienst
Theaterplatz 2
01067 Dresden

Telefon 0351/4911 705
Fax 0351/4911 700

Semperoper Führungen GbR

Theaterplatz 2, 01067 Dresden
Telefon 0351/4911 496
Fax 0351/4911 458

Aktuelle Führungszeiten über telefonische Auskunft, Faxabruf oder Informationstafeln am Opernhaus

Um Gruppenbestellungen wird gebeten

Führungsdauer 1 Stunde

Eintrittskarten bei Führungsbeginn (9 DM)

Semperoper Dresden
...
Theater Linz
Semperoper Dresden
Hamburgische Staatsoper
Royal Opera House in London
Deutsches Nationaltheater Weimar
Kultur- und Kongreßzentrum, Luzern
Congresscenter Frankfurt a.M.
Oper Zürich
seit 1874
Innovationen aus Sachsen
auf den Bühnen Europas zu Hause
Bosewitzer Straße 20 · 01259 Dresden · 0351 / 20 41-0 · http://www.sbs-dresden.de
SBS
Dresden

Nur wer ständig in BEWEGUNG ist, kommt der ZUKUNFT am nächsten.

Vor mehr als 150 Jahren hatte Werner von Siemens eine Idee. Sie war Ausgangspunkt für eine Firmengeschichte, die bis in die Zukunft reicht. Bereits 1892 setzte Siemens & Halske mit dem ersten Kraftwerk, der ersten elektrischen Straßenbeleuchtung und ein Jahr später mit der ersten elektrischen Straßenbahn wegweisende Zeichen für Dresden.

1993 hat Siemens Halbleiter mit dem Entschluß zum Bau eines der modernsten Chipwerke der Welt in Dresden die Basis für Produktinnovationen geschaffen. Seit 1996 werden in Klotzsche Speicherbausteine der neuesten Generation hergestellt.

Infineon Technologies Dresden ist heute Referenzstandort für die Entwicklung der Halbleitertechnologie weltweit.

Königsbrücker Straße 180, 01099 Dresden

Die Stadtentwässerung Dresden ist ein Eigenbetrieb der Landeshauptstadt Dresden.

Unsere Aufgabe umfasst das Ableiten und Reinigen des Abwassers. Als modernes kommunales Unternehmen sind wir auch für Fragen der Entwässerung von Grundstücken und für die Entsorgung von sonstigen Wässern zuständig.

Die Stadtentwässerung Dresden hat ihren Sitz in der Scharfenberger Straße 152, 01139 Dresden.
- Postanschrift: PF 12 00 20, 01001 Dresden
- Telefon: 822-0, Fax: 822 19 97
- Störungsmeldungen: Tel. 840 08 66

Bürgerberatung, Einleiter- und Anschlusswesen befinden sich im Bürogebäude KRESS, Block C, Marie-Curie-Straße 7.
- Bürgerberatung: Tel. 822 31 52, 822 32 02, 822 32 37
- Einleiter- und Anschlusswesen: Tel. 822 19 26, 822 11 43

Landeshauptstadt Dresden
Stadtentwässerung Dresden

Friedrich August Schubert begründete im vorigen Jahrhundert den heutigen Fuhrbetrieb als er mit seinem Hund Kohlen aus dem Schacht Burgk fuhr. Nach seinem Tode 1907 übernahm seine Frau Wilhelmine das Geschäft. Sie fuhr selbst eines der Pferdegespanne, die auf der Prager Straße kehrten. 1930 übernahmen die Brüder Paul und Johann den Betrieb. Inzwischen gehörte auch die Abfuhr von Asche und Schutt sowie die Lieferung von Sand und Kies zum Geschäftsumfang. Die Asche wurde von den angestellten Arbeitern direkt beim Kunden aus der Aschegrube getragen und verladen. Das Kaufhaus Renner, die Schokoladenfabrik Petzold & Aulhorn sowie die Bienertmühle gehörten damals zu den Kunden.

Langsam zog auch die Technik ein. 1936 fuhr die erste Zugmaschine vom Hof.

Karl Schubert führte von 1975 bis 1995 den Betrieb. In dieser Zeit lag der Schwerpunkt auf dem Erhalt der Firma. 1990 mußte der Fuhrpark völlig neu modernisiert werden. Damit erfolgte auch eine Umprofilierung zu einem modernen Containerdienst.

1995 legte er die Geschicke der Firma in die Hände seines Sohnes Johannes.

- **Containerdienst**
- **Abfuhr von Schutt, Asche und Abraum**
- **Anfuhr von Sand und Kies**

FUHRBETRIEB KARL SCHUBERT

seit 1878

Inh. Johannes Schubert

Pestitzer Straße 7 · 01187 Dresden
Telefon 03 51/401 48 15

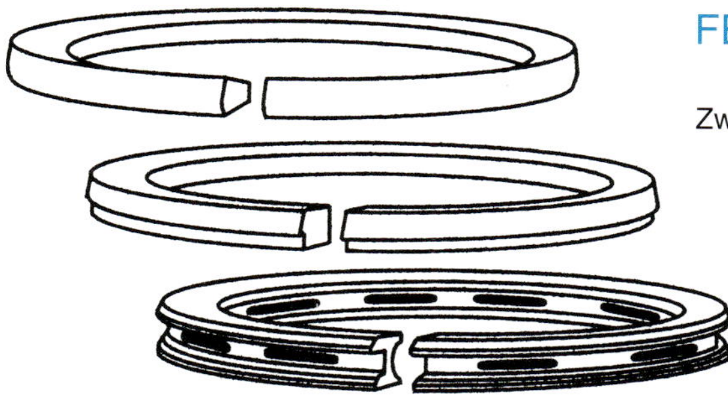

Die Radeberger Exportbierbrauerei

RADEBERGER PILSNER aus der Brauerei, die als erste in Deutschland Bier nach Pilsner Brauart braute und noch bis heute braut.

Das Bierbrauen hat in Radeberg eine lange Tradition. Schon 1872 wurde hier unter dem Namen Aktienbrauerei »Zum Bergkeller« qualitativ hochwertiges Bier gebraut. 1885 wurde die Brauerei unter dem Namen »Radeberger Exportbierbrauerei« in das Handelsregister eingetragen. Der Name Exportbierbrauerei wurde gewählt, weil schon vor der Jahrhundertwende Geschäfte über die Landesgrenzen hinaus betrieben wurden.

Fürst Otto von Bismarck wußte die Qualität von Radeberger Pilsner zu schätzen, als er es zum »Kanzlerbräu« ernannte. 1905 erhielt die Brauerei durch königliches Dekret die ehrenvolle Würdigung, Radeberger Pilsner als »Tafelgetränk Seiner Majestät des Königs Friedrich August von Sachsen« bezeichnen zu dürfen.

Es folgten zahlreiche Auszeichnungen und Anerkennungen anläßlich der verschiedensten Fachausstellungen.

Die Tradition, ein qualitativ hochwertiges Bier Pilsner Brauart herzustellen, soll auch in Zukunft fortgesetzt werden. Dafür wurden in den letzten Jahren neue Produktionsanlagen in Betrieb genommen, die nach modernsten Gesichtspunkten konzipiert wurden.

Lange Tradition und gute Qualität verhalfen der Radeberger Exportbierbrauerei, Lieferant der MITROPA, seit Ihrer Gründung 1916, zu sein. CONDOR- und GERMANIA-Passagiere können an Bord ein Radeberger Pilsner genießen. Auch die Urlaubsschiffe AIDA, ARKONA und ASTRA II führen Radeberger Pilsner.

Grundprinzip der Brauerei ist es seit jeher, umwelt- und qualitätsbewußt ein hochwertiges sächsisches Bier zu brauen.

Tip: Die Radeberger Exportbierbrauerei bietet allen Interessierten seit kurzem offizielle Brauereiführungen an und ermöglicht es somit, die Herstellung des Gerstensaftes aus nächster Nähe zu besichtigen. Als Besonderheit kann erstmals exklusiv Zwickelbier – das ist unfiltriertes Radeberger Pilsner – verkostet werden.

Dresdner Stollen

ein meisterlich Backwerk -
in aller Welt geschätzt

Was seit Jahrhunderten überliefert wurde, ist aus der Weihnachtszeit nicht mehr wegzudenken - der Dresdner Stollen.
Aus allerfeinsten Zutaten wird jeder Stollen nach alten Rezepturen mit der Hand gefertigt und erhält so das „Qualitätssiegel“. Denn nur der Stollen mit dem Siegel gibt Ihnen die Sicherheit, der geprüften Qualität, eben handgefertigt.

Die Tradition, in Dresden Stollen zu backen, ist schon sehr alt, sie läßt sich bis um das Jahr 1400 zurückverfolgen. Ursprünglich ohne Butter und Milch war der Stollen (Striezel) ein fades Gebäck.
Kurfürst Ernst von Sachsen und sein Bruder Albrecht wandten sich an den Papst, das „Butter-Verbot“ aufzuheben. Der Heilige Vater ließ sich erweichen und erklärte, daß bei Zahlen einer Buße mit gutem Gewissen und Gottes Segen auch Milch und Butter für den Stollen verwendet werden können.

Die 150 Dresdner Bäckereien und Konditoreien, die den Dresdner Stollen backen, haben lange, handwerkliche Familientraditionen. Jeder dieser Handwerksbetriebe garantiert Ihnen mit „seinen Dresdner Stollen“ höchste Ansprüche und Genüsslichkeit zum Weihnachtsfest.

GASTHOF WEISSIG

Vor mehr als 200 Jahren, nämlich 1795, wurde an der Buddisiner (Bautzner) Landstraße der erste Gasthof Weißig mit Schank- und Gastgerechtigkeit »für Reisende und Fuhrleute« errichtet. Laut Verordnung vom Februar 1806 hatten alle neuen Schankstätten im Umkreis von drei Meilen Entfernung von der Landeshauptstadt auch als Relaisstation für die königliche Hofpost zu dienen. Für diesen Behuf mußte die Gemeinde ständig sechs Pferde im Gasthofstall bereithalten.

Im Jahr der Jahrhundertwende erwarb der Besitzer der Dresdner Waldschlößchen Brauerei Albert Bier das Anwesen. Er ließ das alte Gebäude vollständig abreißen und errichtete im schweizerischen Landhausstil ein neues Ausflugs- und Vergnügungslokal mit großem Saal und Biergarten. Das Haus überstand alle Wirrnisse der nachfolgenden Zeit unbeschadet. Allerdings mußten bis Sommer 1995 umfangreiche Sanierungsarbeiten bewältigt werden.

Gasthof und Teich im Jahr 1904

Der neue Gasthof war 1903 eröffnet worden. Er entwickelte sich sehr rasch zur ersten Adresse im gesellschaftlichen und Vereinsleben des Weißiger Mittelstandes. Auch immer mehr Dresdner zog es hierher, suchten und fanden sie doch in angenehmer ländlicher Atmosphäre Ausgleich bei Spaziergängen, Bällen und Konzerten. Besonders wichtig wurde diese Oase der Gastlichkeit nach der Zerstörung Dresdens 1945. Am 1. November 1959 mußte der damalige Wirt Fritz Galle seinen Gasthof dem Konsum zur Bewirtschaftung übergeben. In den nicht einfachen Jahren bis zur Wende hat Bernd Jannasch, der heutige Pächter, als Wirt und Dorfklubvorsitzender einiges bewegt, was für Brigaden, Tanzschulen und Vereine anziehend war.

Die über Generationen gefestigte Gästeschar lobt die Atmosphäre und die zum Teil mit historischen Gerätschaften in einer modernen Küche gefertigten Speisen. Im Restaurant, der Weinstube, dem Tanzsaal mit Bar oder auf der Kegelbahn können sie gemütliche und erholsame Stunden verbringen. (Nach Information von C. Kunath)

Wir erwarten Ihren Besuch

Familie Jannasch

Bautzner Straße 1 · 01474 Dresden

Telefon 0351/2683455 · Fax 0351/2683662

Zu den wohl schönsten Ausflugslokalen im Schönfelder Hochland zählt die am Eingang des Friedrichsgrundes gelegene Meixmühle. Fast 600 Jahre ist es bereits her, daß sie erstmals urkundlich erwähnt wurde. So erhielt am 5. August 1403 Heinrich Karas Bilnicz (Pillnitz) den Meixgrund mit Mühle als Leihgut.

Viele Jahre mußten vergehen, ehe wieder etwas zur Mühle zu erfahren war. 1770 übernahm Johann Samuel Nacke nicht nur die Geschicke der Mühle, sondern bot zudem vorüberziehenden Wanderern und Ausflüglern erstmals »Speis' und Trank« an. So auch dem kurfürstlichen Hofstaat, der 1765 Pillnitz zu seinem ständigen Sommersitz wählte. In diese noch unverbrauchte Natur griff 1780 der allmächtige Minister und Direktor der kurfürstlichen Sammlung, Camillo Graf Marcolini, ein. Er gestaltete die Pillnitz-Borsberger Elbhanglandschaft in ein romantisches Flanierareal um.

Als in der Nacht zum 7. Juli 1895 das alte Mühlengebäude restlos abbrannte, verstummte endgültig das Klappern des Mühlrades. Um die Jahrhundertwende verstand es der damalige Wirt, Arthur Horn, die Meixmühle zu einem wahren Mekka von Erholungssuchenden zu machen. An manchen Tagen waren 30 bis 36 Servierkräfte im Einsatz, um den Ansturm von über 2000 Gästen zu bewältigen. Auch eine Folge des technischen Fortschritts, denn ab Sommer 1903 schaukelte die Straßenbahnlinie 18 von Dresden über Loschwitz nach Pillnitz. Zu Fuß geht es heute noch wie damals durch den zu jeder Jahreszeit erlebnisreichen, etwa 2 km langen Friedrichsgrund zum Gasthaus.

Nach dem Ersten Weltkrieg wurde es ruhiger um die Meixmühle. 1931 trat der Sächsische Heimatschutz die Besitznachfolge an, die er 1945 durch Enteignung wieder verlor. Das Land Sachsen als späterer Eigentümer überließ es der Gewerkschaft, die es bis zur Wende als Ferienobjekt nutzte.

An gute Tradition anknüpfend, eröffnete im Oktober 1992 Familie Dietmar Schiekel nach umfangreichen Sanierungsarbeiten einen rustikalen Landgasthof, der mit seiner angenehmen Atmosphäre und gutbürgerlicher Küche zu moderaten Preisen beliebt ist. Ein großer Saal (100 Personen) lädt Busgesellschaften zur Einkehr ein. Aber auch für Familienfeierlichkeiten ist hier der rechte Ort. Für die nahe Zukunft werden in der Mühle auch Übernachtungsmöglichkeiten geschaffen. Motorisierte Touristen erreichen uns aus Richtung Dresden, Bautzen oder Pirna über Borsberg bzw. Reitzendorf. 1999 wurde das Schönfelder Hochland durch Eingemeindung Teil der Residenzstadt Dresden.

(nach Informationen von Chr. Kunath)

Wir freuen uns auf Ihren Besuch, Ihre

Familie Dietmar Schiekel

Landgasthof Meixmühle

Meixweg 9, 01474 Borsberg

Tel. (03 51) 267 96 87, Fax (03 51) 267 96 88

Bereits erschienen

Pappband mit 206 Seiten
und 309 Farb- und SW-Abbildungen
Das Buch erhalten Sie
über den Buchhandel
zu einem Preis von 29,80 DM
ISBN 3-9804226-8-2

Pappband mit 208 Seiten
und 274 Farb- und SW-Abbildungen
Das Buch erhalten Sie
über den Buchhandel
zu einem Preis von 29,80 DM
ISBN 3-9804823-7-5

Pappband mit 248 Seiten
und 330 Farb- und SW-Abbildungen
Das Buch erhalten Sie
über den Buchhandel
zu einem Preis von 29,80 DM
ISBN 3-9804823-8-3

Pappband mit 240 Seiten
und 363 Farb- und SW-Abbildungen
Das Buch erhalten Sie
über den Buchhandel
zu einem Preis von 29,80 DM
ISBN 3-9804823-9-1

DZA VERLAG
für Kultur
und Wissenschaft

Danksagung

Der Herausgeber dankt allen Genannten und Ungenannten, die beim Zustandekommen des fünften Dresdner Geschichtsbuches Unterstützung gaben.
Zum Gelingen des Vorhabens trugen folgende Autoren bei:
Herr Siegfried Bannack, Stadtteil-Historiker von Dresden-Klotzsche, Herr Karl-Heinz Löwel, Architekt, Herr Matthias Neutzner, Vorsitzender der Interessengemeinschaft »13. Februar 1945« e.V., Frau Gisela Hoppe, Abteilungsleiterin im Stadtarchiv Dresden, sowie aus dem Stadtmuseum Dresden: Herr Matthias Griebel, Direktor, Frau Dr. Sieglinde Richter-Nickel, stellvertretende Direktorin, Frau Dr. Christel Wünsch, Kustodin, Frau Christel Hermann, wissenschaftliche Mitarbeiterin, Herr Holger Starke, wissenschaftlicher Mitarbeiter, Frau Cornelia Hofmann, Diplom-Restauratorin, Frau Birgit Tradler, Diplom-Restauratorin und Herr Friedrich Reichert, Abteilungsleiter Museologie.
Besonderer Dank gilt den Institutionen und Personen, die freundlicherweise Dokumentationen, Bild- und Kartenvorlagen zur Verfügung stellten sowie deren Veröffentlichung gestatteten:
Sächsische Landesbibliothek – Staats- und Universitätsbibliothek mit dem Dezernat Deutsche Fotothek, Sächsisches Hauptstaatsarchiv Dresden, Stadtarchiv Dresden, Bildstelle des Stadtplanungsamtes Dresden, Städtisches Vermessungsamt Dresden, Militärhistorisches Museum der Bundeswehr Dresden, Arbeitskreis Sächsische Militärgeschichte e.V. Dresden, Wilhelm-Külz-Stiftung, Archiv der Ev.-Luth. Superintendentur Dresden-Mitte, Bildstelle Archiv RBD Dresden, Kunstgalerie Kempe München, Herr Ullrich Lippke, Herr Rainer Meißner, Familie Naumann, Frau Martha Dillbaum, Frau Gudrun Höpner, Frau Gertraut Laßig, Frau Ilse Räder, Frau Helga Trenkler, Herr Volker Santrucek, Herr Hans-Dieter Opitz, Herr Gunter Hübner, Herr Otto-R. Wenzel, Frau Christa Selle und Herr Hans-Joachim Dietze. Große Unterstützung erhielten die Autoren in der Bildstelle des Stadtplanungsamtes von Frau Irla Hewerer, im Stadtarchiv Dresden von Frau Christine Stade, Frau Anett Hillert, Frau Helga Beck, Frau Regina Mücke, Frau Elvira Wobst und Frau Katrin Tauscher, im Kunstgewerbemuseum der Staatlichen Kunstsammlungen Dresden, von der DSA GmbH durch Herrn Gert Patzelt und Herrn Klaus Schubert, durch Herrn Manfred Beyer vom Arbeitskreis Sächsische Militärgeschichte, in den Technischen Sammlungen Dresden von Herrn Ralf Rüdiger und im Städtischen Vermessungsamt von Herrn Siegfried Härtel und Frau Claudia Männchen sowie von der VIAG, von Herrn Dr. Karlheinz Kregelin und Frau Barbara Liebold. Den Großteil der Fotoreproduktionen sowie Stadtbildaufnahmen fertigte Herr Franz Zadniček vom Stadtmuseum Dresden in Zusammenarbeit mit dem PPS Farbfoto Center Berlin, Fachlabor Dresden. Die Textbearbeitung auf Computer im Stadtmuseum Dresden erstellte Frau Kerstin Otto.
Besonderer Dank gesagt sei allen Inserenten, die zur Finanzierung des Buches beitrugen, aber auch gleichzeitig mit ihren Darstellungen über die Firmengeschichte zum Inhalt der Publikation beisteuerten. Das Residenz-Verlagsbüro Ingrid Seibt aus Dresden ermöglichte dies durch ihre Akquise. Der DZA Verlag für Kultur und Wissenschaft in Altenburg verwirklichte das Vorhaben engagiert und in bewährter Weise.